포항지진 그 후

재난 거버넌스와 재난 시티즌십

나남
nanam

포스텍 융합문명연구원
문명과 담론 총서 06

포항지진 그 후
재난 거버넌스와 재난 시티즌십

2020년 11월 15일 발행
2020년 11월 15일 1쇄

지은이   김진희 외
발행자   趙相浩
발행처   (주) 나남
주소   10881 경기도 파주시 회동길 193
전화   (031) 955-4601 (代)
FAX   (031) 955-4555
등록   제 1-71호 (1979.5.12)
홈페이지   http://www.nanam.net
전자우편   post@nanam.net

ISBN 978-89-300-4068-6
ISBN 978-89-300-8001-9 (세트)

포스텍 융합문명연구원
문명과 담론 총서 06

포항지진 그 후

재난 거버넌스와 재난 시티즌십

김진희 외 지음

나남
nanam

Post Pohang Earthquake

Disaster Governance and Disaster Citizenship

by

Jinhee Kim et al.

nanam

프롤로그

포항지진은 2017년 11월 15일 오후 2시 29분, 경상북도 포항시 북구 흥해읍에서 발생한 규모 5.4의 지진이다. 포항지진은 2016년 9월 12일 발생한 규모 5.8의 경주지진에 이어 기상청 관측 이래 우리나라에서 두 번째로 큰 규모의 지진으로 기록되었다. 다만 지진발생 깊이가 8킬로미터 정도로 상대적으로 깊지 않아 지진의 실제 체감위력 및 피해규모는 경주지진의 8배에 달하였다고 보고되기도 하였다(〈시사저널〉, 2017. 11. 24.). 포항지진이 발생한 다음 날로 예정되었던 대학수학능력시험이 도입 이래 최초로 일주일 연기되기도 하였다. 지진 당일 발생한 규모 5.4의 지진과 2018년 2월 11일 발생한 규모 4.6의 지진을 비롯해 상당기간 여진이 이어졌고, 국내에서 최초로 지진으로 인해 지반이 약화되는 액상화 현상이 관측되면서 포항시민의 불안감 역시 최소 1년 이상 지속되었다.

비록 역사상 두 번째로 큰 강도의 지진이었지만 포항지진이 한국 사회에 미친 충격은 측정하기 어려울 정도이다. 지진 안전국가라는 이미지는 경주지진과 포항지진으로 인해 여지없이 깨져 버렸으며, 지진은 한국의 대표적인 재난 사례로 자리매김하였다. 특히 지진으로 인해 포항지역 시민사회가 받은 충격과 고통은 여전히 지속되고 있는 현재진행형이다. 포항지진이 발생한 지 2년이 넘는 기간 동안 90여 가구 200여 명의 이재민들이 여전히 임시거주지로 마련된 흥해실내체육관의 텐트에서 생활하는 등(〈중앙일보〉, 2019. 11. 12.) 지진피해에 대한 복구의 지연은 중앙정부뿐만 아니라 지방정부에 대한 신뢰를 크게 떨어뜨렸다.

포항지진이 지열발전소로 인해 촉발된 지진이라는 2019년 3월 정부조사단의 연구결과를 전제로 네 개의 포항지진 특별법안이 발의되었고, 〈포항지진의 진상조사 및 피해구제 등을 위한 특별법안〉이 2019년 12월 27일 국회 본회의에서 의결될 때까지 2년 이상이 소요되면서 정부뿐만 아니라 정치계 전반에 대한 불만 역시 고조되었다. 〈포항지진특별법〉의 조속한 입법과 더불어 국가 등을 상대로 하는 손해배상소송에 지진피해의 복구를 위한 시민사회의 노력이 집중되면서 수 개의 대책위원회들이 만들어졌고, 이로 인한 이해관계 충돌로 인해 지역사회의 분열양상이 목격되기도 하였다.

이러한 사회적 양상은 포항지진을 단순한 자연재해 혹은 자연적 재난이 아닌 사회적 재난으로 이해할 필요성을 제기한다. 사실, 우리가 포항지진에 주목하는 이유는 단지 지진이라는 재난이 지역사회에 큰 피해를 가져다주었기 때문만은 아니다. 자연발생적 재난이라고 하더라도 그것이 재난으로 인식되고 관리, 통제되는 것은 사회적 맥락 속에서 이루어진다. 자연적으로 발생한 재난일지라도 그것에 대한 사회의 대응과 복구가 어떻게 전개되느냐에 따라 재난의 영향력은 달라질 수밖에 없다. 재난에 대한 대응과 복구의 전개에 따라 피해규모와 양상이 달라지고, 사회적 대응 자체가 새로운 위험을 초래하기도 하는 것이다. 재난에 대한 대응과 복구과정 자체에 사회적 이해관계가 작용하면서 새로운 사회적 질서가 형성된다. 나아가 재난발생 자체에 사회적 요인이 내재해 있기도 하다.

이 책에서는 포항지진이라는 재난의 사회적 측면에 초점을 맞춘다. 포항지진은 수많은 사회 주체들의 대응을 불러왔다. 포항지진의 원인을 둘러싸고 과학계의 논쟁이 전개되었는데, 이는 과학적 논리뿐만 아니라 시민사회의 영향력 아래에서 전개되었다(3장). 지진 발생 이후 중앙정부와 지방정부는 법적, 제도적 수단을 활용하여 다양한 방식으로 복구를 시도했지만, 이에 대한 시민들의 반응은 그다지 긍정적이지 못했다(7장). 정부 대응에 대한 불신 속에서 시민들은 스스로 공동체를 형성하고 지진복구에 참여했는데, 여기에서 포항지역 기반 온라인 커뮤니티들이 시민들 간 정보공유와 상호공감의 형성, 나아가 지진복구에 대한 개인적, 집단적 참여를 이끌어 내는 대안적 매체로 부상하기도 했다(4, 5장). 한편, 지진발생 이후 다양한 주민조직들이 결성되고, 기존의 사회운동들도 지진복구에 참여하면서 사회운동의 시민조직화와 참여가 활발히 전개되었다(6

장). 이처럼 다양한 사회주체들이 지진복구에 참여하는 가운데 재난법이라는 법적 대안이 중요 쟁점으로 부상하기도 했다(8장).

따라서 포항지진의 복구과정은 정부에 의해 일방적으로 주도되기보다는 다양한 사회주체들이 참여한 가운데 역동적으로 전개되었다고 평가할 수 있다. 이 책에서는 재난복구의 민주화와 시민참여를 강조하는 재난 거버넌스, 재난 시티즌십 개념을 중심으로 포항지진을 이해하고자 한다.

일반적으로 재난에 대한 대응은 '재난관리'로 이해되어 왔다. 재난에 대한 예방과 대응은 공권력을 행사할 수 있는 정부와 정치인 그리고 관련 전문가들의 영역이었고, 시민들은 이들 공적 기관과 전문가의 관리대상으로 이해되었다. 이와는 달리 '재난 거버넌스' 개념에서는 재난대응에 있어 시민의 참여를 강조한다. 재난 거버넌스란 "재난의 대비와 대응에서 전문가뿐만 아니라 시민사회와 일반시민들이 폭넓게 참여하여 집단적 지혜를 모아 의제를 설정하고 해결책을 모색해 나가는 참여적 재난관리 패러다임"이라고 할 수 있다(이영희, 2014: 70). 그것은 재난의 예방과 대응, 복구 등 재난대응 전반에 있어서 시민의 참여를 강조하는 개념이다. 재난에 대한 시민 참여는 '재난 시티즌십' 개념으로 정당화된다.

재난 시티즌십이란 재난의 대비 및 복구과정에서 시민의 참여는 공동체의 구성원이자 동료로서 시민의 권리이자 책무임을 강조하는 개념이다. 서구에서 시티즌십 개념은 시민적 권리civic rights, 정치적 권리political rights, 인간다운 생활과 관련된 사회적 권리social rights와 같

8

이 주로 개인의 권리확장으로 이해되어 왔다(Marshall, 1950). 그러나 최근에는 그 의미를 확장하여 공동체에 대한 의무와 책무를 포괄하는 총체적 개념으로 이해하고자 한다(Dobson, 2003; Isin & Turner, 2002; 박순열, 2010; 홍덕화·이영희, 2014). 시민의 권리와 책무는 대립적인 관계에 있다기보다는 재난 거버넌스에서 시민의 참여를 통해 통합적으로 실현된다고 봄이 바람직하다(이영희, 2014).

이 책은 총 2부 8장으로 구성되어 있다. 먼저 1부에서는 재난 거버넌스, 재난 시티즌십의 이론적 기초와 그것의 해외적용 사례를 검토함으로써 포항지진에 대한 분석의 틀과 비교준거를 마련한다.

1부 1장은 이 책의 총론적 성격을 가지며, 재난사회학의 기초개념 및 이론을 포항지진 등 다양한 사례들을 바탕으로 제시한다. 재난은 자연이 아닌 사회에서 발생하며, 자연 역시 사회에 구조적으로 연동된 체계라고 이해할 때, 순수한 의미의 자연재난은 존재하지 않는다고 할 수 있다. 재난 개념은 자연적 사건이든 인위적 사건이든 이에 대한 통제에 한계가 있음을 전제로 하며, 이렇듯 재난위험은 항시 사회에 상존해 있다는 점에서 재난에 대한 사회과학적 접근의 의의가 있다고 할 수 있다. 현대사회에서 우리는 과학과 기술의 발전에 따라 새로운 위험들이 끊임없이 발생됨으로써 재난의 빈도와 강도가 점차 증가하는 현상을 목도하고 있으며, 재난의 예측 불가능성은 이에 대한 사건전개의 규명 및 기술적 통제 방법을 넘어서는 총체적인 연구관심으로 나아가도록 한다. 저자는 이러한 관점에서 ① 재난피해자 개인적 차원의 재난 트라우마를 넘어서는 집단 트라우마 및 집단 고통, ② 국가 중심 재난관리에서 공동체 중심 재난 거버넌스로의 전환, ③ 재난관리 패러다임의 전환에 있어서 재난공동체의 복원력, 그리고 ④ 사회적 취약성 및 재난 시티즌십 등 핵심적인 쟁점들을 다루고 있다.

2장은 지진이라는 재난이 가져온 공동체의 파괴현상과 이를 복원하기 위한 시민사회의 노력에 대한 과정을 이해하기 위해 일본의 지진 재난 경험을 검토한다. 1995년 일본 고베지역을 강타한 고베대지진과 2011년 동일본대지진의 경험을 통해서 탈중앙화된 재난 거버넌스의 사례를 보여 준다. 고베대지진과 동일본대지진은 거대재난으로 분류될 수 있으며 단순히 중앙정부와 지방정부의 재난대응으로는 설명되지 않는 부분이 존재한다. 또한 동일본대지진의 경우, 단순한 지진에 의한 재난이라고 규정하기 어려운 특성을 발견할 수 있으며 지진, 쓰나미 그리고 원전사고가 동시에 발생한 복합재해로 규정할 수밖에 없다. 저자는 일본의 대지진 대응경험으로부터 단순한 중앙-지방의 이분법을 넘어선 새로운 형태의 재난 거버넌스와 시티즌십과 그로 인한 사회의 변화를 포착해 낼 필요가 있다고 주장한다. 특히 재난 후 지역에서 자생적으로 형성된 시민사회조직의 대응사례는 포항지진을 이해하는 데 있어서 중요한 범례가 될 것이다.

이어서 2부에서는 포항지진에 집중하여 재난 거버넌스, 재난 시티즌십이 지진 복구과정에서 어떻게 전개되어 왔는지를 검토한다. 거버넌스를 구성하는 다양한 주체들, 즉 중앙정부와 지방정부, 소셜미디어 등 대안 언론, 사회운동조직과 주민조직, 일반시민, 학계와 전문가들의 지진 복구참여와 실천을 조명하고 그 과정에서 중요 쟁점으로 제기되는 재난법의 의의와 한계를 검토한다.

2부 3장은 포항지진의 원인을 규명하는 과정에서 드러난 과학자들 사이의 이견과 다른 해석방식을 논의한다. 포항지진이 발생한 직후 일부 과학자들은 포항에서 진행하던 지열발전소의 물주입 방식을 지진의 원인으로 지적했다. 지진이라는 거대규모 재난의 직접적 원인을 찾아내는 것은 거의 불가능에 가까운 일이다. 하지만 포항지진의 경우, 포항 시민사회와 일부 과학자들은 진앙지 근처의 지열발전소와 새롭게 시도되던 물주입 형태 그리고 약한 규모의 지진발생과 물주입 사이의 연관성에 주목해 왔다. 반면에 다른 과학자들은 포항지진은 2011년 발생한 동일본대지진의 영향으로 발생한 지각변동과 관련 있다는 주장을 제기했다. 이른바 '유발지진론'과 '자연지진론' 사이의 과학적 논쟁은 2019년 3월 포항지진 정부조사단이 지열발전소가 일종의 '촉발' 역할을 했다는 '촉발지진'으로 규정하기까지 지속되었다. 과학자들 사이에 이루어진 논쟁과정에서 포항 시민단체들은 초기부터 '유발지진론'을 주장하는 과학자들의 입장을 지지한다. 3장에서는 과학자들 사이의 지진의 원인을 둘러싼 논쟁뿐 아니라 그 과정에서 어떻게 시민사회가 개입하고 어떤 영향을 주었는가를 설명한다. 저자는 과학자들 사이의 논쟁에 대한 시민사회조직의 개입과 지지가 과학적 논쟁을 종결시키는 데 있어서 매우 중요한 역할을 한 것은 분명하다고 주장한다. 이는 시민사회가 공유하던 이해관계에 근거한 입장이 과학적 논쟁의 종결에 영향을 미칠 수 있음을 보여 주는 중요한 사례가 될 수 있다.

　4장에서는 재난 시티즌십, 즉 이타적 시민참여 정도가 포항지역 내 커뮤니케이션 하부구조 그리고 더 나아가 소셜미디어의 이용과 어떻게 연결되는지를 탐색했다. 커뮤니케이션 하부구조는 포항시민들이 재난 이후 스스로 그들의 집합적 문제를 인식하고, 그 문제 혹은 해결책에 대해 함께 자신들의 목소리로 이야기할 수 있는 여건을 의미한다. 이러한 지역 커뮤니티 이야기 인프라에 각 포항시민이 얼마나 연결되어 있는지 정도를 ① 지역미디어 이용, ② 이웃과 포항시에 대해 이야기 나누기, 그리고 ③ 포항지역 기반의 단체나 모임에 참여하기 등 세 가지 지표로 나누어 살펴보았다. 2019년 3월 317명의 포항시민들을 대상으로 실시한 온라인 설문조사 결과, 위 세 가지에 긴밀한 연결망을 갖고 있을수록 그리고 소셜미디어를 활발히 이용할수록 지열발전소 중단 및 폐쇄 촉구 등의 시민참여에 활발했고, 향후 재난관련 시민참여 의도 역시 높았다. 저자들은 재난 발생 시 튼튼하게 구축된 커뮤니케이션 하부구조는 필요한 정보, 사회적 지지, 타인들도 참여할 것이라는 신념, 개인 및 집합 수준의 효능감 등을 제공하여 이타적 시민참여를 높인다고 주장한다. 이러한 커뮤니케이션 자원은 특히 지역성이 강화된 소셜미디어의 활발한 이용과 만났을 때 시민관여에 있어서 더욱 시너지 효과를 만들어 내는 것으로 밝혀졌다. 재난과 관련된 통합된 지역 커뮤니티 스토리텔링의 구축은 공동체 노력을 집약시켜 재난대처를 적극적으로 도울 수 있다는 시사점을 보여 준다.

5장에서는 재난상황에서 왜 중앙언론이나 포털뉴스보다는 포항 지역 기반의 온라인 커뮤니티 '포항맘 놀이터'(포놀)에 대한 의존이 증가했는가에 대해 살펴본다. 포놀은 지진이 발생한 2017년 11월 당시 6만여 명의 회원들이 활동한 커뮤니티로, 육아, 지역 맛집, 자녀교육, 물물교환, 공동구매 등의 지역정보 교환이 이루어졌다. 하지만 지진을 겪고 공동운명체로서의 '포항맘' 집단 정체성이 강화되면서 폭넓은 지진관련 정보의 공유는 물론, 소외감, 분노감, 공포감 등을 완화하기 위해 사회적 지지를 주고받는 폭넓은 공론장으로 확대되는 등 이른바 '지진앱'으로서의 역할을 수행했다. 이러한 변화는 '포놀'이 실시간 정보교환이 가능한 소셜미디어 플랫폼이라는 기술적 속성을 넘어서 포항지진을 둘러싼 복잡다단한 지정학적 맥락, 즉 '중소 규모의 지방도시', '정치적으로 보수성이 강한 도시' 등과 깊은 관련이 있다. 저자들은 포놀 의존의 원인뿐만 아니라 그 결과로 나타나는 양상으로 재난 시티즌십의 등장과 포항 내 남구 및 북구 간의 갈등과 경쟁을 제시한다. '포놀'은 다소 제한적인 개방성 그리고 높은 집단동질성으로 인해 자칫 극단주의로 흐를 수 있다는 한계점을 가지고 있다. 그럼에도 불구하고 저자들은 '포놀'이 재난 이후 '포항은 다시 살기 좋은 도시가 될 것'이라는 집단정체성을 회복해 나가는 데 도움을 주었던 것으로 평가한다.

6장에서는 포항지진에 대한 시민사회의 대응을 분석한다. 지진 이후 활발히 전개된 포항 사회운동의 특징과 한계를 규명한다. 지진 발생 이후 포항 시민사회는 복구활동에 적극적으로 참여했다. 초창기 많은 주민조직들이 새로 결성되고, 기존 사회운동조직들도 지진 복구에 참여하면서 다양한 의제와 요구가 분출되고 시민참여가 확대되었다. 시일이 흐르면서 이러한 다양한 활동들은 지진과 지열발전 연관성 규명과 그에 따른 피해보상을 위한 특별법 제정 운동, 그리고 책임자 처벌과 피해보상을 위한 시민참여 소송운동으로 수렴되었다. 그 과정에서 시민사회의 노력에도 불구하고 갈등을 전국적 의제로 확산시키려는 시도가 실패하고, 갈등 참여 주체의 범위가 줄어드는 등 갈등의 사사화privatization 경향이 나타났다. 기존 사회운동의 지진 복구참여가 거의 부재하다시피 한 상황에서 의제를 전국으로 확대할 통로는 제한적일 수밖에 없었으며, 그 영향으로 스케일의 불일치, 즉 사안 자체는 전국 스케일의 자원과 역량동원으로 해결가능한 사안임에 비해 운동주체는 지역 스케일에 국한됨으로 인해 문제해결이 지체되는 현상이 나타나고 있음을 지적하였다.

7장에서는 국가의 지진 복구활동을 검토한다. 포항지진 복구과정에서 국가는 소극적이고 비난회피적인 행위를 두드러지게 보여 주었다. 그 이유로서 저자들은 정책결정자들의 인식과 해석, 그리고 그러한 소극성과 비난회피를 가능케 하는 제도적 배경에 주목한다. 지진 복구과정에서 주무부처는 특별법 제정이 기존 법과 충돌하면서 법적 안정성을 해칠 수 있으며, 재난복구에 소요되는 막대한 예산이 국가 재정건전성에 위배된다는 점을 중시하면서 재난복구에 대해 소극적인 태도를 보인다. 한편, 민관협력의 재난 거버넌스에 대해서도 정부는 시민을 거버넌스의 참여주체가 아니라 계몽의 대상, 동원의 대상으로 사고하고 있다. 이와 같은 국가의 인식적 한계는 한국의 허약한 지방자치, 그리고 관료들의 시행령 제정 권한 독점이라는 제도적 요인들과 결합하여 지진복구의 민주성을 저해하고 있다. 이런 점에서 현재까지 진행된 포항지진 복구과정은 아래로부터의 참여에 의한 거버넌스라기보다는 국가행위자의 위로부터의 거버넌스라 할 수 있다. 저자들은 이와 같은 관료들이 주도하는 복구가 아니라, 지역주민과 지자체 및 입법부가 주도하는 복구로 경로전환이 이루어질 필요가 있다고 주장한다.

마지막 8장은 재난에 대한 다학제적 접근을 통해, 현대사회의 재난을 규율하는 데 있어서 재난법이 수용해야 할 성찰점을 제시한다. '사회적 자연재난'으로서 포항지진이 갖는 독자성은 복합적이고 중층적인 사회재난의 속성을 기본적으로 내포하는 현대사회의 재난 이해와도 맞닿아 있다고 할 수 있다. 현대적 재난을 효율적으로 규율하기 위해 전문법으로서 재난법이 성장하고 있으며, 다양한 학제들 간의 통섭적 연구로서 재난연구의 의의 및 필요성이 강조되고 있다. 현대사회의 재난연구는 재난 복원력의 강화에 집중하고 있으며, 저자는 이를 뒷받침하는 구성 요소들로서 재난 거버넌스, 재난 시티즌십, 재난 취약성, 그리고 재난 트라우마를 제시한다. 나아가 이행기 정의transitional justice의 개념 및 절차를 수용할 때, 포스트-재난공동체의 복원은 진실과 화해의 조화를 지향하는 과정으로 이해될 수 있음을 제안한다. 이러한 논의들을 바탕으로 저자는 2020년 4월 1일 시행된 〈포항지진특별법〉의 의의 및 한계를 논평하면서 앞으로의 과제를 제시한 후, 포항지진이 사회갈등의 촉매제가 아니라 포항시민의 정체성과 포항사회의 복원력을 형성, 발전시킬 수 있는 긍정의 계기가 될 수 있도록 하기 위해서는 지역공동체의 사회통합을 지향하는 법의 역할이 무엇보다 중요하다는 점을 강조한다.

　포항지진이 발생한 지 3년여의 시간이 지났지만 재난으로 인한 삶의 여진은 여전히 진행 중이다. 우여곡절 끝에 〈포항지진특별법〉이 제정되었지만, 그것으로 해결될 수 없는 수많은 난제들이 남아 있다. 여전히 임시대피소에서 천막생활을 하는 피해주민들이 있으며, 시민들 중 상당수는 지금도 지진에 대한 정신적 피해를 호소한다. 지진 복구과정에서 노정된 중앙정부와 지방정부 간의, 정부와 시민사회 간의, 그리고 시민사회 내부 주체들 간의 대립과 갈등은 향후 지진 복구과정에서 지역공동체가 해결해야 할 큰 과제이다. 그러나 갈등은 어떻게 보면 다양한 주체들의 참여과정에서 필연적으로 발생하는 것일지도 모른다. 갈등을 회피하기보다는 오히려 시민참여의 영역과 쟁점들을 확대하여 갈등을 공론화하는 것이 재난 거버넌스와 재난 시티즌십에 있어 보다 중요한 것일지도 모른다. 이 책의 논의들이 지진 이후 지역사회의 복원과정에서 시민들의 참여가 활성화된 역동적인 새로운 공동체를 구성하는 데 일조할 수 있기를 희망한다.

2020년 11월

편저자 김기홍 · 김진희 · 김철식 · 정채연 일동

참고문헌

박순열(2010), "생태시티즌십(ecological citizenship) 논의의 쟁점과 한국적 함의", 〈ECO〉, 14(1), 167~194.

〈시사저널〉(2017. 11. 24.), "포항지진 피해 갈수록 늘어 … 경주지진 8배", http://www. sisajournal. com/news/articleView. html?idxno=172368

이영희(2014), "재난 관리, 재난 거버넌스, 재난 시티즌십", 〈경제와사회〉, 104, 56~80.

〈중앙일보〉(2019. 11. 12.), "'텐트서 못 살겠다' … 포항지진 2년, 아직도 집으로 못가는 사람들", https://news. joins. com/article/23630155

홍덕화 · 이영희(2014), "한국의 에너지 운동과 에너지 시티즌십: 유형과 특징", 〈ECO〉, 18(1), 7~44.

Dobson, A. (2003), *Citizenship and the Environment*, Oxford University Press.

Isin, E. F. , & Turner, B. S. (2002), "Citizenship studies: An introduction", In E. F. Isin & B. S. Turner (eds.) *Handbook of Citizenship Studies*, Sage, 1~10.

Marshall, T. H. (1950), *Citizenship and Social Class: and Other Essays*, Cambridge University Press.

포항지진 그 후

재난 거버넌스와 재난 시티즌십

제 2 부
포항지진과 재난 거버넌스, 재난 시티즌십

1

재난 거버넌스와 재난 시티즌십:
이론과 사례

1

공동체 중심 재난 거버넌스의 필요성과 재난 시티즌십

노진철 경북대 사회학과

1. 들어가며

태풍, 홍수, 가뭄, 지진, 미세먼지, 화재, 화생방사고, 감염병, 기후변화, 환경오염 등은 지구 도처에서 언제나 일어난다. 그러나 이들 사건은 재난으로서 소통하지 않는 한 그 자체로는 사회에 어떠한 문제도 일으키지 않는다. 포항지진과 관련된 피해자들의 생생한 체험도 재난으로서 주제화되어야만 다른 사람들이 추체험할 수 있고 다른 재난들과의 비교를 통해 그 의미를 규정할 수 있다. 소통하지 않은 것이나 소통할 수 없는 것은 사회에서 아무런 의미가 없다. 태풍이나 지진, 미세먼지, 불, 홍수, 전염병, 이상기온과 같은 자연적인 것은 사회에는 외부환경에서 일어난 타자로서 그 자체가 재난은 아니다. 매년 한반도를 수차례 내습하는 태풍들이 모두 재난은 아니다. 국내에서 본격적으로 지진을 관측한 1978년 이래 한반도를 지진의 안전지대라고 여길 수는 없게 되었다.[1] 정부가 특별재난지역을 선포하게 한 경주지진과 포항지진은 재난이다. 그러나 평북 의주와 삭주, 경북 울진 동쪽 해역, 충북 속리산 부근 지역, 충남 홍성, 인천 백령도 서남쪽 해역 등에서 발생한 지진은 진도 규모 5.0 이상인데도 재난이 아니다. 재난은 자연적이든 인위적이든 결코 우발적으로 터진 물리적 사건들이 아니라, 사회가 타자인 그것들에 대한 통제 상실을 무질서로 쟁점화하는 소통 연관이다. 거대한 규모의 사건들이 사소한 손실로 끝날 수도 있고, 아주 작은 사건들이 커다란 손실을 일으킬 수도 있다. 다시 말해서 재난은 — 자연에서가 아니라 — 사회에서 발생한다. 자연은 사회에 구조적으로 연동된 체계이다. 재난으로 인한 생명, 신체 및 재산의 손실 원인들은 사회의 외부가 아니라 내부에 귀속된다. 분명한 인재人災나 에너지・통신・교통・금융・의료・수도 등 사회기반시설의 마비와 같은 사회재난만이 그 원인이 사회 내부에 귀속되는 것이 아니다. 어떤 재난이든 그 원인이 자연에 귀속되는 경우가 없다는 점에서 본질적인 자연재

---

1 인적 없는 사막에서 발생한 지진은 아무리 강도가 높아도 재난이 아니다. 해저에서 발생한 지진이 일으킨 해일(tsunami)도 특정 해안지역에 큰 규모의 재산피해와 인명피해를 동반해야만 재난이 된다. 한반도에서 규모 2.0 이상의 지진 발생횟수는 1978년~1998년 연평균 19.2회, 1999년~2018년 연평균 69.9회가 관찰된다. 두 시기의 뚜렷한 격차는 — 2016년 경주지진과 2017년 포항지진이 일어난 특정기간을 예외로 한다면 — 실제 지진의 발생횟수 격차에서 비롯된 것보다 지진 감시시설이 많아지고 분석기술이 아날로그관측에서 디지털관측으로 향상된 탓이 크다.

난은 존재하지 않으며, 자연재난과 사회재난의 구별은 사회가 재난 위험에 대한 소통준거로서 외부(즉 타자)와 내부(즉 자기)를 지시한다는 표현이다(정채연, 이 책의 8장).

자연적/인위적 요인들에 의해 일어난 사건들이 단기간에 사회에 치명적인 타격damage을 입히는 극적 변화 속에서, 사회는 그 사건들의 연쇄에 대한 통제상실이 일으킨 대규모 위해를 재난으로 주제화한다. 이에 상응하게 재난연구들은 자연적/인위적 사건들의 원인과 예측 가능성을 넘어 통제방법과 그 실패과정, 복구에 주목한다. 자연과학자는 질서와 무질서의 구별에 따라 위해를 일으킨 물리적 사건들을 관찰하고, 그 발생 역학과 확산과정을 탐색한다. 이와 달리 사회과학자는 질서와 무질서의 구별에 따라 물리적 사건들에서 재난으로 변환하는 사회적 조건들을 관찰하고, 인간의 의도적 시도로 인해 일어난 부정적 결과들을 탐구한다. 특히 사회학자들은 재난으로 불균형을 초래하는 모든 요소를 포괄하여 사회적 취약성social vulnerability에 주목한다(정채연, 이 책의 8장).

재난은 자연의 변덕이나 자본가의 탐욕에 의해 좌우되기보다 노인·장애인·환자 집단시설, 초고령 농어촌마을, 도시 빈민지역 등 사회적 취약성이 높은 장소에서 더 빈번히 발생하는 경향이 있다(Thomas et al., 2013). 여기서 '위해' 개념이 피해의 원인이 외부 환경에 귀속되는, 즉 인간의 통제 밖에 있는 물리적 사건들과 관련이 있다면, '위험' 개념은 피해의 원인이 아무런 행동도 하지 않는 부작위를 포함하여 사회 내부의 이전 행동들에 귀속되는, 즉 어떤 결정들의 부정적인 결과와 관련이 있다(Luhmann, 1990: 661).

　재난 개념은 자연적 사건이든 인위적 사건이든 통제에 한계가 있음을 전제한다. 실제로 모든 재난을 막는다는 것은 근본적으로 불가능하다. 발생빈도가 낮을지라도 예측이 불확실하기 때문에 언제 일어날지도 모르는 재난위험은 항시 사회에 상존해 있다. 재난은 자연과학만으로는 이해할 수 없는 대표적인 주제이다. 자연과학은 재난으로 인지된 사건들의 물리적인 측면과 위해의 규모에 대해 대답할수는 있어도, 재난이 어떻게 일어나고 왜 일어나는지는 대답할 수없다. 사망자 수가 최소 몇 명이어야 재난으로 인정한다는 과학적기준도 보편타당한 기준도 없다.2 사망자 수가 많다는 이유만으로그 사건이 곧 재난이 되지는 않는다. 만일 예기치 못한 사고로 동시에 수많은 사망자가 발생한다면 재난이지만, 교통사고 등 '수용 가능한 위험'의 범주에 포함되는 것들은 하루 평균 수백 명의 사람들이죽더라도 재난으로 인지하지 않는다. 어떤 사건을 재난으로 보는 데필요한 최소한의 사회적 손실의 수준도 정해진 바가 없다. 만일 재난을 물적 자산의 손실규모로 판단한다면, 비공식 경제의 비율이 높거나 자산가치가 높지 않은 빈국들에서는 재난으로 기록될 만한 것

2　유엔국제재난경감전략기구(UNISDR는 1989년 유엔총회가 채택한 국제자연재해
　　경감 10개년계획을 추진하던 IDNDR을 1999년 개칭)가 재난의 범주를 10명 이상
　　의 사망사고, 100명 이상의 피해자 발생, 국가의 긴급구호 선포, 국가의 국제사회
　　도움 요청 등으로 규정한 것은 미국의 허리케인 카트리나 재난이 계기가 된 우연적
　　인 결정으로, 절대적 기준이 아니다(UNISDR, 2005).

이 별로 없을 것이다. 그러나 재난은 부국보다 빈국에서 더 빈번하게 발생하며 더 치명적이다. 숲과 해변 같은 자연에서 일어나는 사건들은 복구비용이 들지 않는 이상 재난의 범주에 포함되지 않는다. 따라서 도시지역이 농촌지역보다 재난의 범주가 훨씬 더 광범위하고 피해의 규모도 더 크다.

결과적으로 우리는 무질서를 사건들의 발생역학과 확산과정에 연계시키거나 재난관리에 연계시켜 자연적/인위적, 소규모/대규모, 빈번한/드문, 급진적/점진적 등의 구별에 따라 재난의 범주를 확정해 드러낼 뿐이다(UNISDR, 2015). 이때 무질서한 사건들과 연결된 선택들은 재난관리와 연결된 다른 선택들과 구별되고, 또 어떤 선택은 다른 선택을 통해 정정되면서, 사건들의 도달된 상태와 재난관리의 도달된 상태가 양자를 이어 주는 진동을 위한 출발점을 제공한다. 결국 어떤 재난인가는 사회가 재난사건들을 자기 내부에서 준거하여 처리하면서 확정한다.

지진학자들은 지진 생성의 역학과 지진파에너지의 전개과정을 사전에 예측해 지진에 대응하는 것을 포기한 듯하다. 한반도에서 과거의 사건기록들을 이용해 지진의 발생확률을 연평균 단위로 산정하는 것은 가능하다. 그러나 그것은 지진의 발생 가능성에 대한 확률계산일 뿐 지진이 언제, 어디서, 어떤 강도로 발생할지에 대한 예측이 아니다. 지진은 예보할 수 없다. 따라서 지진파가 다가온다는 것을 알리는 사이렌은 울리지 않는다. 사회가 요구하는 정보를 지진학자들은 제공하지 못한다. 재난 예측은 지진의 발생과 전개에 대한 사후

설명이 아니라 '사회화된 자연'이 미치는 사회질서의 혼란, 즉 무질서와 파국을 예측하여야 한다. 재난연구자들은 현대사회가 발달하면서 재난의 빈도와 강도가 점차 커지고 있으며, 이런 흐름을 지속할 것이라는 데 대체로 동의한다. 그러나 재난의 빈도증가가 인구의 증가 때문이 아니라는 것은 개별 재난의 사망자 수가 인구증가에 비례해 증가하기보다 오히려 감소하는 데서 확인된다. 재난의 빈도와 강도는 왜 증가하는 것이며, 또 어떻게 증가하는 것인가?

일부 분야에서 재난위험의 관리가 과거보다 더 기술적으로 이루어진다고는 하지만, 자연재해이든 사회재난이든 재난들은 사건들이 예기치 못한 형태로 일어나기 때문에 발생한다. 사건들의 예측이 불가능하므로 재난에 완전하게 대응할 수는 없다. 재난의 빈도와 강도가 증가하는 것은 과학과 기술의 발전에 따라 새로운 위험들이 끊임없이 생성되고 발견되기 때문이며, 또한 과학의 발전에 따라 그 위험들에 대한 지식이 증가하기 때문이다.

재난의 증가와 동시에 국가에 대한 신뢰가 감소하는 현실은 재난과 관련해 사건전개의 규명과 기술적 통제방법보다 사회적 취약성에 더 관심을 기울일 것을 요구한다. 사회질서의 혼란에 대한 감수성 증대는 그 무질서를 직 · 간접적으로 경험한 모든 사람에게 미친 일련의 부정적인 영향에 주목하게 한다. 위해는 재건비용만 충분히 투입된다면 복구하기가 상대적으로 쉬운 데 비해, 사회의 다양한 기능수행 장애들은 회복하기가 용이하지 않다. 재난이 경제, 정치, 법, 과학, 교육, 종교, 의료, 대중매체 등 사회의 다양한 기능체계

들의 작동이나 조직들의 작동에 문제가 있음을 관찰하게 한다는 사
실은 여러 재난연구에서 확인된다.[3]

　이에 따라 최근에는 재난 이후 공동체가 재건에 실패할 가능성을
고려해 사회가 다시 작동할 수 있는 역량인 복원력resilience[4]에 대한
관심이 크다. 사회의 각기 다른 집단들은 재난의 영향을 처리하는
능력에 격차가 있어 유사한 재난에 노출되더라도 고통의 수준은 상
이할 수 있다. 부자들은 재산상 손실을 자력으로 비교적 용이하게
회복할 수 있는 반면에, 빈민들은 집의 시장가치가 약소하여 손실된
재산의 금액이 적은 경우에도 감당하기 어려운 고통을 입을 수 있

3　이것은 9·11테러, 아이티·동일본·칠레 지진과 지진해일, 체르노빌·후쿠시마
핵발전소 사고, 신종 인플루엔자 확산, 구제역 전염 등에 대한 해외연구들(Mort
et al., 2005; Picou & Marshall, 2007; Allen et al., 2010) 에서도 허베이스피
리트호 기름유출, 구미지역의 불산유출, 세월호 침몰, 조류인플루엔자(AI) 전염,
포항지진 등에 대한 국내 연구들에서도 확인된다(이재열·윤순진, 2008; 노진철,
2015).

4　복원력 개념은 '다시 튀어 오르다'라는 뜻의 라틴어 Resilio를 어원으로 한다. 복원
력은 체계가 내·외부 충격으로 인해 발생하는 불안정성을 처리하여 자신의 재생
산 기능을 회복하는 능력을 의미한다. 재난 트라우마에 대한 국내의 심리학적 연
구들이 주로 복원력(resilience)과 회복력(recovery)을 구별하지 않는 경향이 있
다. 그러나 서구의 심리학적 연구들은 전자를 몇 주 정도의 일시적인 동요가 나타
날 수 있으나 이후에 건강한 상태로 안정적인 경로를 찾아가는 양상으로, 후자를
장애가 몇 개월 또는 그 이상으로 지속되며 사건 이전의 기능 수준으로 점진적으로
돌아오는 양상으로 구별한다(Bonanno, 2004: Norris et. al., 2009). 일부 비심
리학적 연구들에서 복구력으로 번역하는 경향은 〈재난 및 안전관리기본법〉상 재
난관리의 복구단계와 겹쳐 기존 상태로의 복구를 지시하는 것으로 읽혀서 의미의
모호성과 혼란을 조장한다.

다. 이처럼 재난의 고통에는 사회에서 지배적인 포용과 배제의 차이가 반영되기 때문에, 사회적 취약성에 대한 사회의 관심 결여는 공동체의 유지에 심각한 위협이 될 수 있다.

현대사회의 공동체는 전통사회의 촌락공동체와 달리 결코 온정적이지도 협동적이지도 않으며 공감으로 연대하지도 않는다. 오히려 시민들은 경쟁하고 갈등하면서 다양하게 닥쳐오는 위기들을 해결하는 개별화된 개인들이다. 같은 규모로 재해가 발생하더라도 재난의 양상은 공동체의 형태에 따라 달라질 수 있다. 외부적 위협의 수준이 비슷하더라도 각 공동체가 지닌 복원력의 격차에 따라 재난이 될 수도 있고 아니 될 수도 있다(김은성 외, 2009; 정지범, 2012). 따라서 재난 시티즌십disaster citizenship 논의의 핵심은 시민들이 재난대응과 복구에 자발적으로 참여하고 공동으로 문제를 해결하는 공동체의 복원력을 어떻게 형성하느냐이다(정채연, 이 책의 8장).

2. 재난공동체의 집단 트라우마와 집단 고통

재난들은 어느 한 요인에서 비롯되지 않고 복합적 요인에 의해 발생한다. 자연적 요인들뿐만 아니라 인위적 요인들도 동시에 작동해 생명, 신체 및 재산의 손실을 유발하는 원인으로 지목된다. 적어도 재난관리가 작동하는 상황에서 일어난 재난에 대해 사회는 대응실패의 각종 원인을 부정적으로 구성한다. 즉, 사람들은 재난을 '피할 수 없는' 자연현상이나 기술장치의 '불가피한' 결함 등에서 발생한 것으로 보기보다는 '피할 수 있는' 것이지만 대응에 실패해서 위해를 입은 것으로 소통한다. 이처럼 재난이 피할 수 있는 것이라는 인식은 재난연구들과 재난위험의 감축전략·재난경감 임무를 수행하는 재난관리 조직들 내에서 진행되는 대부분의 논의에 함축되어 있다.

국내·외의 재난연구에서는 각종 예기치 못한 재난들을 직·간접적으로 경험한 모든 사람, 예컨대 생존자, 사망자 유가족, 친구, 소방관, 경찰 등의 재난피해자들이 겪는 두려움, 불안, 무력감, 강박, 과도한 흥분 등의 개인적 외상후스트레스장애PTSD에 맞추어 그 증상과 치유를 탐구하는 연구들이 지배적으로 많다(Westefeld & Heckman-Stone, 2003; Tedeschi & Calhoun, 2004; 김대호, 2005; Roberts, 2005; Neria et al., 2011; 안현의 외, 2013). 물론 정신의학적 접근방식은 개인의 심리적 고통을 완화하거나 심리기제를 재난 이전 수준으로 회복하도록 치료할 수 있다. 그에 따라 재난피해자들을 정신의학의 지배와 영향, 감독 아래에 두는 트라우마 치료가 부각된다(김왕배, 2014; 김명희, 2015). 그러나 재난으로부터 오는 고통을 개인의 질병으로 환원하는 정신의학적 개입이 오히려 사회적 혼란과 불신을 더 심각하게 만드는 상황을 유발할 수 있다(이현정, 2016: 5이하). 이에 상응하게 재난에 대한 심리적 접근이 재난 트라우마를 유발하고 지속시키는 사회적 조건과 사건들의 전개과정을 개인/사회의 이분법을 통해 지나치게 개인문제로 개별화하는 경향이 있다는 비판이 제기된다(Mort et al., 2005; Picou & Marshall,

2007; Doherty, 2007; Kessler et al., 2008; Thomalla & Larsen, 2010; 최남희, 2011). 재난이 개인적 트라우마를 촉발하는 '주어진' 대상으로 전제될 뿐 아니라, 개인의 반응들이 사회에 영향을 미치지 않는다고 가정한다는 것이다.

재난은 개인이 개별로서가 아니라 공동체가 집단으로 경험한다. 고립된 개인의 외상후스트레스장애는 질병이긴 하나 재난은 아니다. 위해에서 재난으로의 변환은 공동체가 스스로 생성하는 위협이 광범위하게 지속적으로 확대되는 상황에서 일어난다. 재난은 공동체를 급박한 위기상태에 놓이게 할 뿐만 아니라 공동체의 모든 구성원을 사회질서의 혼란과 집단갈등, 사회적 손실 등의 고통에 광범위하게 노출시키는 집합적 속성을 가진다. 따라서 재난에서 발생한 고통은 심리 층위의 개입보다 훨씬 더 광범위하고 체계적인 사회 층위의 개입을 요구한다(Erickson, 1976; Doherty, 2007; Allen et al., 2010). 이런 맥락에서 재난 초기 몇 주 정도의 급성기에 심리학적 평가나 정신의학적 개입은 재난피해자들의 자연스러운 반응을 병리적인 것으로 인식해 재난공동체의 복원력 발현에 오히려 부정적인 영향을 미치고, 그들에게도 도움이 되지 않는다는 지적이 설득력을 얻는다(Bonanno, 2004; Bryant, 2015). 이처럼 최근 재난 트라우마의 심리학적 연구들은 복원력과 회복력을 구별할 뿐만 아니라 개인의 복원력과 공동체의 복원력도 구별한다(Sapienza & Masten, 2011; Wyche et al., 2011). 공동체 복원력의 심리학적 연구들은 공동체의 복원력 발현을 기대하기 위해 급성기에서 중기 및 장기로 이어지는 기간에 심리평가나 정신의학적 개입이 무엇을 할 수 있는가에 주목한다(허심양·최현정, 2017).

세월호 참사, 사스·메르스·신종플루·코로나19 등 감염병 사태, 경주·포항지진 등에서 경험한 재난은 공동체가 스스로를 위협하는 집단 트라우마를 동반하는 현상에 주목하게 한다(정채연, 이 책의 8장). 세월호 참사 당시 공중파가 3일 이상 구조지연과 대응실패를 생중계하면서 한국사회에 형성된 집단 트라우마는 사회적 약자와 희생자에 대한 공감(노란리본 달기)과 혐오(일베의 폭식투쟁) 간 공개적 집단갈등을 일으켰고, 집단고통은 검찰재수사 등 재난원인의 진상규명과 집회, 공연, 창작활동 등의 기억투쟁을 통해 그때마다 기억된다. 감염병 사태에서는 감염공포로 인해 감염자뿐만 아니라 의료진, 감염자가 방문한 병원·기관, 근무한 직장, 다니던 종교시설, 거주하는 집·아파트까지 코호트 격리Cohort Isolation의 대상이 된다. 나아가 이동제한·금지 혹은 봉쇄의 범위가 집단감염이 발생한 모든 공간, 즉 다중이용시설, 마을, 지역, 국가까지 계속 확장된다. 그로써 집단 트라우마는 감염병 위험이 사라질 때까지 집단감염 발생지역의 기본조직들과 기능체계들을 일시적으로 마비시킨다. 일상에서는 모든 공적 활동의 통제로 인해 공급망 교란과 수요 위축이 일어나고, 기업들이 활동을 중단하고, 소상공인·자영업자들이 상점 문을 닫으며, 각급 학교가 휴교에 들어가고, 종교모임과 스포츠행사가 중단된다. 따라서 감염병 사태가 장기화된다면 공동체는 공포와 불안, 무질서와 갈등으로 인해 파국 위기에 직면할 수 있다.

특히 비정규직·일용직 노동자와 같은 취약계층은 물질적·정신적 손실로 인해 극한상황에 내몰린다. 그에 비해 포항지진은 지진의 특성상 피해가 특정지역에 국한되면서 불가항력인 지진 파괴력에 대한 공포에서 유발된 집단 트라우마가 피해지역에 제한된다.

지열발전소와의 연관성에 대한 몇몇 지질학자들의 의혹제기가 지진 발생원인에 대한 전문가 논쟁을 불러일으키면서, 집단 트라우마는 지진 재발에 대한 시민들의 불안과 집단항의로 현재화된다. 임시 거주지에 기거하는 이재민들의 집단고통과 시민들의 진상규명 및 책임귀속 요구가 정치적인 반향을 일으키고, 이에 압박을 받은 정부는 국내·외 전문가들로 정부조사단을 구성해 원인규명에 나선다(대한지질학회·포항지진 정부조사연구단, 2019). 지열발전소에 의한 '촉발지진'이라는 정부조사단의 진단결과를 기초로 하여 국가에 손해배상을 요구하는 시민들이 이해관계에 따라 다수의 대책위원회를 구성하고 집단소송을 제기하는가 하면, 선거를 의식한 정당들이 진상조사와 피해구제를 위한 특별법안들을 경쟁적으로 발의한다. 정치에 대한 불신과 시민대책위 간 이해관계의 충돌로 인해 지역사회는 분열한다.

이들 사례가 보여 주듯이 자연적/인위적 재난사건들에 준거해 발생한 재난 트라우마가 일상에서 현재화되면서 일어나는 사회질서의 혼란과 집단고통이 재난이다. 재난 트라우마는 집합적 속성을 갖는 사회적인 것으로서 심리 층위의 일반 트라우마와는 근본적으로 다르다. 개인 트라우마가 외부에서 닥친 갑작스러운 사고로 인한 고통으로 방어기제가 완전히 파괴되거나, 이에 대해 적절히 대응하지 못한 데서 나타나는 심리적 현상이라면, 집단 트라우마는 재난이 구성원들의 결속을 해체하고 공동체의 기본조직과 고유한 기능들을 급격히 위축시키거나 제 기능도 발휘하지 못하게 하는 타격이다 (Erikson, 1976). 다시 말해서 개인 트라우마가 심리지원과 정신의학적 치료를 통해 어느 정도 극복 가능한 질병이라면, 집단 트라우마는 질병이 아니면서 구성원의 결속 해체와 공동체의 황폐화에 따른 고통의 파급효과가 삶의 무가치함, 국가와 사회제도에 대한 불신, 과학·기술의 해결능력에 대한 저평가, 디스토피아적 미래관, 공동체 분열 등으로 전이되어 파국을 초래할 수 있다.

재난은 사회적 불평등의 실재를 답습한다. 도시의 주거지역이 계층, 인종 등에 따라 구획되어 있기 때문에, 재난피해는 주거환경이 열악하고 각종 공공시설이 부족한 저소득층 밀집지역에 집중되는 경향이 있다. 2005년 뉴올리언스에서 허리케인 카트리나Hurricane Katrina가 발생했을 때에도 재난의 불행은 저소득층이 밀집해 사는 빈민지역에 치우쳐 저마다 불평등하게 찾아들었다(Elliott & Pais, 2006; Picou & Marshall, 2007). 2010년 아이티Haiti의 포르토프랭스 Port au Prince 지진에서도 사망자 수와 집단고통 등 재난의 피해는 부자마을과 빈민지역 간에 현격한 격차를 보인다(Mutter, 2015). 이처럼 재난의 고통이 왜 사회적으로 배제된 집단에서 더 파괴적인가에 대한 설명은 재난을 기술적 측면에서만 접근하거나 고통을 심리적 현상으로만 파악하는 기존의 관점에서는 불가능하다.

사회적으로 배제된 집단들은 재난으로 인해 더 많이 죽고, 더 고통을 받으며, 조금이나마 갖고 있던 것을 모두 잃고는 자신의 미래에 대해 불안해한다. 재난피해자의 다수를 차지하는 그들은 큰 타격을 입지만 그들의 경제활동 규모가 작아서 눈에 띄게 집계되지 않는다. 그들의 죽음은 사회적으로 덜 중요하게 취급되고 곧 기억에서 사라지며, 그들의 고통은 주목받지 못한다. 재난대응과 복구과정에서 그들은 흔히 관련정보의 공유에서 배제되고 결정에 참여하지 못한다. 재난구호소 천막이나 재난캠프, 임시피난처 등 외부지원에 의존한 생활은 자원의 불충분과 배분의 불공평으로 인해 구성원 간 경쟁과 집단갈등을 발생시키며, 그들의 인식에 영향을 미쳐 공포, 불안, 무질서, 분열 등 집단고통의 다양한 주제들로 표출된다. 그들의 미래는 절망적이다.

그에 반해 소수의 지배층은 재난의 충격을 스스로 완화할 능력을 갖추고 있어서 재난 트라우마를 상대적으로 적게 겪거나 거의 겪지 않는다. 부자들은 대체로 재난위험에서 벗어난 지역에 살고 있고, 부상을 당해도 의사에게 즉각 치료를 받을 것이며, 주택의 손실이 있다면 자력으로 신속히 복구할 것이다. 그들은 재산손실에 대해선 보험 등으로 보상받을 것이다. 재난 이후에도 자신의 자본과 기술, 전문지식을 활용해 사회기반시설 및 도시재건사업에 참여해 이익을 챙길 가능성이 높다. 따라서 재난 이후의 복구과정에서 권력이 다시 불공정하게 행사되고 부가 불공평하게 분배되면서 사회적 불평등은 더욱더 심화될 수 있다.

이런 맥락에서 재난 트라우마는 아직 규정되지 않은 잠재적인 집단 트라우마로서 공동체의 존속을 위협하는 사회적 실재로 인식하는 것이 타당하다. 재난 트라우마가 사회적 실재라는 것은 무엇을 의미하는가? 재난위험 소통은 재난사건들의 우발적 발생에 따른 예측 불가능성과 불확실성, 재난대응 실패의 원인을 중심으로 이루어지므로 재난을 경험한 구성원들에게 직·간접적으로 집단고통을 불러일으킨다. 특정 재난과 관련된 집단고통의 내용이나 강도는 공동체 층위에서 시민들 각자의 위치와 역할, 처해 있는 사회적 상황에 따라 달라진다는 점에서 우연적이다. 국가 층위에서는 재난대응 실패에 대한 국가나 정당, 기업, 학교, 언론사 등 공·사적조직들의 대응방식이 집단고통을 가중시키고, 나아가 기능 교란과 같은 추가적인 부정적 의미들을 발생시킬 수 있다(Kleinman, 1997; Ramirez & Peek-Ase, 2005).

아도르노에 따르면, 집단고통은 어떤 공동체의 규범이 시민들의 이해관계 및 요구와 충돌하는 데서 비롯된 사회적 사실이다(Adorno, 2003: 286). 가다머는 사람들이 고통을 통제하거나 제거하려고만 한 것이 불행의 원인이며, 집단고통은 대화를 통해 우리에게 부과된 문제를 인식하고 그것을 해결하는 기회라고 주장한다(Gadamer, 2005: 32). 대중매체의 발달은 모든 사람에게 재난현장을 실시간으로 공유하게 할 뿐만 아니라5 재난대응 실패에 대한 책

---

5   세월호 참사의 대응 및 복구과정에서 피해자들은 국가로부터 직접 정보를 얻기보

임을 공·사적조직들에 귀속시키고 그들에 대한 분노와 무기력을 동시에 경험하게 한다(정원옥, 2015; 이홍표 외, 2016). 포항지진의 위험에 대한 과민반응은 직접적인 위해도 있지만 2016년 경주지진에서 촉발된 재난위험 소통이 대중매체와 소셜미디어를 통해 공유된 것과 연관이 있다. 재난위험 소통의 증가는 때로 재난지역에서 집단고통의 파급력을 배가한다. 가다머의 통찰에 따르면, 집단고통의 치유란 과거의 진실을 찾아내어 그것을 다른 방식으로 바꾸는 과정이 아니다. 과거의 진실이란 애초에 존재하지 않는다. 모든 기억은 망각을 포함한다. 과거에 대한 기억은 현재에서 재구성될 수 있을 뿐이다. 다시 말해서 공동체의 집단고통은 구성원의 생생한 기억과는 무관하게 쟁점화된 주제에 따라 만들어질 수 있다.

　사회가 예기치 못한 사건들의 전개에 대한 통제에 실패하거나 생명, 신체 및 재산의 손실을 막는 데 실패한다면, 사건발생의 예측불가능성과 불확실성 문제에 노출된 지역들은 집단고통을 겪는 재난공동체로 전환한다. 잠재적인 집단 트라우마는 사건들의 전개에 대한 통제불능 및 책임귀속과 관련된 주제들을 파국위기로 쟁점화하는 재난공동체와 밀접한 관련이 있다. 재난공동체의 정체성을 공유하는 시민들이 정체성을 바꿀지도 모르는 집단고통에 계속 노출된다면, 잠재된 집단 트라우마는 현재화될 수 있다. 재난공동체의 잠재적인 집단 트라우마는 시민들이 재난대응의 실패를 공포와 불

다는 언론 또는 지인을 통해 이야기를 더 들었다고 한다.

안 등 집단고통으로 소통하면서, 재난공동체의 집단기억과 정체성을 형성해 가는 재난 트라우마의 미결정성에 주목하게 한다. 재난공동체의 자기기술은 희생자들만을 대상으로 하지도 않으며 정신의학적 진단에 대한 타당성 부여를 당연시하지도 않는다.

재난 트라우마의 해결과 치유는 결코 생존자와 사망자 유가족들만의 문제일 수 없으며 사회가 함께 치유하고 회복해야 할 집단고통이다. 사회는 재난의 원인을 환경에 속하는 자연이 아니라 재귀적으로 자기 자신에게 귀속시킨다. 재난대응 실패에 대한 진상규명과 무질서에서의 회복과정, 집단갈등의 해소과정 어디에도 특정 심리적 요소의 개입이 요구되는 곳은 없다. 공동체가 재난 트라우마의 틀에서 집단고통을 규정하고 그 피해를 확인하면서, 그에 대한 책임을 귀속시키고, 집단고통을 자기치유하고 회복하는 과정이 유의미한 관심대상이다(Erickson, 1976). 만일 대응실패에 대한 책임귀속 요구에도 불구하고 국가나 공·사적조직들이 책임을 회피하고 그 도의적 실천을 외면한다면, 나아가 그것들이 시민들의 협력을 감소시키고 불신을 키운다면, 재난공동체는 회복 불가능한 상태에 이를 수 있다. 그리고 재난이 초래한 집단고통은 결코 단일하거나 균질적이지 않으며, 공동체에서 다양한 위치와 역할을 가진 시민들의 복잡한 고통의 경험들로 구성된다.

재난 이후 공동체가 재난대응 과정을 회귀적으로 탐색하며 재기억하면 공동체의 정체성이 변화한다. 왜냐하면 기억이란 사회적이고 유동적일 뿐만 아니라 현재에서 공동체의 자기기술과도 깊이 연관되기 때문이다. 공동체가 기억 형식으로 선택된 과거의 공유를 통해 우발적인 사건들에 지속성을 만들고 자기 고유한 행위의 전제로서 그 기억을 유지하는 자기기술을 한다면, 그것은 재난의 예측 불가능성과 불확실성 속에서도 재난공동체가 질서와 무질서의 구별에 기초해 자기 자신을 지속적으로 재생산하는 자기준거적 체계로 구축되어 있다는 뜻이다(Luhmann, 1984). 이처럼 재난공동체의 기본 조직과 고유한 기능들을 재구성하는 자기기술이 공동체의 정체성을 지속적으로 재구성하고 유지한다. 우토야섬 총기난사 사건에서 노르웨이 사회는 회복과정에서 재난의 흔적을 신속히 지우는 것이 아니라 애도·공감의 영역을 확대해 재난피해자들에 대한 사회적 배려와 보호를 계속했으며, 언론과 각계 전문가들이 참사의 원인을 심층적으로 탐색했다. 재난사건에 대한 집단기억의 지속적인 공유를 통해 사회적 취약성에 대해 성찰하는 것이 공동체 스스로 집단 트라우마를 치유하고 새로운 형태의 정체성으로 거듭나는 길임을 보여준다(Pieper, 2012).

3. 국가 중심 재난관리에서
공동체 중심 재난 거버넌스로

재난대응에 실패한 사회는 재난 이전과 이후의 차이에 따라 재난의 원인, 재난위험을 다루는 다양한 방법과 사회적 영향을 고려한다. 재난은 실재하는 위해에 기초하고 있지만, 질서와 무질서의 구별은 사회에서 재난과 관련된 정보들을 정치적 목적에 의해 처리하기 위한 주제화이다. 그에 따라 정치는 재난이 끼친 위해의 자료들을 처리하긴 하지만, 이 자료들이 정치체계에서 가지는 정보가치는 오로지 정치적으로만 규정된다. 이에 반해 기업들은 시장과 관련된 수치나 자료들만을 정보로 여긴다. 재난 이후 복구대책을 수립하고 집행하는 국가는 실제로 경제적인 부정적 가치의 발생에 대한 제대로 된 정보를 갖고 있지 못하다. 다만 국가는 복구대책이 해당지역의 공조직이나 기업들에서 이행되는지를 알 수 있을 뿐이다. 과학자들은 재난 전후에 이들 조직이 재난관리를 제대로 이행했는지 국가가 다시 관찰한다는 사실을 관찰한다. 이 점에서 재난 이후 국가의 복구대책은 '안전'이라는 일종의 당위적 가치를 가지는 정치적 도식일 뿐이다. 이 당위적 가치는 충분히 충족될 수도 있고 불충분하게 충족될 수도 있다. 이처럼 사회는 재난대응 실패 및 복구와 관련해서도 질서와 무질서의 구별에 의해 상이한 자료들을 만들어 내고, 이를 통해 재난과 관련된 전체 정보처리 과정을 유지한다(노진철, 2010).

자기준거적 체계이론가인 루만(Luhmann, 1984)에 따르면, 모든 체계의 문제는 궁극적으로 체계와 환경의 차이에 기인한다. 이런 맥락에서 자기준거적 체계이론은 두 가지 관점에 주목한다. 우선 한 관점은 대상으로서의 체계에 대한 물음으로부터 체계와 환경의 차이가 어떻게 생산되고 재생산되느냐는 물음으로 이동한다. 또 다른 관점은 체계의 폐쇄성, 즉 체계작동의 자기준거성을 환경에 대한 체계의 개방성, 즉 타자준거를 위한 조건으로 파악한다. 타자준거는 체계가 구조적으로 연동된 자연과 그로부터 생겨나는 내적 교란 및 정보를 처리하는 과정에서 도출되는 결과이다. 체계가 자기의 정체성, 즉 체계의 자기기술을 체계 내에서 주제로 삼는 체계 내재적인 접근방식만이, 여기선 재난위험을 (체계에 연결된) 자기준거와 (환경에 연결된) 타자준거의 동시 처리를 통해, 질서와 무질서의 구별에 기초한 또 다른 질서의 지속적인 재생산을 가능케 한다(Luhmann, 1984). 즉, 체계는 재난위험 주제들을 자기준거적 방향으로 또는 타자준거적 방향으로 선택할 수 있는 가능성을 열어 놓는다.

체계이론의 관점에서 보면, 재난공동체는 환경에서 일어난 자연적/인위적 사건들을 타자준거로 하여 질서와 무질서의 구별에 기초해 자기준거적으로 작동하는 자기생산 체계이다. 사회가 무질서한 사건들이 일으킨 기능수행의 장애, 즉 교란을 억제하는 데 실패하면서, 일시적으로 생겨난 재난공동체가 자기준거적으로 작동하기 위한 필연적인 상관물이 재난이다. 그렇다면 재난으로 인한 교란은 사회에 구조변동을 일으킬 결정들이 내려지기 전에 재난공동체에 특화된 정보들로 전환되어야만 한다. 이를 통해서 비로소 우리는 재난

대응 실패와 복구 참여를 지향하는 재난공동체의 자기기술을 관찰할 수 있다. 재난공동체가 재난 이전에 형성될 수는 없다. 재난공동체는 재난으로 인한 잠재적인 집단 트라우마를 공유하는 시민들을 필요로 한다. 그리고 재난이 일어난 사회의 취약한 부분이 무엇인지는 재난공동체의 자기기술에서 관찰할 수 있다. 재난보도에 대한 관찰은 재난공동체가 뉴스에 나오는 정보들, 의미요소들에 대해 어떻게 대응하는지에 주목한다. 재난대응 및 복구과정 참여자는 사회의 지배층일 수도 있지만 평범한 시민일 수도 있으며, 또한 갈등으로 분열되거나 독자적인 회복이 불가능한 재난공동체의 경우 외부에서 제3자가 개입할 수도 있다.

재난 이전과 이후의 상황은 비록 우발적으로 터진 ─ 자연적이든 인위적이든 ─ 사건들에 준거하지만, 온전히 소통으로 이루어진 사회적 사건들이다. 국내 재난연구들은 주로 재난의 물리적 사건들에 준거해 재난관리의 조직적 역량의 한계와 관리체계의 부적절한 대응, 국가의 통제 실패에 초점을 맞추는 기술적 접근을 선호하는 경향이 있다. 한국의 재난관리는 오랜 권위주의 국가의 유산으로 2004년 재난관리체계가 확립될 당시부터 국가 중심으로 이루어져왔다. 국가 중심 재난관리는 비록 과거의 현장대응 및 복구 위주의 단편성에서 벗어났다고는 하지만, 1950년 제정된 미국 〈연방재난방지법the Federal Disaster Act〉의 예방-대비-대응-복구의 4단계 구분에 기초해 예방 위주로 전환하면서 관료조직의 하향식 명령과 통제 위주의 위계적 관리방식이 여전히 지배한다. 일반 행정직이 다양한 재난들의 전문가 집단보다 더 많이 주요 보직들을 장악하면서, 재난관리가 과도하게 결정과 집행, 복구자원 배분의 효율성만을 지향한다. 그 결과 재난대응의 실패 사례들은 위로부터의 관료제적 결정이 골든타임의 압박을 받으며 현장에서 재난에 대응하는 데 수행장애를 일으킬 가능성이 높음을 보여 준다(노진철, 2014a; 박동균·장철영, 2016; 염유경, 2016). 위계적 재난관리조직들이 무질서에 대한 불안과 통제불능에 대한 공포에서 상황통제를 잃지 않으려 위계적 수행방식을 고수하거나 주요 정보들을 제공하지 않은 것이 오히려 재난 현장에서 혼란을 가중시켜 재난을 심화시킬 수 있음이 드러난다(O'Brien, 2006; 정지범, 2012; 노진철, 2015). 관료제적 결정의 폐쇄성과 정보 비밀주의가 초동대처에서 하위조직의 상위 의존성, 상위조직과 하위조직 간 소통부재 등으로 인해 재난위험을 높인다.

이에 대한 대안으로 제시된 국가 중심 재난 거버넌스는 국가부문과 민간부문의 일사불란한 대응과 긴밀한 연계성, 명확한 지휘체계를 통한 빠르고 효율적인 결정에 의한 재난대처의 효과성 등을 장점으로 언급한다(이재은·양기근, 2009). 그러나 국가 중심 재난 거버넌스는 최근의 재난대응 사례에서 반복적으로 확인되듯이 통제 위주의 재난관리에 보조적이고 한정적인 시민참여, 즉 자원봉사 형태의 시민동원을 추가한 재난관리를 크게 벗어나지 못한다. 국가부문과 민간부문의 통합 권한이 국가 관료조직에 치우치면서, '관피아'나 연고주의·정실주의에 의한 규정 미준수, 변칙운영, 안전규제를 매개로 한 이해집단과의 유착, 피규제 산업에의 포획 등의 문제를 발생시킨다.

기존의 국가 중심 재난관리의 전제에 근본적 변화가 있어야 한다는 문제의식의 핵심은 현대사회에서 맞닥뜨리는 다양한 형태의 새로운 위험들의 경우 예측하지 못한 요인들이나 아직 알려지지 않은 새로운 요인들이 작용하는 등 피해의 원인을 단일요소로 규정하기 어렵다는 데 있다(노진철, 2010). 첨단기술들의 중첩과 다양한 관련 조직들의 연계가 현대사회의 재난을 예측 불가능한 것으로 만든다(Perrow, 1984). 다시 말해서 재난의 예측 불가능성은 과학의 미발달이나 통제의 결핍이 아니라 사회의 기능체계들의 복잡성과 긴밀한 상호의존성에 기인한다.

재난위험의 관리에도 불구하고 예기치 못한 사소한 사건들도 통제에 실패한다면 재난으로 이어질 수 있다. 따라서 재난전문가들은 재난처럼 복잡하고 '다루기 힘든 문제'는 국가의 역량만으로는 효과적으로 해결하기 어렵다는 데 인식을 같이한다. 그리고 재난에 노출된 지역이 구조·구난, 구호, 치료, 복구과정에서 이용 가능한 자원들의 부족으로 인해 구성원 간 상호지원이 급격히 감소하고 외부의 원조에만 의존하게 되는 경우, 외부로부터 유입되는 자원들의 불충분과 분배의 불공평이 각종 공공기관·유관단체에 대한 시민들의 불신과 갈등을 발생시켜서 재난공동체의 복원력을 약화시킬 수 있다(Freudenburg, 1997; Picou et al., 2004; Mort et al,, 2005; 최남희·노진철 외, 2008).

피쿠와 마셜(Picou & Marshall, 2007)은 허리케인 카트리나 재난에서 제방 파손으로 인한 생명, 신체 및 재산의 손실 외에도 빈민지역 흑인들이 경험한 집단차별, 혐오, 사회적 배제에 따른 다양한 집단갈등과 이주·정착과정의 지연에 따른 위해의 지속성에 주목한다. 그들에 따르면 재난이 기존의 안정된 생활과 제도를 무너뜨리고, 흑인들이 각종 구호물품과 지원 생활용품, 긴급의료서비스로 살아가도록 생활양식을 변화시킨다. 그리고 새로운 정착지로의 이주과정에서 사회구조가 변형되고 기존 주민과 새로 유입된 이주민 간, 보상받은 주민과 보상받지 못한 주민 간 불신과 집단갈등이 생겨난다.

  허베이스피리트호 기름유출사고를 연구한 학자들(이재열·윤순진, 2008; 김교헌·권선중, 2009; 김도균, 2011)도 재난대응과정에서 협력하던 재난공동체가 외부로부터 자원이 투입된 복구과정에서 재난지원금의 불공평한 분배와 국가의 행정적·법적 개입의 불공정에 대한 불만과 불신, 국제유류오염보상기금IOPC의 보상한도 내 피해액 산정 및 보상 우선순위를 둘러싼 업종별 집단갈등, 그리고 사고 선박 소유기업과 자매결연한 마을과 그렇지 않은 마을 간, 그 기업의 지원사업을 수용하는 주민과 거부하는 주민 간 집단갈등으로 공동체가 분열하는 것을 관찰한다.

  이러한 공동체의 분열양상은 포항지진에서도 재난지원금 분배와 피해보상소송 과정에서 개별화된 개인들의 사적 이익추구 경향에서 확인된다. 지원금의 분배과정에서 지원금을 받은 주민과 지원금을 받지 못한 주민 간 집단 갈등이 생겨나고, 국가를 상대로 한 손해배

상청구소송 과정에서도 수 개의 대책위들이 난립해 포항지역은 이
해관계의 충돌로 분열한다.

이러한 사례들은 공동체가 어떤 경우든 재난을 예방할 수 있다거
나 적어도 대처할 수 있다는 보장이 되지 못한다는 것을 보여 준다.
사회는 재난의 예외적 상황에 반응하는 공동체의 협력 가능성을 단
지 잠재적으로 가지고 있을 뿐이다. 이를 개선하기 위해 세계는
2005년부터 유엔 주도하에 재난관리 패러다임을 국가 중심에서 공
동체 중심으로 전환하는 추세에 있다. 6 이것은 재난관리의 중심이
국가에서 공동체로 전환하는 것뿐만 아니라 관리의 대상도 물리적
위해로부터 재난위험으로 전환하는 것을 의미한다. 일본은 2011년
동일본대지진을 계기로, 미국은 2012년 허리케인 샌디Hurricane Sandy
를 계기로 재난정책의 기조를 재해발생의 방지와 위해 경감을 목표
로 하던 국가 중심의 재난관리에서 공동체 중심의 재난 거버넌스로
전환하여 재난위험의 경감과 재난공동체의 복원력 발현을 목표로

---

6 유엔재난경감전략기구는 재난관리에서 공동체의 복원력에 주목했다. UNISDR은
고베대지진(1995년)을 계기로 2005년 자연재난의 재난관리에서 국가와 공동체의
복원력 형성을 촉진하기 위한 효고행동강령(Hyogo Frame for Actions 2005~
2015: Building the Resilience of Nations and Communities to Disasters)을 채
택했고, 그 실천프로그램인 '도시 및 공동체 복원력'(Resilient Cities & Commu-
nities)은 재난위기에 대응하는 유럽 국가들의 재난기구와 세계지속가능성지방정
부(ICLEI) 등 국제기구의 주요 의제로 부상했다. 2015년 3차 세계재해위험경감
회의(UNISDR, 2015)는 모든 재난유형의 위험경감에 공동체 복원력을 적용한 센
다이강령구조(Sendai Framework for Disaster Risk Reduction 2015~2030)를
채택한다.

한다(임승빈, 2017). 만일 거버넌스가 자발적인 시민참여와 신뢰형성으로 이어지지 않고 책임분산으로 귀결된다면, 각 부문 간 협력과 조정은커녕 책임을 둘러싼 공방과 집단갈등으로 인해 공동체는 분열할 수도 있다. 따라서 공동체 중심 재난 거버넌스는 특정 공동체가 재난에 노출된 원인을 재난위험 및 혜택분배의 불공평, 특정집단의 이해관계에 편향된 권력행사의 불공정, 사회적 불평등으로 인한 사회적 취약성에 귀속시킨다(Mort et al., 2005; Kelleman, 2007; Kessler at al., 2008). 이 공동체 중심 패러다임은 재난대응 및 복구 과정에서 위기상황에 대처할 수 있는 역량인 공동체의 복원력의 하위개념으로 시민참여와 공동체 가치, 공동체 능력을 중시한다.[7] 그리고 재난대응 과정의 투명성과 이를 통한 책임성 부여를 강조한다.

물론 국가의 권한을 공동체에 위임한다는 것이 곧 국가의 역할 축소를 의미하는 것은 아니다. 국가 중심 패러다임이 예방을 강조하며 아직 일어나지도 않은 재난에 대한 사전관리를 위한 명령과 통제에 치중한다면, 공동체 중심 패러다임은 재난 이후, 즉 재난대응에 실패한 후 사회의 위기를 해결하기 위해 공동체 내 자원들을 동원하고 공·사적조직들과 집단들을 연계하는 데 주목한다. 이처럼 재난의 원인이 외부 환경이 아니라 사회 내부에 귀속되면서, 재난정책도 관

---

7 다수의 재난연구자들이 재난공동체의 복원력을 측정하고 평가하기 위해 상이한 개념정의와 다양한 하위개념들을 제시한다. 허심양·최현정(2017)은 이들이 구상한 복원력의 하위개념들을 체계적인 분석을 통해 크게 공동체 가치와 공동체 능력으로 구분한다.

리 위주의 상대적으로 단순한 예방에서 벗어나서 사회의 교란들을 해결하고 상호 불신의 경감을 위해 재난위험을 관리하는 등 공동체를 중시하는 방향으로 전환한다(Snowden, 2005; Mayunga, 2007; Mathbor, 2008; Cutter et al., 2008; Djalante et al., 2011; 강상준 외, 2013; 양기근, 2016). 다시 말해서 공동체 중심 재난 거버넌스는 재난을 항상 존재하는 위험으로 인정하고, 단순히 제거해야 할 대상이 아니라 재난위험 관리의 불공평, 불공정, 불평등을 개선할 기회로 간주해 공동체가 학습하고 성장하는 기회로 삼는다. 이는 재난공동체를 더 이상 국가 중심 재난관리의 수동적 동반자나 타율적인 동원대상이 아니라 스스로 집단 트라우마를 극복하고 기능수행의 장애에 적응하는 자율적 체계로 인식한다는 뜻이다.

4. 재난공동체의 복원력

재난을 입은 사회는 부분적 혹은 전체적으로 일상적인 기능들의 작동에 교란이 일어날 수 있고, 무질서 혹은 공황상태의 위기를 맞을 수 있다. 이것은 특정 개별지역에 미치는 재난의 부정적 영향이 직접적인 위해에 국한되지 않고, 재난이 일으킨 사회의 교란들이 그 공동체를 매개로 어떻게, 그리고 얼마나 심화되느냐의 문제이다. 다시 말해서 교란현상은 재난에 대한 직접적이며 과잉적인 반향으로 인해 공동체가 갈등하며 분열하는 경우에 일어난다. 공동체는 외부 충격으로 파괴되지는 않겠지만 내적인 과잉 부담으로 인해 분열할 수 있다. 갑작스럽게 발생한 재난에 대응하는 과정에서 공동체의 기본조직들과 기능체계들이 재난위험 소통의 확산을 통해 스스로 고유한 기능들을 위축시키거나 교란으로 작동하지 못하게 된다면, 재난 이후 그 사회는 필연적으로 구조변동을 겪게 된다(Pfefferbaum & Doughty, 2001; Shultz et al., 2007). 적어도 국가비상사태, 특별재난지역 선포제도는 재난의 타격을 입은 지역이 회복 불가능한 상태에 이를 수 있음을 전제한다. 여기서 재난이 공동체에 초래하는 부정적인 영향들에서 공동체를 회복시키는 대처능력인 체계의 복원력이 중요해진다(McEntire, 2001). 사회질서의 혼란과 공동체의 분열을 극복하고 새로운 변화에 적응한 사회는 재난 예방과 대비로 이어지는 선순환 구조를 가지고 작동할 것으로 기대된다.

생태학적 복원력을 처음 언급한 홀링은 체계의 안정성/불안정성의 구별에 의해 환경의 변화에 적응해 재생산을 지속하는 체계의 능력을 복원력으로 규정했다(Holling, 1973). 체계의 안정성이 일시적인 동요나 기능수행의 장애에도 불구하고 균형을 회복하는 체계의 역동성을 의미한다면, 복원력은 이 역동성을 넘어 구조변동을 통해 새로운 질서와 규범을 모색하는 체계의 능력을 포괄한다. 이런 맥락에서 체계의 복원력은 단순히 재난발생 이전 상태로의 복귀가 아니라, 반복적으로 재난을 겪는 사회가 구조변동을 통해 이전과 다른 체계로 진화하는 가능성을 포괄하는 개념이다(정채연, 이 책의 8장). 즉, 복원력 있는 체계는 구조적으로 재난위험을 저감해 재난발생의 악순환 고리를 끊고 기존의 체계와는 다른 새로운 질서와 규범, 가치를 구축할 수 있어야 한다. 재난의 외부충격이나 변화에 대응해 공동체의 집단고통을 경감하거나 극복할 필요가 있는 경우, 극복 시간을 줄이려는 노력뿐만 아니라 변화하는 조건에 적응하는 공동체의 기본조직들과 기능체계들의 기능을 회복하는 능력이 관건이다. 또한 집단고통에 대한 시민들의 무관심도 재난피해자들을 통해 끊임없이 상기되는 집단 트라우마의 일부를 구성한다(Alexander, 2007; 김명희, 2015). 따라서 국가가 성급하게 집단 트라우마의 존재를 부정하고 재난공동체의 정체성을 조작하려 개입하거나 정상화를 무리하게 시도하는 것은 위험한 게임일 수 있다(LaCapra, 1994).

어떤 이유에서든 재난은 기대하지 않은 자연적/인위적 사건들에 의한 교란이며, 예상치 못한 부분들이 심각한 피해를 입기 때문에 충격으로 인지된다. 물론 변화된 환경에 적응해야 하는 사회의 압박은 자연적이거나 심리적인 것이 아니라 사회적인 것이다. 대구지하철화재 참사와 세월호 참사, 사스·메르스·코로나19 감염병 사태, 경주·포항지진 등은 갑작스럽게 일어났고, 사회는 피해지역 공동체의 기본조직들의 마비를 넘어 경제침체, 정치갈등, 공교육 파행 등 기능체계들의 교란에 따른 불확실성을 경험했다. 때로 파국적인 결과에 이를지도 모르는 재난위험은 장기간에 걸친 구조적인 비정상적 발전을 통해 준비된 것이다. 따라서 복원력 연구는 징후적 사건들의 전개보다 사회의 구조적인 비정상적 발전에 집중할 것을 요구한다.

재난연구자들은 궁극적으로 재난에 의한 체계 내적인 교란에 대한 저항과 그 교란을 야기한 외부환경의 변화에 대한 체계의 적응에 관심을 가진다. 재난에 의한 교란은 피해지역 공동체들의 매개를 통해 간접적으로 기능체계들에서 일어난다. 다시 말해서 기능체계들은 공동체 그 자체와는 전혀 다른 방식으로 재난위험 소통에 의해 교란될 수 있다. 그에 대한 사회의 저항은 기능체계들의 고유한 감수성과 결합해 불확실성을 교란의 형태로 지속적으로 처리하는 과정에서 일어난다. 우리는 개별 기능체계들이 재난위험에 대한 자기 고유한 감수성과 역동성을 가지기 때문에 재난에 의해 사회에서 일어난 교란들을 비로소 관찰할 수 있다. 재난대응뿐만 아니라 복구과정도 공동체에 파국 위기를 초래할 수 있다는 역사적 경험에서 나온 복원력 관점은 공동체의 존속을 위협하는 사회변화와 그에 저항하면서도 자기조직화하는 공동체의 적응능력을 강조한다. 재난으로 인해 개인에게서 서서히 진행되는 피해와 고통의 개인적 극복을 선호하는 생태학 및 심리학, 정신의료학의 복원력 논의와 달리, 8 사회학적 연구는 공동체가 재난사건들이 일으킨 자원결핍과 집단고통

---

8 생태학적 분석은 홀링이 환경변화와 기후변화에서 오는 기능수행 장애의 상황에서 체계가 자신을 안정화하는 과정을 복원력으로 기술한 이래, 일반적으로 자연재해와 관련하여 사회의 복원력에 주목하는 경향이 있다(Cutter et al., 2008). 그에 반해 심리학 및 정신의료학적 분석은 힘든 환경을 극복한 개인의 복원력에 초점을 맞추지만 사회의 복원력은 거의 언급하지 않는다. 사회생태학이 생태학적 복원력과 연계해 사회의 복원력을 조건으로 언급한다(Folke, 2006; Longstaff et al., 2010).

등에 의한 교란들, 즉 불확실성의 흡수 능력, 그리고 공동체의 기본조직들 및 기능체계들의 고유한 기능을 재생산하기 위해 변화를 통해 자기조직화하는 능력을 탐구하는 데 집중한다(Chenoweth & Stehlik, 2001; Folke, 2006; Djalante et al., 2011; Reid et al., 2013; 하현상 외, 2014; 노진철, 2015). 이 두 가지 연구경향은 복원력이 근본적으로 무엇을 의미하느냐는 질문으로 귀결된다. 연구자들은 복원력이 사건발생 이전부터 존재하는 고유한 영향력인지, 아니면 재난 이후의 사후학습을 통해 획득하는 능력인지를 놓고 논쟁을 한다. 전자가 개인의 영역에 이미 주어져 있는 복원력의 요소들을 기술적으로 측정하는 데 집중한다면, 후자는 재난마다 다른 사회관계의 위협에 대한 사회의 복원력, 좁게는 재난공동체의 저항과 적응능력을 탐구대상으로 한다. 엄밀한 의미에서 외부환경으로부터의 타격에 대한 반응인 사회의 복원력은 재난 이전에 존재하는 개별화된 개인들의 능력이 아니라 재난 이후의 사회적 실행, 즉 재난이 공동체의 기능적 작동들에 미치는 부정적인 파급효과를 스스로 극복하는 체계의 역량과 관련이 있다. 따라서 사회의 복원력은 공동체가 일시적인 교란들로 인해 스스로 생성한 불확실성을 흡수하고, 기본조직들을 넘어 사회의 기본구조들을 재생산하는 기능체계들의 자기준거적 생산능력을 지시한다.

체계의 복원력 개념은 재난에 대한 관점을 결과 중심에서 과정 중심으로 이동시키고, 그 전제로서 고도로 복잡한 현대사회에서 재난이 일상적으로 발생할 가능성을 인정한다. 자연과학자가 재난을 외부환경의 자연적 요인으로 인한 물리적 위해 등 결과의 관점에서 보는 것과 달리, 사회과학자는 재난에 의한 체계의 교란들로 인해 후속적으로 출현하는 무질서와 분열, 집단갈등의 생성 및 그 해소 등을 과정의 관점에서 접근한다. 모든 사람이 재난위험에 대한 인지와 대응능력, 회복 가능성을 골고루 갖춘 것은 아니다. 특히 개인들이 사적 이익만을 추구하고 공공이익과는 상충하게 행동할 수 있는 사회질서의 혼란 상황에서, 재난관리가 국가에 과도하게 집중되어 있다면 공동체의 복원력은 낮을 수 있다(노진철, 2014b). 재난은 우발적 사건이든 물리적 위해이든 사회가 그것을 위험으로 인식한다는 점에서 사회의 역동적인 구조변동의 동인을 잠재적으로 내포한다. 이런 맥락에서 체계의 복원력 관점은 지역의 다양한 기능적 교란들에 대한 개방적인 논의를 통해 변화를 추구하는 공동체의 거버넌스 역할에 주목한다.

재난은 기능체계들이 고유한 반향 능력에 의해 서로 다른 국면에서 공동체를 재구성할 수 있는 계기를 제공한다. 기능체계들이 제각기 자기 고유한 방식, 즉 약호code 및 프로그램program에 따라 재난을 처리하더라도, 한 체계의 교란이 다른 체계들로 지속적으로 전이될 개연성은 크다. 기능체계들은 서로의 작동조건이 되고, 또 서로의 작동을 교란한다. 어떤 체계가 재난의 위해에 대해 민감하게 반응하고 그 반응과정에서 다른 체계들의 사회 내적인 환경을 변화시킨다면, 사회에서 교란들이 강화될 수 있다. 예를 들어 재난으로 인한 자원결핍 현상은 일부 품목의 사재기나 가격 급상승과 같은 경제적 문제의 출발점만 되는 것이 아니라 시장에 대한 관료적 통제의 무력화 같은 정치적 문제의 출발점이 되기도 한다. 또한 재난위험에 대한 과잉반응은 속보·단독 경쟁에 편승한 정파적 왜곡, 인권침해, 허위정보(오보·가짜뉴스), 과장기사 같은 저널리즘 문제만 드러나는 것이 아니라 저널리즘에 대한 비판기능을 상실한 사회과학이나 사회현실로부터 괴리된 기초과학과 같은 과학의 문제도 드러나는 계기가 된다.

사회의 교란들은 계속해서 한 기능체계에서 다른 기능체계들로 전이되기만 하는 것이 아니다. 교란들은 다른 기능체계들로 전이되는 과정에서 일부는 흡수되고 일부는 다시 전이되며 강화된다. 재난공동체에서 기능체계들이 함께 작동하는 것은 거의 모든 재난에서 불가피하다. 개별 기능체계들의 교란 강화가 재난공동체의 집단기억과 정체성에 영향을 미치고, 그에 상응하게 교란들이 특정 기능체계들의 결함으로 재현되는 그만큼 사회는 구조변동의 압박을 받는다. 만일 교란들이 오로지 기능체계들의 동시 작동에 의해서만 해결될 수 있는 문제라면, 그것은 개별 기능체계들이 상호의존 관계에 있다는 증거이다. 만일 국가가 재난의 경제적 결과들과 재난공동체의 집단고통을 어떤 고려도 하지 않는 형식으로, 즉 분쟁 형식으로 점진적으로 해결하고 있다면, 그것은 사소하지 않은 근본적인 갈등들이 여전히 존재한다는 징후이다.

5. 사회적 취약성과 재난 시티즌십

동일한 시공간의 구속을 받으면서도 느슨한 재난공동체의 연결망은 일상 상호작용의 층위에서 인물들이 끊임없이 교체되어도 작동하며 재생산될 수 있다. 관찰자인 재난연구자들은 이 느슨한 연결망에 이제까지 피해지역에 존재하지 않던 공동체 가치(협력, 자발적 참여, 상호신뢰, 사회정의)와 공동체 능력(교육, 사회적 자본, 파트너십, 통합 서비스, 지속가능한 서비스 등)을 투입한다면 재난공동체가 복원력을 발현할 수 있을 것으로 기대한다(허심양·최현정, 2017). 공·사적 조직들이 제 기능을 하지 못하는 재난상황에서는 시민들의 자발적 참여와 상호신뢰에 기반하는 협력관계의 느슨한 연결망에 의지하는 것이 재난공동체의 복원력 발현에 합리적일 수 있다. 그러나 재난위험은 적절한 행위의 선택이나 중단의 선택을 통해 피해를 만회할 수 있는 위해의 형태로서가 아니라 피해지역 공동체들의 매개를 통해 위험에 대한 기능체계들의 관찰형태로서 발생한다. 이런 의미에서 재난으로 인해 사회를 위협하는 것은 사회 자신이며, 그것도 재난위험에 대한 상이한 체계들의 관찰을 통해서 그렇게 한다(Luhmann, 1986a: 68). 따라서 위험한 결정의 선택과 행위 선택의 포기가 곧 안전의 획득으로 귀결되는 것은 아니라는 재난위험 소통의 역설이 작동한다.

자기준거적 체계이론이 주목하는 위험과 위해의 구별에서 핵심은 위험이 결정에서 생기고, 결정은 내려진 후에야 비로소 문제로서 보인다는 사실이다. 재난사건들이 외부환경에 귀속된다면 위해가 문제시되겠지만, 재난위험은 그로 인한 손실의 발생이 사회에서 행해진 결정의 결과로서, 즉 체계에 귀속된다. 다시 말해서 위해가 재난의 원인을 외부환경에 귀속시켜 물리적 손실을 문제 삼는 것이라면, 위험은 사회에서 결정의 결과로서 보고 인간의 결정을 문제 삼는다 (노진철, 2010). 이것은 재난위험이 기술적으로 최소화하거나 제거할 수 있는 속성이 아니라 사회의 행위잠재력과 연결되어 있다는 뜻이다. 따라서 재난위험 소통에의 자발적 참여와 상호신뢰를 규범적으로 요청하기는 쉽지만 실천하기란 쉽지 않다. 도시에서 경쟁하고 갈등하던 개별화된 개인들이 재난대응의 실패 여파로 사회의 모든 기능이 마비된 상황에서 돌연 참여와 신뢰에 기반해 협력관계를 이루며 사회정의를 구현하는 시민으로 거듭난다는 것은 도덕론자들의 환상이다. 재난대응 실패로 국가가 감시기능을 잃고 결정에 필요한 정보가 불충분한 상황에서, 시민들은 생필품 사재기나 보상금 분배 갈등에서 보듯이 공공 이익보다 사적 이익을 우선하며 역선택, 도덕적 해이, 무임승차 등을 선호할 개연성이 크다. 공동체 가치를 수용해 공공 이익을 위한 의무에서 자기결정의 위험을 높이는 모험적 행위를 지속하는 자발적 참여자는 소수이다. 이들 소수가 재난이 공동체에 미친 부정적 효과들에 대한 개방적 논의를 통해 공동체의 저항능력과 적응 능력을 동시에 높이는 방식으로 재난공동체의 복원력을 발현하기란 쉽지 않다.

이런 맥락에서 보면 네덜란드에서 발달한 '기둥화pillarization'는 재난위험 관리에 공동체의 복원력 발현이 제도화된 공동체 중심 재난 거버넌스의 모범적 사례이다(Lucardie, 2008). 기둥화는 지붕인 국가 혹은 공동체를 떠받치는 종교적 혹은 이념적으로 분화된 기둥들이 중심이 되어 시민들을 조직하고 공적 활동에 참여시키는 광범위한 연결망 형성과, 공·사적조직과 시민 간 긴밀한 소통을 만들어내는 공공성을 지시한다. 시민들에게 모든 정보, 모든 주제에의 접근가능성을 허용하는 공공성은 각 기둥을 중심으로 정당을 비롯해 시민사회단체, 사용자단체, 노동조합, 협동조합, 학교, 언론, 병원, 보험, 스포츠클럽, 사교모임 등 다양한 조직들의 참여로 형성된다. 즉, 각 기둥은 이들 조직을 매개로 해서 다양한 기능체계들의 작동에 참여하는 시민들의 정체성 형성과 사회화가 이루어지는 핵심 근원지이며, 국가 층위에서 정당들의 연정, 공동체 층위에서 시민참여의 정치적 대행인agency으로 기능한다. 각 기둥에 속한 시민사회단체들은 해결하기 어려운 현안들에 대처하는 각종 위원회, 협의회 등의 기구에 참여해 다른 기둥들에 속한 상대방과 함께 거버넌스를 실천한다. 이러한 기둥들은 시민들이 집단 트라우마를 일으킨 1953년 대홍수를 계기로 오랜 세월 반복된 홍수위험의 극복을 위해 민관협의체인 〈델타위원회〉를 발족하고 재난위험의 기준을 강화한 〈델타법〉을 제정, 관문형 댐 건설·홍수조절용 완충지 활용을 비롯한 홍수관리정책의 혁신적 변화를 추진하는 데 토대가 된다(Delta committee, 2008). 즉, 기둥들이 상이한 이해관계를 갖는 시민들이 문제해결을 위한 협의에 참여하고 상호 신뢰를 기반으로 재난사건으로 야기된 사회변화에 적응하기 위한 공공성 작동의 기반이 된다(정병은, 2015).

기등화를 통해 민관 거버넌스가 역사적으로 제도화된 네덜란드와 달리, 현대 도시들은 불공평과 불공정, 불평등에 뿌리를 둔 갈등과 분열 가능성을 잠재하고 있어서, 참여와 협력의 의지만 있다면 문제해결을 기대해도 좋을 만큼 안정적이지는 못하다. 이것이 재난공동체의 복원력 발현이 재난 이전 상태로의 단순한 회귀가 아니라 재난위험의 관리를 위한 총체적 역량을 형성하는 역동적 과정이어야 하는 이유이다. 현실에서 재난공동체의 복원력은 파국의 위협에 대해 고유한 조직활동들을 재생산하며 정상 상태를 유지하려는 기능체계들의 저항을 의미하는 한편, 재난으로 인해 변화된 환경에 대한 불가피한 체계들의 적응활동을 의미한다. 다시 말해서 재난공동체의 복원력은 예기치 않은 재난에 대한 저항인 동시에, 그로 인해 변화된 환경에 대한 지속적인 적응을 의미한다. 재난공동체는 '구조변동을 할 준비는 되어 있지만, 변동에 대한 동기는 충분치 않은' 방식으로 공동체의 복원력을 인지해 사회를 안정화하는 방향으로 구조변동을 추동할 수 있어야 한다.

재난관리 계획이 세워져 있어도 예기치 못한 재난들이 발생하는 것을 막을 수는 없다. 어떤 재난은 사회에서 수많은 문제를 유발하며 기대하지 않은 상황으로 전개되기도 한다. 여기에 물리적 위해와 기본조직들 및 기능체계들의 기능수행 장애가 사회질서의 혼란과 공동체 분열로 이행할 수도 있다는 불안이 자리한다.

사람들은 재난위험에 대한 불안을 드러낼 수 있다. 다른 사람들이 그들에게 왜 불안해하냐고 반박할 수는 없다. 불안의 주제 선택은 불안을 완화하고자 하는 공동의 이해관계에 근거한다. 그러나 불안은 어떤 체계도 통제해 해결할 수 없다(Luhmann, 1986b). 불안은 정치적 결정으로 제거할 수 없고, 법적으로 규제할 수 없으며, 과학적으로 반박할 수 없다. 분노한 재난피해자들의 소요와 시민단체들의 항의로 촉발된 불안에 대한 높은 정치적 감수성이 산업안전조치 같은 사회적 규제를 강화한다면 경제에는 추가적인 비용부담이 된다. 이 추가적인 비용지불이 일자리를 대가로 한 것이라면 다시 정치에서 문제가 될 수 있다. 그리고 이 정치적 반향 능력이 구조·구난, 구호, 복구, 보상도 법적 문제로 처리하도록 법률적 방식을 과도하게 요구한다면 규범의 범람이 일어날 수 있다. 그 경우 정치체계가 재점화되어 법적 책임제한 등 규제완화를 추진하면서 동시에 규제를 강화한다는 역설이 일어난다. 사람들은 다른 지역으로 이사하거나 보험에 가입하는 등 돈으로 재난의 불안을 처리하거나 피하려 할 수 있다. 하지만 그가 이를 통해 보여준 것은 자신은 불안해하지 않는다는 것뿐이며, 상품가치는 계약체결과 함께 소멸한다. 재난위험 소통의 복잡한 구조를 과학적 책임 아래 규명하려는 시도들은 불안에 새로운 자양분과 논쟁점들을 제공할 뿐이다. 체계들의 더 나은 기능수행이 불안을 없앨 수 있는 것은 아니며, 오히려 더 많은 불안을 불러올 수도 있다.

재난위험과 연관된 불안 주제는 전통적인 민족문제, 계급갈등,

이데올로기 등에 귀속시킬 수 없는 새로운 특성을 가진다. 우선 사람들은 재난위험에 대한 불안을 드러내는 것을 전혀 불안해하지 않는다. 언제 터질지 모르는 자연재해, 과학발전의 무책임성, 기술혁신의 부정적 결과 등에 대해 불안해하는 사람들에게는 숨겨야 할 측면 같은 것이 없다. 왜냐면 재난대응에 개인적 역량이 필요한 것은 아니기 때문이다. 이로써 각종 여론조사가 어려움 없이 불안의 증가를 기록하고, 그 결과를 공적 영역으로 되먹임할 수 있다. 둘째로 불안을 없애려 하면 할수록 오히려 불안해한다는 역설이 있다. 정부가 핵발전소의 위험을 해소하기 위해 노력하는 것이 불안이 증가하도록 작용할 수 있다. 핵발전의 안전을 검증하기 위한 항목들은 점차 늘어나고, 점검을 세밀하게 하면 할수록 예전에 보지 못하던 결함들이 발견되면서 핵발전소 운영능력이 크게 우려되는 사건들이 늘어난다. 중수로형 핵발전은 삼중수소 발생량이 더 많다는 사실에 대해 아무도 불안해하지 않는데도 사람들이 이를 염려할 것이라 상정하고 불안해하는 환경운동가가 있다면, 이 불안이 날조된 것이라 어떻게 말할 수 있겠는가? 유사하게 정부가 포항지진의 발생이 지열발전소 건설과 연관성이 없음을 밝히기 위해 노력하면 할수록, 모든 것이 지진의 발생과 관련될 수 있음이 드러난다. 지진의 재발을 불안해하는 사람들이 있는 한, 포항지진이 자연지진이라는 사실만큼이나 그것이 아니라는 사실을 밝힐 증거들도 무수히 많이 발견된다. 정부조사연구단이 포항지진이 지열발전소 건설에 의한 '촉발지진'이라 보고하고 지열발전소가 폐쇄된다고 해서, 지진의 재발에 대한 불안이 사라지는 것은 아니다. 지진에 대한 감수성이 높아진 포항시민들은 주변지역에서 발생한 규모 4.0대의 지진에도 불안하다.

　재난이 사회문제가 되는 것은 불안의 심리적 실재보다 불안의 소통적 실재에 달려 있다. 사람들이 특정 재난위험에 대한 불안을 소통한다면, 비록 그것이 소통과정에서 해결해야 할 당면과제로 주제화되지 않더라도, 재난예방에 대한 조치의 요구는 그들의 권리가 된다. 이때 그들이 불안을 매개로 해 재난위험을 경고할 때 토대가 되는 것이 공동체에의 참여와 신뢰에 기반을 둔 공공성 형성의 경험이다. 재난공동체가 외부환경으로부터 닥친 재난의 갑작스러운 타격을 공동으로 경험했다는 사실은 재난대응 및 수습, 복구과정에서 누구도 침묵하거나 외면할 수 없는 공공성의 소통방식을 형성하는 조건이 된다. 그들은 불안을 드러내 보이거나 주제에 제한을 두지 않고 소통하는 공공성을 매체로 해서 파국위기를 극복하고, 동시에 미래에 일어날지도 모르는 재난을 예방하는 시민참여를 기대한다. 시민들이 재난공동체의 저항 및 적응능력과 관련된 공적 소통에 참여하는 것은 공동의 이해관계에 대한 인식에 기반해 공동체가 복원력을 발현하는 토대가 된다. 공공성의 소통방식은 재난 그 자체에 대한 단순 반응이 아니라 공동체 가치들의 상실 또는 결여를 지시하거나 다양한 영역에서의 사회적 취약성 증가, 해당 기능체계들에 대한 신뢰 상실의 위협을 진단한다(노진철, 2013: 127). 이런 맥락에서 고도로 복잡한 현대사회에서 재난위험의 일상성을 인정하고 파국에 대한 불안 없이 살기 위해서는 일탈만은 피해야 한다는 '비정상의 정상화'를 요구하는 새로운 도덕 양식으로서 재난 시티즌십의 발현이 주목을 받는다.

현대사회는 시민들을 포용된 집단과 배제된 집단으로 분리하는 경향이 있으며, 노인·장애인·환자·빈민과 같이 배제된 사람들은 돈과 권력, 영향력뿐만 아니라 생활기회, 전망, 발전기회, 건강 등 다른 것들도 가질 수 없다. 그들이 재난위험에 노출될 가능성은 청장년·정상인·부자와 같이 포용된 사람들에 비해 더 높다. 공동체의 취약성 수준과 그곳에서 발생한 재난빈도는 매우 강한 상관관계에 있다(Leeson & Sobel, 2008). 사회적 취약성은 포용과 배제의 구별에 의해 재난위험의 불공평한 분배, 불공정한 권력관계뿐만 아니라 불평등한 사회관계도 표현한다. 사회에 배태된 불공평과 불공정, 불평등은 재난과 결합해 통제 불가능한 교란을 야기하거나 부도덕한 가치관에 편승해 재난피해와 집단고통을 가중시킬 수 있다 (Bankoff, 2004; Hilhorst & Bankoff, 2013; Saul, 2014). 재난이 불공평과 불공정, 불평등을 더 심화한다면, 그것은 재난을 일으킨 사건들 자체가 주는 직접적인 위해보다 재난 이후의 복구과정에서 일어난 교란의 탓이 더 크다. 그리고 재난 이후에 포용된 집단과 배제된 집단 간 격차가 더 심화된 공동체는 여전한 재난위험에의 취약성으로 인해 재난을 반복 경험할 가능성이 크다. 따라서 교란들이 취약계층이 밀집된 특정지역에서 동시다발적으로 혹은 단기간에 반복적으로 누적해 일어나 재난위험이 가중되는 악순환이 계속된다면, 비록 외부에서 자원을 동원해 개입하더라도 그 공동체는 회복불능

상태에 내몰릴 수 있다. 이런 연유에서 재난연구자들(Cutter et al., 2003; Aguirre, 2007; Pieper, 2012)은 사회적 취약성을 치유하는 방향으로 재난공동체가 복원력을 발현하도록 시민들의 역량을 키우는 적극적인 재난 시티즌십을 주문한다. 재난공동체의 파국 위기에 대한 반향에서 시민들의 집합적인 대응·복구의 경험과 지식이 사회에 축적된다면, 그 공동체는 사회적 취약성을 개선하고 다시 복원력을 발현할 수 있을 것으로 가정된다.

도시로의 과잉집중화로 인해 배제된 사람들이 모여 사는 저소득층 밀집지역은 재난에 가장 취약한 장소이다. 저소득층 밀집지역은 도심의 지리적으로 격리된 구역으로 그 도시에서 보건 수준이 가장 낮으며 공공시설이 부족한 지역이다. 이들 빈민지역이 형성되는 근본 원인은 도시가 가난하기 때문이 아니라 부유하기 때문이다. 농촌경제와 전통산업이 몰락하고 사회안전망이 붕괴된 상황에서 돈을 벌 수 있는 다른 대안이 없어서, 부의 끄트머리라도 붙잡으려는 배제된 사람들이 대거 도시로 몰려들고, 그들은 생활환경이 열악한 지역에 모여 산다. 그 열망의 집합체들이 밀집된 배제지역은 관료들의 무관심 때문에 평소에도 제대로 돌아가는 게 없는 상황이 문제다. 이들 빈민지역은 도시 내부에서 활발한 경제활동이 이뤄지는 지역이면서도 배제된 사람들이 모여 사는 지역이어서 관료들이 그들의 삶에 별 관심을 보이지 않는다. 자연적이든 인위적이든 재난사건들이 돌발적으로 일어났을 때 이들 배제지역은 의료·보건시설이나 소방시설, 교통시설, 배수시설, 대기배출시설 등이 잘 작동하지 않거나, 지역 행정관료들의 나태·부패나 지역 재난관리조직의 경험 부족 같은 우연적 요소들이 결합하면서 효과적인 대응에 실패하는 경우 치명적인 결과에 이를 수 있다.

배제된 사람들의 상당수는 재난 이후 불공평과 불공정, 불평등이 심화되는 상황에서 자기계발이나 계층이동에 대한 희망 없이 일자리를 얻지 못하고, 교육을 받지 못하며, 건강이 악화되는 등 빈곤의 덫에서 벗어나지 못한다. 그에 반해 부자들은 빈민들보다 비록 재난으로 잃는 재산이 더 많더라도, 결과적으로 복구과정에서 빈민들을 희생시키는 것만큼 이익을 더 많이 얻는다. 뉴올리언스의 해수면보다 낮은 저지대에 살던 흑인 빈민들은 허리케인 카트리나 재난을 계기로 자신들이 재난위험이 높은 곳에 산다는 사실이 드러났음에도 그들이 나고 자란 지역에서 재건이 이루어지길 원했다. 하지만 복구과정에서 공공시설 관리자나 기업가, 중소상공인, 개발사업자, 건설업자, 부동산업자 등 지역의 지배층이 결정을 주도하면서 사회적 취약성이 심화되는 결과에 이른다. 지배층의 결정주도는 지배층이 이득을 취하고 취약계층을 공동체에서 다시 배제하도록 허용하는 것이나 다를 바 없기 때문이다. 뉴올리언스의 복구과정에서 이익을 본 것은 재건사업을 지휘한 집권당의 측근들과 사업가, 부동산 투자자들이다(Elliott & Pais, 2006; Picou & Marshall, 2007; Kessler et al. , 2008). 그들은 국가를 비롯한 외부에서 거액의 자금을 끌어와 재난을 재개발, 확장, 그리고 자신들의 이익을 추구할 기회로 삼는다. 도시재건 이후에 부동산 가치는 급격히 상승하고 정보산업, 영화산업 등 신산업이 폭발적으로 성장한다.

그밖에 노동시장에서 배제되었거나 배제될 위기에 처해 있거나, 심지어 사회에서 배제 위협을 받는 집단들이 재난으로 받는 고통은 재난 이후 사회질서의 혼란 속에서 심화될 가능성이 크다. 노인들은 재난이 일어나면 자신의 생계수단을 잃고, 흔히 부채로 인해 고통을 당할 위기에 처한다. 허베이스피리트호 기름유출사고에서 고령의 맨손어업인이나 해녀, 영세사업자들은 대부분 생계유지가 불가능한 정도의 피해를 입지만 무신고·무면허의 어업활동이나 피해 증빙자료의 불충분으로 인해 피해보상을 받지 못한다(유현정·이재은, 2010). 포항지진에서도 피해가 초고령 어촌마을에 집중되면서 고령의 재난피해자들 대부분이 재난 이후 2년이 넘도록 지진대피소인 체육관과 컨테이너형 임시조립주택, 임대주택 등에 거주하며 삶의 불안정과 빈곤화의 심화로 인해 집단고통을 현재 진행형으로 겪고 있다. 그러면서도 이들 고령의 재난피해자들은 지진피해지역 재생사업의 기획과 집행과정에서 주변화된다. 또한 다문화가정과 이주노동자 집단은 낮은 경제적 지위와 정체성 위협으로 인해 이미 고통받는 사회적 배제대상인 데다가 집단차별, 혐오, 민족배타성 등에 토대한 교류의 결여가 이들을 재난에 취약한 대상으로 만든다. 근래 결혼이주여성의 유입은 정부의 정책변화로 인해 그 숫자가 줄고 있지만, 세계화가 국제결혼을 부추기는 추세이다. 아직 한국의 인권감수성이 그에 미치지 못해 그 권리를 인정하고 있지 않지만 '가족재결합'이 인권의 영역으로 받아들여지게 되면 이주민의 유입은 늘어날 것이다. 유감스럽게도 이들 배제된 집단들은 재난 시 국가의 도움을 거의 기대할 수 없다. 이들 집단의 구성원들은 정부에 자신들의 어려운 상황에 대한 도움을 요청할 도덕적 권리가 자신들에게 있는지조차 확신하지 못한다.

재난의 집단고통을 공동 경험한 시민들이 재난 이후 사회에 구조적으로 배태된 불공평과 불공정, 불평등으로 인한 사회적 취약성을 개선하고 공동체의 복원력을 발현한다는 것은 여전히 도덕적 요청사항이다. 재난 이후의 사후학습을 통해 사회적 취약성이 완화될 수만 있다면 사회의 복원력이 발현되어 재난의 발생 가능성을 낮출 것이라는 기대에서, 재난위험 소통에의 시민참여를 요구하는 재난 시티즌십이 힘을 얻는다. 재난위험 소통은 재난사건들의 우발적 발생에 따른 예측 불가능성과 불확실성, 재난대응 실패의 원인을 중심으로 이루어지기 때문에, 사회적 취약성에 대한 인지와 정의, 공적 태도는 재난의 확대재생산과 세대 간 전이를 막는 중요한 요인이다. 재난공동체의 사회적 취약성이 높을수록 사소한 사건들이 재난으로 다시 이행할 가능성은 커진다. 특정지역과 특정집단에 특화되는 경향이 있는 사회적 취약성은 재난 이후의 사후학습을 통해 약화되거나 해소되어야 한다. 재난 시티즌십의 도덕적 의무는 시민들에게 사회에서 구조적으로 배제된 취약계층을 사회의 일부로 다시 포용할 수 있는 조건형성을 위한 실천행동을 촉구한다. 특정 재난공동체가 집단고통을 해결하고 치유하는 방법은 재난 이후 사회질서의 혼란과 집단갈등이 팽배한 현실에서 시민들이 스스로 찾아야 한다.

6. 나가며

재난은 고도로 과학과 기술의 발전을 이루어 낸 현대사회의 피할 수 없는 동반자이다. 재난관리가 작동하는 상황에서 사회는 재난의 원인뿐만 아니라 재난대응 실패의 원인도 회귀적으로 자기에게 귀속시킨다. 재난의 발생빈도와 강도가 높아진 원인은 기후변화와 산업화의 각종 폐해, 세계경제의 통합화·고도화, 교통수단 및 관광산업의 발달, 인구의 도시집중 등 긍정적/부정적인 것들로 구성된다. 사회는 재난을 '피할 수 있는' 것으로 간주해 재난대응 실패의 원인을 초동대처의 부실, 재난관리의 결함 및 한계에서 찾거나 귀속시켜 진상규명과 책임귀속을 요구하기도 하고, 재난위험 소통을 통해 우발적인 재난사건들의 발생에 따른 예측불가능성과 불확실성에 대한 성찰을 열기도 한다.

재난사건들의 발생부터 재난 이후에 걸친 우발적 사건들의 연쇄는 우선 국가 중심 재난관리의 틀에서 물리적 위해와 관련하여 정치적으로 규정된 재난의미론의 확정, 즉 예방-대비-대응-복구의 선형적인 재난관리의 단계별 법 규정에 의해 이해되며, 각 단계에서 모든 결정은 긍정적이거나 부정적인 결과를 초래한다. 각종 위험이 기술적으로 관리되는데도 불구하고 예기치 못한 재난들은 일어난다. 그러나 재난위험은 이들 예기치 못한 재난사건들로 인해 야기된 기능수행 장애들을 해결하려고 관찰하는 기능체계들과 분리할 수 없이 연계되어 있다. 별도의 대비 없이 외부로부터 당하는 물리적 위해와는 달리, 재난위험은 합리적인 관리에 의해 고도의 복잡성을 조건으로 하여 변형된 불확실성이다. 따라서 재난위험은 불확실성의 부담을 지우는 결정들과 가능한 위해들의 관계로 이루어진다. 다시 말해서 현대사회에서 더 이상 위험으로부터 자유로운 결정은 없다. 페로가 현대사회에서 재난의 일상성을 '정상 사고'라고 언급한 바 있듯이 위험의 불확실성과 위해의 잠재성은 법 규제에 의존한 재난관리체계가 통제할 수 없는 상황과 연계된다. 이러한 맥락에서 국가 중심의 위계적 통제와는 차별화된 의미에서 재난위험 소통을 하는 공동체 중심 재난 거버넌스가 대안으로 제시된다.

현대사회는 기능체계들의 복잡성과 상호의존성 증가로 인해 예측이 불가능해진 세계이다. 사회는 재난을 불확실성에 노출된, 예측하지 못한 무질서한 사건들로 인지한다. 재난대응의 실패와 재난 이후 복구과정은 재난공동체가 질서와 무질서의 구별에 기초해 자기준거적으로 작동하는 자기생산 체계임을 확인시킨다. 그리고 국가 중심 재난관리는 문제해결의 기술적 측면, 즉 법 규제에 의한 통제강화에만 의존한다는 문제가 지적된다. 그 대안으로 등장한 공동체 중심 재난 거버넌스는 재난공동체의 복원력 발현을 위해 재난위험에 대한 공적 소통을 활성화하고 모든 시민이 계층을 초월해 재난관리에 참여하는 미래지향적 방안으로 제시된다. 따라서 공동체 중심 재난 거버넌스에서 재난공동체는 재난 이전과 이후의 차이에 의해 사회적 취약성과 복원력을 연결시킬 수 있는 잠재성을 갖고 작동할 것으로 기대된다. 재난 이후 새로운 사회로 거듭나려면 모든 시민이 잠재적인 집단 트라우마에서 벗어나 공동체를 새로운 질서와 규범, 가치로 재구축할 만큼 체계의 복원력을 발현할 수 있느냐가 관건이다.

재난에 대한 직접적인 동시에 과잉적인 반향으로 사회가 스스로 생성하는 불확실성과 위험들은 과학·기술의 진보와 정치적 조종을 통해 상대화되기는 하겠지만 기술적으로 최소화되거나 제거되지는 않는다. 대규모 재난은 공동체의 기본조직과 기능체계들의 고유한 기능들을 부분적으로 혹은 전체적으로 상실시킬 수 있다. 재난이 사회의 복원력을 차별적으로 저해하거나 파괴할 수 있다는 사실은 현대사회에 배태된 사회적 취약성에 대한 성찰을 요구한다. 집단고통에 대한 여러 집단의 감수성에 영향을 주거나 집단고통을 상이하게 형성하고, 재난에 대한 기능체계들의 저항능력과 적응능력에서 격차를 드러내는 사회적 취약성의 핵심 요인은 분배의 불공평, 권력행사의 불공정, 사회적 불평등이다. 재난공동체는 기본조직과 기능체계들의 고유한 기능들이 상실되는 위기에 저항하면서도, 집단고통, 새로운 재난위험들과 사회적 취약성에 대한 감수성에 의해 강제된 변화에 적응하여야 한다. 다시 말해서 재난사건들의 치명적인 타격을 입은 재난공동체는 일시적으로 생성된 사회질서의 혼란과 집단고통에 대응해 기능체계들이 고유한 조직활동들을 재생산하며 정상상태를 유지하려 저항하기도 하지만, 작동이 교란되고 그것들이 재난 이후 다시 국면의 변화에 따라 해당 기능체계들의 고유한 의미로 환원되어, 즉 사후학습을 통해 적응하기도 한다.

이러한 실재적 요구에 직면하여, 재난관리 패러다임이 국가 중심에서 공동체 중심으로 전환해야 한다는 요구는 과학과 기술의 발달에 기초했던 진보 관념의 위기를 지시한다. 세부적인 부분에 걸친 과학과 기술의 진보가 총체적으로 불확실성을 더 잘 통제할 수 있게 한다는 주장은 더 이상 설득력이 없다. 오히려 도시는 재난에 취약한 아동·노인·장애인·환자집단시설, 다중이용시설, 빈민지역 등 다수 공동체를 포함하면서, 언제 어떤 방식으로든 교란들이 일어날 수 있어 파국 위기를 피할 수 없는 것으로 관찰된다. 특히 도시의 빈민지역은 거의 모든 자원이 집중된 도심부의 자원을 배당받기 위해 주변화된 사람들이 적은 기회라도 이용하려고 모여 사는 배제지역이다. 예방프로그램이 처음부터 고려대상에서 배제했거나 복구 과정에서 우선순위의 최하위에 두는 이들 취약집단에서 회복 불가능할 정도의 심각한 재난피해가 반복적으로 발생한다. 현대사회가 작동하는 과정에서 이들 취약계층을 배제하는 요인들을 찾아내어 이러한 요인들에 관해 성찰하고 극복하기 위한 실천행동을 요청하는 재난 시티즌십이 발현되어야 하는 도덕적 맥락이 여기에 있다.

　재난관리 패러다임의 전환 논의에서 공통으로 발견할 수 있는 사회의 복원력 개념은 재난 이후 자원결핍과 교란들을 해결하기 위해 개방적이고 자율적인 사후학습을 확장하는 형태의 공공성 발현을 지시한다. 사회질서의 혼란상황에서 모든 시민은 재난위험을 주제로 하는 공적 소통에 참여하고 사회적 취약성의 개선을 위해 노력할 것이 요구된다. 이로부터 재난공동체는 재난 이후의 사후학습을 통한 복원력 발현으로 저항능력과 적응능력을 역동적으로 활성화할 수 있을 것으로 기대된다. 따라서 재난 시티즌십은 국가 중심 재난관리의 구조적 한계인 통제위주 관리에서 벗어나 재난 이후 사회적으로 배제된 취약계층을 포용하기 위한 공동체의 복원력 발현에 대한 도덕적 기대를 함축한다. 무엇보다도 공동체의 기저에 흐르는 집단기억과 집단고통의 경험을 공유하는 시민들의 보이지 않는 연대, 호혜성, 협력, 지지 등은 재난 트라우마 극복의 필요조건이며, 취약계층도 공동체의 일원이라는 깨달음에 기반한 시민들의 정체성 형성과 안정화를 통해 사회의 복원력이 발현할 수 있는 충분조건이다.

코로나19 사태에서 감염불안의 증가에 대한 정치적 반향으로 유럽·미국 정부는 감염병 확산에 저항해 이동·교류를 통제하는 금지·봉쇄·폐쇄 등 강제적 조치를 결정하면서 의도하지 않은 결과로서 경제, 정치, 교육, 의료 등 기능체계들의 교란을 연쇄적으로 겪지만, 한국 정부는 치료제·예방제가 없는 신종감염병 재난이 일으킨 사회변화에 적응해 정부의 조기개입과 광범위한 검사, 감염자의 동선 추적과 격리·치료 등의 공격적 방역으로 재난위험을 합리적으로 처리한다. 또한 시민들은 국가의 방역조처에 대한 신뢰에서 '사회적 거리두기'를 실천하고, 의심자들은 자가격리 및 검사참여 등의 자발적인 감염회피 노력으로 협력한다. 건물주들은 중·소상공인들의 위기극복을 돕기 위한 자발적인 임대료인하운동을 벌이고, 기업들은 재택근무로의 조기 전환, 노인요양시설·장애인시설·전통시장과의 자매결연을 통한 생계지원, 취약계층에 대한 의료

·급식·생필품 후원활동 및 성금기부에 참여한다. 그리고 정부와 지방정부는 경제 충격의 완화를 위해 긴급재난지원금을, 무급휴직자 구제를 위해 긴급생활비를 지급하는 등 사회가 재난 트라우마의 극복 가능성과 복원력의 발현 가능성을 잠재하고 있음을 보여 준다.

공동체 중심의 재난 거버넌스가 시시각각 변화하는 재난사건들의 연쇄 속에서 다양한 사회계층의 시민들과 시민·사회단체가 사회적 취약성 제거에 참여하는 것을 실현시킬 수만 있다면, 재난 이후 사회는 단순히 재난 이전 상태로 복귀하는 것이 아니라 새로운 구조와 기능을 재생산하는 자기조직화 능력을 발휘할 수 있다. 이것은 사회의 복원력 논의에서 그동안 별로 다루지 않은 두 개의 상반된 능력의 병존과 관련이 있다. 재난 이후 기존의 자기조직화 능력의 회복과 사회의 구조변동을 통한 사후학습의 병존은 체계가 생존하기 위해서는 스스로 변화해야 한다는 것과 새로운 정상 상태로의 전환을 스스로 발견해야 한다는 것을 의미한다. 비록 사회의 고유한 기본조직이 유지된다고 해도, 공동체 중심의 재난 거버넌스가 작동한 경험으로부터 이미 사회변화는 주변부에서 진행된다. 다시 말해서 사회의 복원력은 반드시 기존 사회상태로의 복귀로 귀결되는 것은 아니며, 오히려 기본조건의 변화에 대한 성공적인 적응을 지시한다. 재난위험으로 인한 환경의 변화에 대한 사회의 저항과 적응의 경계는 사례마다 다를 수밖에 없다. 사회의 저항과 적응의 경계는 보편적으로 정의할 수 있는 것이 아니며 역사적 관점에서 경험적으로 결정된다.

참고문헌

강상준·조성한·홍순영(2013), 〈자연재해로부터의 지역사회 탄력성 도입방안〉, 1~102, 경기개발연구원 기본연구.

김교헌·권선중(2009), "태안 주민들의 재난 후 스트레스 반응: 사고 후 2개월과 8개월 시점의 지역별 비교를 중심으로", 〈환경사회학연구 ECO〉, 13(1), 89~125.

김대호(2005), "외상후스트레스 장애에 대한 안구운동 민감소실 및 재처리 요법", 〈신경정신의학〉, 44(2): 147~151.

김도균(2011), 《환경재난과 지역사회의 변화: 허베이스피리트호 기름유출사고의 사회재난》, 파주: 한울.

김명희(2015), "고통의 의료화: 세월호 트라우마 담론에 대한 실재론적 검토", 〈보건과 사회과학〉, 38: 225~245.

김왕배(2014), "'트라우마' 치유과정에 대한 사회학적 탐색과 전망", 〈보건과 사회과학〉, 37: 5~24.

김은성·안혁근·정지범(2009), 《국가재난안전관리 정책패러다임에 대한 연구》, 한국행정연구원.

노진철(2010), 《불확실성 시대의 위험사회학》, 파주: 한울아카데미.

_____(2013), "루만의 자기생산적 체계이론에서 본 공공성". 〈한국사회〉, 14(2): 119~146.

_____(2014a), "불확실성 시대의 위험들과 정치에 대한 요구 증대: 루만의 사회체계이론의 관점에서", 〈사회와 이론〉, 25: 7~39.

_____(2014b), "불확실성 시대의 제 위험과 국가의 위험관리: 루만의 사회체계 이론적 관점에서", 〈법과 사회〉, 47: 9~37.

_____(2015), "재난에 노출된 공동체의 탄력성 위기와 시민사회단체의 역할 변화: 세월호 참사 사례를 중심으로", 〈신학과 사회〉, 29(2), 133~179.

대한지질학회·포항지진 정부조사연구단(2019), 〈포항지진과 지열발전의 연관성에 관한 정부조사연구단 요약보고서〉.

박동균·장철영(2016), "메르스 사례를 통해 본 한국 위기관리행정의 문제점과

정책방향", 〈한국행정학회 학술발표논문집〉, 245~259.

안현의·한민희·주혜선(2013), "외상후스트레스 장애의 인지-기억 체계", 〈한국심리학회지: 상담 및 심리치료〉, 25(1) : 111~133.

양기근(2016), "재난 취약성 극복과 복원력 향상 방안: 재난 취약성과 복원력의 개념적 통합을 중심으로", Crisisonomy, 12(9) : 143~155.

염유경(2016), "한반도 지진 대응 패러다임을 바꿔야 한다", 〈이슈&진단〉, 262: 1~27.

유현정·이재은(2010), "허베이 스피리트호 기름유출 사고 후 직업별 관점에서 본 태안지역사회의 삶의 질 문제", 〈한국위기관리논집〉, 6(3) : 63~85.

이재열·윤순진(2008), 〈허베이 스피리트호 유류오염사고의 사회경제적 영향에 관한 연구: 태안군 석포리 사례연구를 중심으로〉, 서울대학교 사회과학대학 환경대학원.

이재은·양기근(2009), "제9장 재난관리과정과 시민참여". 《시민참여와 거버넌스》, 245~274, 서울: 오름.

이현정(2016), "세월호 참사와 사회적 고통", 〈보건과 사회과학〉, 43: 63~83.

이홍표·최윤경·이재호·이홍석(2016), "세월호 뉴스 노출을 통한 간접 외상의 심리적 영향", 〈한국심리학회지: 문화 및 사회문제〉, 22(3), 411~430.

임승빈(2017), "재난의 복합화 현상에 따른 복원력에 관한 연구", 〈한국정책과학학회보〉, 21(4), 179~195.

정병은(2015), "네덜란드의 홍수 위험 극복과 공공성: 1953년 대홍수와 이중학습의 진전", 〈한국사회정책〉, 22(1) : 155~184.

정원옥(2015), "'애도의 정치'에서 민주주의로", 인문학협동조합 편, 《팽목항에서 불어오는 바람》, 309~334쪽, 서울: 현실문화.

정지범(2012), 《범정부적 국가위기·재난관리시스템 연구》, 한국행정연구원.

최남희(2011), "재난, 트라우마 그리고 정신보건사회복지: 재난 트라우마 해소를 위한 다학제적 접근의 의미", 〈한국정신보건사회복지학회 학술발표논문집〉, 31~40.

최남희·노진철·손영우·배정이·오수성·이병택·이현송·임숙빈·임순광(2008), 〈재난피해자 심리관리 지원체계 구축방안 연구〉, 서울: 소방방재청.

하현상 · 김종범 · 조경호 · 이석환 · 최진식 · 전대욱(2014), "지역공동체 재난 리질리언스 연구의 비판적 고찰과 행정학적 제언", 〈지역발전연구〉, 23: 409~464.

허심양 · 최현정(2017), "재난 후 공동체 리질리언스 촉진개입 원칙에 관한 체계적 문헌고찰", *Korean Journal of Clinical Psychology*, 36(2): 255~282.

Adorno, T. (1975), *Negative Dialektik*, Frankfurt am main: Suhrkamp, 홍승용 역(2003), 《부정변증법》, 서울: 한길사.

Aguirre, B. E. (2007). "Dialectics of vulnerability and resilience", *Georgetown Journal on Poverty Law & Policy*, 14(1): 39~60.

Alexander, J. C. (2006), *The Meanings of Social Life: A Cultural Sociology*, Oxford and New York: Oxford University Press. 박선웅 역(2007), 《사회적 삶의 의미: 문화사회학》, 파주: 한울.

Allen, B., Brymer, M. J., Steinberg, A. M., Vernberg, E. M., Jacobs, A., Speier, A. H., & Pynoos, R. S. (2010), "Perception of psychological first aid among providers responding to Hurricanes Gustav and lke", *Journal of Traumatic Stress*, 23(4): 509~513.

Bankoff, G. (2013), "The historical geography of disaster: Vulnerability and local knowledge", In Bankoff, G., Frerks, G., & Hilhorst, D. (eds.), *Mapping Vulnerability: Disaster, Development & People*, pp. 25~36, London: Earthscan.

Bonanno, G. A. (2004), "Loss, trauma, and human resilience: Have we underestimated the human capacity to thrive after extremely aversive events?", *American Psychologist*, 59: 20~28.

Bryant, R. A. (2015), "Early intervention after trauma", In Schnyder, U., & Cloitre, M. (eds.), *Evidence Based Treatments for Trauma-Related Psychological Disorders: A Practical Guide for Clinicians*, 125~142, New York, NY: Springer.

Chenoweth, L., & Stehlik, D. (2001), "Building resilient communities: Social work practice and rural Queensland", *Australian Social Work*,

54 (2) : 47~54.

Cutter, S. L. , Boruff, B. J. , & Shirley, W. L. (2003), "Social vulner-ability to environmental hazards", *Social Science Quarterly*, 84: 242~261.

Cutter, S. L. , Barnes, L. , Berry, M. , & Burton, C. (2008), "A place-based model for understanding resilience to natural disasters", *Global Environmental Change*, 18: 598~606.

Delta committee (2008), "Working together with water: a living land builds for its future". *Delta Committee, The Hague*. http://bit. ly/bEOSNs.

Djalante, R. , Holley, C. , & Thomalla, F. (2011), "Adaptive governance and managing resilience to natural hazards", *International Journal of Disaster Risk Science*, 2 (4) : 1~14.

Doherty, G. W. (2007), *Crisis Intervention Training for Disaster Workers, An Introduction*, Rocky Mountain Disaster Mental Health Institute Press.

Elliott, J. R. , & Pais, J. (2006), "Race, class, and Hurricane Katrina: Social differences in human responses to disaster", *Social Science Research*, 35 (2) : 295~321.

Erickson, K. (1976), *Everything in Its Path*, New York: Simon and Schuster.

Folke, C. (2006), "Resilience: The emergence of a perspective for social-ecological systems analyses", *Global Environmental Change*, 16: 253~267.

Freudenburg, W. R. (1997), "Contamination, corrosion and the social order: an overview", *Current Sociology*, 45: 18~27.

Gadamer, H. G. (1965), *Schmerz: Einschätzungen aus medizinischer, philo-sophischer und therapeutischer Sicht*, 공병혜 역 (2005), 《고통: 의학적, 철학적, 치유적 관점에서 본 고통》, 철학과현실사

Hilhorst, D. , & Bankoff, G. (2004), "Introduction: Mapping vulnerability", In Bankoff, G. , Frerks, G. , & Hilhorst, D. (eds.), *Mapping Vulnerability: Disaster, Development & People*, pp. 1~9, London:

Earthscan.

Holling, C. S. (1973), "Resilience and stability of ecological systems", *Annual Review of Ecology and Systematics*, 4: 2~23.

Kellerman, P. F. (2007), *Sociodrama and Collective Trauma*, London: Jessica Kingsley.

Kessler, R. C., Galea, S., Gruber, M. J., Sampson, N. A., Ursano, R. J., & Wessely, S. (2008), "Trends in mental illness and suicidality after hurricane Katrina", *Molecular Psychiatry*, 13: 374~384.

Kleinman, A. (1997), "Everything that really matters: Social suffering, subjectivity, and the remaking of human experience in a disordering world", *Harvard Theological Review*, 90(3): 315~336.

LaCapra, D. (1994), *Representing the Holocaust: History, Theory, Trauma*, Cornell University Press.

Leeson, P. T., & Sobel, R. S. (2008), "Weathering corruption". *Journal of Law and Economics*, 51: 667~681.

Longstaff, P. H., Armstrong, N. J., Perrin, K., Parker, W. M., & Hidek, M. (2010), "Building resilient communities: A preliminary framework for assessment", *Homeland Security Affairs*, VI(3): 1~23.

Lucardie, P. (2008), "The Netherlands: populism versus pillarization", In Albertazzi, D., & McDonnell, D. (eds.), *Twenty-First Century Populism: The Spectre of Western European Democracy*, pp. 151~165, NY: Palgrave MacMillan.

Luhmann, N. (1984), *Soziale systeme: Grundriβ einer allgemeinen theorie*. Suhrkamp 박여성 역(2007a/b), 《사회체계이론1/2》, 파주: 한길사.

_____(1986a), "Die welt als wille ohne vorstellung: sicherheit und risiko aus der sicht der sozialwissenschaften", *Die Politische Meinung*, 31: 16~21.

_____(1986b), *Ökologische kommunikation: Kann die moderne gesellschaft sich auf ökologische gefährdungen erstellen?*, Opladen, 서영조 역(2014), 《생태적 커뮤니케이션: 우리 사회는 생태적 위험에 대비할 수 있는가》, 서울: 에코리브르.

_____(1990), "Risiko und gefahr", In Luhmann, N. (ed.), *Soziologische aufklärung*, 5: 131~169, Opladen: Westdeutscher Verlag.

Mathbor, G. M. (2008), "Enhancement of community preparedness for natural disasters: The role of social work in building social capital for sustainable disaster relief and management", *International Social Work*, 50(3): 357~369.

Mayunga, J. S. (2007), "Understanding and applying the concept of community disaster resilience: A capital-based approach", *Summer Academy for Social Vulnerability and Resilience Building*, München.

McEntire, D. A. (2001), "Triggering agents, vulnerabilities and disaster reduction: towards a holistic paradigm", *Disaster Prevention and Management*, 10(3): 189~196.

Mort, M., Convery, I., Baxter, J., & Bailey, C. (2005), "Phychosocial effects of the 2001 UK foot and mouth disease epidemic in a rural population: qualitative diary based study", *Bmj*, 1234

Mutter, J. C. (2015), *The Disaster profiteers: How Natural Disasters Make the Rich Richer and the Poor Even Poorer*, New York: St. Martin's Press, 장상미 역(2016), 《재난 불평등》, 파주: 동녘.

Neria, Y., DiGrande, L., & Adams, B. G. (2011), "Posttraumatic stress disorder following the September 11. 2001, terror attacks: A review of the literature among highly exposed populations", *American Psychologist*, 66: 429~446.

Norris, F. H., Tracy, M., & Galea, S. (2009), "Looking for resilience: Understanding the longitudinal trajectories of responses to stress", *Social Science & Medicine*, 68: 2190~2198.

O'Brien, G. (2006), "UK emergency preparedness: A step in the right direction", *Journal of International Affairs*, 59(2): 63~85.

Perrow, C. (1984), *Normal Accidents: Living with High-Risk Technologies*, New York: Basic Books, 김태훈 역(2013), 《무엇이 재앙을 만드는가?》, 알에이치코리아.

Pfefferbaum, B., & Doughty, D. E. (2001), "Increased alcohol use in a treatment sample of Oklahoma City bombing victims", *Psychiatry*, 64: 296~303.

Picou, J. S., Marshall, B. K., & Gill, D. A. (2004), "Disaster, litigation and the Corrosive Community". *Social Forces*, 82(4): 1493~1522.

Picou, J. S., & Marshall, B. K. (2007), "Katrina as paradigm-shift: Reflections on disaster research in the twenty-first century", In Brunsma, D., Oversvelt, D., & Picou, J. S. (eds.), *The Sociology of Katrina: Perspectives on a Modern Catastrophe*, MD: Rowman & Littlefield.

Pieper, G. (2012), *Überleben oder scheitern: Die kunst, in krisen zu bestehen und daran zu wachsen*, München: Knaus-Verlag, 유영미 역(2014), 《쏟아진 옷장을 정리하며: 힘들고 아픈 나를 위한 치유의 심리학》, 서울: 부키.

Ramirez, M., & Peek-Asa, C. (2005), "Epidemiology of traumatic injuries from earthquakes", *Epidemiologic Reviews*, 27(10): 47~55.

Reid, R., & Botterill, L. C. (2013), "The multiple meanings of resilience: An overview of the literature", *Australian Journal of Public Administration*, 72(1): 31~40.

Roberts, A. R. (2005), *Crisis Intervention Handbook. Assessment, Treatment, and Research*(3rd.), Oxford University Press.

Sapienza, J. K., & Masten, A. S. (2011), "Understanding and promoting resilience in children and youth", *Current Opinion in Psychiatry*, 24: 267~273.

Saul, J. (2014), *Collective Trauma Collective Healing*, New York and London: Routledge.

Shultz, J. M., Espinel, Z., Galea, S., & Reissman, D. B. (2007), *Disaster Ecology: Implications for Disaster Psychiatry*, New York: Columbia university press.

Snowden, L. R. (2005), "Racial cultural and ethnic disparities in health and mental health: Toward theory and research at community levels", *American Journal of Community Psychology*, 35(1/2): 1~8.

Tedeschi, R. G., & Calhoun, L. G. (2004), "Postmumatic growth: Conceptual foundations and empirical evidence", *Psychological Inquiry*, 15(1): 1~18.

Thomalla, F., & Larsen, R. K. (2010), "Resilience in the context of tsunami early warning systems and community disaster preparedness in the Indian Ocean region", *Environmental Hazards-Human and Policy Dimensions*, 9(3): 249~265.

Thomas, D., Phillips, B. D., Lovekamp, W. E., & Fothergill, A. (2013), *Social Vulnerability to Disaster*(2nd.), FL: CRC Press Taylor & Francis Group.

UNISDR(2005), "Hyogo framework for action 2005-2015: Building the resilience of nations and communities to disasters".

_____(2015). "Sendai framework for disaster risk reduction 2015-2030".

Westefeld, J. S., & Heckman-Stone, C. (2003), "The integrated problem-solving model of crisis intervention: Overviews and application", *Counseling Psychologist*, 31: 221~239.

Wyche, K. F., Pfefferbaum, R. L., Pfefferbaum, B., Norris, F. H., Wisnieski, D., & Younger, H. (2011), "Exploring community resilience in workforce communities of first responders serving Katrina survivors", *American Journal of Orthopsychiatry*, 81: 18~30.

2

1990년대 중반 이후 일본 지진과
재난 거버넌스-시티즌십의 변화

김은혜 부산대 사회학과

1. 들어가며:
1990년대 중반 이후 일본의 광역·복합재난

'2016년 9·12 경주지진'(5.8)에 이어 '2017년 11·15 포항지진' (5.4)과 같은 대형 지진들이 연이어 발생했다. 경주지진은 기상관 측 사상 최대 규모였으며, 포항지진은 상대적으로 규모는 작았지만 그 피해는 훨씬 더 컸다. 그동안 우리가 가졌던 한반도에 대한 '지진 안전신화safety myth'는 이로써 붕괴되고 말았다. 경주 및 포항의 지역 주민들은 지금도 재난 후유증으로 고통받고 있음에도 불구하고, 수 도권에 편중되어 있는 한국사회에서 지방 스케일local scale에서 발생 한 사건에 대한 관심은 여전히 매우 낮다. 일반국민들은 매스컴과 SNS를 통해 수많은 자극적인 지진 정보를 접하게 되고, 재난에 대한 정보나 커뮤니케이션이 단편적으로 반복된다. 이는 결국 사회적 자본의 마이너스 측면인 자신의 일과는 '다른 세계'로 생각해 버리는 배제, 무관용, 무심한 태도를 낳게 된다(河村和德 編, 2019: 23; Putnam, Leonardi, & Nanetti, 1994; Portes, 1998).

가까운 일본은 그야말로 '지진 대국地震大國'이라 불릴 정도로 다양한 규모의 지진들이 끊임없이 발생하고 있다. 일본의 재난사회학을 살펴보면, 천재론天災論, 인재론人災論에서부터 간접피해・사전부흥・부흥재난 등으로 초점이 이동하면서 부흥 거버넌스론으로 귀결되는 과정을 거쳐 왔다(大矢根淳, 2012). 만약 일본의 거대지진mega-earthquake에 초점을 맞출 경우, 1990년대 중반 이후 '일본 지진의 재난 거버넌스governance 및 시티즌십citizenship'의 관점에서 사회변화를 재구성해 볼 필요가 있다. 1990년대 중반 이후는 일본식 연호로 헤이세이平成(1989~2018) 시대에 해당한다. 이 시기의 재난을 연구하는 것은 전후 일본의 고도성장기가 해체되면서 지난 20여 년간의 장기불황long-term recession 시대를 살아가는 불안과 동요로부터 현재 새 연호인 레이와令和(2019. 5. ~) 시대의 새로운 질서를 재구축하기까지의 과정에 대한 고찰이다. 따라서 이 연구에서는 거대 지진에 대한 사례로는 일본의 1995년 고베神戸대지진과 2011년 동일본東日本대지진을 둘러싼 이론적-경험적 논점들을 논의해 보고자 한다.

먼저 1995년 1월 17일 한신아와지대진재阪神淡路大震災 (이하 '고베대지진')가 발생한 지 올해로 25주년이 되었다. 또한 2011년 3월 11일 동일본대진재東日本大震災 (이하 '동일본대지진')의 피해지역은 통상 재해 3현이라 일컬어지는 이와테현岩手縣·미야기현宮城縣·후쿠시마현福島縣이다. 좀더 넓게는 도쿄도東京都와 가까운 이바라키현茨城縣에 이르는 광역대도시권을 피해지역으로 본다. 대도시권역에 지진, 쓰나미津波, 원전사고가 동시에 발생한 '복합재난complex disaster'으로서 다양한 영역의 사회변화를 가져왔던 재난이었다고 평가된다(이호상, 2012: 266).

여기서는 일본의 재난 거버넌스를 둘러싼 중앙-지방의 이분법을 극복하는 방안들을 살펴보는 한편, 탈중앙화Decentralising disaster governance 논의의 전개에 주목할 필요가 있다(Miller & Douglass, 2016; Aoki, 2016). 또한 동일본대지진의 경우 '일본환경사회학회' 저널 〈환경사회학연구環境社會學硏究〉에서 제기한 '피해被害' 개념과 구조를 재검토하려는 다양한 연구활동에도 주목해봤다(浜本篤史, 2012: 4). 마지막으로 2011년 동일본대지진 이후 약 10여 년간 32조 엔(2019년 3월 기준)이 투자된 복구·부흥사업의 명목하에 도로건설, 방조제 등 토목공사 위주의 토건국가로의 '경로의존성path dependence'을 드러내는 한계에 대해서도 지적하고자 한다. 여기서 경로의존성이란 이론적으로는 일본 특유의 공공사업public works에 의존하는 토건국가론construction state(McCormack, 1998)으로의 회귀를 의미하며, 정치적으로는 민주당에서 자유민주당(이하 자민당)으로의 정권 교체, 즉 아베 신조安倍晋三 집권 2기 내각(2012. 12. ~2020. 9. 16.)부터 최근까지를 의미한다.

일본 정부는 피해지역의 범위와 재난의 성격을 반영한 공식적인 명칭을 제정하고, 관련법률에도 통일된 명칭을 일관되게 사용한다. 이 논문에서는 용어상 혼란을 피하기 위해서 한국에서 일반적으로 통용되는 명칭인 '고베대지진'과 '동일본대지진'으로 표기하고, 일본의 각종 정부문서에서는 '재해災害'로 표기하지만 이 역시 한국적 용법인 '재난災難'으로 표기하였다. 이 글을 통해 향후 한국이 직면할 수도 있는 '거대 지진'에 대한 정책적-실질적 함의를 도출해 보고자 한다. 먼저 일본 지진에 초점을 맞춰서 재난 거버넌스로서 재난에 대한 대비, 대응, 관리체계에 대한 사회과학적 논의를 기반으로 정책적 대응사례와 특징을 분석하고자 한다. 다음으로 재난 시티즌십과 관련하여 시민단체, 기부금제도, 자원봉사 등을 둘러싼 시민사회 대응의 변화과정을 고찰하고자 한다.

2. 일본의 재난 거버넌스-시티즌십

1) 이론적 논의: 재난 거버넌스-시티즌십

'재난 거버넌스' 영역과 관련해서는 모든 국면이 이른바 '정치적인 것'이라 해도 과언은 아닐 것이다. 준準전시상황에 필적할 만한 파국적 혼란인 재난상황은 미셸 푸코M. Foucault가 지적했던 '통치성govern-mentality'의 권력이 작동하는 가장 핵심적인 영역이지만, 재난을 둘러싼 정치와 거버넌스의 영역에서는 단순히 '위로부터의 통치'는 존재하지 않는다. 일본 재난 논의에서는 위험risk의 대응개념으로서 '안전 · 안심安全 · 安心'이 함께 통용되기도 한다. 특히 안전이라는 공간, 즉 통치성의 기획 혹은 전략이 개인의 규율 내면화를 넘어 일종의 '생명관리정치biopolitics'로서 진행된다(김대근, 2014; 박영도, 2016). 본래 전통적 의미에서 재난의 범위는 불가항력적인 '자연재해' 영역과 인간과 사회구조의 결과물로서 발생하는 '전쟁', '공해' 등도 모두 해당된다. 따라서 우리는 재난을 둘러싼 시공간에 대한 연구와 분석이 미래지향적 대안적 가능성을 형성하는 영역임을 인식하고, 전방위적인 협력방안을 모색하는 '협치'('거버넌스')의 관점에서 다층적으로 살펴봐야 한다.

미국은 연방재난관리청FEMA: Federal Emergency Management Agency 같은 전담조직이 있었음에도 불구하고, 2005년 8월 말 허리케인 카트리나Hurricane Katrina가 미국 뉴올리언스를 강타했을 때 상당히 예측 가능한 재난이었음에도 1,500여 명 이상이 목숨을 잃었다. 이 사건은 미국 사회의 인종과 계급분열에 대한 증표라 비판받았으며, 이때 연방재난관리청은 지역에서 'Fix Everything My Ass'라는 조롱까지 받았다(Monteith, 2010). 카트리나 사례는 일종의 정부실패 결과가 위험불평등을 초래했던 대표적 사례로서(고동현, 2015), 시장과 주지사, 연방정부 모두가 재난으로 고통받는 이재민 문제를 해결하기보다는 오히려 권한위임과 지휘계통 논의로 귀중한 시간을 허비하고 말았다. 즉, 축적된 도시문제가 재난을 만나 악화되면서 정치의 부재와 자본에 대한 과도한 의존이 빚어낸 사건이라 비판받았다

(박진빈, 2016: 78).

　일본사례를 살펴보면, 2011년 동일본대지진 발생 직후 '광역시스템 재난'과 지진 현장(현지)의 관점을 반영한 사례연구, 인류학-지리학적 관점에서 교토京都대 방재연구소DPRI: Disaster Prevention Research Institute Kyoto University (京都大學防災研究所, 2020)의 사례연구 등이 다수 존재한다. 사회학에서는 후쿠시마 원전사고를 둘러싼 시민사회의 변화와 재난해결을 위한 정책촉구 등 여러 연구들이 진행되었다(최호택·류상일, 2006; Kingston ed., 2012; 양기근, 2010; 이강원, 2017; 한영혜 외, 2013). 3·11 이후 재난 거버넌스와 관련된 다양한 분야의 저작들이 번역되었는데, 재난을 성찰하는 사상사 관점의 비판(鶴見俊輔 編, 2013)이나 3·11 직후의 사회시스템 작동문제도 지적되었다(간사이대 사회안전학부, 2012; 김영근, 2018). 그러나 한국사회에서 '일본 지진'에 대해서 재난 거버넌스를 다룬 개별사례들에 대한 연구는 많으나, 1990년대 중반 이후 일본 지진을 둘러싼 통시적 연구는 여전히 한정적이다.

　그럼에도 불구하고 일본사례는 한국의 안전학과 거시적인 재난대응 패러다임의 영역에 상당히 많은 정보와 시사점을 제공한다. 구체적으로 고려대 글로벌일본연구원 사회재난안전연구센터에서는 〈동일본대지진과 핵재난: 와세다 리포트 1~10〉을 번역하는 등 지속적인 연구성과를 제시하고 있다. 최근에는 일본의 지방자치론의 관점에서 3·11 교훈을 재점검하는 가와무라 가즈노리河村和德의 편서 번역서가 국내에 출판되었다. 이 저서는 (일본)정책연구대학원대 '방재・부흥・위기관리 프로그램'에 설치된 '위기관리・부흥과 정치' 강의록의 일부라서 '재난 거버넌스'의 관점에서 주목할 가치가 있다. 또한 재난관리시스템 설계에 내재된 전문가주의와 과학주의 패러다임에 대한 환경사회학의 비판(이영희, 2014)도 제기되었다. 하지만 3・11 동일본대지진 발생 이후로도 약 10여 년의 세월이 흐르면서, 일본사회 내부의 여러 변화들에 대한 추이나 정책적 궤적의 연속성을 제시한 연구는 상대적으로 미비한 한계도 있다.

그러므로 여기서는 거버넌스의 영역을 '재난의 대비(발생가능성 예측)', '재난의 대응(속보・매뉴얼・정보공개)', '재난의 관리체계(행정시스템)'로 구분해서 살펴보고자 한다. 첫째, 재난의 대비는 재난의 발생(예측) 가능성 논의로서 재난의 사전 예측과 사후 조사보고서(정부-지자체-과학기술계-시민사회계) 등의 신뢰성에 대한 논의를 살펴봐야 한다. 둘째, 재난의 대응은 현장대응 능력에 해당하는 재난속보 및 재난대책 매뉴얼과 실제 실현과정에 대한 논의이다(稲継裕昭, 2013). 셋째, 재난의 관리체계는 재난발생을 둘러싼 행정시스템에 대한 논의로서, 재난특별지구로서 '부흥특구復興特別區域'를 선포한 사례 등에 대한 중앙-지방정부의 권한 이양(재정) 등의 논의를 포괄한다(김은혜・박배균, 2016). 넷째, 재난연구에서 젠더 관점의 도입 필요성과 방재부흥계획 및 재난행동 등을 함께 재고해야 한다(岡庭義行, 2013).

앞서 지적했듯이 3・11 이후 일본사회에서는 저항감이 드는 데모에 대한 참여나 '시민운동civil movement'보다는, 자원봉사volunteers 참여나 시민사회의 활성화가 나타났다고 평가된다. 정치사회학자 테다 스카치폴(Skocpol, 1999)이 미국 시민사회의 특성을 '회원 없는 (전문성) 대변자advocates without members'라고 했듯이, 일본연구자 로버트 페카넨(Pekkanen, 2006: 185~186)은 일본 시민사회의 특성을 '(전문성) 대변자 없는 회원members without advocates'이라 비판적으로 규정했다. 일본사례를 연구해 왔던 페카넨은 국가-시민사회의 관계가 가진 복합성을 인정하면서도, 국가-시민사회의 관계는 시간이 흐름에 따라 상호영향 속에서 형성된다고 보았다.

정치학과 공공정책학의 관점에서 일본 시민단체와 이익단체에 대해서 국제비교 연구를 지속하고 있는 츠지나카 유타카(辻中豊, 2006: 311)의 성과도 주목할 만하다. 1995년 고베대지진과 2011년 동일본대지진 발생 직후 자원봉사활동을 비교한 연구에서 그는 자원봉사조직의 '잠재력'과 '위험성'을 모두 지적하고 있다(辻中豊, 2016). 먼저 기존 자원봉사조직의 '잠재력'으로서 효율성과 질서를 지키는 모습 등은 전 세계적으로 일본의 시티즌십으로 인정받고 있는 한편, 자원봉사활동이 지나칠 정도로 원활하게 전개되는 모습은 정부가 시민활동을 동원할 가능성을 증가시킬 위험도 높다. 여전히 일본 정부의 강력한 규제 틀에서 독립된 크고 전문화된 사회단체들의 발전은 방해받고 있지만, 근린단체와 같이 지역의 작은 단체에 대해서는 발전이 촉진되고 있다고 평가된다.

한편, 재난 시티즌십의 관점에서 일본 시민사회의 지형변화에 대한 정치사회학적 해석에 주목해야 한다. 흔히 일본 시민사회의 특징

을 언급할 때 주로 '생활보수주의livelihood conservatism'라는 개념으로 설명하곤 한다. 원래 생활보수주의란 전후 일본의 경제성장과 자민당 정권의 재분배정책의 수혜자이자 기득권자인 신중간대중들이 누리는 고용확보와 평준화 사회의 정치의식을 의미한다(박희숙, 2009: 77). 그러나 1990년대 이후 일본 국민들은 장기불황으로 인한 격차사회와 구조개혁의 이름하에 기존의 정부보조금이 삭감된 지역사회에서 살아가야 했다. 2009년 민주당 정권이 '콘크리트에서 사람으로'라는 슬로건을 통해서 정권을 잡았다. 2009년 민주당 정권은 '새로운 공공新しい公共'을 내걸고 PPPPublic-Private Partnership라는 이름으로 시민사회의 정책참여를 유도했다. 민주당은 성장한계, 시장독식, 예산압박, 복지파탄의 상황 속에서 복지중시(고교 무상화 추진)나 시민성 확대를 추진하는 등 과거 자민당 정권의 토건국가 중심성을 극복하고자 했다(전영수, 2015; 김은혜·박배균, 2016).

2000년대 일본사회에는 전후 고도성장기와 질적으로 상당히 다른 '장기불황시대의 생활보수주의'가 축적되고 있었다. 첫째, 공동체 내부로의 지나친 강조나 긍정을 특징으로 하는 폐쇄적인 성격이 닫힌 공동체를 낳는다고 봤다. 둘째, 정치이슈의 미시화와 거시적 이슈에 대한 정서주의적 대응으로 규정된다. 전후 일본 정치경제체제의 제도적 유산은 개인 수준의 복지가 아닌 산업섹터 간 및 지역 간 재분배를 중심으로 한 '할거주의적 이익유도 정치pork-barrel politics(齋藤淳, 2018)'였다고 평가된다. 즉, 본질적으로는 민주당으로 정권이 교체된 것에서도 표면적인 '정책지향성'보다는 인물과 슬로건에 대한 정서주의적 기대심리에 의거한 정치적 선택의 양상이 반복되었다는 것이다(이정환, 2014: 114~118).

요컨대, 민주당이 공공성 회복을 위한 변화나 시민사회의 재활성화를 다각도로 시도하는 가운데 2011년 동일본대지진이 발생했던 것이다. 이후 2012년 수상관저 데모 등처럼 10~20만 명의 참가자로 추정되는 전국적인 규모의 집회가 활성화되었고, 이 과정에서 일본이 '데모 없는 사회'에서 '데모가 가능한 사회'로 변화될 것이라는 크나큰 기대감도 점차 고조되었다. 그동안 역사적, 사회구조적, 사상적인 성찰을 시도했던 사회학자 오구마 에이지(小熊英二, 2014: 359)는 '조직적 동원'이 아닌, 자유로운 참가형식이나 청년노동자, 중장년층 등처럼 '자유층의 확대'에 대한 의미심장한 논의를 제기하기도 했다. 그러나 이러한 거시적-미시적 수준에서 시민사회의 변화와 국내외의 기대에도 불구하고, 일본사회는 기대했던 만큼의 정치적 변화보다는 오히려 보수적인 회귀로 귀결되었다는 현실에 대한 보다 분석적인 시각이 필요한 시점이다.

2) 고베대지진과 동일본대지진:
도시부 중심-볼런티어 원년 vs 농림수산지역 중심-기부 원년

일본에서 1990년대 중반 이후부터 현재까지(1995. 1. 1. 00:00~ 2020. 1. 17. 23:59)의 기간에 진도 6약[弱] 이상 지진의 발생은 총 56건이 검색되며 그 진앙지의 분포도 역시 전국적이다(〈그림 2-1〉).

먼저 1995년 1월 발생한 고베대지진은 6천 명 이상의 사망 및 실종자가 발생했고, 10만 채 이상의 건물이 붕괴된 거대한 재난이었다. 그러나 고베대지진은 과거 일본의 행정 주도의 지역발전에 대한 사고를 변화시키는 커다란 역사적 계기가 되었다. 고베대지진은 커뮤니티가 희박한 '도시부'를 중심으로 발생한 지진이었기 때문에, 거대 지진이 낳은 막대한 피해는 행정기능을 마비시켰다. 그럼에도 불구하고 시민들은 자율적으로 공동체를 형성했고, 전국에서 집결한 자원봉사자들이 대대적으로 협력하기도 했다. 또한 글로벌한 스케일에서 일본의 산업구조와 연결성이라는 측면에서 본다면, 고베대지진은 물류·항만 영역에서 고베항이 가졌던 세계적 지위를 저하시켜 '부산항'의 부흥을 가져오는 결과를 낳았다. 그야말로 다양한 스케일에서 도시 간 위계와 연결성의 변화를 촉진한 재난이기도 했다(〈표 2-1〉).

특히 젠더gender의 관점에서 고베대지진의 피해양상을 살펴보면, 1996년 일본 소방청 자료에 기록된 사상자 수 중에서 여성 사망자 비율은 57.5%로 높았다. 재난 시에 고령여성의 희생이 많았을뿐더러 재난발생 1년 후 사망자 수 역시 여성이 남성보다 약 1천 명 정도 많았다. 재난 전후에는 법 제도의 엄격한 적용과 성별 분업의 강요로 인해 여성의 희생이 많았다. 특히 치안악화와 배제적 사회분위기, 그리고 멸사봉공滅私奉公 같은 자세나 과로사를 미담처럼 여긴 것이 원인이라고 지적했다. 예컨대, 일본 재난과 관련된 미디어의 보도는 주로 미담이나 격려 등을 담은 화제성 기사가 주류를 이루는

<〈그림 2-1〉 진앙분포도>

기간: 1995.1.1~2020.1.17

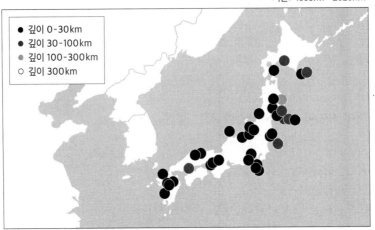

• 깊이 0-30km
• 깊이 30-100km
• 깊이 100-300km
○ 깊이 300km

자료: 〈국토교통성 · 기상청/진도 데이터베이스 검색
(国土交通省·気象庁/震度データベース検索)〉
Retrieved from http://www.data.jma.go.jp/svd/eqdb/data/shindo/index.php
참조: 지도상에 표시된 진앙의 위치는 편의상 실제 위치와 약간 어긋난 지점도 있으나, 국토교통성
국토수치정보 DB를 이용했음(깊이 300킬로미터는 없음).

반면, 실제 재난현장의 현실은 오랜 피난생활에 여성물품 부족부터 성희롱까지 빈번하게 발생한다. 또한 재난현장의 문제해결이 우선시되면서 잘못된 성별 분업에 입각한 가사노동의 강도는 훨씬 더 강화된다. 더욱이 젠더 관점은 재난대책 매뉴얼뿐만 아니라, 재난지원 및 부흥에 이르는 전체 과정에서 결여되는 것이 가장 큰 문제였다(相川康子, 2006; 2011). 하지만 젠더와 재난 취약성vulnerablility 논의는 단순한 재난리스크 감소의 관점에서 나아가서 다양한 여성들의 다양한 재난경험을 되살린 복원력이라는 새로운 단계로 이행하는 계기를 마련하기도 했다(Enarson & Morrow eds., 1998).

〈표 2-1〉 고베대지진과 동일본대지진: ① 피해상황 비교

고베 대지진	발생 일시	1995년 1월 17일 05:46
	매그니튜드(M)	7.3
	지진형	직하형(直下型)
	피해지역	도시부 중심
	진도6약 이상 지역 수	1현 효고(兵庫)
	쓰나미	수십 센티미터의 쓰나미 보고, 피해 없음
	피해의 특징	건축물의 붕괴 나가타구(長田区)를 중심으로 대규모 화재 발생
	사망자 행방불명자	사망자 6,434명 행방불명자 3명 (2006년 5월 19일 현재)
	주택피해(완파)	104,906동
	피해구조법의 적용	25시정(市町)[2부현(府県)]
동일본 대지진	발생 일시	2011년 3월 11일 14:46
	매그니튜드(M)	9.0
	지진형	해구형(海溝型)
	피해지역	농림수산지역 중심
	진도6약 이상 지역 수	8현 미야기(宮城), 후쿠시마(福島), 이바라키(茨城), 도치기(栃木), 이와테(岩手), 군마(群馬), 사이타마(埼玉), 치바(千葉)
	쓰나미	각지에서 거대 쓰나미 관측 최대 쓰나미 소마(相馬) 9.3미터 이상, 미야코(宮古) 8.5미터 이상, 오후나토(大船渡) 8.0미터 이상
	피해의 특징	쓰나미에 의한 연안부에서 심대한 피해 발생, 다수의 지구가 괴멸
	사망자 행방불명자	사망자 19,689명 (※ 피해관련 사망 포함) 행방불명자 2,563명 (2019년 3월 1일 현재)
	주택피해(완파)	121,995동 (2019년 3월 1일 현재)
	피해구조법의 적용	241시구정촌(市区町村)[10도현(都県)] ※ 나가노현(長野県) 북부를 진원으로 하는 지진에서 4시정촌(2현)을 포함

〈표 2-2〉 고베대지진과 동일본대지진: ② 진도분포도(진도 4 이상 표시)

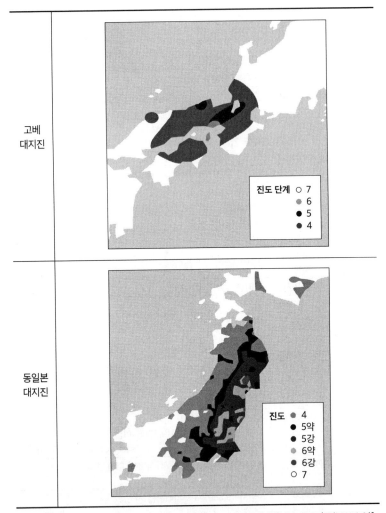

고베
대지진

진도 단계 ○ 7
⦿ 6
● 5
◍ 4

동일본
대지진

진도 ◍ 4
● 5약
● 5강
◍ 6약
⦿ 6강
○ 7

자료: 平成30年度版〈防災白書〉付属資料18 [일부 수치는 긴급재해대책본부 공표자료(2019.3.8.)].
    復興庁, 2020.1.

다음으로 2011년 3·11 동일본대지진은 '광역·복합 재난regional
·complex disaster'로서 그 특성상 '(물리적) 경계'를 넘어서 발생했던 재
난이었다. 부처 간의 역할분담뿐만 아니라, 중앙-지방정부의 권한
과 행정구역의 경계를 둘러싼 반목과 알력이 불가피하게 발생하게
된다(河村和德 編, 2019: 35). 또한 2011년 동일본대지진 당시 이와
테현岩手縣 미야코시宮古市 다로田老지구에 건설되던 세계 최대 규모의
대大방파제는 통칭 '만리장성'으로 불릴 정도로 거대했지만 당시 초
대형 쓰나미에 의해 붕괴되고 말았다. 이 사건은 일본의 '안심·안
전'을 대표했던 상징적 구조물이 붕괴한 사건들 중 하나로서, 인간
의 기술력이 아무리 진보한다 해도 자연의 거대한 재난을 완전히 막
을 수 없음을 재인식하게 되었다. 이처럼 일본에서는 수많은 재난을
경험하면서 재난을 완전히 막는 것이 아니라 자연현상인 재난발생
을 수용하고 피해를 최소한에 막는다는 '감재減災'를 '방재防災'와 함
께 중요시하는 사회적 분위기가 형성되었다(⟨SAIGAI JOURNAL⟩,
2019. 7. 1.).

실제로 일본의 재난관련 행정문서에는 '방재·감재' 등의 용어가
혼재되어 사용되곤 한다. '방재'란 재난 그 자체가 발생하지 않도록
노력하는 대처나 행동을 가리키는 반면, '감재'란 '재난발생'을 전제
로 그 피해를 최소한으로 막기 위한 대처나 행동을 의미하기도 한
다. 일본에서는 재난이 발생하지 않도록 '방재' 대처를 폭넓게 실시
해 왔지만, 최근 대규모 재난발생에 직면하면서 '감재'의 중요성이
높아지는 추세이다. 역사적으로 본다면 '감재'의 중요성에 주목하게

된 것도 1995년 고베대지진의 경험에서 비롯된다. 고베대지진 당시 이전의 내진기준에 따른 낡은 건물들의 붕괴로 인한 피해가 너무도 컸다. 그러나 건물 하나하나에 대한 보강공사가 시간과 비용 면에서 한계에 직면한 결과, 개개인이 자신의 생명을 지키기 위한 '감재'라는 사고에 주목하는 계기가 되었다.

한편 재난 시티즌십의 관점에서 본다면 과거 일본의 시민단체들은 법적 지위를 얻기 어려웠기 때문에, 시민단체가 활동을 위해 부동산을 빌리거나 은행계좌를 개설하는 것도 어려웠다. 그러나 고베대지진과 같은 거대 재난현장에 100만 명 이상의 자원봉사자들이 달려간 것은 일본 시민사회가 가진 잠재력을 보여준 결정적 사건이었다. 고베대지진 이후 시민사회의 활성화는 〈특정비영리활동촉진법〉(이하 NPO법) 성립(1998년)이라는 결정적 변화를 이끌어냈다. 당시 연립내각이 보수적인 자민당 내의 일부 반대파를 설득해서 '시민'이라는 표현을 빼는 대신, 'NPO법'으로 명명되는 일정한 한계도 있었다. 그럼에도 불구하고 재난 이후 시민사회의 활성화와 조직화를 위한 법적-제도적 변화는 '볼런티어 원년元年'이라 불릴 만큼 획기적인 것이었다고 평가된다.

2011년 이미 NPO법인에 대한 기부를 우대하는 '기부금 공제'가 실현되었지만, 기부문화는 확산되지 못한 채 모든 시민단체들이 활동자금 확보에 어려움을 겪고 있었다. 그러나 2011년 동일본대지진 발생 이후 많은 NPO법인들이 조직의 유연성과 아이디어, SNS를 적극적으로 이용해서 재난지역의 부흥을 도우면서 '기부 원년'으로 주목받게 되었다. 특히 당시 민주당(2016년 해산) 정권이 기부액의 일부가 세금으로 돌아오는 구조를 도입한 '기부세제'를 대폭 확충한 결과, 당시 인정 NPO법인의 기관 수가 1천여 개를 넘어서는 등 시민사회 활성화를 위한 긍정적 결과도 가져왔다(山下剛, 2018. 4. 8).

한편, 젠더 관점에서 보면, 2010년 책정된 제3차 남녀공동참여기본계획(이하 제3차 계획)에 방재분야가 명기되었는데, 이는 1995년 고베대지진과 2004년 니가타新潟縣新潟주에쓰中越지진의 젠더 경험 등이 반영된 것이다. 특히 제3차 남녀공동참여기본계획 기간 중에 동일본대지진이 발생하면서, 3월 16일 "여성과 어린이의 수요에 기초한 재난대응에 대해서"라는 내용이 각 지자체 남녀공동참여주관과에 통지되었다. 동일본대지진 이후 2012년 9월 6일 방재기본계획에는 남녀공동참여와 관련해서 재난응급대책과 재난복구·부흥에서 2-3항목이 추가 수정되었다(岡庭義行, 2013: 13).

이처럼 동일본대지진 이후 일본에서는 제도-체계를 보다 현실의 문제에 접근시켜서 실천적인 해결을 도모하려는 노력에 의해 방재 및 재난부흥에 관한 법률 및 제도가 계속해서 변화하고 있다. 고베대지진 이후 동일본대지진까지의 변화에 대한 연구는 한국의 재난 거버넌스-시티즌십과 관련된 연구에 다음과 같은 시사점을 준다. 첫째, 1995년 고베대지진은 1980년대 중반 이후 진행된 과도한 도시재개발의 결과인 일본의 토건국가론construction state에 대한 비판과 시민사회와 자원봉사, 젠더 등 다양한 시민운동의 쟁점들이 분기했던 사례였다(김은혜, 2015; 柳田邦男, 2014). 둘째, 2011년 동일본대지진은 '지진' 발생에 쓰나미tsunami 피해와 노심용융meltdown이 발생한 원전사고가 잇따른 이른바 '거대복합재난Catastrophic Compound Disasters'이었다고 할 수 있다(田中重好 · 船橋晴俊 · 正村俊之編, 2013). 셋째, 재난-시티즌십과 관련해서 국가-시민사회와의 관계와 시민사회의 자율성을 둘러싼 관련법률의 변화 등을 고찰할 수 있는 영역이다. 최근 일본에서는 여러 지역 권역별로 거대 지진의 발생 가능성에 대한 경고가 더욱 높아지는 가운데, 다양한 정책적 대응과 그에 대한 시민사회의 비판적 움직임은 여전히 활발한 상황이다.

3. 재난 거버넌스: 재난 대비-대응-관리체계

1) 재난 대비와 정치적 거버넌스

우리가 재난을 발생 전 · 중 · 후前 · 中 · 後라는 미래지향적 시간축에서 살펴본다면, '위기, 방어, 구제'라는 측면에서 '정치의 역할'과 밀접하게 연관되는 것을 알 수 있다(〈표 2-3〉). 재난은 인간과 사회에 커다란 위기를 의미하기 때문에, 재난 정치적 거버넌스에 대한 우리의 기대는 위기상황에 대한 유효한 방법을 강구하는 것과 직결된다고 할 수 있다. 물론 우리에게 닥친 위기를 모두 피할 수 있다면 가장 바람직하겠지만, 만약 어떤 상황과 원인에서든 간에 위기가 발생한다면 가능한 빨리 위기극복을 위한 필수적인 방어를 시작해야

<표 2-3> 재난 전중후(前·中·後)의 정치적 거버넌스의 역할

	재난 전(前)	재난 중(中)	재난 후(後)
위기	위기회피	위기의 파악과 전달	위기 제거
방어	예방조치	방어·피난	예방조치의 재구축
구제	구제 체제의 정비	지원·구제의 시동	지원·구제의 전개, 기억과 계승

자료: 히라이 가즈오미(平井一臣), "전후 일본과 재해: 역사적 검토를 위한 각서", 김영근·히라이 가즈오미 편; 최수연 역, 《일본의 재해학과 지방부흥》, 인터북스, 2016, 36쪽.

만 한다. 따라서 어떤 재난이든 발생하고 난 다음에는 재난피해의 구제범위(지리적·시간적)와 지원방식(인적·물적)을 결정하는 자체는 상당히 '정치적인 영역'이라 할 수 있다.

1995년 고베대지진의 경우, 지자체들 간의 연대를 통해 재난파견 의료팀이 각지에서 자발적으로 생겨났다. 특히 기금을 모아서 유연한 피해자 지원을 하는 방식이 주목을 받으면서 효고현에서 시작된 서명운동을 통해서 1998년 〈피재자생활재건지원법被災者生活再建支援法〉이 성립되었다. 고베대지진 이후 사회보장 분야에서의 변화도 주목해 볼 필요가 있는데, 1997년 〈개호보험법介護保險法〉(한국의 '노인장기요양보험'에 해당), 2005년 〈장애인자립지원법〉, 2013년 〈생활곤궁자자립지원법〉이 차례로 제정되었다. 사회보장의 관점에서 "한 사람 한 사람에게 필요한 지원을 한다"는 사상이 재난사례 관리에서도 확대되었다는 점은 평가할 만하다. 이러한 관점에서는 평상시부터 의료나 개호, 취업지원 등의 시책과 방재대책을 일체로 간주하는 장점이 있다.

고베대지진 발생 이후 시민들의 신속한 대응과 자발적인 노력에

도 불구하고, 정부와 지자체 간의 연계나 역할분담이 원활하지 못하면서 많은 과제도 남겼다. 피해가 컸던 지역에는 부흥도시계획사업으로서 중점부흥지역이 지정되어 화재 대비를 위해 넓은 도로와 공원 등 '토지구획정리사업'이 폭넓게 진행되었다. 그러나 재난부흥에 도시기반정비사업을 채용하면서 발생한 토건중심성은 감보滅步, 환지換地, 청산금淸算金의 부담 등을 둘러싼 재판분쟁을 낳으면서, 주거권, 재산권, 생존권 등 침해로 인한 주민들의 반대운동처럼 오히려 '젠트리피케이션gentrification 현상'을 가져왔다. 재난을 해결하려는 부흥사업 과정에서 주거권리를 잃거나 빼앗기는 계층이 생기는 '부흥재난disaster caused by the reconstruction program'의 역설적 상황에 대한 비판도 제기되었다(塩崎賢明ほか編, 2010).

한편 재난관련사災害關連死라고 일컬어지는 상황에 주목한다면, 고베대지진 희생자의 14%(900여 명)는 피난소에서 인플루엔자 유행 등 일종의 재난관련사로 사망했다. 또한 당시 마련된 '부흥공영주택'에서는 재난을 직접 경험하지 않은 주민들을 포함해서 지난 20년간 1,100명이 넘는 사람들이 고독사孤獨死로 사망했다. 또한 재난이 발생할 당시에 서민의 거리였던 고베시神戸市 나가타구長田區의 20헥타르에 이르는 넓은 지구에는 40여 동에 이르는 빌딩과 아파트가 건설되어 '시가지市街地 재정비', '창조적 부흥' 사례로서 전 세계적으로 유명해졌다. 그러나 현재 이 부흥지역은 저출산고령화로 인한 지역쇠퇴 등이 중첩되면서 셔터가 내려진 '유령상점가'로 급격히 쇠퇴하고 있는 상황이다(〈朝日新聞〉, 2020. 1. 17).

그렇다면 이제 보다 구체적으로 일본의 재난 거버넌스와 재난관리시스템을 살펴보자. 일본의 재난 거버넌스는 크게 두 가지 관리방식을 취하고 있다. 첫째, 재난유형별로 '분산적 관리방식'을 채택해서 업무와 기능을 중심으로 한 네트워크가 확립되어 있다. 예컨대, 재난이 발생하면 해당 지방자치단체가 일차적으로 대응하고, 비상재난 시 총리대신 주재하에서 비상재해대책본부와 긴급재해대책본부 등이 활동하게 된다. 둘째, 이른바 '자주적 방재'로서 일차적 대응은 지역의 자발적 조직인 시정촌市町村('기초자치단체'에 해당) 단위 혹은 지역 커뮤니티 등에 의해서 이루어지고 있다.

그렇다면 일본의 재난 복구·부흥 과정에서 발생하는 행정처리의 권한과 귀속은 어떠한가? 우리가 중앙-지방 관계를 권한의 소재(집권-분권)와 사무의 귀속(분법-융합)으로 구분해 본다면, 일본은 '집권·융합형 구조(국가 = 권한·재원, 자치단체 = 집행·사무처리)'에 가깝다고 평가된다(佐々木信夫, 2009). 이러한 일본의 행정처리방식은 긍정적·부정적 측면을 모두 가지고 있다. 긍정적 측면은 지자체들 간 수평적 지원태세(현지 전직, 파견 등)를 갖추고 재해지에서 축적된 노하우를 전달할 수 있게 된다는 것이다. 반면 부정적 측면은 국가-도도부현都道府縣(광역자치체)-시정촌市町村으로 이어지는 수직적인 재난구호 협력이 현실에서는 그리 간단하지 않다는 점에 있다(河村和德 編, 2019: 42~43).

일본에서는 재난·재해를 전담하는 행정조직은 없는 대신, 행정부의 관계기관(즉, 일본의 성청省廳)에서 소관분야와 관련된 대책을 시행한다. 총리대신이 주도하는 내각부內閣府(중앙정부)가 정책을 결정하며, 지방정부는 예방·복구의 집행을 담당하는 등 이른바 중앙-지방의 역할분담이 이루어지게 된다. 재난대응은 '비상재난대책본부'를 설치해서 응급대책에 대한 종합적인 대응과 긴급조치계획 실시를 담당한다. 이러한 재난 거버넌스는 중앙-지방정부 및 시민단체들 간의 '권한'과 '책임'을 둘러싼 문제와 관련된다. 본래 지자체의 경계(선)는 인간이 설정한 것이며, 재난은 인간이 그은 경계와는 관계없이 발생한다. 광역·복합재난은 '경계'를 넘어 발생하며(예: 지자체, 생활권 등), '경계'를 둘러싼 알력과 갈등이 발생하게 된다(예: 부처 등 역할분담과 권한)(河村和德 編, 2019: 34~35). 그러므로 이러한 재난상황과 직면한 현실의 흐름 속에서 일본에서 재난 거버넌스를 전담할 새로운 행정기관이나 부서의 신설 등을 낳기도 한다.

2) 부흥청 신설과 자위대 파견

2011년 3·11 동일본대지진 이후, 그해 4월 일본 정부는 〈동일본대지진부흥구상회東日本大震災復興構想會議〉(이하 '구상회')를 발족했다. 현재 인터넷상에는 〈동일본대지진부흥구상회의構想會議〉라는 명칭으로 변경되었고, 관련 회의록과 제언 등은 일본어, 영어, 중국어 번역본이 모두 게재되어 있다. 여기서 우리가 주목할 점은 구상회의 멤버가 정치연구자들을 중심으로 구성되었다는 점이다(東日本大震災復興構想會議, 2019. 12. 10.; 平井一臣, 2016: 35). 재난규모가 클

수록 기존의 제도와 정책에 의한 대처만으로는 대응할 수 없는 현실이 발생하고, '구상회' 구성과 관련된 프로세스 자체가 이미 '정치적 거버넌스'를 생성하는 조건이 된다.

먼저 구상회 위원장은 이오키베 마코토五百旗頭眞 (현 효고兵庫현립대 이사장) 이며, 총 2명의 위원장 대리는 미쿠리야 다카시御厨貴 (현 도쿄대 명예교수) 와 안도 타다오安藤忠雄 (건축가 · 도쿄대 교수) 였다. 검토부회the Study Group 회장은 이이오 준飯尾潤 (현 정책연구대학원대 교수) 등으로 구성되었다. 미쿠리야는 수도 도쿄 및 지방의 도시계획 및 개발을 둘러싼 정치과정 연구로 유명하다. 1923년 관동대지진關東大震災 이후 도쿄대개조東京大改造를 기획했던 고토 신페이後藤新平 연구와 전후 국토개발 등으로 저명하다. 세계적인 명성의 거장 건축가 안도는 간사이關西 권역에서 성장한 지역적 배경을 가지고 있다. 그는 1995년 고베대지진 발생의 원인이 지나친 개발주의에서 비롯되었다는 통렬한 자기반성을 통해서, 녹지를 늘리자는 '효고兵庫 그린 네트워크 운동Hyogo Green Network Movement' 등을 주도하는 등 '사회개혁가'로 변화하게 되었다.

2011년 동일본대지진 이후 일본 정부는 이렇듯 다양한 인적 구성을 통해 논의를 거듭 진행했다. '부흥청復興廳'은 2011년 4월 14일 동일본대진재구상회의 제 1회 회의를 개최하면서 논의되기 시작했다. 같은 해 6월 24일 〈동일본대진재부흥기본법〉이 공포 · 시행되었으며, 6월 27일 동일본대진재부흥대책담당대신을 임명하였다. 12월 9일에 〈부흥청 설치법〉이 국회 성립(12월 16일 공포) 되었다. 2012

년 2월 10일에는 〈부흥청 설치법〉이 시행·발족되었고, 4월 1일 기업연계추진실이 설치되었다. 2013년 2월 1일에는 후쿠시마부흥재생총국이 설치되었다. 원래 부흥청은 수상 직속기관으로 담당 대신 大臣(장관)이 다른 성청에 대한 권고권을 부여받은 조직이었음에도 주목해야 한다(〈표 2-4〉).

그러나 실제로 부흥청이 발족하고 나서 7년에 이르는 기간 동안 부흥청 대신이 7번이나 바뀌는 등 제대로 된 권고권을 사용하지 못했다. 소속직원들은 NPO나 기업과 연계한 새로운 지원책을 만들기도 했지만, 기본적으로는 성청에서 파견형태로 재해지와 해당기관을 연결하는 역할을 담당하기보다는 오히려 종적 관계가 되는 경우가 더 많았다. 특히 부흥청은 고시엔구장甲子園球場 80개분에 이르는 '토지구획정리사업'을 담당했지만, 신속한 부흥이나 인구감소지역에 적합하지 못했다고 평가된다. 신설조직 부흥청은 중앙-지방 간의 의사소통 부족과 함께 지방의 현실을 제대로 반영하지 못하는 등 약점을 드러내기도 했다.

그럼에도 불구하고 부흥청은 각종 부흥 및 지방창생地方創生(활성화) 사업을 담당하고 있다. 예컨대, 2011년의 동일본대지진 이후 미야기현청 소재지인 센다이시仙台市는 가설주택의 입주자에게 '재난사례 관리'를 진행했는데, 시청의 재난관련 과와 사회복지협의회, 생활지원활동을 실시하는 현지 NPO가 연계했다. 2014년 봄 즈음에 약 8,600세대에 대한 방문조사를 실시했다. 거주지 재건의 목표와 심신의 부진, 장애, 취업/취학 불안을 기준으로 네 가지 유형

으로 분류한 결과, 두 가지 이상의 문제가 있다고 답한 약 250세대
에 개별적인 계획을 세우고, 각각 필요한 지원을 진행했다. 이러한

〈표 2-4〉 동일본대지진에 대한 정부의 대응

직후의 대응	
원전사고에 의한 재해	원자력재해대책본부 [원자력재해대책특별조치법 제16조 1항] ■ 본부장: 내각총리대신 ■ 부본부장: 내각관방장관, 경제산업대신, 환경대신, 　원자력규제위원회위원장 ■ 사무국: 내각부(원자력방재 담당) · 피난지시 · 노심의 냉각, 주수작업 · 구출 · 구조 · 피난소 지원, 물자보급
지진 · 쓰나미에 의한 재해	긴급재해대책본부 [재해대책기본법 제28조의 2 제1항] ■ 본부장: 내각총리대신 ■ 부본부장: 내각관방장관, 방재담당대신, 총무대신, 방위대신 ■ 사무국: 내각부 (방재 담당) · 구출 · 구조 · 수색 · 피난소 지원, 물자보급, 가설주택 건설 · 라이프라인의 응급복구
현재의 대응	
원자력재해 대책본부	· 폐로 · 오염수 대책 · 피난지시구역의 재검토 · 배상 · 원자력피해자 생활지원
환경성	· 폐기물 처리 · 제염 · 중간저장시설의 정비 · 모니터링 · 방사성물질오염에 관한 안심 · 안전의 확보
부흥청 [부흥의 사령탑 기능 (부흥시책의 기획 · 입안, 종합 조정)] 부흥사업의 직접 집행 등	**피해자 지원** · 보호 · 상담 지원 · 커뮤니티형성 지원 · 마음의 부흥 **거주와 마을의 부흥** · 주택재건 · 부흥지역만들기 · 생활환경의 정비 · 교통 · 물류망의 정비 **산업 · 생업의 재생** · 판로개척 지원 · 인재확보 지원 · 관광진흥 **후쿠시마의 부흥 · 재생** · 현외 피난자 지원 · 특정부흥재생거점의 정비 · 후쿠시마 이노베이션 코스트 구상 · 나쁜 소문의 불식

자료: 復興庁, 2019: 4

개별지원방식이 일정한 성과를 거두게 되면서, 2016년 구마모토熊本
지진이 발생한 지역 중 일부에서도 적용되었다. 2018년 돗토리현鳥
取縣이 〈방재위기관리기본조례〉를 수정해서, 재난사례 관리를 포함
시킨 지진 이재민에 대한 시책을 진행하고 있다.

　재난발생 시 관련기관 및 단체는 방재계획에 따라 업무를 수행하
며, 실질적인 현장구조 활동의 최전선은 '소방, 경찰, 자위대'가 담
당한다. 일본의 소방영역은 '정규직'도 있지만, 지역사회에 거점을
둔 '소방단消防団 · (Volunteer) Fire Brigade'이 재난현장의 제일선에 선다.
'소방단'이란 시정촌市町村의 자치적인 소방기관으로서 전전의 소방
조消防組를 전후(1947년) 재편한 비상근특별직의 지방공무원으로서,
설치는 시정촌 조례에 따라 소방장, 소방서장의 관할에 따라 행동한
다. 한국의 강원도 산불에서 대부분의 매스컴은 주로 정규직 소방관
들에 초점을 맞췄지만, 실제로 산불피해 현장의 최전선에는 '비정규
직 특수진화대'가 고군분투했던 현실과 일본도 유사하다(〈한겨레〉,
2019.4.7.). 다음으로 경찰은 재난 전후에 발생하는 각종 치안유지
를 담당하며, 각종 재난발생 시의 피난지시 등을 전달하는 중요한
역할을 담당한다.

　한편, 일본의 재난구호 활동에서 '자위대自衛隊 · JSDF: Japan Self-
Defense Forces'의 역할은 상당히 복잡한 논쟁과 정치적 경로를 통해서
확대되어 왔다. 특히 2011년 동일본대지진에는 최대 10만 명 이상
의 대원이 재난업무에 대응했던 전례가 있다. 자위대는 자체조사와
보고를 통해서 피해상정 공표에 정보를 제공하거나, 자체 업무계획

을 수정해 나가고 있다. 2012년 자위대는 제1차 보고(3월 31일)에서는 지진 분포·쓰나미 높이를 조사했으며, 제2차 보고(2012년 8월 29일)에서는 인적 및 건물 피해상정 업무를 통해 라이프 라인과 교통시설 등에 관한 피해상정을 공표했다. 그 결과, 같은 해 9월 6일 방재기본계획 및 10월 19일 원자력재해대책매뉴얼 개정 등을 통해 12월 21일 〈방위성방재업무계획〉을 개정하게 되었다.

2020년 현재 자위대 담당 재해 파견의 종류는 다음과 같이 구분된다. ①'재해 파견'은 도도부현都道府縣(광역자치체 해당) 지사와 시정촌市町村(기초자치체 해당)의 장長이 상위 광역지자체에 요청하는 형태로 파견한다. 방위대신 및 그가 지정한 자는 긴급요청을 기다릴 여유가 없다고 인정될 경우 예외적으로 부대 등을 파견할 수 있다. 이른바 '자주파견自主派遣'의 실효성을 위해서 1995년 방재업무계획을 수정했는데, 부대 등의 장長이 자주파견을 실시하는 기준이 마련된 것이다. ②'지진방재 파견'은 〈대규모지진대책특별조치법〉에 기초해서 경계선언이 발생할 때는 방위대신은 지진대책본부장(내각총리대신)의 요청에 기초해서 지진발생 전에 부대 등에 지진방재 파견을 명령할 수 있다. ③'원자력 재해 파견'은 〈원자력재해대책특별조치법〉에 기초해서 원자력긴급사태선언이 나왔을 때, 방위대신은 원자력재해대책본부장(내각총리대신)의 요청에 기초해서 부대 등에게 원자력재해 파견을 명령할 수 있다(防衛省·自衛隊, 2020. 1. 20.)(〈그림 2-2〉). 자위대는 각종 재난발생 시에 지방공공단체 등과 연계·협력하며, 어느 지역에서든 이재민이나 조난한 선박·

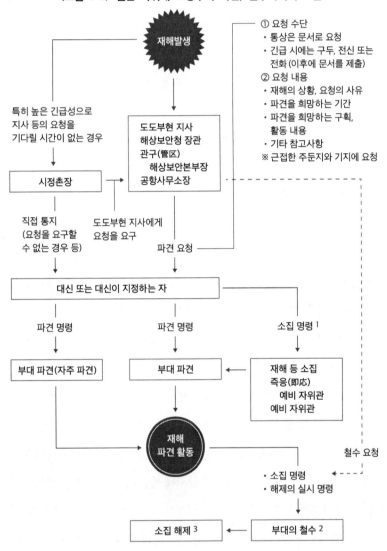

〈그림 2-2〉 일본 자위대 요청부터 파견, 철수까지의 흐름

① 요청 수단
• 통상은 문서로 요청
• 긴급 시에는 구두, 전신 또는 전화 (이후에 문서를 제출)
② 요청 내용
• 재해의 상황, 요청의 사유
• 파견을 희망하는 기간
• 파견을 희망하는 구획, 활동 내용
• 기타 참고사항
※ 근접한 주둔지와 기지에 요청

재해발생

특히 높은 긴급성으로 지사 등의 요청을 기다릴 시간이 없는 경우

도도부현 지사
해상보안청 장관
관구(管区)
　해상보안본부장
공항사무소장

시정촌장

직접 통지
(요청을 요구할 수 없는 경우 등)

도도부현 지사에게 요청을 요구

파견 요청

대신 또는 대신이 지정하는 자

파견 명령

파견 명령

소집 명령 1

부대 파견(자주 파견)

부대 파견

재해 등 소집
즉응(即応)
예비 자위관
예비 자위관

재해 파견 활동

철수 요청

• 소집 명령
• 해제의 실시 명령

소집 해제 3

부대의 철수 2

1 즉응 예비 자위관 및 예비 자위관의 소집은 필요에 따라 실시　2 부대를 통합해서 소집함
3 즉응 예비 자위관, 예비 자위관의 소집을 해제하는 것
자료: Retrieved from https://www.mod.go.jp/j/publication/shiritai/saigai/img/a01.gif

항공기의 수색·구조, 수방, 의료, 방역, 급수, 인원이나 물자의 수송과 같은 다양한 활동을 담당한다.

그러나 역사적으로 보면 전후 일본에서는 '자위대' 자체의 성격과 위치를 놓고 위헌론違憲性과 합헌론合憲性이 정치적으로 대립해 왔다. 보수적인 아베 신조安倍晋三 전 총리의 개헌의지가 높은 상황에서 이른바 '자위대 명기 개헌自衛隊明記改憲'에 대해서는, '자위대의 재해 파견'이라는 필수불가결한 구조임무를 강조하고 있는 상황이다. 이에 시민사회계와 혁신계는 자위대의 재해 파견 논의를 둘러싸고 전쟁 가능 국가로 한걸음 내딛는 데에 악용될 소지가 높음을 우려한다 (〈뉴시스〉, 2020.1.16.). 예컨대, 자위대의 재해 파견이 방위 및 치안출동과 일체화되거나 방재훈련 과정에서 유사체제有事体制의 구축을 촉진한다는 비판적 의견도 거세다. 따라서 국토경비 및 재난구조와 같은 평화적인 업무를 수행하는 자위대로서의 지위를 유지하면서도, 행정·민간조직 간에 조정과 협동을 위한 재난 거버넌스 구축을 위해 장기적 차원에서 실질적 논의와 절차적 대안이 요구되는 시점이다(上野友也, 2017).

4. 재난 시티즌십: 재난피해와 시민사회의 재구축

1) 재난 시티즌십의 안팎에서

2011년 동일본대지진과 원전사고 발생 이후 일본은 사회에 대한 인식과 실천이 극적으로 변화되었지만, 여전히 대부분의 사람들은 한참 떨어진 지역의 사회문제나 피해지나 피해를 당한 사람들의 문제로 한정 짓는 오류를 범하고 있었던 것도 사실이다. 따라서 환경사회학은 광범위한 데이터를 수집해서 시민들의 눈높이로 전달해서 신뢰를 회복하는 '시민과 생활자의 학문'이자 '현장의 다양성'을 반영하기 위한 노력들로 발전해왔던 일본 환경사회학의 역사를 기억할 필요가 있다(宮內泰介, 2011). 재난상황이 발생하면, 사람들은 타인에 대한 구호救護행동에 이르기까지 '사회심리적 과정'을 거치게 된다. 첫째, 뭔가 심각한 일이 일어나고 있다는 인식, 둘째, 그것이 위기상황이라는 인식, 셋째, 자신이 스스로 나서서 도울 책임이 있다는 인식, 넷째, 어떻게 도우면 좋을까에 대해서 자신이 알고 있다는 인식, 다섯째, 도와주겠다는 결단의 과정이다. 이 중 세 번째 과정은 재난에 대한 인식이 사회적인 행동인 재난 시티즌십과 연결되는 지점이다(노진철, 이 책의 1장).

재난 시티즌십을 둘러싼 문제들도 있다. 첫째, 재난예측 및 방재정보가 유포·확산되는 과정에서 과학기술 전반에 대한 시민들의 불신이 만연하곤 한다. 각종 과학기술에 기반을 둔 수치의 위험성

'해석'과 '대응방안'을 둘러싸고 시민과학자를 비롯한 시민단체들의 비판과 대안을 모색하려는 움직임이 대두된다(예: 미야기현宮城縣 방조제 건설사례, 방사능 피해 논란 등). 둘째, 참여 민주주의에 대한 논의이다. 재난발생 이후 부흥사업 및 방재시스템 재구축과정에서 시민과 지역사회의 의견수렴에 대한 의문이 제기된다(예: 부흥청 중심·토건(공공)사업 중심). 셋째, 재난 이후 부흥사업 관련 자원봉사 등을 둘러싼 시민사회의 대응에 대한 분석이다(예: 시민사회(지역/현지)의 자율성 논쟁).

먼저 거대복합재난 이후 전문가에게 요구되는 것은 잘못된 '안전신화'에 기반을 둔 이론적 구축처럼 추상적인 것과는 거리가 멀다. 오히려 재난예측의 불확실성을 비롯해서 감재대책의 효과와 한계를 지역주민들에게 설명하고 과학기술의 신뢰성을 높여갈 필요가 있다. 40년 이상 쓰나미를 연구해왔던 시바야마 도모야(柴山知也, 2013: 86)는 2011년 동일본대지진으로 발생한 거대한 쓰나미는 과거의 사례와 달리, '거대한 평지'에서 발생한 막대한 피해였다고 지적했다. 마치 태풍의 진로가 지역마다 크기나 피해가 다르듯이, '쓰나미 파원波源'도 전 국토가 아닌 지역별로 재설정해야 한다. 지역의 재난 개념도는 과학적·기술적 근거를 가지고 있고, 행정과 학계의 연결성과 책무성accountability 역시 강화해야 한다고 지적했다.

다음으로 부흥지역에서 자원봉사는 상대적으로 '피해를 덜 입은 지역'인 센다이시仙台市 중심부를 살펴보고자 한다. 센다이시는 극심한 쓰나미 피해를 입은 해안가 재해지와 가까운 생활권으로서, 큰 부담 없는 선의에서 자원봉사가 시작된 지역으로 간주된다. 도쿄에 소재한 릿쿄立教대 사회학부와 센다이시에 위치한 도호쿠東北대 대학원은 〈센다이 시민의식조사 2011〉〔2011년 3월 11일～2012년 1월 31일(회수율 73%)〕을 공동으로 실시했다. 이 조사결과에 의하면 센다이시의 자원봉사 참가비율은 전국보다 높은 편이었다. 참가일수는 7일 이하의 '단기참가형'이 8일 이상의 '장기참가형(6% 불과)'보다 많았으며, 안전, 치안, 위생, 성별규범 등의 상황으로 여성보다는 남성이 장기참가형이 많았다.

　연령별로는 젊은 세대일수록 단기 참여비율이 높으나, 전체적으로 연령차는 그리 크지 않았다. 다만 60대 이상 연금세대가 되면 체력 등의 한계로 인해서 확연하게 감소 경향을 보였다고 한다(河村和德 編, 2019: 309～311). 즉, 기본적으로 '연줄(연고: 인간관계자본)' 없이 '볼런티어활동센터'나 '사회복지협의회' 등을 통한 참여는 한계가 있었다. 자원봉사활동의 지속성은 피해가 심한 지역에 지인이 있거나, 특정 볼런티어단체 및 NPO 가입, 혹은 지역의 자치회, 직장 등처럼 조직적인 활동(초기비용 완화 등)이 주요 변수가 되었다. 2011년도 센다이지역의 절전행동 유형은 냉방사용 자제, 냉장고 설정온도 변경, 조명 줄이기 등이 대표적이었고, 연령대별로는 30～50대가 적극 참여하고 남성보다 여성이 더 많이 절전을 실천했다(吉良洋輔ほか, 2019: 65).

　앞서 설명했듯이 고베대지진의 경우 교육부흥담당교원을 도입했는데, 재난의 '피해(자)'와 관련해서 어린이와 젠더gender의 관점이 추가된 것을 의미한다. 2005년부터는 '고베대지진과 관련된 마음의 케어담당 교원'으로 명칭을 변경해서 심리 전문성 및 주당 10시간 정도 수업을 담당한다. 과거 재난발생 시 '어린이 보호'나 '마음의 케어' 같은 의료나 심리영역이 초점이었지만, 재난부흥기에는 어린이를 부흥의 주체로 재설정해서 권리, 참가, 주체성 등을 도모하도록 지원할 필요성이 대두되었다. 더욱이 2004년 니가타新潟주에쓰中越 지진에는 남녀 쌍방의 젠더 역할이 더욱 강화되거나 재난현장의 여성활동이 새로운 차별구조를 더욱 강화한다는 비판도 제기되었다. 예컨대, 재난현장의 문제를 해결하기 위해 각종 시민단체나 전통적 근린조직인 쵸나이카이町內會·Chonaikai (한국의 '반상회'와 유사) 등에서도 역시 남성들이 회의를 주도하는 분위기가 지배적이다. 즉, 이른바 긴급한 재난현장의 각종 공론장public sphere에서 여성들의 발언 기회가 매우 적다는 문제점이다(김은혜, 2016). 이에 젠더 차별적인 현실을 극복하기 위해서 어린이나 주부라 할지라도 방재활동의 객체가 아닌 '주체'로서 방재훈련 및 재난워크숍에 참여하도록 했다.

동일본대지진에는 재난 자원봉사에 대한 지원현장에서 지원자가 직면하게 되는 동요, 갈등, 불안, 혼란 등을 가져오는 위기상황에 대해 문제제기가 많았다. 특히 재난피해를 입은 어린이들이 권리의 주체로서 보장받기 위해 실천의 성찰과 학습의 조직화, 어린이들의 의견반영 등이 중요한 과제로 부상하기도 했다. 특히 동일본대지진 이후 심적외상후성장PTG: Post Traumatic Growth처럼, 외상적인 체험인 재난으로 인생의 위기 속에서 안간힘을 쓰면서도 자원봉사에 참가하려는 심리적 변용을 거치기도 한다. 요컨대, 재난을 경험한 어린 이들이 상호 간에 일종의 '지지적 타자支持的他者'가 되는 토양을 만들기 위해 언어·기록화를 공유하는 과정을 통해서 실천과 성찰의 순환을 확보해가야 한다는 필요성도 제기되었다(安部芳繪, 2016).

2) 시민단체와 정치적 변화의 한계

3·11 동일본대지진 이후 일본 자원봉사활동이 활발하게 전개되었지만, 정부정책에 대한 통렬한 비판의 목소리가 정권교체나 혁신적인 정치세력의 진출 허용 등으로 전환되지는 못하고 있다. 전 세계의 이목이 집중되었던 자원봉사활동의 활성화는 '생활세계의 자율성'보다는, 체계적 영역 내에서 작동해버리는 잠재적 함정에 빠지기 쉽다는 지적도 나왔다(Avenell, 2012: 71~72; 김은혜, 2016: 435~436). 일본사회는 국가 중심적인 규제가 강한 특수한 분위기를 가지고 있다. 예컨대, 일상에서 정치적인 견해를 공공연하게 밝히거나, 정치색을 띠거나 정치적 견해를 드러내는 비판적-논쟁적 시민(운동) 활동은 생산적이지 않다는 의구심이 일반시민들 사이에 광범위하게 퍼져 있다. 이러한 일본사회의 특수성은 시민들의 자발적 자원봉사활동이 매우 활발하게 전개되더라도, 정치적으로는 보수정권의 복권을 가져왔던 지배적인 경향과 연결된다.

그렇다면 이제 사회단체의 활성화와 관련해서 '재해지에서 활동하는 사회단체'와 '재해지 이외의 사회단체'가 갖는 지원과 정치적 반응(정당, 정부 부처 등)과 사회변화를 살펴보자. 3·11 동일본대지진과 후쿠시마 원전사고 자체가 그야말로 광역·복합재난이기 때문에, 국내외에서는 과연 이러한 거대한 재난이 일본 시민사회를 근본적으로 변화시킬 것인가에 대한 기대와 우려가 교차했다고 볼 수 있다. 실제로 2011년 재난발생 이후 일본에서는 시민사회와 '사회단체'에 초점을 맞춘 대규모의 사회조사들이 실시되었다.

특히 동일본대지진 학술조사 〈정치·정책팀 및 과학 연구보조금 기반 S: 정치구조변화와 압력단체, 정책네트워크, 시민사회의 변용에 관한 비교실증연구(총대표자: 츠쿠바筑波대 츠지나카 유타카辻中豊 (2010~2015)〉가 대표적이다. 약 5년에 걸쳐서 진행된 조사 중에서 재난과 관련해서는, 2012년 12월~2013년 2월(우편조사: 응답 수 3,296(22.8%)/배포 14,477부)까지의 기간 동안 재난지역(재해 3현·이바라키현)과 일본의 대도시권역(도쿄·오사카·아이치현·오키나와까지)을 포함한 전국을 포괄하는 11도부현을 대상으로 JIGS2 사회단체 전국조사(대상지역 선정, 무작위 50% 추출)를 실시했다. 이 조사결과들 중에서 사회단체들에 대한 응답내용을 살펴볼 필요가 있는데, 이를 통해 재난지역의 사회단체들이 구체적으로 어떤 활동을 지향했으며, 해당단체들의 정치적 활동이 어떻게 중앙과 지역사회를 매개하는지 확인할 수 있다(河村和德, 2019: 117~136).

먼저 사회단체들의 재난지역 지원내용은 '기부금 모집 > 물자 제공 > 인적 지원' 순이었다. 이는 성금모금이 가장 융통성이 있는 반면, 인적 지원 파견 등은 현장운영에 지장을 주기 때문으로 해석된다. 시기적으로는 2012년 이후 재해지에 대한 지원이 점차 줄어들게 되었다. 이는 부흥재원 확보에 있어서 어느 정도의 목표달성이 이루어졌으며, 응급 가설주택에 대부분의 재해민들이 입주했기 때문이다. 또한 그동안 재해 3현에서 연기되었던 지방선거가 실시되는 한편, 당시 집권 여당이었던 민주당에서 자민당으로 정권이 교체되면서 시민사회단체들은 정당과 거리감을 모색하게 되었다.

다음으로 일본의 많은 매스컴은 동일본대지진 이후 국회의원들과 사회단체들이 서로 지원요청과 진정 등 정치활동을 계속해 왔다고 보도했다. 그러나 이 사회조사에 의하면, 현실은 여야를 막론하고 국회의원들과 사회단체들 간의 지원요청과 진정활동은 의외로 매우 저조했다고 한다. 과거 일본 자민당 정권은 지역 기반의 사회단체들과 네트워크를 매우 강하게 유지해왔던 반면, 민주당 정권은 정관업 政官業(정치·관료·업계)의 유착을 막기 위해 창구를 일원화하면서 진정활동이 한꺼번에 몰렸다. 하지만 3·11과 같은 광역·복합재난이 발생한 급박한 현장에서 과거 오랫동안 관습적으로 축적된 지역의 정치적 네트워크를 충분히 고려하지 못한 채 창구를 일원화해버린 방식은 오히려 재난지역의 일선현장에서는 혼란을 가중시키는 결과를 가져오고 말았던 것이다.

이제 사회단체들이 정치·행정기관의 복구·부흥대응을 어떻게 평가했는지를 살펴보자. 특히 재난으로 인해 발생한 다양한 문제들을 해결하기 위해 기존의 시민사회단체들이 현장에서 모습을 드러내거나 새롭게 신설되었다. 그중에서는 기존의 오랜 단체들과 연결성을 중시하는 단체들도 있는 반면, 말 그대로 새로운 문제들을 해결하고자 신설된 단체들도 존재한다(町村敬志·佐藤圭一編, 2016).

시민사회단체들은 '현장대응'을 긍정적으로 높게 평가한 반면, 정치·국회의원을 상징하는 나가타쵸永田町와 행정·관료를 상징하는 가스미가세키霞が關의 탁상공론이 오갔던 지리멸렬한 상황에 대해서는 매우 부정적으로 평가했다. 당시 시민단체들은 민주당과 자민당의 대응 모두에 대해 매우 비판적이었으나, 재난지역에서 활동하는 시민단체들은 민주당을 높게 평가한 반면 자민당에 대해서는 비판적이었다.

따라서 3·11 당시 민주당의 지진대응이 미숙했기 때문에, 아베내각의 재집권을 낳은 2012년 12월 중의원 선거에서 복구·부흥을 기대할 수 있는 자민당에게 투표했다는 통설은 일정한 한계가 있다. 역설적으로 실질적 문제는 2012년 10월 일본 국회에서 '부흥예산'의 유용流用문제에서 터졌다. 부흥예산을 3·11로 직접 피해를 입은 재해지가 아닌, 정부합동청사의 내진보수나 오키나와沖繩 국도정비사업 등에 사용한 정황이 드러났다. 물론 정부가 부흥예산 전반을 '방재' 목적으로 사용한다면, 재해지 이외의 사업에도 부흥예산을 사용할 수 있다. 그러나 이른바 막대한 피해를 입은 '재해 3현' 지역사회의 관점에서는 이러한 예산 사용이 불공정하게 비춰지면서 자민당의 재집권으로 회귀되었다고 할 수 있다.

하지만 역사적으로 재난이 빈번하게 발생하는 일본사회에서 재난이후 부흥과정에서 발생하는 '토건국가로의 경로의존성'을 드러낸

것에 대해 보다 심층적인 해석이 필요하다. 사회학자 니클라스 루만 (Luhmann, 2014: 177~178)은 저서《생태적 커뮤니케이션*Ecological Communication*》(1989)에서 환경문제가 어떻게 커뮤니케이션되고 있는 가를 다루고 있다. 루만은 환경문제를 둘러싼 정치적 커뮤니케이션 의 관건인 어떤 정치적 프로그램으로 정권교체를 이룰 것인가는 일 종의 '코드code'이기 때문에, 환상의 효과성the effective of illusions에 대한 기대가 정치의 핵심이라 지적했다. 우리는 이러한 루만의 통찰력을 포스트 3·11 시대 일본사회의 보수적 회귀현상에 적용해 볼 수 있 다. '거대복합재난'이라는 생태적 위험이 아무리 사회 내적인 '반향 resonance'을 강화시킨다 해도, 결국 일본사례는 정치적 커뮤니케이션 이 '정치적으로 쉽고 환영할 만한 해결책'을 다른 체계들의 기능장애 와 결합시키는 방식으로 드러난다는 사실을 보여 준다.

5. 나가며: 일본 지진 대비 경험을 넘어서

어떤 재난이든 재난이 발생하면 이재민들은 피난소로 대피하고, 우 선은 가설주택에서 생활한다. 몇 년 후에 부흥공영주택에 이전해 가 는 것이 일반적인 순서이지만, 많은 주민들은 재난발생 이전의 거주 지에서 생활하기를 바란다. 따라서 새로운 건물을 건설하는 것이 아 니라, 기존건물들의 개보수나 재건하는 방향에 대한 지원을 강화하 고, 정든 고향과 지역으로 가능한 한 빨리 돌아올 수 있도록 지원해

주는 것이 필요하다. 그러한 과정을 통해서 피해를 당한 이재민들은 점차 침착성을 되찾게 되고, 오랫동안 구축해 왔던 해당지역의 커뮤니티나 인간관계가 흩어져 버리는 사태를 피할 수 있게 된다. 따라서 향후 재난발생에 대비하여 재난 이후 거주지 관련정책을 재검토하는 것이 급선무라고 할 수 있다.

1990년대 중반 이후 일본 지진과 재난 거버넌스-시티즌십의 변화에 대한 논의가 한국사회에 주는 논점들에 대해서 간략하게 제시하고자 한다. 재난 거버넌스와 관련해서는 중앙집권적 시스템과 지방분권과의 관계와 재원과 권한이양을 어떻게 조율할 것인가에 대한 부분이다. 한편 중앙-지방의 권한과 집행뿐만 아니라, 각 기관별 역할과 협력에 대한 논의도 살펴볼 필요가 있다. 일본에서 부흥청은 동일본대지진 발생으로부터 10년이 되는 2021년 3월 31일 폐지를 앞두고, 내각부 외국外局으로서 이설해서 담당 대신을 두고 재해부흥 및 새로운 방재행정을 일원화해서 담당하는 조직으로서 계속하는 방침으로 각의에서 결정되었다. 최근 몇 년 동안 계속해서 '방재(부흥) 청防災(復興)廳'의 신설 필요성도 대두되어왔다.

향후 일본에 방재청이 신설된다면 전문적인 인재확보와 육성을 통해, 기존에 수집한 자료와 현장의 노하우를 계승하고 지역사회의 목소리도 반영해야 한다는 의견이 거세다. 과학자들 사이에서 근미래에 발생가능성이 매우 높다는 경고가 나오고 있는 수도직하首都直下 지진earthquake centered directly under the capital, 난카이 해곡 대지진Nankai Trough Mega Earthquake(國土交通省, 2020. 1. 20.) 등처럼 거대재해에 대한 착실한 대비를 위해서 현행제도들 대신에 전국의 지역별로 긴급 시와 부흥을 위한 대응을 지휘하는 일종의 사령탑이 요구된다고 할 수 있다(〈朝日新聞〉, 2019. 3. 11.).

결국 일본 정부는 지난 2019년 12월 20일 기존 부흥청의 설치기한을 2031년 3월까지 10년간 연장하는 것을 기초로 해서 동일본대지진의 부흥기본방침을 각료회의에서 결정했다. 부흥예산을 관리하는 특별회계와 재해 지자체를 지원하는 '진재震災부흥특별교부세'도 유지하며, 향후 5년간 부흥사업비가 전년도 대비 5% 감소한 약 1.4조 엔을 골자로 한 부흥재원이 수립되었다.(〈日本経済新聞〉, 2019. 12. 20.). 이렇듯 부흥재원과 관련된 기간연장을 보면, 재해지역의 복구나 부흥이 오랜 시간을 필요로 한다는 사실을 재인식해야 함을 알 수 있다. 고베대지진 이후 재활성화된 지역들이 25여 년이 지난 지금, 오히려 젠트리피케이션 현상과 고령화가 가속화되는 현실에 직면해 있음을 볼 때, 재해지역의 토건적 재건축을 넘어서 장기적으로는 인구유출 방지책과 구체적인 비전이 요구됨을 알 수 있다.

한편, 시티즌십 관련해서 일본 시민사회단체들의 활동은 1995년 고베대지진과 2011년 동일본대지진이 기폭제가 되면서 폭발적으로 늘어났다고 해도 과언이 아니다. 즉, 일본사례에서는 기존의 시민사회단체들의 활동이 가시화되거나 새롭게 신설된 단체들이 증가했다. 그러나 이러한 시민사회 활성화가 곧바로 새로운 공공성의 창출이나 중앙-지방의 진보적인 정권교체로 직결되지는 않았다. 오히려 재해는 기존 지역사회가 가지고 있던 여러 문제들을 수면 위로 드러냈고, 지역 외부에 기반을 둔 전국단위의 단체들과 재해지역에 기반을 둔 자생적 단체들의 갈등을 증폭시켰다. 즉, 일본 사례는 재해지역을 둘러싼 새로운 부흥어젠다를 설정하는 과정에서 기존에 축적된 중앙-지방의 네트워크를 강화하거나, 생활자의 시선이 배제된 토건사업 위주의 경로의존성으로 나타날 수도 있음을 보여 준다.

마지막으로 재해나 재난을 둘러싼 '생명관리정치'라는 측면에서 중앙 및 지방정부의 통치성이 강화되는 상황을 어떻게 보다 민주적인 방식으로 재구축할 것인가를 고민해야 한다. 일본의 여러 재난 사례들에서 보듯이 재난지역의 복구·부흥 프로세스를 재구축하는 과정에서 기존의 재난관련 매뉴얼과 행정 프로세스를 수정해야 한다. 특히 젠더를 비롯한 여러 관점에서의 사회적 약자, 그리고 재난 최전선에서 고군분투하는 비정규직의 목소리가 누락되지 않도록 적극적으로 수용할 필요가 있다. 이는 재난발생이 기존의 격차사회가 가져온 경제적-사회적 불안정성을 심화하는 기제로 작용할 수 있기 때문이다. 재난지역이 경험하는 다양한 문제들은 기존 재난지역의 축적된 경험과 노하우를 재구성함으로써 다른 피해지역들이 참고할 수 있는 부분들도 많다. 말하자면 재난지역의 기록을 보존하는 아카이빙 작업을 위한 학계와 시민사회의 적극적인 노력이 필요하다.

한국 국내에서도 경주와 포항지진 이후 이미 3~4년이나 세월이 흘렀지만, 아직까지 피해규모 산정이나 부흥대책에 대한 충분한 논의는 진행되지 못하고 있다. 활단층活斷層에 의한 자연발생적인 '경주지진'과는 달리, '포항지진'의 경우 2019년 3월 정부조사연구단이 지열발전소로 인한 '촉발triggered 지진'이라 발표하기도 했다. 물론 정부는 여타의 다른 재난들disasters과 유사하게 '특별재난지역Special Disaster District(area)' 설정하는 등 일정한 노력을 기울였지만, '지진' 재난이 가진 특성을 충분히 반영한 것이라 보기는 어렵다. 2019년 말 2년 만에 〈포항지진특별법〉이 통과되었고, 이제부터는 주민들이 실질적으로 도움이 되는 피해구제의 내용과 절차들도 확립될 필요가 있다(〈연합뉴스〉, 2020. 1. 20.).

과학자들은 이미 영남지역에 여러 활단층의 존재와 함께, 향후 지진발생 가능성이 매우 높다고 경고하고 있는 반면, 실제 지진에 대한 제도적-실질적 대비는 거의 전무하다고 해도 과언은 아닐 것이다. 더욱이 영남지역은 지진발생 가능성이 높은 동남권 대도시권역 mega-region과 농림수산지역이 혼재된 지역으로서, 중공업 산업시설과 도시인프라 등이 광범위하게 분포된 지역임에 주의해야 한다. 우리가 만약 아무런 예측이나 구체적 대비책 없이 거대(대형) 지진 mega-earthquake을 맞게 될 경우, 도시권역에는 복합적인 피해의 연쇄가 광범위하게 확산될 가능성이 매우 높다. 이는 본래 지진이라는 재해가 가진 '천재'와 '인재'라는 양면성이 재난 복구·부흥을 둘러싼 새로운 정치적 어젠다를 요구하기 때문이다.

참고문헌

간사이대학 사회안전학부 저, 고려대학교 일본연구센터 역(2012), 《검증 3.11 동일본대지진》, 서울: 문.

고동현(2015), "사회적 재난으로서 허리케인 카트리나: 정부 실패와 위험 불평등", 〈한국사회정책〉, 22(1): 83~119.

교토대학방재연구소(京都大學防災研究所)(2020.1.20.), https://www.dpri. kyoto-u.ac.jp/

김기석(2013), 《동일본 대지진과 일본의 진로: 일본 사회의 패러다임 변화》, 서울: 한울아카데미.

김대근(2014), "안전 개념의 분화와 혼용에 대한 법체계의 대응방안", 〈법과사회〉, 47: 39~75.

김영근(2018), "재해 리질리언스: 포스트 위험사회의 안전지수", 〈일본연구〉, 29: 333~356.

김영근·히라이 가즈오미(平井一臣)(2016), "에필로그 12. 동아시아의 안전공동체 구축을 위한 과제: 재해극복을 통한 지방부흥", 김영근·히라이 가즈오미 편, 《일본의 재해학과 지방부흥》, 249~260쪽, 서울: 인터북스.

김은혜(2015a), "전후 일본 발전국가의 구조전환: 토건국가에서 신자유주의까지", 〈일본학보〉, 105: 77~90.

_____(2015b), "후쿠시마 원전사고 이후. 위험경관의 공간정치-귀환에 직면한 이타테무라의 딜레마", 〈지역사회학〉, 16(3): 191~217.

_____(2016), "후쿠시마 어린이 보양프로젝트: 피해와 연대의 다중스케일", 〈민주주의와 인권〉, 16(2): 433~464.

김은혜·박배균(2016), "2000년대 이후. 일본의 국가 스케일 재편과 특구 전략", 〈공간과 사회〉, 26(2): 10~43.

〈뉴시스〉(2020.1.16.), "日아베 '평화헌법 9조, 시대에 안 맞아'…개헌 야욕 활활", http://www.newsis.com/view/?id=NISX20200116_0000891621-&cID=10101&pID=10100

동일본대지진부흥구상회의(東日本大震災復興構想會議)(2019.12.10.), https://www.reconstruction.go.jp/topics/000814.html

박영도(2016), "신자유주의적 자유의 역설과 민주적인 사회적 공공성", 〈사회와 철학〉, 31: 131~158.

박진빈(2016), "카트리나 재난이 알려주는 미국 도시의 현재-신자유주의. 인종. 그리고 환경문제", 〈서양사론〉, 130: 74~95 .

박희숙(2009), "일본의 생활정치의 과제와 전망", 〈시민사회와 NGO〉, 7(2): 73~100.

양기근(2010), "지방정부와 중앙정부간 협력적 재난관리 방안 연구: 일본의 사례를 중심으로", 〈국정관리연구〉, 5(1): 121~153.

〈연합뉴스〉(2020. 1. 20.), "포항지진범대위 '특별법 시행령에 주민 구제 방안 담아야'", https://www. yna. co. kr/view/AKR20200120152200053?input =1195m

이강원(2017), 《재난과 살다》, 서울: 서울대학교출판문화원.

이영희(2014), "재난 관리. 재난 거버넌스. 재난 시티즌십", 〈경제와 사회〉, 104: 56~80.

이정환(2014), "장기불황, 구조개혁, 생활보수주의", 〈일본비평〉, 6(1): 98~123.

이호상(2012), "동일본대진재로 인한 도시시스템 변화와 지역부흥전략에 관한 연구: 도호쿠지방 미야기현을 중심으로", 〈국토연구〉, 74: 265~281.

전영수(2015), "새로운 공공(新しい公共)의 경로탐색과 교훈: 일본의 관민협치 실험과 한계", 〈일본학보〉, 103: 207~223.

〈한겨레〉(2019. 4. 7.), "산불 진화 '최전선' 특수진화대, 처우는 10개월짜리 비정규직", http://www. hani. co. kr/arti/society/area/889092. html

한영혜 외(2013), 《현장에서 바라본 동일본대지진: 3. 11 이후의 일본 사회》, 서울: 한울아카데미.

岡庭義行(2013), " 〈災害とジェンダー〉におけるダイバシティの課題", 〈帶廣大谷短期大學紀要〉, 50: 1~24.

鎌田薫 편, 전성곤 역(2013), 《재해에 강한 사회를 만들기 위하여: 과학자의 역할과 대학의 사명》, 서울: 고려대학교출판부.

宮內泰介(2011), "3·11後の環境社會學", 〈環境社會學研究〉, 17: 1.

吉良洋輔 외(2019), "제2장 재해지에서 이타적 활동은 어땠을까?: 조사결과로

보는 센다이 시민의 볼런티어(봉사) 활동·절전행동", 가와무라 가즈노리(河村和德) 편, 김영근·김경림 역(2019), 《일본의 재난·안전과 지방자치론: 포스트 3·11 동일본대지진의 거버넌스》, 57~76, 서울: 진인진.

大矢根淳(2012), "被災へのまなざしの叢生過程をめぐって: 東日本大震災に對峙する被災地復興研究の一端", 〈環境社會學研究〉, 18: 96~111.

柳田邦男(2004), 《阪神·淡路大震災10年: 新しい市民社會のために》, 東京: 岩波書店.

防衛省·自衛隊(2020.1.20.), "防衛省·自衛隊の'ここが知りたい!'各種災害への對応について", https://www.mod.go.jp/j/publication/shiritai/saigai/index.html

復興廳(2019.8.), 〈東日本大震災からの復興の狀況と取組〉, http://www.re-construction.go.jp/topics/main-cat7/sub-cat7-2-1/201908_Pamphlet_fukko-jokyo-torikumi.pdf

復興廳(2020.1.), 〈復興の現狀と課題〉, http://www.reconstruction.go.jp/topics/main-cat1/sub-cat1-1/material/2020.1_genjoutokadai.pdf

浜本篤史(2012), "特集のことば (特集 環境社會學にとって'被害'とは何か", 〈環境社會學研究〉, 18: 4.

山下剛(2018.4.8.), NEWS WATCHER, "法律できて20年, 存在感增すNPO", https://www.asagaku.com/chugaku/newswatcher/12293.html

三橋浩志(2013), "社會科教育における防災教育研究の動向: 東日本大震災後の學會誌論文等を中心に", 〈社會科教育研究〉, 119: 100~110.

上野友也(2017.5.29.), "大規模災害における自衛隊の役割－調整と協働のあり方－", 〈日本平和學會2017年度春季研究大會〉.

相川康子(2006), "災害とその復興における女性問題の構造: 阪神·淡路大震災の事例から(テーマ: 災害復興とジェンダー)", 〈國立女性教育會館研究ジャーナル〉, 10: 5~14.

相川康子(2011), "震災時のNPO·ボランティアと自治体の關係(東日本大震災-被災地支援)", 〈ガバナンス〉, 121: 16~18.

小熊英二, 전형배 역(2014), 《사회를 바꾸려면: 세상은 저절로 좋아지지 않는다 행동하라》, 동아시아.

柴山知也 저, 양민호 역(2013), 《3.11쓰나미로 무엇이 일어났는가: 피해조사와 감재전략》, 서울: 고려대학교출판부.

辻中豊 저, 정미애 역(2006), 《현대일본의 시민사회 이익단체》, 서울: 아르케.

辻中豊(2010~2015), "政治構造変動と壓力団体, 政策ネットワーク, 市民社會の変容に關する比較實証研究", 〈科研費〉, https://kaken. nii. ac. jp/ja/grant/KAKENHI-PROJECT-22223001/

安部芳繪(2016), 《災害と子ども支援─復興のまちづくりに子ども參加を》, 東京: 學文社.

御廚貴 編(2004), 《後藤新平: 1857-1929: 時代の先覺者》, 東京: 藤原書店.

塩崎賢明・西 榮一・出口 俊一・兵庫縣震災復興硏究センター(2010), 《大震災15年と復興の備え》, クリエイツかもがわ.

〈日本経濟新聞〉(2019. 12. 20.), "復興廳, 2031年まで延長 基本方針を閣議決定", https://www. nikkei. com/article/DGXMZO53591760Q9A221C1EAF000/

荻野昌弘・蘭信三 編(2014), 《3・11以前の社會學: 阪神・淡路大震災から東日本大震災へ》, 東京: 生活書院.

田中重好・船橋晴俊・正村俊之 編(2013), 《東日本大震災と社會學: 大災害を生み出した社會》, 京都: ミネルヴァ書房.

町村敬志·佐藤圭一編(2016), 《脱原發をめざす市民活動》, 東京: 新曜社.

〈朝日新聞〉(2019. 3. 11.), "〔사설〕 동일본대진재 8년 '방재청'을 신설해야만 한다〔(社說) 東日本大震災8年'防災廳'を新設すべきだ〕", https://www. asahi. com/articles/DA3S13928056. html

_____(2020. 1. 17.), "〔사설〕 고베대지진 25년 '사람을 지키는' 부흥을 목표로〔(社說) 阪神大震災２５年'人を守る'復興をめざして〕", https://www. asahi. com/articles/DA3S14329699. html

佐々木信夫(2009), 《現代地方自治》, 東京: 學陽書房.

國土交通省(2020. 1. 20.), "Preparing for the Nankai Trough Mega Earthquake", http://www. mlit. go. jp/river/earthquake/en/nankai/index. html.

平井一臣(2016), "전후 일본과 재해: 역사적 검토를 위한 각서", 김영근・히라이 가즈오미 편, 《일본의 재해학과 지방부흥》, 33~57, 서울: 인터북스.

河村和德 편, 김영근·김경림 역(2019), 《일본의 재난·안전과 지방자치론: 포스트 3·11 동일본대지진의 거버넌스》, 서울: 진인진.

鶴見俊輔 외 저, 윤여일 역(2012), 《사상으로서의 3.11: 대지진과 원전 사태 이후의 일본과 세계를 사유한다》, 서울: 그린비.

齋藤淳 저, 김영근 역(2018), 《일본자민당 장기집권의 정치경제학: 이익유도 정치의 자기모순》, 고려대학교출판문화원.

稲継裕昭 저, 정유경 역(2013), 《대규모 재해 극복을 위한 자치체 간 연계: 현장에서의 보고와 제언》, 고려대학교출판부.

〈SAIGAI JOURNAL〉(2019.7.1.), "감재란? 방재와는 다른 감재를 위한 적절한 행동을 소개합니다(減災とは？防災との違いと減災のための適切な行動を紹介します)", https://saigai-info.com/gensai/gensaitoha/ (검색일: 2019.12.1.).

Aoki, N. (2016), "Adaptive governance for resilience in the wake of the 2011 Great East Japan Earthquake and tsunami", *Habitat International*, 52: 20~25.

Avenell, S. (2012), "From Kobe to Tohoku: the Potential and the Peril of a Volunteer Infrastructure.", In Kingston, J. (ed.), *Natural Disaster and Nuclear Crisis in Japan: Response and Recovery After Japan's 3/11*, pp. 53~77.

Enarson, E., & Morrow, B. H. eds. (1998), "The gendered terrain of disaster: through women's eyes", *Westport*, Conn.: Praeger.

Kawato, Y., Pekkanen, R., & Tsujinaka, Y. (2012), "Civil society and the triple disasters: Revealed strengths and weaknesses", In Kingston, J. (ed.), *Natural Disaster and Nuclear Crisis in Japan: Response and Recovery After Japan's 3/11*, pp. 78~93, Routledge.

Kingston, J. (ed.) (2012), *Natural Disaster and Nuclear Crisis in Japan: Response and Recovery After Japan's 3/11*, Routledge.

Luhmann, N. (1986), *Ökologische kommunikation: Kann die moderne gesellschaft sich auf ökologische gefährdungen erstellen?*, Opladen, 서영조 역(2014), 《생태적 커뮤니케이션》, 서울: 에코리브르.

McCormack, G. 저, 권숙인 외 역(1998), 《일본, 허울뿐인 풍요: 제로성장 사회를 향하여》, 창비.

Miller, M. A., & Douglass, M. (2015), "Introduction: Decentralising disaster governance in urbanising Asia", *Habitat International*, 52: 1~4.

Monteith, S. (2010), "Hurricane Katrina: Five years after introduction". *Journal of American Studies*, 44(3): 475~482.

Pekkanen, R. (2006), *Japan's Dual Civil Society: Member's Without Advocacy*, Stanford. California: Stanford University Press.

Portes, A. (1998), "Social capital: Its origins and applications in modern sociology", *Annual Review of Sociology*, 24(1): 1~24.

Putnam, R. D., Leonardi, R., & Nanetti, R. Y. (1994), *Making Democracy Work: Civic Traditions in Modern Italy*, Princeton university press.

Samuels, R. J. (2013), *3.11: Disaster and Change in Japan*, Cornell University Press.

Skocpol, T. (1999), "Advocates without members: The recent transformation of American civic life", *Civic Engagement in American Democracy*, 461: 498~504.

2

포항지진과 재난 거버넌스,
재난 시티즌십

3

포항지진과 시민인식론

포항지진 원인을 둘러싼 과학논쟁과 종식과정에 대한 고찰

김기흥 포스텍 인문사회학부

1. 들어가며

2017년 11월 15일에 포항 북부지역에서 발생한 진도 5.4의 지진은 100여 차례에 걸쳐 2.0 이상의 여진을 일으키면서 엄청난 피해를 일으켰다. 비록 사상자는 발생하지 않았지만 약 546억 원 정도의 직접적인 물적 피해와 5만 6천여 건의 시설물 피해가 보고되었다. 지진으로 인해 1,797명의 이재민이 발생했다(11·15 지진 지열발전 공동연구단, 2018). 포항지진은 1978년 현대적인 지진측정이 이루어진 이래로 2016년 9월 12일에 있었던 경주지진에 이어 두 번째로 강력한 지진이었다. 여전히 200여 명의 이재민이 집으로 돌아가지 못한 채 임시거주지와 대피소에서 생활하고 있다(〈연합뉴스〉, 2019. 5.12.). 지진이 발생한 직후 일부 전문가들은 지진의 원인이 진앙지

부근 지열발전소의 물주입 활동일 것이라고 주장했다. 당시 포항지역 단층연구를 진행하던 부산대의 김광희 연구팀은 지열발전소가 진행했던 시추작업에서 있었던 물주입이 지하단층의 불안정성으로 이어지면서 지진이 발생했다는 이른바 '유발지진론induced earthquake'을 주장했다. 반면에 다른 학자들은 포항지진의 원인이 2011년 3월에 발생했던 동일본대지진으로 인한 지각변동과 생성된 응력[1]이라고 설명하는 '자연지진론'을 주장했다. 연세대의 지진학자인 홍태경은 자연지진론을 적극적으로 주장했다. 이처럼 과학자 사회에서 제기된 상이한 주장은 지진의 원인에 대한 시민사회의 관심과 피해보상 문제가 겹치면서 더욱 첨예한 논쟁으로 전개된다.

2018년에 이르러 고려대 지질학자 이진한과 부산대 김광희 연구팀은 유발지진론에 대한 분석결과를 〈사이언스〉지에 발표하면서 유발지진론을 정식화한다(Kim et al., 2018). 거의 비슷한 시기에 홍태경 연구팀은 동일본대지진으로 발생한 에너지가 한반도에 영향을 미치면서 일종의 도미노 현상을 일으켰고 그 결과 2016년 경주지진에 이어 포항지진으로 이어졌다는 연구결과를 〈네이처〉지 계열의 〈사이언티픽 리포트Scientific Reports〉지에 발표하게 된다(Hong et

---

1 응력(應力, stress)은 대상에 압력이 가해졌을 때 그 크기에 대응하여 대상 내에 생기는 저항력을 지칭한다. 기본적으로 단층, 즉 외부의 압력으로 인해 지층이 끊어져 어긋난 상태에서 양쪽에서 잡아당기는 장력, 양쪽에서 밀어 올리는 횡압력, 중력 등의 힘이 작용하게 된다. 이 과정에서 응력이 축적되고 그것이 어느 한계점을 넘어서면 지진으로 이어지는 것이다.

al., 2018). 하지만 포항지진의 원인을 둘러싼 두 연구그룹의 차이는 2019년 3월에 포항지진 정부조사연구단의 조사결과가 발표되면서 일단락되는 것처럼 보인다. 포항지진 정부조사연구단은 지열발전소가 진행했던 강력한 수압을 이용한 물주입으로 인해 기존 응력이 축적된 포항의 마이오세Miocene**2**지층이 약해지면서 지진이 발생했다며 포항지진의 발생원인을 '촉발지진trigger earthquake'이라는 새로운 개념으로 설명했다. 즉, 일차적으로 불안정한 상태의 지층 위에 지열발전소를 건설하면서, 특히 지열발전 분야에서 새로운 기술이라고 할 수 있는 인공저류 지열발전방식EGS: Enhanced Geothermal System을 이용한 기술이 지진을 촉발했다는 결론이다. 이것은 기존의 자연지진론과 유발지진론과는 미묘한 차이를 보이는 결론이기도 하다 (포항지진 정부조사연구단, 2019). 그럼에도 불구하고, 지층에 대한 인간의 의도적 개입이 지진을 촉발하게 되었다는 잠정적 결론은 기존 유발지진론에 무게를 실어주는 것으로 해석되었다.

이 글에서는 포항지진을 둘러싼 과학계에서의 논쟁과 지진의 성격을 누가 어떻게 결정할 수 있는가에 대한 문제를 다룰 것이다. 과학자들의 전문지식expertise knowledge에 대한 분석은 과학기술학의 주

---

2 마이오세(Miocene)는 약 2천 3백만 년 전부터 약 600만 년 전 사이에 형성된 지층을 지칭하는 지질학적 구분방식으로 포항분지가 위치한 지질학적 특징으로 경상북도 영덕군에서 경주 천군리 지역까지 분포하는 지층이다. 특히, 포항지진의 진앙지로 지목된 포항북부 지역은 연일층군으로 불리며 사암과 이암이 주로 분포하고 있다(포항지진 정부조사연구단, 2019; Sohn & Son, 2004)

요한 주제 중 하나이다. 특히 과학자들의 전문지식뿐 아니라 시민사회가 구성하는 지식의 역할에 대해서 주목하면서 일반전문가 지식lay expertise knowledge과 시민과학citizen science에 대해 강조해왔다(Durant, 2008; Goven, 2008; Kent, 2003; Kerr, Cunningham-Burnley, & Tutton, 2007; Maranta, Guggenheim, Gisler & Pohl, 2003; Wynne, 1996; 2001; 2008). 과학기술과 연관된 지식에 일반인들의 지식이 상당히 중요한 영향을 미칠 수 있다는 주장이 제기된 이후 시민사회가 구성하는 과학기술지식에 대한 관심이 증가했다. 국민국가와 지역적 특성에 따라 시민사회의 과학기술에 대한 태도와 신뢰성, 가치 등이 다르게 나타난다는 주장이 제기되었다. 실라 제서노프Sheila Jasanoff는 이러한 특성을 "시민인식론civic epistemology"라고 부를 수 있으며 이 모델을 통해 다양한 환경과 맥락에서 시민사회의 과학기술지식에 대한 반응을 볼 수 있다고 주장했다(Jasanoff, 2005). 이 글은 시민인식론이라는 접근법을 이용하여 포항지진의 원인을 둘러싼 과학자 사회의 논쟁과 이견이 어떻게 '촉발지진'으로 결론이 모이게 되는가의 과정을 분석할 것이다. 특히 시민사회, 포항 시민사회의 압력과 이해관계가 얼마나 지진원인을 판단하는 데 영향을 주는가에 대해서 분석하게 될 것이다.

2. 포항지진 원인을 둘러싼 논쟁

1) 논쟁의 시작: 포항지진 긴급포럼

2017년 포항지진은 그 규모에 있어서 2016년에 있었던 경주지진 (5.8)에 이어 역사상 두 번째로 강한 지진으로 기록되었다. 하지만 진앙지인 포항 북부의 흥해읍 지역을 중심으로 한 피해는 경주의 경우보다 훨씬 컸다(기상청, 2018: 14~15). 당시 지진으로 인한 물적 피해와 경제적 손실뿐 아니라 많은 사람이 지진의 공포로 인해 트라우마와 정신적인 충격을 겪었다. 지진이 일어난 지 1년이 지난 이후에도 80.8%의 시민들이 정신적인 피해와 심리적인 어려움을 호소하고 있다(박효민, 2018; 김준홍·김원규, 2018; 원태준, 2018). 이처럼 광범위한 심리적·물리적 피해는 지진의 원인규명에 대한 관심으로 이어졌다.

포항지진은 2016년 경주지진과 비교해서 여러 가지 면에서 과학자들을 혼란스럽게 했다. 우선, 역사적으로 포항지역에서 지진발생에 대한 기록이 전혀 없었다. 반면에 경주에서는 신라시대부터 고려시대에 이르기까지 다양한 지진기록을 발견할 수 있다(강태섭·이준기, 2016; 행정안전부, 2018). 여진의 빈도와 발생기간에 있어서 양산단층에서 일어난 것으로 추정되는 경주지진과 포항지진은 상당히 다른 양상을 보여 준다. 경주의 경우, 지진이 일어난 후 그 이듬해인 2017년 3월 말까지 규모 1.5 이상의 여진이 570여 차례에 걸쳐 발생했지만, 포항지진의 경우 지진발생 이후 100일 동안 300여 회 관측된 후 여진은 멈춘다.**3** 경주지진은 단층파열에 의한 여진이 규칙적으로 일어난 것으로 해석될 수 있지만, 포항의 경우, 여진의 발생빈도와 규모 그리고 기간에 있어서 상대적으로 불규칙한 형태를 보인다. 경주지진은 자연적으로 발생한 지진의 특성을 잘 보여 준다. 반면에 포항지진은 일반적 지진과 관련된 법칙에 잘 맞지 않았다(김성균 · 이정모, 2019). 마지막으로 포항지진의 특이성은 포항의 지질학적 형태가 지진에 취약한 구조가 아니라는 점이다. 자연적으로 지진이 발생하기 쉬운 지역의 지층은 보통 약 10~20킬로미터 지하에 광역지하수regional flow system의 흐름이 있어야 한다는 것이 지질학계의 정설이다. 즉, 물의 흐름은 일종의 윤활유 역할을 하기 때문에 지층의 움직임을 가속할 수 있다(이윤수, 2019). 하지만 포항의 경우, 물이 빠르게 흘러 바다로 나갈 수 있는 투수성이 높은 사암층 sandstone과 지하수가 더는 깊은 곳으로 흘러 들어가지 못하게 하는 화강섬록암층granodiorite이 불투수층의 역할을 한다. 즉, 포항지역은 지진과 연관되는 광역지하수가 적정심도인 지하 10~20킬로미터 깊이에 도달할 수 없으며, 바로 먼바다로 빠져나가는 구조로 되어 있다(11 · 15 지진 지열발전 공동연구단, 2018).**4**

---

3 물론 2019년 9월 26일에 발생한 규모 2.3의 지진을 2017년 포항지진의 여진으로 볼 것인지 아니면 포항의 지층에 축적된 또 다른 응력이 분출되어 일어난 것인지에 대해서는 논란의 여지가 있다.

4 포항의 지각구조가 갖는 이러한 특징으로 인해 동해로 흘러들어간 지하수는 동해

포항지진이 보여주는 상대적으로 독특한 성격으로 인해 연구자들은 포항지진의 원인을 다른 곳에서 찾기 시작했다. 2016년 경주지진 이후 부산대의 김광희 연구팀은 이 지역에서 발생하는 여진을 조사하기 위해 경주지역에 이동식 지진계를[5] 설치했다. 지진계에 기록된 미소지진 기록 중에서 일부는 진앙지가 포항지역이라는 사실을 발견한다. 특히, 2017년 4월 15일에 기록된 3.1 규모의 지진의 진앙지를 포항 북부지역으로 특정할 수 있었다. 김광희 연구팀은 2017년 3월 17일부터 11월 5일 기간 사이에 포항지열발전소 주변에서 발생하는 미소지진micro earthquake을 관측했다. 경주지역 지진조사가 종료된 직후 연구팀은 규모 3.1의 지진이 발생했던 포항 북부지역에 이동식 지진계 8대를 설치한다(김광희, 2019). 당시 김광희 연구팀은 지열발전소에서 주입한 유체로 인한 미소지진의 발생가능성과 연관성을 의심했다. 11월 15일 규모 5.4의 지진이 발생할 때까지 이 지진계는 포항지역에서 발생하고 있던 미소지진의 세부사항

의 먼바다에 이르러야 비로소 지진을 일으킬 수 있는 정적깊이인 10~20킬로미터에 이르게 된다. 즉, 자연적으로 규모 4 이상의 지진이 일어날 수 있는 지점은 포항지역이 아닌 포항 앞 먼바다라고 육군사관학교의 지질학자인 오경두는 주장했다(〈경북제일신보〉, 2019. 3. 23.).

5 당시 그의 연구팀은 경주지역의 측정이 끝난 후 한 대의 지진계를 테스트용으로 포항 북부에 설치한다. 하지만 이 지진계가 오작동을 일으키면서 4대를 설치한다. 문제는 이 지진계 중 2대의 지진계가 파손되거나 작동하지 않는다는 사실을 알게 되면서, 확실한 데이터를 얻기 위해 8대의 지진계를 포항과 흥해지역에 설치한다(김광희, 2019).

을 기록할 수 있었다.

　포항지진이 발생한 날 JTBC 〈뉴스룸〉에 출연한 고려대 지질학
자 이진한은 지진의 발생원인이 진앙지 근처에 있는 지열발전소일
수 있다는 가능성을 강하게 제기했다. 이진한은 공정상 터빈을 돌리
기 위해 암반층을 4.5킬로미터 정도까지 뚫어 강력한 수압파쇄로
물을 주입해야 하는데 이 과정에서 암석이 깨지면서 단층에 영향을
줘 지진이 발생했다고 방송 인터뷰에서 주장했다(〈JTBC뉴스〉,
2017.11.15.；〈서울신문〉, 2017.11.16.；임재현, 2018b: 41). 이러한
포항지열발전소에 의한 유발지진론이 당시 공신력 1위로 평가를 받
고 있었던 JTBC의 뉴스를 통해 전국적으로 알려지면서 지진원인에
관심이 모아졌다. 이렇게 전국적인 관심을 끌게 된 유발지진론에 대
해서 각 언론사가 앞다투어 기사를 내보내면서 지진발생 원인에 대
한 논의는 단순히 정부조사단이나 연구자들의 영역에서 벗어나 언
론과 SNS를 통해 확산하는 양상을 보였다(〈한겨레〉, 2017.12.4.).
일부에서는 이진한의 예상치 못한 주장에 대해 사실이 과장되었으
며 복잡한 지진발생의 메커니즘을 단순히 지열발전소의 물주입으로
만 환원시켰다고 비판했다(홍태경, 2019). 하지만 이진한이 이렇게
확신하게 된 것은 2017년 4월 15일에 포항 북부지역에서 발생했던
규모 3.1의 지진에 대한 의구심 때문이었다. 특히, 김광희는 인터
뷰에서 이진한은 4월 15일에 발생한 포항지진과 지열발전소 사이의
관련성에 관한 문제의식을 김광희의 연구팀과 공유하고 있었으며
"혹시나 발생할 수 있는 재난에 대해 경고를 하기 위해" 뉴스에서 강

력하게 주장했다고 말했다(김광희, 2019). **6**

　지진발생의 원인을 둘러싼 학계의 입장이 공식화된 것은 지진이 발생한 후 9일이 지난 뒤인 11월 24일 대한지질학회와 한국지구물리탐사학회, 대한자원환경지질학회, 그리고 대한지질공학회가 공동으로 주최한 〈포항지진 긴급포럼〉에서였다. 이 긴급포럼에서 지질학 분야의 전문가들은 포항지진의 원인에 대해서 두 가지 상이한 이론을 제기했다. **7** 앞에서 언급한 것처럼, 부산대의 김광희와 고려대의 이진한 연구팀은 포항·흥해지역에서 운영한 이동식 지진관측장비에서 얻은 자료를 바탕으로 포항지진은 지하단층에서 일어난 것으로 역단층성 주향이동을 했다고 설명했다. 이와 비교해서 2016년 경주지진의 경우, 단층의 이동방향이 주향이동strike slip했을 뿐 역단층성 이동을 보이지는 않았다. **8** 이진한은 2000년대에 이르러 전

6　2017년 11월 24일에 서울에서 열린 〈포항지진 긴급포럼〉에서 이진한은 "의도치 않게 뉴스의 중심에 서게 돼서 무척 불편하다. 포항지진을 일으킨 여러 가지 원인 중에 하나로 지열발전소로 인한 유발지진의 가능성을 이야기한 것인데 마치 그것이 최종결론이나 유일한 원인으로 받아들여져 있다"라고 말하기도 했다(〈서울신문〉, 2017. 11. 24.).

7　이 포럼에서 주요 발표자로 나선 학자들은 강태섭(부경대 지구환경과학과), 김광희(부산대 지질환경과학과), 이준기(서울대 지구환경과학부), 이진한(고려대 지구환경과학과), 장찬동(충남대 지질환경과학과)이었으며 이기화 서울대 명예교수와 포항 지열발전소 연구개발에 참여했던 민기복(서울대 에너지자원공학과) 등이 발언에 참여했다(대한지질학회, 2017).

8　주향이동은 단층의 상반과 하반의 단층면의 경사와는 상관없이 단층면을 따라 수평으로 이동하는 현상을 지칭한다. 반면에 역단층성 주향이동은 단층이 수평으로 이동하는 동시에 단층면을 따라 앞뒤로도 이동하는 현상을 지칭한다. 즉, 포항지진

세계적으로 액체주입fluid injection과 관련된 유발지진이 지속적으로 증가해왔으며 포항지진은 진앙에서 불과 600미터 정도 떨어진 지열발전소의 액체주입과정과 긴밀하게 연관되었을 가능성이 크다고 주장했다(임재현, 2018b: 81~82). 유발지진론에 대해서 일부 학자들, 예를 들어 부경대의 강태섭과 서울대의 민기복, 충남대 장찬동은 지진발생을 위해서 주입되어야 하는 액체의 양에 대해서 문제를 제기했다. 진도 5 규모의 지진을 일으키는 데 필요한 물의 양이 다른 외국의 사례에 비해 적다고 주장했다. 포항지열발전소의 경우, 2016년 1월부터 2017년 9월까지 총 액체주입량은 1만 2,789세제곱미터로 이 중 땅속에 남아있는 양은 5,800세제곱미터로 알려졌다(홍태경, 2017a; 11·15 지진 지열발전 공동연구단, 2018). 미국 오클라호마에서 몇 년간 매달 수백만 세제곱미터의 물을 땅속에 주입했으며, 포항 본진규모(5.4)의 지진이 발생하려면 현 수량의 2천 배를 주입해야 가능하다고 추정했다(홍태경, 2017b; 2019c). **9** 이에 대해서, 유발지진을 주장하는 연구자들은 석유채취, 특히 셰일가스를 채취하기 위해 액체를 흘려보내는 상황과 포항에서 사용된 고압의 액체

의 경우에는 지층이 단층을 따라 이동함과 동시에 상하로도 이동했음을 의미한다.

9 그가 비교한 미국 오클라호마 지진사례는 2009년부터 석유채굴을 위해 유정에 소금물을 주입하면서 발생한 2.5 규모의 지진발생에 대한 것이다. 당시 소금물을 주입하면서 중소규모의 지진이 지속해서 발생했으며 이로 인해 주입된 액체의 양과 지진발생 사이의 상관관계를 밝히는 연구가 이루어졌다(Rosen, 2015; Walsh III & Zoback, 2015).

를 주입하는 EGS 공법은 비교할 수 없는 대상이라는 반론을 제기하
기도 했다. 보통 지열발전소는 아이슬란드와 같이 화산활동이 일어
나거나 쉽게 지열을 얻을 수 있는 곳에 건설된다. 하지만 EGS공법
은 최근 화산지대나 고산지대가 아닌 곳에서도 지열발전을 위해 4~
5킬로미터의 지하까지 암반을 뚫어 물을 주입하면 그곳의 열을 흡수
하여 160~210도의 뜨거운 물을 끌어 올릴 수 있는 혁신적 공법으로
알려졌다(Olasolo et al. , 2016). 유발지진론을 주장하는 김광희와
이진한은 EGS와 같은 새로운 기술을 기존의 셰일가스 채취와 폐수
처리를 위한 물의 주입방식과는 비교할 수 없다고 주장했다. 10

　액체주입의 형태와 강도 그리고 주입량과 액체주입공법에 취약했
던 구조와 강도를 가지고 있던 포항의 지층구조를 근거로 유발지진
의 가능성을 주장하는 유발지진론자들과 달리 반론을 제기하는 연
구자들은 연구의 관심과 규모에 있어서 상당한 차이를 보였다. 포항
지진 긴급포럼에 참여했던 학자 중에서 김광희와 이진한을 제외하

---

10 EGS공법을 사용하여 지열발전을 할 때 반드시 지진반응이 일어난다는 사실은 상
식적인 수준의 지식이다. 특히 유체를 주입했을 때 발생할 수 있는 지진현상을 어
떻게 조절 통제할 것인가는 EGS 공법을 연구하는 학자들에게는 주요한 관심사였
다(Bruhn et al. , 2011; Zang et al. , 2014). 조절통제방법이 제대로 개발되고
실행된다면 EGS 공법을 이용한 지열발전방법은 지열발전의 미래라고 평가하기도
했다(⟨The Science Times⟩, 2010. 4. 27.). 2017년 포항지진이 일어난 직후 한겨
레는 지열발전이 지진의 원인일 수도 있지만, 대안 에너지개발을 위해서는 이 인
공저류 지열시스템의 개발과 연구는 중단해서는 안 된다는 기사를 싣기도 했다
(⟨한겨레⟩, 2018. 4. 27.).

고 다른 모든 학자는 지열발전소의 역할에 대해서 유보하거나 반대하고 있었다. 이 연구자들이 공유하고 있었던 중요한 요소는 바로 2011년에 발생했던 동일본대지진이 한반도의 지각에 준 영향이었다. 당시 포럼에서 서울대의 이준기는 유발지진론에 대해서 유보하는 태도를 보였다. 일부 유발지진론 입장에 대해서 지진파 전파, 지진원을 합친 관측자료를 활용해 분석한 결과, 포항지진은 복잡한 단층면에서 발생했을 가능성, 고압유체 영향의 가능성이 존재한다고 주장하면서 유발지진의 가능성에 대해서 인정했다. 하지만 그보다 더 중요한 것은 동일본대지진 이후 한반도 지각이 지진이 발생하기 쉬운 환경으로 전환되었으며, 그 여파가 지속되어 역사상 전례 없는 지진이 발생하고 있다고 강조했다(〈머니투데이〉, 2017. 11. 24. ; 임재현, 2018b: 81). 즉, 한반도에서 규모 5 정도의 지진이 일어날 수 있는 기본적인 조건은 동일본대지진 이후 한반도에 미친 영향으로 인해 변화했을 가능성이 존재했다. 동일본대지진의 여파로 인해 한반도지역의 지각환경변화가 일어났으며 이러한 맥락에서 2016년 경주지진에 이어 포항지진으로 이어졌다는 것이다.

홍태경은 명확하게 동일본대지진의 영향으로 발생한 지진이라는 점을 강조했다. 그는 "동일본대지진 이후 한반도 지각은 지진이 발생하기 쉬운 환경으로 진행되었으며, 동일본대지진 이전의 지각환경으로 아직 회복되지 못하고 있다"라고 주장했다(〈영남일보〉, 2017. 11. 25.). 그는 동일본대지진은 한반도의 지각구조에 변동을 일으켰고 지각의 밀도가 느슨해지면서 임계응력 차이가 낮아졌다고 주장했다. 이로 인해 작은 힘으로 자극을 가해도 미끄러지기 쉬운 취약한 구조로 전환되었으며 그것이 지진으로 나타난다고 설명했다(홍태경, 2019c). 동일본대지진이 한반도에 미치는 영향에 관한 그의 관심은 이미 경주지진에서 나타난다. 2016년 경주에서 지진이 발생한 후 그는 지진의 원인을 한반도 지각에 축적된 응력으로 보았다. 그리고 충분한 시간동안 응력stress이 축적되면 앞으로 중대형 지진이 발생할 가능성이 크다고 예측했다(홍태경, 2016). 그는 경주지진은 2011년 동일본대지진이 촉매 구실을 한 것으로 보았다. 동일본대지진 이후 한반도는 동쪽으로 약 2~5센티미터 정도 이동했다고 그는 주장했다. 이러한 지각변동은 단층에 응력을 축적하게 되었다는 것이다. 경주지진 직후에도 한반도에 축적된 응력이 존재하며 이것이 규모 6.5~7.0 정도의 대규모 지진으로 이어질 가능성이 크다고 예측했다(홍태경, 2016). 그의 예측은 정확하게 1년 뒤에 적중했고, 포항에서 진도 5.4의 지진이 발생하면서 그는 언론의 관심을 끌게 되었다. 〈신동아〉는 그를 "미스터 둠Mr. Doom"이라고 지칭할 정도였다(홍태경, 2017b). 동일본대지진과 한반도에서의 지진증가 사이의 관계에 대한 그의 관심은 포항지진의 원인에 대한 해석에서 자연지진론적 입장을 보인 것에서도 일관되게 나타났다.

2) 입장의 체계화: 자연지진론과 유발지진론

동일본대지진으로부터 발생한 연쇄반응으로 포항지진을 바라보는 '자연지진론'과 포항지열발전소의 액체주입으로 인한 '유발지진론'을 주장하는 연구자들은 2017년 포항지진에서 측정된 데이터를 기반으로 좀더 구체적이고 체계적인 연구를 시작한다. 2018년에 이르러 포항지진을 분석한 연구논문들이 발표되면서 포항지진의 원인을 둘러싼 이견은 과학적 논쟁으로 전환된다. 김광희 연구팀은 포항지진 당시 설치했던 지진계에 기록된 지진파 데이터를 분석하여 발표하는 방안을 모색한다. 하지만 11월 24일에 있었던 지질학회의 긴급포럼에서 볼 수 있었던 것처럼 김광희-이진한을 제외한 대부분의 연구자는 유발지진론에 대해서 완전한 확신을 갖지 못했다는 문제가 있었다. 김광희에 의하면, 이들 입장을 변화시킬 가능성은 적어 보였으며 해외 학회에서 받아들일 수 있는 정도의 데이터와 논의를 진전시킬 필요가 있었다. 즉, 김광희-이진한은 국내지질학계에서 자신들의 입장에 동조하는 연구자 네트워크를 구축하는 것보다는 외국의 연구자들을 통해서 과학적 신뢰를 구축하는 전략을 선택했다고 할 수 있다. 김광희는 2017년 12월에 있었던 미국 지구물리학회AGU: American Geophysical Union에서 포항지진의 사례를 설명하는 데 많은 시간과 노력을 할애한다. 이 학회에서 김광희와 이진한은 후에 포항지진 정부조사단에 해외조사위원회의 일원으로 참가하게 되는 미국 스탠퍼드의 윌리엄 엘스워스William Ellsworth와 같은 학자들에게 포항지진과 지열발전소 사이의 연관성이 일종의 "최악의 조합"이었음을 알리고 유발지진론의 합리성을 설득한다(김광희, 2019).

2018년 6월에 〈사이언스〉 편집위원회는 김광희와 이진한 연구팀이 제출한 논문을 빠르게 싣기로 한다. 편집위원회는 김광희-이진한 연구팀이 제출한 논문과 함께 스위스 지질연구소Swiss Seismological Service의 프란체스코 그리골리Francesco Grigoli와 스테판 비머Stefan Wiemer가 제출한 또 다른 포항지진에 대한 논문을 함께 게재한다. 전자가 진앙지 근처에 설치되었던 지진계 데이터를 분석한 연구였다면, 후자는 원거리 지진학teleseismetry 연구로 포항지진과 관련된 데이터와 위성사진에 기반해서 포항지진의 원인이 근처에 건설된 지열발전소라고 특정했다(Grigoli et al., 2018). 그리골리와 비머는 2017년 4월 15일에 발생한 규모 3.1의 지진도 동일한 진앙지에서 발생했다고 주장했다. 이들은 일관되게 지층에 액체를 주입하는 상업적 활동이 확산되면서(예를 들어, 셰일가스 채취와 채굴, 지열발전 등) 인간이 만들어내는 인공적 유발지진induced anthropogenic earthquakes이 증가하는 경향에 대해 비판적인 입장의 과학자였다(Grigoli & Wiemer, 2017; Grigoli et al., 2017). 〈사이언스〉지의 편집자들은 김광희-이진한 연구팀과 그리골리와 비머의 연구가 상호보완적이기 때문에 두 편을 동시에 게재하기로 결정했다(김광희, 2019; 홍태경, 2019).

〈사이언스〉지에 게재된 김광희와 이진한 연구팀의 논문은 포항지진을 유발지진으로 규정했다. 이 연구팀의 논문은 포항에 위치한 지열발전소의 시추와 액체주입이 지진을 일으키는 원인이라고 주장했다. 포항지열발전소가 허가를 받은 2012년 이후 시추작업을 벌이기 시작했고 2016년 1월부터 2017년 9월까지 약 1만 3천 세제곱미터의 액체를 주입하고 그중 5,841세제곱미터의 액체를 뽑아냈다. 이러한 시추와 액체주입과정에서 지반이 약화되는 문제가 발생했고 주입된 물이 단층에 윤활유 역할을 하면서 지진으로 이어졌다고 주장했다. 이 연구팀이 유발론을 강조하는 근거는 다음과 같다. 우선, 지진이 발생한 흥해지역에서는 기상청의 지진기록이 시작된 1979년 이후 단 한 번도 2.0 이상의 지진이 발생한 적이 없었다. 하지만 지열발전소가 액체를 주입하면서 미소지진이 기록되기 시작했다. 두 번째로 지열발전소에서 유체를 주입할 때마다 미소지진이 이어서 발생했으며 이를 통해 유체주입과 지진발생의 상관관계가 있음을 알 수 있다는 것이다. 세 번째 근거는 지진이 발생한 지점과 유체주입지역이 거의 일치한다는 점이다(Kim et al., 2018). 이러한 몇 가지 근거를 통해 이 연구팀은 지열발전을 위해 주입한 유체가 이미 상당한 에너지를 갖고 있던 단층대에 유입되었다고 보았다. 그리고 지진을 막고 있던 마찰력이 주입된 유체로 인해 줄어들고 언젠가 발생할지 모르던 지진의 시간대가 앞당겨졌다고 김광희는 설명했다(〈한국대학신문〉, 2018. 5. 6.). 포항지진 정부조사단에 참가하고 있던 윌리엄 엘스워스는 김광희-이진한의 논문이 유발지진론의 유력한 사례가 된다고 논평했다(Voosen, 2018). 유발지진에 관한 가설을 데이터를 통해 해외 학술지에 발표함으로써 지진의 원인에 대한 과학적 해명이 이루어진 것으로 많은 사람은 이해했으며 논란이 일단락되는 것처럼 보였다(〈한겨레〉, 2018. 4. 27. ; 〈조선비즈〉, 2018. 4. 27.).

하지만 논문에서 지진의 원인으로 지목된 지열발전소를 건설하고 운영하던 운영사인 넥스지오사는 〈사이언스〉지에 논문이 발표되는 그 시점에 이 연구팀의 연구방식에 대한 문제를 제기하고 나섰다. 물론 포항에서 지진이 발생한 직후부터 넥스지오사의 대표인 윤운상은 언론을 통해서 유발지진을 주장하던 일부 학자들, 예를 들어 이진한과 김광희의 입장을 지속해서 반박하면서 넥스지오사의 지열발전소 시추와 액체주입이 포항지진의 원인이 아니라는 점을 강조해왔다. 그는 지진이 발생한 15일 저녁에 이진한 교수가 JTBC 〈뉴스룸〉에 출연해 지열발전소가 원인 중 하나로 의심된다고 주장한 것에 정면으로 반박하는 보도자료를 발표했다. 이 보도자료에서 넥스지오사의 지열발전소는 이미 지진이 발생하기 2개월 전인 9월 18일에 액체주입작업을 중지했으며, 지열수 순환설비 설치를 위해 지열정의 압력을 개방해 놓은 상태였다고 주장하면서 2개월의 시간이 지난 후에 지진이 발생할 수 없다고 주장했다(〈국제신문〉, 2017. 11. 17.). 그는 지진이 발생한 다음 날 JTBC 〈뉴스룸〉과의 인터뷰를 통해 자신들이 추진한 EGS 방식은 유체를 주입하여 "수압파쇄 하는 방식이 아니라 수리 자극을 합니다. … 미국이나 이런 데 셰일가스 같은 경우는 몇백만 톤의 물을 집어넣는다고 하면, 저희는 그것과 비교하면 아주 약소한 수준의 수리 자극을 하고 있으므로" 지진을 일으킬 수 없다고 주장했다(〈JTBC뉴스〉, 2017. 11. 16. ; 〈한국일보〉, 2017. 11. 16. ; 임재현, 2018b: 94). 윤운상은 넥스지오사에서 사용한 공법은 단순히 물을 흘려보내는 방식이지 높은 수압을 이용한 파쇄는 아니라는 점을 강조하면서 유발지진론에 반대해 왔다. 또한, 김광희-이진한 연구팀의 연구논문이 〈사이언스〉지에 발표될 때, 넥스지오 컨소시엄은 〈사이언스〉지에 편지를 보내 이 논문의 저자인 김광희가 논문에 사용된 넥스지오사의 자료를 동의 없이 사용했기 때문에 윤리적인 문제가 있으며 논문은 철회되어야 한다고 주장했다(김광희, 2019). 넥스지오 측은 전담기관인 에너지기술평가원과 지원기관인 산업부의 요청으로 연구성과와 자료를 제출했지만, 김광희 연구팀이 이 자료를 국회의원실로부터 입수한 뒤에 사용동의를 받지 않고 연구에 사용했다고 주장했다(〈매일경제〉, 2019. 9. 14.). 즉, 연구팀이 전담기관인 산업통상자원부로부터 승인을 받고 데이터를 이용한 것이 아니라 국회의원실을 통해 받은 사실은 연구윤리 위반이라는 것이다. 이처럼 지진원인을 둘러싼 논란은 〈사이언스〉지의 논문발표 이후 정리된 것이 아니라 오히려 더욱더 원인 그 자체에 대한 학술적·과학적 논의의 범위를 넘어 확산되는 상황이었다. 11

---

11 김광희에 의하면 이미 논문을 〈사이언스〉지에 제출할 때 〈사이언스〉 편집진은 리뷰 초기단계에 자료사용에서 일어날 수 있는 법률적 문제를 조사하고 문제가 될 수 있는 부분을 삭제하도록 했다. 이 리뷰과정을 통해 〈사이언스〉지는 윤리적 문제가 없다고 판단했다. 그리고 부산대 연구진실성위원회는 거의 1년에 걸친 조사를 통

유발지진론을 적극적으로 반박해 온 연세대의 홍태경과 경상대 지질학과의 김우한 연구팀은 불과 6개월 후에 〈사이언스〉지의 경쟁 학술지인 〈네이처〉지의 자매연구학술지인 〈사이언티픽 리포트Scientific Reports〉지에 동일본대지진-경주지진-포항지진으로 이어지는 연결고리를 분석하는 연구논문을 발표했다(Hong et al., 2018). 이미 홍태경은 경주지진이 발생한 후 개최된 지질학회 학술대회에서 경주지진은 동일본대지진으로 인한 여파로 발생했다고 주장했다. 그리고 경주지진 이후 누적된 응력으로 인해 한반도 지각에 많은 힘이 누적되어 차례대로 배출되고 있거나, 또 다른 단층이 존재하고 있을 가능성이 있다고 주장하면서 또 다른 지진의 가능성이 있다고 예측하는 논문을 발표하기도 했다(〈경향신문〉, 2016. 10. 26.). 홍태경 연구팀이 2018년 발표한 논문은 '자연지진론'의 입장을 공식화하고 있다. 이들은 동일본대지진이 발생한 직후 한반도 지각의 매질medium, 즉 지진파를 매개하는 물질로써 땅이 약화되었다고 주장했다. 또한, 응력의 변동을 일으켜서 지진을 유발할 수 있는 수준인 임계응력보다 높은 수준(0.0001bar)이었다고 결론 내렸다. 이와 같은 주장은 결국 포항지진의 원인을 동일본대지진으로 약화된 매질과 응력의 증가로 인해 발생한 일종의 연쇄현상으로 보았다(Hong et al., 2018). 홍태경 연구팀의 연구결과는 당시 언론의 관심을 끌었으며

해 넥스지오 측의 자료를 획득한 과정에 심각한 문제가 없었다고 판단했다(김광희, 2019).

지진발생 원인에 대한 논쟁을 다시 불러일으키기에 충분했다(〈KBS 뉴스〉, 2018. 9. 14. ; 〈*The Science Times*〉, 2018. 9. 14.).

　홍태경 연구팀의 자연지진론 또는 동일본대지진 연관론은 유발지진론의 관점보다 상대적으로 관점의 폭이 넓고 사용한 변수가 많아 포항 일대의 단층과 이를 둘러싼 변화보다는 광범위하게 지진을 바라보고 있다. 실제로 김광희-이진한 연구팀이 〈사이언스〉지에 발표한 논문에서 사용한 대부분의 변수는 포항지역의 단층과 축적된 응력 그리고 주입된 액체, 파쇄를 일으킬 정도의 수압, 액체의 양과 빈도 등의 매우 지엽적인 자료들이었다. 반면에 홍태경 연구팀이 〈사이언티픽 리포트 *Scientific Reports*〉지에 발표한 논문에 사용한 변수는 김광희-이진한 연구팀의 연구보다 좀더 거시적이다. 지층의 움직임과 단층, 매질의 약화, 응력의 축적과 임계응력, 그리고 무엇보다도 2011년 이후 발생해온 연쇄현상인 동일본대지진과 경주지진의 맥락화를 시도한다는 측면에서 사용된 변수에 있어서 거시적인 특징을 보인다. 이처럼 2018년에 이르러 포항지진의 원인을 둘러싼 논쟁은 좀더 체계적이고 학술적인 장field에서 팽팽한 줄다리기를 하는 것처럼 정식화되고 체계화한다.

3. 논쟁의 종식과 불확실성

1) 시민사회조직의 개입과 동맹자 구축

2018년을 거치면서 상술한 것처럼 포항지진의 원인을 둘러싼 학계의 논쟁은 단순히 가설 수준의 논쟁(긴급포럼의 제1단계)에서 구체적 데이터에 대한 분석과 변수를 사용한 체계화된 증명과정(논문발표의 제2단계)을 통해서 더욱 강화되는 것처럼 보였다. 두 입장의 차이가 더욱 정식화되고 구체화하면서 이들의 접근방식과 관점의 차이는 확연하게 드러나기 시작했다. 김광희-이진한으로 대표되는 '유발지진론'의 관점과 홍태경으로 대표되는 '자연지진론'의 두 가지 관점으로 분화되고 있다는 사실을 지질학계 내에서도 수용하는 분위기였다. 그럼에도 불구하고 지질학계 내부의 다수의견은 여전히 유발이론에 대해서 그렇게 호의적이지 않았던 것은 분명해 보인다 (김광희, 2019; 홍태경, 2019c). 포항지진의 원인이 무엇인가를 놓고 두 가지 다른 입장이 불편하게 공존하는 상황의 문제점은 2018년 3월에 출범한 포항지진 정부조사연구단의 구성에서 확연하게 드러난다. 연구단이 조직되는 준비단계에서 두 진영의 전문가를 정부조사단에 참가시킬 것인가를 놓고 논란이 벌어졌다. 준비 초기단계에서는 김광희-이진한과 홍태경이 모두 참여하는 쪽으로 결정되었지만, 김광희의 연구팀이 〈사이언스〉지에 논문을 먼저 발표하고 이어 홍태경 연구팀도 이에 대응하는 논문을 준비하면서 정부조사단 활동에 적합하지 않다는 의견이 제기되었다(김광희, 2019). 최종적으로 이진한과 홍태경은 상시자문단으로 위촉되면서 연구단의 활동에서 배제되었다. 즉, 연구단을 이끈 서울대 교수이면서 지질학회장이었던 이강근 단장은 지진의 원인을 두고 팽팽하게 이견이 존재한다는 것을 인정한 것이며 편견으로 작용할 수 있는 요소를 제거하기 위해 양측의 대표연구자를 연구위원에서 배제하고 자문단으로 전환하는 결정을 내린다(임재현, 2018b: 182~185).

학계의 이견과 대립 그리고 논쟁은 당시 포항지진으로 인해 피해를 본 포항시민과 시민단체들이 개입하면서 다른 양상을 띠게 된다. 비록 포항지진이 발생한 후 포항시와 정부의 대처방식과 피해주민에 대한 보상문제를 둘러싼 관심은 시간이 지나면서 중앙언론이나 여론으로부터 자연스럽게 잊혔지만, 포항 시민단체들이 지진과 관련된 문제에 적극적으로 개입하면서 자연스럽게 이해관계에 근거하여 한 이론을 선택적으로 수용하거나 배제하게 된다. 지진원인에 대한 학술적 규명이 피해보상청구의 대상과 정책적 실패의 책임소재를 조사하는 데 있어서 중요한 역할을 할 수 있다는 가능성으로 인해 시민사회는 적극적으로 한 입장을 선택하게 된다. 시민단체들은 실제 전문가들의 의견과 입장에 대해 인정하고 수용하지만 그것은 선택적 동맹자 구축일 뿐, 완전히 전문가들의 의견을 맹목적으로 따르는 것은 아니었다. 예를 들어, 포항지진과 관련한 시민사회의 활동에서 대표적 역할을 한 것으로 평가되는 포항지역사회 복지연구소장인 양만재 소장이 〈한겨레〉에 기고한 글에서 이러한 선택적 등록enrollment 행위가 잘 드러난다. 그는 이 기고문에서 포항지열발전소는 포항시민에게는 일종의 트라우마가 되었다는 사실을 강조한다. 또한 그는 지진발생 원인을 둘러싼 과학계 논의에 대해 비판적이고 선택적인 태도를 보인다. "학자들의 이론체계는 완벽하지 않다. 여러 경험을 귀납, 연역해서 쌓은 가설의 집합체일 뿐이다. 땅속의 일, 자연계의 수많은 현상은 신의 영역에 속한다고 할 수 있다. 우리는 이제껏 겪어 보지 못했던 위협적인 자연재해를 경험하고 있다. 그래서 결론적으로는 지열발전소가 이번 지진에 영향을 주었을 가능성을 배제할 수 없다고 본다"라고 주장했다(양만재, 2017). 그의 주장에서 드러나는 것처럼, 당시 과학자들이 제시한 가설이나 주장에 담긴 불확실성과 제한성에 대해서 지적하면서 선택적으로 원인을 지적하고 있다.

지진이 발생한 직후 12월부터 일부 피해주민들과 시민단체들이 자발적으로 시민조직인 '포항지진 범시민대책본부(범대본)'를 출범시킨다. 범대본은 많은 피해를 입었던 포항북부와 흥해지역의 주민들을 주축으로 구성되었다. 지진이 발생한 직후 11월 23일에 가장 강력한 피해를 입은 아파트 입주자들을 중심으로 '한미장관맨션 지진피해 비상대책위원회'를 조직하면서 피해주민들을 중심으로 자발적으로 대책위원회를 조직한다. 피해지역의 주민들이 조직한 자생적 조직이 모여 '범대본'의 조직으로 이어졌으며 이들의 입장은 초기부터 북구에 위치했던 지열발전소의 물주입을 지진발생의 원인으로 보았다(김홍제, 2019; 모성은, 2019).12 특히 범대본의 창립 당시 선언론을 통해 지진에 대한 지열발전소의 원인규명을 촉구를 설립목적으로 명시하고 있다(포항지진 범시민대책본부, 2017; 김철식, 이 책의 6장). 범대본은 지진과 지열발전소의 연관성을 꾸준히 제기했으며 이에 대한 조사를 강력하게 촉구했다.

범대본의 발족과 함께 시민사회 영역에서 자체적으로 지진발생 원인을 조사하기 위한 조직화가 이루어졌다. 정부가 '포항지진 정부조사연구단'을 발족시킴과 거의 동시에 포항지역의 시민과 전문가들은 자체 전문가조사단을 조직한다. 포항지역 대학인 한동대와 포스

---

12 자발적 시민단체인 포항지진 범시민대책본부(범대본)가 유발지진론을 주장하기 시작하면서 2018년 3월 20일 정부조사단의 촉발지진론 결론이 발표되기 전까지 포항지역에서는 비난의 대상이 되었다고 대책위원회를 이끌었던 피해자 대표였던 김홍제는 묘사한다(김홍제, 2019). 이듬해 있었던 2018년 6·13 지방선거와 국책사업이었던 포항지열발전소에 대한 가처분신청에 대한 견해 차이로 인해 김홍제가 범대본에서 탈퇴하게 된다. 이후 모성은을 중심으로 범대본은 포항지진의 문제를 전국적 정치의제로 확장시키려는 노력을 이어간다(김철식, 2020). 반면에 범대본에서 탈퇴한 김홍제를 대표로 하는 시민들은 주민피해문제를 해결하기 위해 '한미장관맨션 지진피해 비상대책위원회'(한미장관비대위)를 기반으로 활동하게 된다. 모성은으로 대표되는 범대본이 포항지진의 피해와 문제를 전국적 정치의제화를 목표로 활동했다면, 김홍제의 한미장관비대위는 지속적으로 지역의 피해자보상문제를 해결하기 위한 지역적 조직화와 투쟁에 집중한다. 2019년 3월 정부조사단의 촉발지진론 결과가 발표된 이후에 포항시의 관변단체들을 포함한 조직들이 참여하는 '포항시민 범시민대책위원회'(범대위)가 출범한 이후에도 한동안 한미장관비대위는 범대위에의 참여를 거부한다. 하지만 포항시의 모든 시민조직이 힘을 합해야 한다는 판단으로 김홍제의 한미장관비대위는 범대위에 참여한다. 이후 모성은 중심의 범대본은 실제 법적 대응(소송)에 집중하게 된다. 반면에 김홍제가 참여한 범대위는 포항지진특별법을 제정하기 위한 운동을 펼치게 된다(자세한 시민사회 운동의 변화과정에 대해서는 이 책 6장의 김철식 논문을 참조).

텍, 그리고 포항산업연구원RIST와 법률전문가, 시민사회단체와 언론인으로 구성된 이 조사단은 2018년 4월에 '11·15 지진 지열발전 공동연구단'(이하 '시민연구단'으로 지칭)을 출범하게 된다(포항시, 2018). 이 '시민연구단'은 지진발생, 특히 지열발전소에 의한 지진발생과 관련된 자료수집과 분석을 통해 정부조사단과의 긴밀한 협력연구를 진행하게 된다. 정부가 조직한 조사연구단과 별개로 이 시민연구단의 조직은 지진원인을 판단하는 데 있어서 매우 중요한 함의를 갖는다. 시민조직으로서 이 연구단의 활동은 일반 시민의 정서에 기반한 문제제기라기보다는 과학적이고 전문적인 지식을 기반으로 지진원인을 판단하는 데 중요한 역할을 한다. '시민연구단'은 정기적으로 세미나와 국제심포지엄을 통해 지열발전소와 포항지진의 연관성을 강화하게 된다. 예를 들어, 2018년 11월 15일 한동대에서 열린 특별세미나인 '지열발전과 포항지진'에서 '유발지진'을 주장해 온 육군사관학교의 오경두와 포스텍의 권재룡은 포항지진과 지열발전의 연관성을 보여주는 주장을 펼쳤다(한동대학교, 2018). 또한 2018년 12월 19일에 있었던 보고회에서는 포항지진의 원인에 대한 두 가지 입장에 대해서 '유발지진'의 근거를 주장하면서 '자연지진론'에 대한 반론을 제출한다(정상모, 2018). '시민연구단'은 직접 연구단 대표를 지열발전으로 인해 지진이 발생했던 스위스 바젤에 파견하여 유발지진론의 사례를 수집·분석하는 한편 2018년 12월에는 '시민연구단' 대표가 미국 워싱턴에서 개최된 미국지구물리학회AGU: American Geophysical Union에 참석하여 포항지진 관련 특별세션을 조직하기도 했다(〈대경일보〉, 2018. 12. 16. ; 임재현, 2018b).

　이러한 일련의 활동에서 주목할 만한 것은 '시민연구단'의 연구활동에 '유발지진론'을 주장했던 김광희와 이진한이 지속적으로 결합했다는 것이다. 시민보고대회와 학술세미나 그리고 국제학회 참석에 이 두 학자는 긴밀하게 협력했고 초청되어 특별강연을 진행하기도 했다. 특히 2019년 11월 15일에 포항지진 2주년을 맞이하여 조직된 국제심포지엄인 〈무시된 경고음과 교훈〉은 이진한이 주도했다(11 · 15 지진 지열발전 공동연구단, 2019). 이것은 이미 '시민연구단'이 능동적으로 '유발지진론'의 입장과 동맹관계를 형성했음을 보여주는 사례이다. 시민사회단체들은 자신의 이익을 충분히 대변할 수 있는 동맹자로 '유발지진론'을 선택했으며 강고한 동맹 네트워크를 형성하게 된다. 예를 들어, 2018년 11월 13일에 한동대에서 개최한 포항지진 관련 세미나에서 이진한 교수는 포항지진은 자연지진이 아니며, 지열발전은 사업의 맥락에서 보는 것보다는 일종의 '지진실험'을 한 것이라고 주장하면서 학술적인 논의보다는 시민사회와의 '동맹자' 구축에 성공하게 된다. 이러한 유발지진론과 시민사회 사이의 동맹관계 구축은 포항지역사회연구소가 쓴 글에서도 명시적으로 나타난다(포항지역사회연구소, 2019). [13]

---

[13]　포항지역사회연구소는 포항지진이 당시 지열발전소에 대한 운영과 관리에 있어서 시와 연관 정부부처의 잘못된 관리에 의해서 일어난 일종의 인재라는 주장을 펼친다. 물론, 그 근거는 김광희-이진한 연구팀이 제시한 '유발지진론'에 근거한 것으로 ① 지열발전소의 운영과정에서 발생한 63회의 유발지진의 은폐, ② 지열발전소

물론 모든 시민단체의 이해관계가 '유발지진론'과 결합하지는 않았다. 일부 시민단체의 경우 포항의 지열발전소가 사용한 수압파쇄 방법과 물주입량이 과연 규모 5 이상의 지진을 일으킬 수 있는지에 대해서 의문점을 주장하기도 했다. 예를 들어, 포항 환경운동연합은 지진발생 직후부터 지속해서 지열발전소의 물주입을 원인으로 지목하는 것에 대해서 문제제기를 해왔다. 환경운동연합은 2017년 11월 29일에 기자간담회를 통해 지진원인을 지열발전소에서 찾는 것이 오히려 상존하는 지진발생 위험을 인간의 기술적 개입이라고 할 수 있는 지열발전소의 물주입의 위험으로 가려버리는 결과로 이어질 수 있다고 경고했다. 이 기자간담회에서 지질조사에서 환경분석 및 지질재해분석을 진행하는 사업체인 '지아이 지반정보연구소'의 대표인 김성욱을 초청하여 포항지진의 특성에 대해 논의하게 된다. 이 발표에서 김성욱 대표는 포항지진을 유발지진으로 볼 때 규모 5.4의 지진을 유발하기에는 지열발전소에 주입된 물의 양이 너무 적다고 주장했다. 김성욱은 홍태경이나 다른 유발지진론에 대해 유보적이거나 부정적인 견해의 과학자들이 제기하는 '지진유발과 주입된 물의 양 사이의 상관관계'의 문제를 제기하였다. 2011년 오클라호마 프라하지역에서 발생했던 규모 5.7의 지진은 당시 이 지

가 위치한 홍해읍 일대의 단층에 관한 기존 연구 무시, ③ 지역주민과의 소통부재, ④ 넥스지오사의 코스닥 상장의 상업적 이익에 의한 문제점 은폐의혹을 제기하고 있다(포항지역사회연구소, 2019).

역에서 개발하고 있었던 4,500여 개 이상의 시추공을 통해 물을 주입하여 셰일가스를 채취하던 과정에서 일어난 대표적인 지진이다 (Holland, 2011; Keranen, et al., 2014; Llenos & Micahel, 2013). 환경운동연합의 초기 입장은 오클라호마 지진의 사례에서처럼 엄청난 양의 물을 주입해야만 규모 5 이상의 지진을 유도할 수 있다는 견해로, 유발지진에 대해서 다소간 유보적인 견해를 취한다. 이러한 입장이 2018년 2월 11일에 갑작스럽게 포항시 북구에서 일어난 4.6 규모의 지진에 대한 해석에서 명확하게 드러난다(환경운동연합, 2018). 환경운동연합은 한반도의 지진상황은 동일본대지진 이후 근본적인 변화가 일어났으며, 한반도 동남부 지역에 축적된 지진응력(스트레스)이 경주지진으로 방출되었으며 포항지진도 이러한 맥락에서 이해해야 한다고 주장한다. 즉, 환경운동연합의 입장은 지진이 지열발전소와 같은 요소로 인해 발생한 일회적인 사건이 아니라 상존하는 위험이라는 점을 강조하고 있다. 환경운동연합과 같은 시민사회단체는 다른 단체들과는 달리 자연지진론과의 긴밀한 동맹관계를 구축하는 데 실패한다. [14] 동맹구축의 실패는 환경운동연합이

---

[14] 환경운동연합의 이러한 유보적 또는 자연지진론적 입장에 대해서 대부분 시민단체는 매우 비판적인 의견을 드러낸다. 예를 들어 포항지진 범시민대책본부는 2019년 5월에 〈사이언스〉지에 발표된 정부조사단의 논문에 대해서 "경주·포항 환경운동연합에서도 '유발지진 아니다'라고 주장합니다. … 얼마나 속상했는지, 마음속으로 형용할 수 없습니다. 하지만 오늘 세계지구물리학회에서 그 학술적 통설(논거)가 깨졌습니다. 오늘(2019. 5. 24. 일자) 〈사이언스〉지에는, 첫째, '물주입에 의한 유발지진은 규모 5.0 이상도 발생한다' 둘째, '물주입이 종료되어도 유발지진 위험

갖고 있는 한계에서 기인한 것으로 볼 수 있다. 우선 김철식이 지적한 것처럼 포항지역 시민사회운동은 전국적인 단위의 문제로서 포항지진을 의제화하는 데 실패한다. 포항지역의 재난문제는 시간이 흐르면서 전국적 의제가 아닌 지역적 문제로 축소되었고 이에 따라 재난에서 기인하는 사회적인 갈등은 전국화되기보다는 사적인 보상으로 문제가 모아지면서 사사화privatisation되는 경향을 보이게 된다 (김철식, 이 책의 6장). 또한 전국적 수준의 환경문제를 다루던 환경운동연합이 포항에 기반을 둔 환경운동조직과 결합이 긴밀하게 이루어지지 않으면서 그 연결고리가 약화되는 결과로 이어진다. 시간이 지나면서 대부분의 시민사회단체는 시민들의 피해보상문제와 직접적인 관련성을 갖는 '유발지진론'에 대한 지지를 선언한다.

이처럼 논쟁의 격화와 시민단체의 선택적 동맹자 구축을 통해서 포항지역에서 구성되는 과학지식은 비대칭적으로 형성되고 있었다. 시민단체들이 구성하는 지식의 방식은 '선택적'이었고 자신의 이해관계에 적합한 지식에 대해 동맹자를 구축했다. 이러한 와중에 2019년 2월 10일에 포항 앞바다에서 50킬로미터 떨어진 해역에서 규모 4.1의 지진이 발생하면서 지진의 원인을 둘러싼 논쟁이 재점화된다. 앞에서 논의한 것처럼 학계에서 '유발지진론'과 '자연지진론'이 팽팽하게 견해를 고수하고 있었던 상황에서 동해에서 발생한

성이 존재한다' 라는 내용이 실렸습니다. … 속이 다 후련합니다."(포항지진 범시민대책본부, 2019).

일련의 지진은 문제를 더욱 혼란스럽게 만들었다. 이미 경상북도 영덕군 앞바다에서는 2018년 12월 5일에 규모 2.1과 2.5의 지진이 일어났으며 2019년 1월 1일에도 영덕군 앞바다에서 3.1 규모의 지진이 발생했다(〈동아사이언스〉, 2019.2.10.). 많은 학자는 경주와 포항에서 일어난 규모 5 정도의 지진으로 인해 단층에 존재했던 응력이 해소되고 감소하는 과정이라고 생각했지만, 남북으로 길게 이어진 울릉분지 일대의 단층에서 지진이 일어난 것은 예상외의 현상이었다(〈동아사이언스〉, 2019.4.22.). 동해에서 연속적으로 발생한 지진현상은 자연지진론을 줄기차게 주장해온 홍태경의 입장을 강화하는 듯 보였다. 지진발생 직후에 홍태경은 자신이 주장해온 동일본대지진의 영향으로 인해 발생한 한반도 지각변동과 이에 이어진 응력의 축적현상이라는 논리의 연장선에서 이 지진을 해석했다. 그는 2019년 2월 10일에 발생한 지진발생지점은 경주와 포항지진으로 응력(스트레스)이 떨어진 지역인데, 국내 지진 가운데 4.1의 지진이 응력이 낮은 곳에서 일어난 것은 이례적이며 원래 쌓여 있던 응력이 컸음을 방증하는 것이라고 주장했다. 그는 이어서 "이번 지진으로 쪼개진 단층이 생겨나고, 아직 쪼개지지 않은 단층 끝자락에 응력이 집중되면서 또 다른 지진이 발생할 가능성도 있다. 앞으로 여진이 발생할 가능성도 있다"라고 설명했다(〈중앙일보〉, 2019.2.10.). 또한, 2019년 4월 19일 강원도 동해시에서 54킬로미터 떨어진 해역에서 4.3 규모의 지진이 발생하고 22일에 경상북도 울진군에서 38킬로미터 떨어진 해역에서 3.8 규모의 지진이 발생하면서 자연지진의 연쇄적 발생이라는 논의가 힘을 얻게 된다. 이에 대해서 홍태경은 계속 동해에서 발생하는 규모 3.0 이상의 지진증가는 동일본대지진의 영향이 뚜렷하고 그 연장선에서 이해해야 한다고 주장했다(〈동아사이언스〉, 2019. 4. 22.). **15**

지속해서 증가하는 한반도 동부지역의 지진과 이에 대한 견해 차이는 2019년 3월 20일에 예정되었던 정부조사연구단의 최종연구결과 발표가 다가올수록 더욱 격화되었다. 포항지진과 이어서 발생한

---

15 2019년 9월 26일 포항지진이 발생한 근처에서 발생한 규모 2.3의 지진은 또다시 지진의 원인과 특성에 관한 논란을 재점화시키기에 충분했다. 2017년 발생한 포항지진의 여진은 2018년 3월 31일에 규모 2.0의 지진을 끝으로 발생하지 않았다(총 100회의 여진 발생). 하지만 1년이 지난 시점에 발생한 규모 2.3의 지진은 과학자들을 당혹스럽게 만들기에 충분했다. 9월 26일 포항지진 이외에 한반도 동남권에서 지진이 지속해서 발생하고 있다. 예를 들어, 10월 4일 밀양(규모 2.6), 10월 13일 경북 영덕(규모 2.0), 10월 27일 경남 창녕(규모 2.3), 10월 30일 경북 안동(규모 2.3)에서 소규모 지진이 연이어 발생하고 있다. 이러한 일련의 지진발생 빈도의 증가현상에 대해서 자연지진론자인 홍태경은 경주, 포항지진 발생 이후 에너지가 주변에 축적되고 지진으로 이어지고 있다고 주장하면서 기존의 한반도 지층의 조건변화의 연장선상에서 해석하고 있다(〈YTN 라디오〉, 2019. 10. 27). 특히 포항지진은 2017년 지진발생 단층의 말단부분에 응력이 모여서 발생한 것으로 해석하고 있다(홍태경, 2019c). 반면에 2019년 8월 산업통상자원부가 포항지진 발생 이후 조직한 〈포항 지열발전 부지안전성 검토 TF〉가 부산대와 부경대 그리고 서울대에 의뢰하여 설치한 총 35대의 임시지진관측소의 데이터를 검토하여 9월 26일 포항지진이 2017년 포항지진의 여진이라는 결론을 발표하기도 했다(〈연합뉴스〉, 2019. 10. 8.). 또한 유발지진론을 대표하는 김광희의 경우, 이렇게 증가하는 지진은 탐지기술의 발전과 경주, 포항지진 이후 지진을 경험한 사람들의 이른바 '지진 감수성'의 증가로 인해 더욱 지진에 민감해진 결과라고 주장하기도 했다(김광희, 2019).

동해에서의 지진에 대해서 자연지진론의 입장에서는 동일본대지진
-경주지진-포항지진의 연장선에서 해석하는 방식이 더욱 강화되었
다. 하지만 유발지진론을 주장하는 학자들의 입장 또한 약화하지 않
고 강화되고 있었다. 지열발전소의 액체주입과 미소지진의 발생 그
리고 포항지진의 인과적 연결고리에 관한 주장이 포항을 중심으로
하는 시민단체와 SNS를 중심으로 조직된 자발적 시민모임을 통해
서 더욱 힘을 얻으면서 두 가지 입장에 대한 논쟁이 지속되었다(〈중
앙일보〉, 2019. 2. 11.).

2) 논쟁의 종식?: 정부조사연구단의 최종 판단으로서 '촉발지진'

흥미롭게도 논쟁은 과학의 영역에서 완결되지 않는다. 이러한 현상
은 이미 과학기술학과 과학사적 사례연구에서도 쉽게 발견할 수 있
다(Barnes, Bloor, & Henry, 1996; Kim, 2005; 2007). 과학자들 사
이의 논쟁은 정치, 사회, 문화적인 상황과 조건에 의해서 잠정적으
로 종결된다. 포항지진의 원인을 둘러싼 논쟁은 과학기술학적 해석
의 좋은 사례가 될 수 있다. 이 논쟁의 (임시방편적) 종결은 분명 정
부조사연구단이라는 과학전문가와 정부 당국의 판단으로 이루어졌
다. 2019년 3월 20일에 발표된 최종보고서는 포항지진을 '촉발지진
triggered earthquake'으로 규정했다. 이 정부조사단은 서울대 지질학과
이강근 교수를 단장으로 5명의 해외전문가[16]와 9명의 국내전문가[17]
로 이루어졌다. 이들은 포항지진의 단층과 지질구조, 지구물리적

탐사방법, 지진발생의 시간적 분포, 진원위치와 분포, 단층면에 대한 관측, 수리자극 과정의 물주입과 공극압의 확산에 관한 조사, 이수누출mud loss로 인한 지진발생 시간지연관측, 지중응력상태 조사와 같은 연구를 통해서 포항지진의 원인과 지열발전소와의 연관성에 대한 연구조사를 수행했다. 연구결과는 다음과 같다. 지열발전 수행 중 지열정 굴착과 두 지열정(PX-1, PX-2)을 이용한 수리자극이 시행되었고, 굴착 시 발생한 이수누출과 PX-2를 통해 높은 압력으로 주입한 물에 의해 확산된 공극압이 포항지진 단층면상에 남서방향으로 깊어지는 심도의 미소지진들을 순차적으로 유발시켰다. 시간의 경과에 따라 그 영향이 본진의 진원위치에 도달되고 누적되어 거의 임계응력상태에 있었던 단층에서 포항지진이 촉발되었다고 결론내렸다(포항지진 정부조사연구단, 2019: xi). 즉, 정부조사단의

---

16 해외전문가들은 콜로라도대 지구과학연구자인 쉐민 지(Shemin Ge)를 단장으로 스탠퍼드대 유발지진센터 센터장인 윌리엄 엘스워스(William Ellsworth), 스위스 취리히 공대 교수이면서 유럽지질위원회 의장인 도메니코 지아르디니(Domenico Giardini), 교토대 명예교수인 토시 시마모토(Toshi Shimamoto), 그리고 뉴질랜드 빅토리아대 존 타운엔드(John Townend)로 구성되어 있다(포항지진 정부조사연구단, 2019).

17 국내전문가는 이강근 서울대 교수가 총괄책임자 역할을 맡았으며, 여인욱 전남대 지구환경과학부교수, 강태섭 부경대 지구환경과학과 교수, 이준기 서울대 지구환경과학부 교수, 신동훈 전남대 지구환경과학부 교수, 이진용 강원대 지질·지구물리학부 교수, 손문 부산대 지질환경학과 교수 그리고 오석훈 강원대 자원에너지시스템공학과 교수가 참여했다. 여기에 논쟁의 당사자라고 할 수 있는 고려대의 이진한과 연세대의 홍태경은 상시자문단으로 참여했을 뿐 직접적인 연구조사에는 참여하지 않았다(포항지진 정부조사연구단, 2019).

결론은 포항지역에 그동안 축적되었던 응력이 존재하고 있었지만, 지진을 일으킨 방아쇠 역할을 지열발전소가 제공했다는 것을 의미한다.

포항은 제3기 퇴적암인 이암층mudstone (점토로 이루어진 세립질의 퇴적암)으로 이루어진 곳으로 그 지반이 화강암 암반으로 이루어진 경주에 비교해 약하다. 포항은 과거 동해에서 점토가 퇴적되면서 만들어진 이암이 융기한 지역이기 때문에 화강암보다 연약한 특징을 갖는다(〈중앙일보〉, 2017. 11. 15. ; 이윤수, 2019). 이러한 조건에서 이미 응력이 충분히 축적된 상황에서 지열발전소에서 진행했던 고압의 수리 자극은 포항의 단층면에서 미소지진을 일으켰다. 또한, 이 과정에서 주입된 물이 진원의 지층에 도달하게 되었고 물은 단층이 버틸 수 있는 마찰력을 약화시키는 일종의 '윤활유' 역할을 하면서 지진을 발생시켰다는 것이 정부조사단의 결론이었다. 하지만 정부조사단은 최종보고서에서 유발지진론이 주장했던 '유발induced'지진이라는 개념 대신에 '촉발triggered'이라는 상대적으로 새로운 개념을 제시하면서 포항지진을 정의했다. 촉발이라는 개념은 이미 충분히 축적되어 임계상태에 이른 응력에 일종의 방아쇠 역할을 하면서 지진을 일으켰다는 의미이기도 하다. 지열발전소의 액체주입이 지진의 직접적인 원인이라는 '유발지진론'자들의 주장을 그대로 받아들이기보다는 절충적인 개념인 촉발을 사용하면서 '자연지진론'자들이 주장한, 동일본대지진의 여파로 형성된 지각변동과 응력의 축적과정에 자극을 가해 지진이 발생했다는 논리를 포함할 수 있게 되었다. 특히 이러한 개념의 생소함과 혼란을 방지하기 위해 정부조사단은 보고서에서 촉발과 유발의 재정의를 통해 논의를 명확하게 하려고 시도했다. 국제적으로 지질학계에서는 유발과 촉발이라는 개념을 구분하여 사용하지 않기 때문에 혼란이 일어날 수 있다는 판단 때문이었다. 정부조사단에 의하면,

> 유발지진은 지구 내부에서 유체주입의 영향으로 공극압과 응력이 변화된 암석의 공간적 범위 내에서 일어날 수 있는 규모의 지진으로, 이때의 지진은 유체주입과 조구조 운동으로 축적된 변형에너지를 방출한다. 촉발지진은 인위적인 영향이 최초의 원인이지만 그 영향으로 자극을 받은 공간적 범위를 크게 벗어나는 규모의 지진으로, 이때의 지진은 대부분 조구조 운동으로 축적된 변형에너지를 방출한다.
>
> — 포항지진 정부조사연구단, 2019: xi, O-10.

'촉발지진'이라는 개념의 새로운 제안은 두 가지 이유가 있었을 것이다. 우선, 이미 정부조사단에 참여했던 부산대의 손문이 지적한 것처럼, 포항지진과 같은 사례는 전 세계적으로 찾아보기 힘든 이례적 사건이다(〈세계일보〉, 2019. 3. 20.). 이러한 특이성uniqueness은 분명 일반적으로 지질학계에서 사용해온 '유발'지진과 구분해야 할 필요가 있었을 것이다. 두 번째 이유는 위에서 간략하게 언급한 것처럼 유발지진론과 자연지진론이 대립하는 상황에서 완전히 유발지진론으로 결론을 내리기에는 불확실성을 완전히 제거할 수 없었기 때

문이다. 물론 정부조사단 내부에서는 이견이 거의 없었다고 주장했지만, 여전히 풀어야 할 문제가 남아 있는 것은 사실이었다.[18] 자연지진론자인 홍태경의 경우 포항지진은 "지열발전소가 주된 원인 같지만, 경주지진 이후 상황을 종합적으로 보면 이를 반박할 근거가 많다"라고 주장했다(〈세계일보〉, 2019. 3. 20.). 그는 정부조사단의 발표에 대해 몇 가지 문제를 지적하면서 불확실성을 강조했다. 예를 들어 촉발지진이라는 정의의 특이함은 이미 포항의 지하에 임계응력에 도달한 상태의 단층이 존재하고 있었음을 의미한다. 결국 액체주입이라는 행위에 의한 직접적인 촉발이 아닌 미소지진으로 유도된 응력에 의한 촉발이며 이것은 2차 효과라고 볼 수 있다(홍태경, 2019a). 그는 정부조사단이 포항지진이 발생한 단층의 응력 수준이 액체주입 이전에 이미 임계응력치에 도달했는지 여부를 확인해야 한다고 주장했다. 또 한 가지 문제로, 액체주입이 중단되고 지진이 발생한 2개월의 시점에 관한 연구가 이루어져야 한다고 주장했다(홍태경, 2019c). 정부조사단이 지적한 것처럼 진원의 깊이가 4킬로미

---

[18] 하지만 정부조사단 발표에서 조사단장이었던 이강근은 '촉발지진' 개념에 대해서 조사위원 전원의 만장일치로 결정되었다고 발표했다(김광희, 2019). 정부조사단이 마주한 불확실성의 영역과 고민은 이후 〈사이언스〉지에 발표한 보고논문에서 명확하게 드러난다. 이강근 단장을 위시한 조사위원들이 작성한 이 논문에서 포항지진은 기존의 물주입과 발생가능한 지진규모 사이의 주요한 가설을 위반한 사례라고 인정한다. 특히 규모 5.5의 지진을 유도하기 위해서는 포항 지열발전소에서 주입한 유체의 양보다 500배 정도 많은 양을 주입해야 함에도 불구하고 지진이 발생한 것에 대한 불확실성을 드러내고 있다(Lee et al., 2019).

터로 지열발전을 위해 주입한 깊이와 일치한다고 결론내렸다. 문제는 정부조사단이 사용한 자료가 보통 지진측정에 사용하는 느린 S파보다 빠른 P파를 가지고 측정한 것이라는 점이다. 홍태경은 포항에서 일어난 지진의 강도가 너무 강하고 진앙의 깊이가 깊은 상태가 아니어서 빠르게 도달하는 P파로는 미세한 차이를 구분할 수 없다고 주장했다(홍태경, 2019c). 홍태경에 의하면 "지진이 너무 강했던 데다 지진계가 진앙위치에서 가까워 지진계가 P파의 작은 진폭만으로도 측정한계에 도달해 버려 S파를 측정하지 못했다"(〈동아사이언스〉, 2019. 3. 20.). 그가 제기하는 반론은 측정에 대한 신뢰성을 어디에서 확보할 수 있는가에 관한 문제이다. 또 다른 쟁점은 유발지진에서 나타나는 미소지진의 패턴과 포항지진의 패턴은 전혀 다르다는 문제이다. 스위스 바젤의 사례에서 본진이 발생하기 전에 액체를 주입할 경우(바젤의 경우 포항과 같은 EGS 방식을 사용했다), 미소지진이 수천 건이 발생했다. 하지만 포항지진의 경우 액체주입으로 인해 발생한 미소지진의 횟수가 100여 건밖에 되지 않는다고 홍태경은 주장했다(〈동아사이언스〉, 2019. 3. 20.).

이러한 반론과 결론에서 나타나는 데이터에 대한 해석의 상이함은 논쟁이 완벽하게 종결되기 힘들다는 것을 의미하기도 한다. 특히 정부조사단이 유발이라는 지질학계에서 일반적으로 사용하는 용어를 사용하지 않고 대신에 '촉발'이라는 상대적으로 새로운 개념을 사용하면서까지 포항지진에 대해서 재개념화를 통한 설명을 시도했지만, 여전히 논쟁의 여지가 있는 불확실성을 완전히 제거할 수는 없었다. 홍태경은 동일한 데이터에 대한 재해석과 새로운 데이터를 분석하여 촉발지진론에 대한 반론을 담은 논문을 발표할 준비를 마쳤다고 말했다(홍태경, 2019c). 이러한 상황은 정부조사단의 권위와 절충안의 제시에도 불구하고 논쟁의 불씨를 완전히 제거한 것은 아님을 의미한다. 하지만 일종의 사회적 합의social consensus가 유발지진론자들이 주장해온 지열발전소 원인론이 전반적으로 수용될 수 있는 기반을 마련한 것은 틀림없는 사실이다. 대부분 학자와 시민사회에서도 정부조사단의 결론에 대해 의문을 제기하기보다는 수용하는 경향을 보인다. 이런 측면에서 본다면 포항지진은 매우 특이한 사건임이 틀림없다. 즉, 지구의 지층에 대한 인간의 직접적 개입 때문에 촉발된 지진이기 때문이다.

4. 누가 공적 지식을 결정하는가?: 시민인식론과 과학지식의 형성

지금까지 포항지진의 원인을 둘러싼 과학계의 논쟁과 시민사회의 개입과정에 대해 논의하면서 과학적 지식의 형성과정에 대해 살펴보았다. 하지만 논쟁은 정부조사단의 '공식적' 조사결과가 발표되면서 표면상 종식되는 것처럼 보였다. 정부조사단은 거의 1년에 걸친 조사를 통해 포항지진의 원인을 자연지진도 유발지진도 아닌 지질학에서 상대적으로 새로운 개념인 '촉발지진'으로 정의했다. 물론 이 촉발지진이라는 개념에서 촉발을 일으킨 원인으로 포항지열발전소의 실험이 결정적인 역할을 했다고 강조했지만(포항지진 정부조사연구단, 2019), 유발지진론자들이 주장하는 '유발'의 개념과는 약간 차이를 드러냈다. 이 상대적인 개념인 '촉발'지진론은 지진발생과 포항지열발전소 사이의 인과론적인 관계를 완전히 인정하지는 않는 것처럼 보였다. 비록 정부조사단은 만장일치로 촉발지진의 개념을 받아들였다고 주장했지만 촉발지진론은 일종의 전문가 집단이 제시한 절충적인 개념으로 받아들여지기도 했다(〈세계일보〉, 2019. 3. 20.). 그럼에도 불구하고 광범위하게 정부조사단이 발표한 결과는 유발지진론자들의 손을 들어주는 것으로 해석되었다.

촉발지진이 갖는 모호함과 타협적 성격에도 불구하고 왜 대부분 사람들은 이 결론을 유발지진의 승리로 받아들이게 되었을까? 이미 앞에서 논의한 것처럼 과학계 논쟁은 단순히 과학자들 내부의 논쟁 이상의 의미를 지닌다. 과학자들은 자신의 이론의 신뢰성을 강화하기 위해 끊임없이 동맹자를 구축하려고 시도했다. 이러한 상황에서 시민사회, 특히 피해 정도가 가장 높았던 포항 시민사회의 움직임은 논쟁의 향방을 결정하는 중요한 요소가 된다. 시민사회와 과학계 사이의 상호작용은 과학자 사회의 동맹자 구축과 시민사회의 전문지식에 대한 신뢰성 확보라는 목표가 결합하면서 더욱 강화된다. 이 관계를 파악하기 위해 미국의 과학기술학자인 실라 제서노프Sheila Jasanoff는 '시민인식론civic epistemology'이라는 개념을 제안한다(Jasanoff, 2005). 제서노프는 과학기술이 각 국민국가 또는 지역의 "정치문화에 따른 여러 가지 방식으로 대중들이 상상력을 자극하고, 시민인식론이라는 문화적으로 특정한 방식에 의해 변형된다"고 보았다〔Jasanoff, 2005 (2019) : 339〕. 이 개념은 "특정 사회의 구성원들이 집단적으로 선택해 지식주장을 시험하고 사용하는 제도적 실천"을 의미한다(339). 즉, 실제로 과학자들의 전문가적 지식은 단순히 시민사회에 하향식으로 전달되고 받아들여지는 것이 아니라 주장의 합리성과 신뢰성을 시민사회가 평가하는 암묵적 지식방식knowledge- way이 존재한다. 대신 이 사회문화적인 영향은 반복되는 경향으로 이해해야 한다. 이 시민인식론에 따르면 시민사회는 과학의 전문지식을 여섯 가지 차원에서 평가하고 구성한다고 제서노프는 주장했다. 여섯 가지 차원은 ① 공적 지식생산의 참여 스타일, ② 책임 규정, ③ 공적 시연, ④ 선호되는 객관성 목록, ⑤ 인정받은 전문성의 근거, ⑥ 전문가의 가시성으로 구분된다〔Jasanoff, 2005 (2019) : 344〕. **19**

이러한 시민인식론에 기초하여 전문지식과 시민사회의 상호작용 현상에 대해서 분석해 볼 필요가 있다. 특히 과학기술학 분야에서 전문가와 시민사회의 역동적 사회운동으로 나타나는 전문가 지식정치의 문제는 중요한 연구의 화두가 되었다(Brown, 2007; Epstein, 1996; 2007; Hess et al. , 2008; Kleinman, 2003; 김종영, 2011; 박희제

---

19 하지만 이러한 문화적인 반응 및 구성방식은 하나의 보편적이고 환원적 모델을 의미하지 않는다(344). 제서노프에 의하면, "(이 여섯 차원의 접근법은) 고정되어 있거나, 경쟁이 없거나, 시간에 따라 변하지 않는다거나, 사회의 모든 영역에 분포되어 있다는 의미는 아니다"(344).

· 김은성 · 김종영, 2014; 김지원 · 김종영, 2013). 특히 포항지진 발생 원인을 둘러싼 논쟁에서 이른바 전문지식을 가진 과학자들은 자신들의 입장을 강화하기 위해 다양한 '전문가 지식정치적 동맹전략'을 사용했다. 예를 들어, 김광희-이진한과 같은 유발지진론자들은 논쟁 초기 지질학계의 연구자들 대부분이 자연지진론을 지지하는 상황을 돌파하기 위해 국내학계의 동맹자 구축 대신에 외국학회의 연구자들을 중심으로 유발지진론을 알리기 시작했다(김광희, 2019). 이러한 노력은 〈사이언스〉지에 빠르게 발표된 논문에서도 명확하게 나타난다. 또한 김광희와 이진한은 포항 시민사회의 공식 · 비공식 모임에서 시민사회의 목소리를 대변하는 과학전문가로서의 지위를 공고히 하게 된다. 반면에 자연지진론의 경우, 포항 시민사회에서는 매우 적대적인 반응과 마주해야 했다(홍태경, 2019c). 이러한 설득방향과 전략은 제서노프가 지적한 것처럼 "이해관계에 기반을 둔 다원주의"에 의한 공적 지식생산 스타일과 매우 유사하다 〔Jasanoff, 2005(2019) : 345〕. 시민사회도 전문지식의 신뢰성에 대한 테스트를 위해 이성적이거나 신뢰를 가정한 접근보다는 상당히 법적 논쟁에 기반한 접근법을 선호하는 것처럼 보인다. 대부분 시민단체는 〈포항지진특별법〉 제정의 촉구를 목표로 논의를 진행했다. [20]

---

20 물론 포항지진문제 해법을 찾기 위한 논의에서 지역 시민단체들은 그 방향을 놓고 분화하기도 했다. 일부는 특별법 제정이라는 의회를 대상으로 하는 운동에 집중했지만, 다른 그룹은 좀더 정치적으로 적극적 행동을 주장하기도 했다.

물론 특별법 제정의 근본적 목표는 피해보상과 관련되어 있지만, 시민사회는 매우 선택적으로 특정 과학지식을 지지했다. 시민사회가 일종의 시민인식론적 형태로 자연지진론보다는 유발지진론의 과학지식을 받아들인 것은 과학자 집단과 시민사회의 이해관계가 일치하면서 매우 강력한 힘을 발휘하게 된다.

앞에서 논의한 것처럼 과학자 집단은 포항지진과 관련하여 매우 다른 실재를 구성하고 있었다. 포항지진 원인을 둘러싼 논쟁은 단순히 특정 지식을 둘러싼 논쟁 이상의 활동을 의미한다. 논쟁에 참여했던 과학자들은 구분이 가능할 정도로 상이한 지식체계를 가지고 있다. 여기에서 지식체계는 지식뿐 아니라 기준, 분석데이터, 측정기구와 같은 요소들을 포함한다. 또한 이들 과학자가 시민사회와 맺는 동맹관계도 이들의 상이한 실재구축과정의 일부분이 될 수 있다. 이진한과 김광희로 대표되는 '유발지진론자'들은 논쟁 초기에 자연지진론을 믿고 있던 다수의 지질학자들로부터 고립되었으며 주변화되었다. 고립과 주변화의 불리한 조건을 극복하기 위해서 포항의 시민사회조직과 긴밀한 관계를 구축할 필요가 있었을 것이다. 더구나 시민연구단과 같은 지역전문가 그룹과의 상호교류가 증가하면서 과학자그룹과 시민사회조직 사이의 상호의존관계는 점차 강화된다. 결국 이들의 지식정치의 활동영역은 포항 시민사회와 공명한다.

과학자들과 지역사회조직 사이의 동맹관계의 구축은 결국 정부조사연구단이 '촉발지진론'이라는 새로운 개념에 이르도록 강력한 압력으로 작용했다. 이미 위에서 간략하게 언급한 것처럼 지진원인 논쟁이 최고조에 도달할 즈음에 일련의 소규모 지진이 동해와 한반도 동남부지역에서 발생하면서 단순히 포항지열발전소를 원인으로 지적하는 유발론의 과학지식의 불확실성이 증가하는 상황이었다. 하지만 최종적으로 정부조사단의 결론이 자연지진론보다는 유발지진론에 더 가까운 것처럼 해석되는 것은 이러한 시민사회의 강고한 시민인식론이 이미 구성되고 있었기 때문이다. 지식생산과정에서 신뢰성의 문제는 공적 지식을 수립하는 데 있어서 기초적인 단계이다. 제서노프에 의하면 민주사회에서 정책결정과 관련된 지식을 보유하고 있는 이른바 전문가들은 대중들에게 신뢰를 보여주면서 설득하는 과정을 거쳐야 한다고 주장했다(Jasanoff, 2005(2019): 347). 과학지식은 단순히 과학자 사회에서 일어나는 고립적인 논쟁이 아니다. 이 과정은 매우 사회정치적인 과정이기도 하다.

5. 나가며

지금까지 포항지진의 원인을 둘러싼 과학자들 사이의 논쟁의 시작과 종결까지 과정과 영향을 준 요인들에 대한 논의를 진행했다. 지진은 근본적 속성상 그 원인을 특정하기 거의 불가능한 미지의 자연적 현상으로 생각되어 왔다(Rudwick, 1985; 2005; 2014). 하지만 포항지진은 여러 가지 면에서 단순히 자연적 현상으로 볼 수 있는 가능성을 넘어서는 특성을 보인다. 지열발전소 실험이 지진발생에 기여한 사실에 대해 어떤 전문가도 부인하기 힘들었다. 즉, 인간의 활동이 지층운동에 영향을 줄 수 있다는 지질학적으로 매우 이례적이고 특이한 현상이었다. 특이한 현상을 이해하기 위해 지질학자들이 이 문제에 개입하기 시작했다. 이 과정에서 지진원인이 자연적 현상, 동일본대지진의 영향이라고 보는 학자들이 많았지만 일부가 인간의 활동이 지진을 유발했다는 점을 강조하면서 논쟁이 격화된다.

하지만 과학적 논쟁은 간단히 한 입장의 승리를 선언하는 방식으로 종결되지 않는다. 대신 전문가들 사이의 끊임없는 타협과정과 시민사회의 영향을 통해 논쟁이 임시방편적으로 종결된다. 포항지진 논쟁에서 과학자들은 자신들의 입장을 공고히 하기 위해서 사회의 전문가들을 포함한 조직들의 지지가 필요했다. 광범위한 시민사회의 지지를 토대로 과학적 전문지식은 과학자가 주장하는 이론이나 가설의 설득력을 강화할 수 있다. 무엇보다 지역사회도 자신들의 이해관계와 일치하는 전문가의 의견과의 견고한 연결을 원했다. 시민사회의 이해관계에 따라 선택적으로 특정 전문지식을 선택하고 지지함으로써 신뢰성을 상호구성할 수 있다. 결국 포항지진의 원인을 '촉발지진'으로 결론 내린 정부조사연구단의 결정과정 또한 이러한 전문가 정치와 사회적 압력으로부터 완전히 자유로울 수는 없었을 것이다. 결국 '촉발지진'이라는 다소 모호하고 상대적으로 새로운 개념을 제시한 것은 시민사회가 전문가들과 함께 공동구성한 결과이기도 하다. 결국 이 과정에서 시민사회가 형성해온 시민인식론의 영향이 강력하게 작동했다는 사실을 부인할 수 없다. 과학적 지식의 신뢰성은 사회정치적 과정이 결합되는 공적 지식형성과정이다. 과학지식은 고립적으로 형성될 수 없는 이유가 바로 여기에 있다. 시민사회의 공적 역량과 선택과정의 민주성이 더욱더 중요하게 된다.

참고문헌

11·15지진 지열발전 공동연구단(2018. 12. 19.), 〈포항지진과 지열발전과의 연관성 보고회 자료집〉.

11·15지진 지열발전 공동연구단(2019. 11. 15.), 〈2019 포항지진 2주년 국제 심포지엄: 무시된 경고음과 교훈 자료집〉.

강태섭·이준기(2016), "경주 주변 지역의 역사 지진활동고찰", 〈대한지질학회 학술대회〉, (대한지질학회, 2016. 9. 12.).

강호진 외(2019), 《포항의 눈》, 여우와 두루미.

〈경북제일신보〉(2019. 3. 23.), "오경두 육군사관학교 교수 - 지열발전소에 의한 촉발지진 확신 과학적 논리 앞세워 주장".

〈경향신문〉(2016. 10. 26.), "학계 '경주지진 영향으로 또 다른 지진 발생 가능해' 주장 나와".

〈국제신문〉(2017. 11. 17.), "지열발전이 뭐길래 - 이진한 교수 vs 윤운상 단장, 지진영향 논란확산".

기상청(2018), 〈포항지진 분석보고서〉, 기상청.

김기흥(2018), "사회구성주의를 변호하며: 사회와 자연의 사회적 구성과 자기 준거성에 대하여", 〈사회와 이론〉, 32: 101~143.

김광희(2019), 〈포항지진 인터뷰〉, (부산대학교, 2019. 11. 1.).

김성균·이정모(2019), "2016년 규모 5.8 경주지진과 2017년 규모 5.4 포항지진의 여진활동 비교", 〈지질학회지〉, 55(2): 207~218.

김종영(2011), "대항지식의 구성: 미 쇠고기 수입반대 촛불운동에서의 전문가

들의 혼성적 연대와 대항논리의 형성", 〈한국사회학〉, 45(1): 109~
152.

김준홍·김원규(2018), "포항지진 1년, 치유되지 않은 상흔 - 끝나지 않은 싸
움의 기록", 포스텍 융합문명연구소 편, 〈포항지진 1년, 지금도 계속되
는 삶의 여진〉, 19~28, 포스텍 융합문명연구소.

_____(2019), "포항지진 그 후, 피해와 보상의 간극", 〈건지인문학〉, 26: 17
1~198.

김지원·김종영(2013), "4대강 개발과 전문성의 정치", 〈환경사회학연구 ECO〉,
17(1): 163~232.

김홍제(2019), "포항지진 재난 거버넌스와 재난 시티즌십 라운드테이블", 〈포
항지진, 그 후: 재난 거버넌스와 재난 시티즌십〉, (포스텍평화연구소 심
포지엄, 2019.11.8.).

〈대경일보〉(2018.12.16.), "11.15지진 지열발전 공동연구단 AGU국제학회 참
석".

대한지질학회(2017), 〈포항지진 긴급포럼 프로그램〉, (2017.11.24., 한국프레
스센터).

〈동아사이언스〉(2019.2.10.), "포항 앞바다 이례적 규모 4.1 지진, '예상 못
한 지역서 발생'".

_____(2019.3.20.), "포항지진은 촉발지진 … 진원 깊이 등 남은 쟁점들".

_____(2019.4.22.), "잇따라 발생한 동해지진, 동해 대지진 전조인가".

〈매일경제〉(2019.4.19.), "포항지열발전 주관사 '사이언스 논문 발표 저자 연
구윤리위반'".

〈머니투데이〉(2017.11.24.), "포항지진, 지열발전소 연관성 놓고 전문가 의견
엇갈려".

모성은(2019), "포항지진 재난 거버넌스와 재난 시티즌십 라운드테이블", 〈포
항지진, 그 후: 재난 거버넌스와 재난 시티즌십〉(포스텍평화연구소 심
포지엄, 2019.11.8.).

박효민(2018), "사회조사로 살펴본 포항지진의 트라우마", 포스텍 융합문명연
구소 편, 〈포항지진 1년, 지금도 계속되는 삶의 여진〉, 1~18, 포스텍
융합문명연구소.

박희제·김은성·김종영(2014), "한국의 과학기술정치와 거버넌스", 〈과학기

술학연구〉, 14(2) : 1~47.

〈서울신문〉(2017. 11. 16.), "포항지진, '지열발전소'가 원인일 가능성 크다".

_____(2017. 11. 24.), "포항지진 원인 지열발전으로 보기 어렵다".

〈세계일보〉(2019. 3. 20.), "포항지진은 촉발지진 '극적인 반전' … 남은 쟁점은?".

양만재(2017), "포항지열발전소가 심각한 트라우마다", 〈한겨레〉.

〈연합뉴스〉(2019. 5. 12.), "아픔 기억해야죠 … 포항지진 난 11월 15일을 '안전의 날'로".

_____(2019. 10. 8.), "9월 포항서 발생한 규모 2. 3 지진은 포항지진의 여진".

〈영남일보〉(2017. 11. 25.), "지열발전, 단층운동 방아쇠 가능성 vs 동일본 대지진 여파일뿐".

원태준(2018), "수능 응시생과 포항지진". 포스텍 융합문명연구소 편, 〈포항지진 1년, 지금도 계속되는 삶의 여진〉, 37~47, 포스텍 융합문명연구소.

이윤수(2019), 〈포항지진 인터뷰〉, (포스텍, 2019. 3. 26.).

임재현(2018a), 지열발전과 포항지진 진상규명 및 대응을 위한 포항시민대책위원회 편. 〈지열발전과 포항지진, 그 숨겨진 진상〉, (2018. 9. 5.), 12~15.

_____(2018b), 《포항지진과 지열발전》, 여우와 두루미.

정상모(2018), "포항지진에 대한 유발지진 논증과 자연지진 반론", 11 · 15지진 지열발전 공동연구단 편, 〈포항지진과 지열발전과의 연관성 보고회〉(2018. 12. 19.), 5~18.

〈조선비즈〉(2018. 4. 27.), "포항지진 원인 지열발전 논란 가중 … 사이언스誌에 논문 2편 발표".

〈중앙일보〉(2018. 6. 23.), "지진 · 화산 빈발 '불의 고리' 50년 주기설은 사실일까".

_____(2017. 11. 15.), "경북 포항서 규모 5. 4 지진 … 서울 광화문까지 흔들렸다".

_____(2019. 2. 10.), "포항 앞바다 규모 4. 1 지진 … '2년 전과 달리 후포단층서 발생'".

_____(2019. 2. 11.), "자연지진 vs 유발지진 … 지진 이어지는 포항, 원인은?".

포항시(2018). "11. 15 지진 및 지열발전 민간중심 공동연구단 출범". 〈포항시

보도자료〉(2018. 4. 11.).

포항지역사회연구소(2019), "포항지진은 인재요 관재다", 강호진 외 편, 《포항의 눈》, 76~130, 여우와 두루미.

포항지진 범시민대책본부(2019), 〈포항지진 범시민대책본부 카페 밴드〉(2019. 5. 24.).

포항지진 정부조사연구단(2019), 〈포항지진과 지열발전의 연관성에 관한 정부조사연구단 요약보고서〉, 포항지진 정부조사연구단.

〈한겨레〉(2017. 12. 4.), "지열발전소 … 포항지진 진범인가, 누명 쓴 마녀인가".

_____ (2018. 4. 27.), "포항지진은 지열발전 시추・물주입에 의한 유발지진".

〈한국대학신문〉(2018. 5. 6.), "'포항지진 방아쇠는 지열발전소' 어떻게 연구했나?".

〈한국일보〉(2017. 11. 16.), "포항지열발전소, '지진이 우리 때문? 절대 아냐'".

한동대학교(2018), "한동대 지역전략 사업단, 에너지・환경 과학기술특별세미나 '지열발전과 포항지진'주제로 열어", 〈한동대학교 보도자료〉(2018. 11. 15.).

행정안전부(2018), 〈2017 포항지진백서〉. 행정안전부.

홍태경(2016), "거칠고 신선한 단층 잠복, 중대형 지진 위험 상존", 〈신동아〉, 686: 162~170.

_____ (2017a), "홍태경의 지구이야기-지열발전소로 인한 유발지진 논란", 〈서울신문〉.

_____ (2017b), "포항지진 이후: 무엇을 해야하나-깊은 땅속 활성단층 찾아내야", 〈신동아〉, 700: 238~247.

_____ (2019a), "홍태경의 지구이야기-유발지진과 촉발지진, 뭐가 다를까", 〈서울신문〉.

_____ (2019b), "홍태경의 지구이야기-인류세가 남긴 흔적", 〈서울신문〉.

_____ (2019c), 〈포항지진 인터뷰〉, (연세대학교, 2019. 10. 4.).

환경운동연합(2018), "지열발전소 탓하다 지진대책 놓쳐버린 당국", 〈환경운동연합 보도자료〉(2018. 2. 11.).

〈JTBC뉴스〉(2017. 11. 15.), 인터뷰: "포항지진, 지열 발전소 건설이 영향 준 것이라 생각".

_____ (2017. 11. 16.), 인터뷰: 지열발전측 "두 달간 운영중단 중 … 포항지진

과 무관".

〈KBS뉴스〉(2018. 9. 14.), "홍태경 연세대 교수 '포항지진은 동일본 대지진으로 지각 약해져 발생'".

〈MK뉴스〉(2018. 9. 14.), "경주지진이 포항지진 방아쇠 중 하나 - 홍태경 연세대 교수팀 논문발표 … '동일본 대지진 후 방출에너지 10배'".

〈*The Science Times*〉(2010. 4. 27.), "지진 일으킬 수 있는 지열발전 시스템".

_____(2018. 9. 14.), "경주지진이 포항지진 방아쇠 중 하나 … 위험상존".

〈YTN 라디오〉(2019. 10. 27.), 인터뷰: 창녕지진, 경주 포항지진 후 에너지 전달된 것, 〈YTN 라디오 노영희의 출발새아침〉.

Barnes, B. , Bloor, D. , & Henry, J. (1996), *Scientific Knowledge: A Sociological Analysis*, Chicago: The University of Chicago Press.

Barnes, B. , & MacKenzie, D. (1979), "On the role of interests in scientific change", In Williams, R. (Ed.), *On the Margins of Science, Sociological Review monograph*, 27: 49~66. Keele: University of Keele Press.

Bloor, D. (1999a), "Anti-Latour". *Studies in the History and Philosophy of Science*, 30: 81~112.

_____(1999b), "Reply to Bruno Latour", *Studies in the History and Philosophy of Science*, 30: 131~136.

Brown, P. (2007), *Toxic Exposures*, New York: Columbia University Press.

Bruhn, D. , Huenges, E. , Agustsson, K. et al. (2011), "Geothermal engineering integrating mitigation of induced seismicity in reservoirs - the European GEISER Project", *GRC Transactions*, 35: 1623~1626.

Callon, M. (1984), "Some elements of a sociology of translation: domestication of the scallops and the fishermen of St. Brieuc Bay ", *The Sociological Review*, 32: 196~233.

Collins, H. M. (1985), *Changing Order: Replication and Induction in Scientific Practice*, London: Sage.

Dura-Gomez, I. & Talwani, P. (2010), "Reservoir-induced seismicity associated with the Itoiz Reservoir, Spain: a case study", *Geophysical Journal International*, 181: 343~356.

Durant, D. (2008), "Accounting for expertise: Wynne and the autonomy of the lay public actor", *Public Understanding of Science*, 17: 5~20.

El Hariri, M., Aberscrobie, R. E., Rowe, C. A., & Do Nascimento, A. F. (2010), "The role of fluids in triggering earthquakes: observations from reservoir induced seismicity in Brazil", *Geophysical Journal International*, 181: 1566~1574.

Epstein, S. (1996), *Impure Science: AIDS, Activism and the Politics of Knowledge*, Berkeley: University of California Press.

_____ (2007), *Inclusion: The Politics of Difference in Medical Research*, Chicago: The University of Chicago Press.

Goven, J. (2008), "Assessing genetic testing: who are the 'lay experts'?", *Health Policy*, 85: 1~18.

Grigoli, F., & Wiemer, S. (2017), "The challenges posed by induced seismicity", *EOS* (9 June 2017).

Grigoli, F. et al. (2017), "Current challenges in monitoring, discrimination, and management of induced seismicity related to underground industrial activities: A European perspective", *Reviews of Geophysics*, 55: 310~340.

Grigoli, F. et al. (2018), "The November 2017 Mw5.5 Pohang earthquake: a possible case of induced seismicity in South Korea", *Science*, 360: 1003~1006.

Guha. S. K. (2000), *Induced Earthquakes*, Dordrecht: Kluwer.

Gupta, H. K. (2002), "A review of recent studies of triggered earthquakes by artificial water reservoirs with special emphasis on earthquakes in Koyna, India", *Earth-Science Reviews*, 58: 279~310.

Harwood, J. (1986), "Ludwick Fleck and the sociology of knowledge", *Social Studies of Science*, 16: 173~187.

Hess, D. et al. (2008), "Science, technology and social movements", In Hackett, E. et al. (eds), *The Handbook of Science and Technology*

Studies, pp. 473~498, Cambridge: The MIT Press.

Holland, A. (2011), *Examination of Possibly Induced Seismicity from Hydraulic Fracturing in the Eola Field, Garvin County, Oklahoma* (Oklahoma Geological Survey, Open-File Report OF1-2011).

Hong, T-K. Lee, J., Park, S., & Kim, W. (2018), "Time-advanced occurrence of moderate-size earthquakes in a stable intraplate region after a megathrust earthquake and their seismic properties", *Scientific Reports*, 8: 1~8.

Jasanoff, S. (2005), *Designs on Nature: Science and Democracy in Europe and the United States*, Princeton: Princeton University Press, 박상준·장희진·김희원·오요한 역(2019), 《누가 자연을 설계하는가-경험해 보지 못한 과학의 도전에 대응하는 시민인식론》, 서울: 동아시아.

Kent, J. (2003), "Lay experts and the politics of breast implants", *Public Understanding of Science*, 12: 403~421.

Keranen, K. M., Weingarten, M., Abers, G. A. & Ge, S. (2014), "Sharp increasein central Oklahoma seismicity since 2008 induced by massive wastewater injection", *Science*, 345: 448~451.

Kerr, A., Cunningham-Burley, S., & Tutton, R. (2007), "Shifting subject positions: experts and lay people in public dialogue", *Social Studies of Science*, 37: 385~411.

Kim, K-H., Ree, J-H., Kim, Y., Kim, S., Kang, S., & Seo, W. (2018), "Assessing whether the 2017Mw 5.4 Pohang earthquake in South Korea was an induced event", *Science*, 360: 1007~1009.

Kim, K-H. (2005), "Styles of scientific practice and the prion controversy", In Seguin, E. (Ed.), *Infectious Processes: Knowledge, Discourse and the Politics of Prions*, pp. 38~72, London: Palgrave MacMillan.

_____ (2007), *Social Construction of Disease*, London: Routledge.

Kleinman, D. (2003), *Impure Culture: University Biology and the World of Commerce*, Madison: The University of Wisconsin Press.

Lee, K. K., Ellsworth, W. L., Giardini, D. et al. (2019), "Managing injection-induced seismic risks", *Science*, 364: 730~732.

Llenos, A. L., & Michael, A. J. (2013), "Modeling earthquake rate changes in Oklahoma and Arkansas: Possible signatures of induced seismicity", *Bulletin of the Seismological Society of America*, 103: 2850 ~2861.

Liu, S., Xu, L., & Talwani, P. (2011), "Reservoir-induced seismicity in the Danjiankou Reservoir: a quantitative analysis", *Geophysical Journal International*, 185: 514~528.

MacKenzie, D. (1983), *Statistics in Britain*, Edinburgh: University of Edinburgh Press.

Malm, A., & Horborg, A. (2014), "The geology of mankind? A critique of the Anthropocene narrative", *Anthropocene Review*, 1: 62~69.

Marant, A., Guggenheim, M., Gisler, P., & Pohl, C. (2003), "The reality of experts and the imagined lay person", *Acta Sociologica*, 46: 150~165.

Martin, B. (1996), "Sticking a needle into science: the case of polio vaccines and the origin of AIDS", *Social Studies of Science*, 26: 245~276.

Meybeck, M. (2003), "Global analysis of river systems: From earth system controls to Anthropocene syndromes", *Philosophical Transactions of the Royal Society of London, Series B*, 358: 1935~1955.

Olsolo, P., Juarez, M. C., Morales, M. P., D'Amico, S., & Liarte, I. A. (2016), "Enhanced geothermal system(EGS): A review", *Renewable and Sustainable Energy Reviews*, 56: 133~144.

Qiu, J. (2012), "Evidence mounts for dam-quake link", *Science*, 336: 291.

Richards, E. (1991), *Vitamin C and Cancer*, London: MacMillan.

Rosen, J. (2015), "Pumped up to rumble", *Science*, 348: 1299.

Rudwick, M. J. S. (1985), *The Great Devonian Controversy: The Shaping of Scientific Knowledge Among Gentlemanly Specialists*, Chicago: University of Chicago Press.

_____(2005), *Bursting the Limits of Time: The Reconstruction of Geohistory in the Age of Revolution*, Chicago: University of Chicago Press.

_____(2014). *Earth's Deep History: How it was Discovered and Why it Matters*, Chicago: University of Chicago Press.

Sohn, Y. K., & Son, M. (2004), "Synrift stratigraphic geometry in a transfer zone coarse-grained delta complex, Miocene Pohang Basin, SE Korea", *Sedimentology*, 51: 1387~1408.

Voosen, P. (2018), "Second-largest earthquake in modern South Korean history tied to geothermal plant", *Science News* (26 April, 2018).

Walsh III, F. R., & Zoback, M. D. (2015), "Oklahoma's recent earthquakes and saltwater disposal", *Science Advances*, 1: 1~9.

Wynne, B. (1996), "May the sheep safely graze? reflexive view of the expert-lay knowledge divide", In Lash, S., Szerszynski, B., & Wynne, B. (Eds.), *Risk, Environment and Modernity: Towards a New Ecology*, pp. 27~43, London: Sage.

_____(2001), "Creating public alienation: expert cultures of risk and ethics on GMOs", *Science as Culture*, 10: 445~481.

_____(2008), "Elephants in the rooms where public encounter "science"?: a response to Darrin Durant, "Accounting for expertise: Wynne and the autonomy of the lay public?"", *Public Understanding of Science*, 17: 21~33.

Zang, A., Oye, V., Jousset, P. et al. (2014), "Analysis of induced seismicity in geothermal reservoirs - an overview", *Geothermics*, 52: 6~21.

4

지역 커뮤니케이션 자원과
재난상황에서의 시민관여

포항지진 사례

김용찬 연세대 언론홍보영상학부
서미혜 성균관대 미디어커뮤니케이션학과
김진희 포스텍 인문사회학부

1. 들어가며

재난상황에 처하면 사람들은 평상시보다 더 이타적인 모습을 보인다(Solnit, 2009). 재난의 직접 피해자들에게 적극적으로 동정심을 표현하거나, 위로의 글을 소셜미디어에 포스팅하거나, 정부나 NGO에 기부금을 보내거나, 재난관련 청원에 참여하거나, 희생자와 가족들을 위한 위로집회에 일부러 시간을 내서 참여한다. 심지어 평상시에는 그저 지나쳤을 사람들, 가령 엘리베이터에서 만나는 사람들, 정류장에서 마주치는 사람들, 같은 건물에서 일하지만 별로 친하지 않은 사람들에게도 안부를 묻고 친절을 베푸는 등 낯선 사람들과의 사회적 유대를 강화하는 모습을 보이기도 한다. 어떤 사람들은 더 적극적인 희생의 모습을 보인다. 가령 재난과 연관된 문제해결을 위해 다양한 유형의 집합적 행동(예를 들면 시위와 같은 행동)에 참여하거나 그런 행동을 조직하기도 한다. 후자의 경우는 시간, 돈, 노력, 평판 등의 희생을 감수해야 할 때가 많다.

물론 모든 사람들이 동일한 모습으로, 동일한 정도로 이타적이 되는 것은 아니다. 이타적인 모습을 보이는 정도에 있어서 사람들 사이에 늘 차이가 있기 마련이다. 다른 사람들보다 더 적극적으로 이타적인 행동을 보이는 사람도 있지만, 그렇지 않은 사람들도 있다. 그러한 차이를 만드는 요인은 무엇일까? 그 차이는 성격, 심리 상태, 인구사회학적 특성 등의 개인적 요인뿐 아니라 개인을 둘러싼 정치적, 사회적, 문화적 맥락 등 다양한 요인들의 영향을 받는다. 이 글에서는 그중에서 커뮤니케이션 요인에 초점을 맞추고자 한다. 즉, 이 연구는 재난상황 중에 관찰되는 이타적 행동표출의 개인 간 차이가 커뮤니케이션 자원과 관련된 요인에 의해 영향을 받는지에 대해 살펴보는 것이다.

이 연구의 이론적 토대는 커뮤니케이션 하부구조이론communication infrastructure theory이다(Ball-Rokeach, Kim & Matei, 2001; Kim & Ball-Rokeach, 2006a). 커뮤니케이션 하부구조이론은 도시지역에서 나타나는 집합적 문제인식과 문제해결에 필요한 커뮤니케이션 자원을 '커뮤니케이션 하부구조communication infrastructure'로 개념화한다. 커뮤니케이션 하부구조에서 가장 핵심적인 요소는 도시 거주자들이 자기들의 집합적 문제를 스스로 인식하고, 그 문제에 대해(혹은 그 문제의 해결책에 대해) 함께 자신들의 목소리로 이야기할storytelling 수 있는 여건이 마련되어 있느냐 하는 것이다. 그러한 여건을 커뮤니케이션 하부구조이론에서는 '지역 스토리텔링 네트워크community story-telling network'의 개념으로 설명한다. 스토리텔링 네트워크 개념은 재난상황에서의 커뮤니티 내 소통과 재난에 대처하는 커뮤니티 구성원들의 행동을 설명하는 데도 유용하다. 커뮤니케이션 하부구조이론의 시각에서 보자면 재난과 관련된 커뮤니티 수준의 문제인식 공유과정과 재난상황에 대한 커뮤니티 내 대책 논의과정에서 커뮤니티 스토리텔링 네트워크가 필수적인 촉진요인으로 역할한다.

이 글의 목적은 2017년 11월 포항지진이 발생한 이후에 포항사람들이 보인 시민관여civic engagement의 정도를 거주지역 내 커뮤니케이션 하부구조에의 연결 정도로 설명 가능한지 살펴보는 것이다. 2017년 비교적 지진 안전지대라고 생각했던 포항에 진도 5.4 규모의 지진이 발생하면서 많은 부상자와 이재민이 발생했고, 건물이 무너지는 등 많은 재산피해가 있었다. 발생한 지진이 자연지진인지 아니면 포항 인근에 건설 중이던 지열발전소에 의한 인재인지에 대한 논란이 지속되는 등 처음부터 포항지진은 정치이슈화되었다(김기홍, 이 책의 3장). 이와 더불어 중앙정부와 언론, 지자체에 대한 포항시민들의 불신, 포항지진에 대해 설명하는 전문가들 사이의 의견충돌 등은 포항시민들 사이에 시민들 스스로의 자발적이고 집합적인 문제해결이 중요하다는 인식을 자리 잡게 했다(김철식, 이 책의 6장). 포항지진 사태는 재난상황에서 지역 내 커뮤니케이션 자원과 시민참여가 어떻게 연결되는지 살펴보는 연구를 위해 좋은 사례를 제시한다. 이 연구에서는 먼저 재난상황에서 증가하는 시민들의 공동체적 참여양상에 대한 선행연구들을 살펴본 후, 커뮤니케이션 하부구조이론의 기본적인 주장을 소개하고, 그 이론이 포항 재난상황의 이타적 시민관여에 대해 어떤 예측을 할 것인가에 대해 설명하겠다. 한편, 지난 10여 년 동안 소셜미디어가 재난상황에서 중요한 역할을 담당해 왔다는 점을 고려해서, 이 연구에서는 재난 시 소셜미디어(카카오톡, 페이스북, 온라인 카페 등) 이용이 커뮤니케이션 하부구조의 요인과 어떻게 상호작용하는지도 살펴보도록 하겠다.

2. 재난상황에서의 시민참여

사람들이 재난상황 중 종종 공동체 지향적 행동을 보인다는 점에 대해서는 오래전부터 많은 연구들이 지적해왔다(Dynes & Tierney, 1994; Eyre, 2007; Fortun, 2009; Killian, 1952). 다인스(Dynes, 1974)는 이런 현상을 재난 중의 "시민적 역할의 확장"이라 개념화했다. 재난상황에서는 개인 정체성보다는 시민으로서의 집합적 정체성collective identity이 더욱 현저해진다(Kim & Ball-Rokeach, 2006a). 그렇기에 사람들은 종종 재난상황을 집합적 정체성에 따라 인식하고 그런 정체성을 토대로 이타적 행동을 보이곤 한다. 한 실험실 연구에 따르면 9세만 되더라도 지진상황에 대한 메시지를 접했을 때 이타적인 태도를 보일 뿐 아니라 자기가 가진 것(가령 이 실험의 경우

실험 진행자가 참여한 어린이들에게 준 스티커)을 공유하려는 경향을 보였다(Li, Li, Decety & Lee, 2013). 물론 실험실 상황에서 나타난 이런 이타적 태도와 행동은 일시적인 것이었고 시간이 지나자 곧 사라졌다.

실제 재난상황 속에서 사람들이 보이는 공동체적 행위의 예를 보여주는 연구들은 매우 많다. 그중 몇 개의 사례를 살펴보도록 하겠다. 최근 캐나다 캘거리지역에서 발생한 홍수사례를 보면 피해를 많이 입은 사람들일수록 재난을 극복하는 과정에서 사회적 관계망이 늘어나고 그것을 바탕으로 시민적 참여의 정도가 증가하는 경험을 했다(Haney, 2018). 사스 피해를 입고 있던 홍콩에서도 사람들이 전보다 주변사람들의 안부를 더 묻는 등 유대감 강화를 위한 노력을 기울였다(Lau, Yang, Tsu, Pang & Wing, 2006). 중국 쓰촨성지진에 대한 연구(Xu, 2017)에 따르면 희생자들에 대한 추도행사를 열자고 중국 정부를 설득하는 자발적인 운동에 많은 사람들이 참여했다. 결국 그들은 중국 정부의 허가를 얻어냈다. 민간인을 위한 추도집회가 열리는 것은 중화인민공화국 설립 이후 유례가 없는 것이었다. 사람들이 자발적으로 정부를 상대로 조직화된 요구를 하는 것 자체도 중국에서는 매우 드문 일이었다. 쓰촨성지진에서 희생당한 아이들의 학부모들은 쓰촨성에 있는 학교들이 왜 지진 때문에 쉽게 무너졌는지를 스스로 조사하면서 그와 연관된 비리를 찾아냈다. 그들은 이에 대해 조사해 줄 것을 정부에 요구하며 시위를 벌이기도 했다. 정부를 향해 시위를 벌이는 것 역시 중국에서는 매우 예외적인 일이었다. 수(Xu, 2017)의 연구는 중국과 같은 사회주의 국가에서도 재난은 사람들 사이의 자발적인 시민연대를 만들어내고, 공동체를 위한 참여의 정도를 높인다는 흥미로운 사례를 제공한다. 수(Xu)는 이에 대해 국가가 주도하는 것이 아닌, 낯선 사람들 사이의 연대를 기반으로 한 자발적 시민참여가 재난을 통해 드러난 것이라 평가했다.

재난 후에 사람들이 평상시보다 더 적극적으로 공동체 현안에 참여하는 것은 긍정적, 부정적 결과를 모두 가져온다. 긍정적인 결과 중 하나는 사람들이 공동체 안의 시민적 자원(가령 시민조직, 네트워크, 지식, 경험 등)을 공유함으로써 재난 후의 복구과정 속도를 높일 수 있다는 것이다. 더불어 시민들 간 유대의 증가는 상호신뢰 및 사회적 통합의 정도를 높이고(Siegel, Bourque & Shoaf, 1999), 범죄율을 떨어뜨리는 등(Lemieux, 2014) 재난 후의 사회해체 경향을 완화하는 기능을 하기도 한다. 재난 시 사람들이 보이는 공동체적 행동은 종종 부정적 결과를 초래하기도 한다. 가령 다양한 이해관계를 가진 사람들과 집단들이 서로 마주치는 상황을 증가시킴으로써 평상시에는 잠재되어 있던 커뮤니티 내 혹은 커뮤니티 간 갈등을 오히려 가시화하고, 악화시키는 결과를 초래하기도 한다(Killian, 1952).

모든 재난상황에서 이타적 행동이 증가하는 것일까? 몇몇 선행연구들은 이타적 행동을 유발하는 재난의 특성에 대해서도 언급한다. 가령 한 연구에 따르면 재난 후 관찰되는 이타적 행동은 서서히 진행되는 재난보다는 예상치 못할 정도로 급박하게 일어나는 재난에서 더 두드러지게 나타난다(Cline et al., 2010). 즉, 지진과 같은 예상치 못한 자연재난 상황에서 이타적, 공동체 지향적 시민참여 행동이 더 분명하게 드러난다는 것이다.

재난 후에 사람들이 공동체적 시민참여를 더 많이 보이는 경향을 보인다 하더라도 모든 사람들이 동일한 정도로 그런 모습을 보이는 것은 아니다. 선행연구들은 무엇이 그런 차이를 만드는지에 대한 결과를 보고한다. 가령 미셸(Michel, 2007)은 자기효능감self-efficacy, 교육 정도, 종교활동, 단체활동 경험 등이 재난 후의 시민참여에 영향을 준다고 했다. 그 외에도 사람들 사이의 신뢰, 사회적 자본, 공감의식 등 다양한 개인적, 사회적 요인들이 영향을 미칠 것이다. 이 연구는 커뮤니케이션 하부구조이론의 틀 속에서 재난에 처한 포항 사람들에게 가용한 커뮤니케이션 자원의 정도가 재난 후 시민참여에 어떤 영향을 주는지의 문제에 주목한다(노진철, 이 책의 1장; 김은혜, 이 책의 2장; 김진희 외, 이 책의 5장; 김철식, 이 책의 6장).

3. 커뮤니케이션 하부구조이론, 재난, 시민참여

커뮤니케이션 하부구조이론은 사람들이 지역 기반의 문제인식과 문제해결 과정에 참여하기 위해서는 그 지역 안의 다른 자원들(정치적, 경제적, 문화적 자원들)에 접근해야 할 뿐 아니라, 커뮤니케이션 자원에도 연결될 필요가 있다는 점을 이론화하였다(Kim, 2018). 커뮤니케이션 하부구조이론은 그러한 지역 기반 커뮤니케이션 자원을 커뮤니케이션 하부구조communication infrastructure로 개념화하였다 (Ball-Rokeach, Kim & Matei, 2001; Kim & Ball-Rokeach, 2006a). 이 이론은 커뮤니케이션 하부구조를 '커뮤니케이션 행위 맥락communication action context에 배태되어 있는 커뮤니티 이야기하기 연결망 community storytelling network'으로 정의한다(Kim & Ball-Rokeach, 2006a: 176). '커뮤니티 이야기하기 연결망'은 지역 내에서 지역과 연관된 이야기를 생산하고, 공유하며, 이용하는 커뮤니티 이야기 하기community storytelling의 주체들이 만드는 연결망이다. 그 연결망의 주체들은 커뮤니티 이야기하기를 서로 촉진한다. 커뮤니케이션 하 부구조이론은 도시지역에서 커뮤니티 이야기하기의 주요 주체로서 주민, 지역 모임/단체, 그리고 지역미디어를 포함시킨다. 지역 내 의 커뮤니케이션 행위 맥락communication action context은 '커뮤니티 이야 기하기 연결망'을 강화하거나 약화하는 맥락적 요인으로 작동한다. 커뮤니케이션 하부구조이론에 따르면 '커뮤니티 이야기하기 연결 망'에 통합적으로 연결된 사람들은 지역 내 현안에 대해 더 많은 관 심을 갖는 경향이 있고, 지역 소속감이 높고, 지역 내 문제해결을 위한 집합적 효능감이 높으며, 지역현안과 연관된 다양한 시민적 지역활동에 더 많이 참여하는 경향을 보인다(Kim & Ball-Rokeach, 2006b).

커뮤니케이션 하부구조에의 접근, 특히 커뮤니티 이야기하기 연 결망에의 통합적 연결ICSN: integrated connectedness to a community storytelling network은 재난 시에 중요한 역할을 한다. ICSN은 재난에 처한 사람들이 그 문제를 공동의 문제로 인식하고 공동의 문제해결 과정에 참여하게 만든다. 공동의 문제해결 과정에는 다양한 지역 기반 시민참여 활동들이 포함된다. 커뮤니케이션 하부구조이론에 따라 재난 시모든 사람들이 비슷한 방식과 정도로 공동체적 시민활동에 참여하는 것이 아니라, 참여의 기반이 되는 ICSN의 정도가 높은 사람들이 그것이 낮은 사람들에 비해 더 적극적으로 참여할 것이라 예측할 수 있다(Kim & Ball-Rokeach, 2006a, 2006b).

커뮤니케이션 하부구조이론을 토대로 실제 재난상황과 연관해서 이루어진 다양한 연구들은 커뮤니케이션 하부구조이론에 기반한 이러한 예측이 타당하다는 것을 보여 준다. 2001년 미국에서 9·11 테러가 벌어진 이후 이루어진 연구는 앞에서 언급한 커뮤니티 이야기하기 주체와의 연결이 밀접할수록, 즉 ICSN의 정도가 높을수록, 테러와 연관된 다양한 공동체적 행동들(안부묻기, 기부, 집회참여, 서명 등)을 더 많이 한다는 결과를 보여 준다(Kim, Ball-Rokeach, Cohen & Jung, 2002; Kim, Jung, Cohen & Ball-Rokeach, 2004). 또 다른 연구(Kim & Kang, 2010)는 2005년 미국 앨라배마주 터스컬루사Tuscaloosa시에서 허리케인을 겪은 주민들이 허리케인에 대한 집단적 대비행동에 참여하는 정도에 ICSN이 정적 영향을 준다는 것을 보여 준다. 지진 재난과 달리 허리케인의 경우, 적어도 몇 시간 전에는 그것이 온다는 것을 사람들이 미리 알고 대처할 수 있다. 그래서 이 연구에는 허리케인에 대한 공동체적 대처행동을 허리케인이 오기 전before-hurricane, 지나가는 중during-hurricane, 그리고 지나

간 후after-hurricane로 구분해서 조사했다. 이 연구에 따르면, 세 시기의 허리케인 대비행위에 적극적으로 참여한 사람들은 모두 ICSN이 높은 사람들이었다. 일본 동일본대지진 사태 직후 일본 사람들이 보인 시민참여에 대한 연구도 비슷한 결과를 보여 준다(Jung, Toriumi & Mizukoshi, 2013). 이 연구 역시 ICSN 정도가 높은 일본인들이 지진 후의 시민적 활동에 더욱더 적극적으로 임했음을 발견했다.

커뮤니케이션 하부구조이론의 틀 속에서 인터넷 등의 네트워크 미디어가 재난 중 이타적 행동에 어떤 영향을 미치는지 살펴보는 연구들은 인터넷이 어떤 때는 ICSN과 결합해서, 또 다른 때는 ICSN과는 별도의 독립적인 영향요인으로서 사람들의 재난 중 이타적 행동에 영향을 미친다는 점을 보여주었다. 가령 정주영 등(Jung et al., 2013)의 연구에서는 인터넷 연결이 ICSN과는 별도의 독립적 요인으로서 지진 후의 시민활동에 정적 영향을 미친다는 점을 발견했다. 김용찬 등(Kim et al., 2002)의 연구는 9·11 테러와 같은 재난 중에 인터넷 연결이 시민참여에 독립적이고도 정적인 영향을 미친다는 결과를 발표하였다. 인터넷이 재난 중에 시민적 연대를 촉진하는 채널이 되는 주된 이유는 그것을 통해 사람들이 비교적 쉽게 공감의 메시지를 전달받고, 공감의 표현을 공유하고, 공동체적 대처 활동에 대한 다양한 정보를 얻고, 재난극복을 위한 사회적 지지를 공유하고, 재난관련 시민연대를 위한 활동을 비교적 쉽게 동원하고 조직할 수 있기 때문일 것이다(Gil de Zúñiga & Valenzuela,

2011; Venezeula, 2013). 이 연구는 커뮤니케이션 하부구조를 이론적 토대로 하고, 선행연구들의 결과를 바탕으로 다음과 같은 가설을 설정했다.

가설 1: ICSN이 높은 포항시민이 ICSN이 낮은 포항시민보다 지진 후 더 적극적인 시민관여의 모습을 보일 것이다.

가설 2: 소셜미디어 이용이 높은 포항시민이 이용도가 낮은 포항시민보다 지진 후 더 적극적인 시민관여의 모습을 보일 것이다.

이 연구에서 우리는 ICSN과 소셜미디어 이용 사이의 상호작용 효과도 검증하려 한다. 커뮤니케이션 하부구조이론을 토대로 이루어진 김용찬 등(Kim et al., 2019)의 연구는 소셜미디어 이용이 시민참여에 미치는 효과는 ICSN에 의해서 조절될 수 있음을 보여 준다. 이 연구는 소셜미디어 이용이 시민참여에 미치는 정적인 효과가 ICSN이 낮은 사람들보다는 높은 사람들 사이에서 더 강하게 나타난다는 결과를 보여주었다. 즉, ICSN과 소셜미디어 이용이 시민관여를 늘리는 방향으로 일종의 시너지 효과를 낼 수 있다는 것이다. 이러한 연구결과를 토대로 재난 시 사람들이 보이는 이타적 행동에 미치는 소셜미디어 이용의 정적인 효과가 ICSN이 낮은 사람들보다는 높은 사람들 사이에서 더 분명히 나타날 것이라는 가설을 세울 수 있다.

가설 3: 소셜미디어 이용이 시민참여에 미치는 영향은 ICSN이 낮은 사람들보다는 높은 사람들 사이에서 더 크게 나타날 것이다.

4. 연구방법

1) 자료수집

이 연구를 위해 2019년 3월에 포항 거주자들을 대상으로 온라인 설문조사를 실시하였다. 설문조사 시기는 포항지진이 발생한 후 약 1년 6개월이 지난 시점이었다. 설문조사는 국내 최대 설문조사회사 중 하나에 의뢰하여 실시하였다. 온라인 설문회사가 보유한 패널에 속한 사람들 중 포항 거주자를 뽑아 모집단으로 삼고, 그중 포항 거주기간이 설문조사 시점을 기준으로 1년 이상인 성인만 표본에 포함시켰다. 최종 317명이 응답하였다. 응답자의 92.1%가 포항에 거주한 기간이 5년 이상이라고 보고했다. 평균 나이는 37.57세(SD = 10.25)였으며, 58.4%의 응답자가 여성이었다. 중위 가계소득은 월 400만 원에서 449만 원이었다. 69.4%의 응답자가 전문대나 4년제 대학을 졸업했다.

2) 주요 변인

이 연구에서 사용한 주요 변인들은 다음과 같다.

지진 후 시민관여 경험: 포항시민들이 지진 후 실제 경험했던 시민관여를 측정하기 위해 설문 참여자들에게 "시민들이 스스로 지진복구에 대처하는 활동", "지진관련 이슈에 대해 주변사람들과 대화하거나 토론", "지진관련 내용을 소셜미디어에 포스팅", "지진관련 손해배상 청구 소송", "지진관련 지역주민 대상 설명회", "지열발전소 중단과 폐쇄를 촉구하는 서명", "바이오매스발전소 건설반대 활동", "지진 관련해서 포항지역 언론에 제보" 등에 참여했는지의 여부를 "참여", "비참여"로 나눠서 물었다.

지진 후 시민관여 의사: 지진 후에 실제로 시민관여를 경험했는지 여부와 별도로 설문조사 시점을 기준으로 시민관여 활동에 대한 앞으로의 참여의사를 물었다. 설문 참여자들에게 앞으로 "시민들이 지진 후 스스로 대처하는 활동", "지진관련한 의견을 지자체 등 지역기관에 표명", "지진관련 봉사활동", "지진관련한 집합적 문제해결", "지진관련 지역집회나 농성", "지진관련 지역미디어 제작활동", "지진관련 지역행사", "지진관련 마을활성화 모임" 등에 참여할 의사가 있는지를 "의사가 있다" 혹은 "의사가 없다" 중에서 선택해 답하도록 했다.

소셜미디어 의존도: 이 연구에서는 소셜미디어 이용을 소셜미디어 의존척도(Kim & Jung, 2017)를 활용해서 측정하였다. 소셜미디

어 의존도social media dependency는 개인의 삶에서 일상의 목적(자신에 대한 이해, 사회에 대한 이해, 개인행동에 대한 방향설정, 상호작용에 대한 방향설정, 개인적 유희, 상호작용적 유희, 의사표현 등)을 달성하는 데에 소셜미디어가 얼마나 중요한 위치를 차지하는가에 대한 것이다(Kim & Jung, 2017; Kim et al., 2019). 이것을 측정하기 위해서 "세상 돌아가는 소식을 알고자 할 때", "내 생각이나 감정을 다른 사람들과 나누고자 할 때", "특정 서비스를 어디서 받는지 알고자 할 때", "혼자 조용히 쉬고 싶을 때", "가족이나 친구들과 즐거운 시간을 보내고자 할 때" 등 21개의 항목을 제시하고, 설문 참여자들로 하여금 5점 척도 상에서 답하게 하였다. 5점 척도의 응답항목은 "매우 유용하다", "유용한 편이다", "보통이다", "유용하지 않은 편이다", "전혀 유용하지 않다"로 구성했다.

지역미디어와의 연결: 포항지역 관련 소식을 얻을 때, 어떤 미디어를 이용하는지 알아보기 위해 "전국대상 일간 신문지", "전국대상 TV 방송", "전국대상 라디오 방송", "포항지역 신문", "포항지역 잡지", "포항지역 TV", "포항지역 라디오 방송", "포항지역단체나 모임", "포항지역 온라인 커뮤니티", "포항지역 관련 홈페이지", "이메일 소식지", "단체 톡방이나 밴드", "소셜미디어", "관공서 홈페이지" 등 각각에 대해서 5점 척도(5 = 항상 이용한다, 1 = 거의 이용하지 않는다)를 이용해 이용빈도를 물었다. 이들 15개 문항의 평균점수를 계산해서 각 개인의 지역미디어와의 연결성 변인 값으로 사용하였다.

지역모임이나 단체 연결: 지역모임이나 단체에 참여한 정도를 측정하기 위해 "친목모임/단체", "고향모임", "종교모임/집회", "취미, 스포츠, 등산, 문화관련 모임이나 단체", "정치관련 모임이나 단체", "교육관련 모임이나 단체", "자원봉사 모임이나 단체", "주민자치 모임", "지진관련 모임이나 단체" 등 각각에 대해 참여여부(참여/비참여)를 물었다. 지역모임/단체 참여변인은 참여한 모임이나 단체의 수를 합한 것을 사용하였다.

이웃과의 커뮤니티 이야기하기 정도: 대인 커뮤니케이션 상황에서 지역이야기를 하는 정도를 측정하기 위해서 주변사람들과 평상시 "포항지역 뉴스에 대해서", "포항의 다양한 문제들에 대해서", "포항의 지역변화에 대해서", "포항지역에서 과거에 있었던 일에 대해서" 얼마나 자주 이야기하는지 등 4개 항목 각각에 대해 7점 척도(7 = 항상 나눈다, 1 = 전혀 나누지 않는다)를 사용하여 물었다. 이후 4개 항목점수의 평균을 계산해 이웃과의 지역 커뮤니티 이야기하기 정도의 값으로 사용하였다.

커뮤니티 이야기하기 연결망에의 통합적 연결(ICSN): ICSN은 앞서 소개한 지역미디어와의 연결, 지역단체나 모임과의 연결, 이웃과의 커뮤니티 이야기하기 정도 등 3개의 변인 값을 토대로 다음 공식(Kim & Ball-Rokeach, 2006a)을 활용해서 계산하였다.

$$ICSN = \sqrt{LC \times INS} + \sqrt{INS \times OC} + \sqrt{OC \times LC}$$

ICSN: 커뮤니티 이야기하기 연결망과의 통합적 연결
   (integrated connectedness to a community storytelling network)
LC: 지역미디어와의 연결
INS: 이웃과의 커뮤니티 이야기하기 정도
OC: 지역 단체/모임과의 연결

통제 변인: 개인의 성별, 연령, 교육 정도, 가구수입, 정치적 성향, 거주지역(포항 남구, 북구) 등을 통제변인으로 모든 분석에 투여하였다.

5. 연구결과

가설 1은 ICSN이 낮은 사람들보다는 높은 사람들 사이에서 지진 후 시민관여 경향이 높아졌을 것이라 예측하는 것이다. 이 연구에서는 시민관여 경향을 참여경험과 참여의사로 구분하고, 이들 각각에 대해 별도로 분석하였다. ICSN 전체평균을 기준으로 응답자들을 ICSN 고집단과 ICSN 저집단으로 구분해서 분석에 투입하였다. 그 결과는 〈표 4-1〉에 나와 있다. 〈표 4-1〉을 보면 ICSN의 고/저 수준과 관계없이 응답자들이 가장 많이 참여했던 시민관여는 지진관련 이슈에 대한 대화 및 토론이었다(55.5%). 이어 지진관련 내용의 SNS 포스팅(41%), 시민들 스스로 지진에 대처하는 활동참여(예:

<표 4-1> ICSN이 지진 후 시민관여 경험에 미치는 영향

	ICSN		전체(%)	χ^2
	고(%)	저(%)		
시민들 스스로 대처하는 활동참여	48.3	13.8	29.3	44.95***
지진관련 이슈에 대해 대화/토론	69.9	43.7	55.5	21.90***
지진관련 내용 SNS에서 포스팅	57.3	27.6	41.0	28.72***
지진관련 손해배상청구 소송 참여	20.3	9.2	14.2	7.91**
지진관련 지역주민 설명회 참여	23.1	2.9	12.0	30.36***
지열발전소 중단/폐쇄 촉구 서명	38.5	16.7	26.5	19.14***
바이오매스발전소 건설반대 활동	16.8	6.3	11.0	8.74**
지진관련 포항시에 항의전화	16.8	2.9	9.1	18.27***
포항지진 관련 언론에 제보	9.8	2.9	6.0	6.66*

*$p < .05$, **$p < .01$, ***$p < .001$.

지진 대비용품 공동구매) (29.3%), 지열발전소 중단/폐쇄 촉구 서명 (26.5%)이 뒤를 이었다.

이러한 시민관여에 있어서 ICSN 고집단과 저집단 사이에 유의미한 차이가 있는 것으로 나타났다. 차이의 방향은 가설 1이 예측한 것과 일치했다. 즉, 지진 후의 시민관여 문항에 포함된 9개 항목 모두에서 ICSN 고집단이 저집단보다 일관되게 그리고 통계적으로 유의하게 관여비율이 높은 것으로 나타났다. 가령 ICSN 고집단들 중에서는 거의 70%에 가까운 사람들(69.9%)이 지진관련 이슈에 대한 대화나 토론에 참여했다고 했지만, ICSN 저집단에서는 그 비율이 50%를 넘지 못했다(43.7%). 또 ICSN이 높은 집단에서는 지열발전소 중단/폐쇄 촉구 서명에 참여했던 사람들이 38.5%였으나, ICSN이 낮은 집단에서는 16.7%의 사람들만이 참여했다. 다른 활

<표 4-2> ICSN이 지진 후 시민관여 의사에 미치는 영향

	ICSN		전체(%)	χ^2
	고(%)	저(%)		
시민들 스스로 대처하는 활동 참여	60.1	37.4	47.6	16.33***
지역기관에 지진관련한 의견표명	48.3	21.8	33.8	24.48***
지진관련 봉사활동	60.8	31.6	44.8	27.11***
지진관련 집합적 문제해결	66.4	25.3	43.8	53.97***
지진관련 지역집회나 농성 참여	27.3	9.2	17.4	17.88***
지진관련 지역미디어 제작활동	29.4	11.5	19.6	15.94***
지진관련 지역행사 참여	51.7	16.7	32.5	44.04***
지진관련 마을활성화 모임 참여	44.8	10.3	25.9	48.46***

*$p < .05$, **$p < .01$, ***$p < .001$.

동항목들에서도 비슷한 패턴을 볼 수 있다.

〈표 4-2〉는 지진 후 시민관여 의사에 ICSN이 어떤 방식으로 영향을 미치는지를 보여주는 것이다. 포항시민들은 시민들 스스로 공동으로 대처하는 활동들(47.6%), 봉사활동(44.8%), 다양한 집합적 문제해결(43.8%) 등의 순으로 높은 관여의사를 보였다. 집회나 농성 참여(17.4%), 지역미디어 제작참여(19.6%) 등은 상대적으로 낮은 관여의사 정도를 보였다. 하지만 이들 활동 모두에 있어서 ICSN 고집단과 저집단 사이에 큰 차이가 나타났다. 8개의 시민관여 의사측정 항목 모두에서 ICSN 고집단이 저집단보다 더 높은 관여의사를 보였다. 가령 시민들 스스로 지진 후 상황에 대처하는 활동에서 ICSN 고집단은 60%가 넘는 사람들이 관여의사를 보인 반면 ICSN 저집단에서는 37.4%만 관여의사를 보였고, 봉사활동에서도 ICSN 고집단은 60.8%가 관여의사를 보였으나 저집단은

<표 4-3> 소셜미디어 의존이 지진 후 시민관여 경험에 미치는 영향

	소셜미디어 의존		전체(%)	x^2
	고(%)	저(%)		
시민들 스스로 대처하는 활동 참여	47.2	25.5	36.3	10.78**
지진관련 이슈에 대해 대화/토론	67.9	55.7	61.8	3.37
지진관련 내용 SNS에서 포스팅	58.5	45.3	51.9	3.70
지진관련 손해배상청구 소송 참여	19.8	12.3	16.0	2.24
지진관련 지역주민 설명회 참여	21.7	9.4	15.6	6.06*
지열발전소 중단/폐쇄 촉구 서명	40.6	28.3	34.4	3.53
바이오매스발전소 건설반대 활동	20.8	7.5	14.2	7.61**
지진관련 포항시에 항의전화	18.9	5.7	12.3	8.59**
지진관련 언론에 제보	8.5	7.5	8.0	.064

*$p < .05$, **$p < .01$, ***$p < .001$.

31.6%만 관여의사를 보였다.

〈표 4-1〉과 〈표 4-2〉는 모두 가설 1이 예측한 방향의 결과라고 할 수 있다. 따라서 이 연구는 재난 후 시민적 관여에 ICSN이 정적 영향을 미칠 것이라는 가설 1이 채택되었다고 말할 수 있다.

가설 2는 소셜미디어 이용이 지진 후 시민관여에 정적인 영향을 미칠 것이라 예측하는 것이었다. 이 경우도 관여경험과 관여의사로 나누어서 살펴보았다. 〈표 4-3〉은 소셜미디어 의존이 지진 후 시민 관여 경험에 미치는 영향의 결과를 보여 준다. "시민들 스스로 대처하는 활동", "지역관련 주민대상 설명회 참석", "바이오매스발전소 반대활동" 등에 있어서 소셜미디어 의존도 고집단이 저집단보다 관여 경험비율이 높았다. 가령 시민들 스스로 지진에 대처하는 활동 참여의 경우 소셜미디어 의존도 고집단은 47.2%의 사람들이 관여

<표 4-4> 소셜미디어 의존이 지진 후 시민관여 의사에 미치는 영향

	소셜미디어 의존		전체(%)	χ^2
	고(%)	저(%)		
시민들 스스로 대처하는 활동 참여	62.3	45.3	53.8	6.15*
지역기관에 지진관련한 의견표명	53.8	34.0	43.9	8.44*
지진관련 봉사활동	61.3	47.2	54.2	4.27*
지진관련 집합적 문제해결	67.0	41.5	54.2	13.85***
지진관련 지역집회나 농성 참여	34.0	12.3	23.1	14.04***
지진관련 지역미디어 제작활동	37.7	17.0	27.4	11.48**
지진관련 지역행사 참여	51.9	28.3	40.1	12.27***
지진관련 마을활성화 모임 참여	43.4	23.6	33.5	9.33**

*$p < .05$, **$p < .01$, ***$p < .001$.

경험이 있다고 답한 반면 저집단에서는 25.5%만 관여경험이 있다고 답하였다. 나머지 5개 항목에 대해서는 소셜미디어 의존도 고집단과 저집단 사이에 통계적으로 의미 있는 차이가 없었다.

지진발생 후의 시민참여 의사에 있어서는 소셜미디어 의존정도가 높은 사람들이 낮은 사람들에 비해 측정항목 8개 모두에서 통계적으로 유의미하게 높은 것으로 나타났다(<표 4-4>). 가령 지진관련 문제의 집합적 해결과정에 참여하겠다는 의사를 소셜미디어 의존도 고집단에서는 67%가 보인 반면 저집단에서는 41.5%만 보였다. 지진관련 지역행사 참여의 경우도 고집단에서는 51.9%가 참여의사를 보였으나, 저집단에서는 28.3%만 참여의사를 보였다. 나머지 활동항목에서도 거의 같은 패턴이 나타났다.

대체적으로 소셜미디어 의존이 지진 후 시민관여에 정적 영향을 미친다는 가설 2는 채택할 수 있으나, 그 패턴이 관여경험보다는 관

<표 4-5> ICSN과 소셜미디어 의존이 지진 후
시민관여 경험에 미치는 상호작용 효과

	소셜미디어 의존				전체 (%)	χ^2
	고		저			
	ICSN					
	고(%)	저(%)	고(%)	저(%)		
시민들 자발적 대처활동 참여	54.5	27.6	36.0	16.1	36.3	16.3***
지진관련 이슈에 대해 대화/토론	72.7	55.2	64.0	48.2	61.8	7.54**
지진관련 내용 SNS에서 포스팅	63.6	44.8	50.0	41.1	51.9	5.16*
지진관련 손해배상청구 소송 참여	22.1	13.8	18.0	7.1	16.0	4.63*
지진관련 지역주민 설명회 참여	28.6	3.4	16.0	3.6	15.6	15.64***
지열발전소 중단/폐쇄 촉구 서명	44.2	31.0	36.0	21.4	34.4	5.95*
바이오매스발전소 건설반대 활동	22.1	17.2	10.0	5.4	14.2	2.62
지진관련 포항시에 전화	26.0	0	6.0	5.4	12.3	10.06**
지진관련 언론에 제보	10.4	8.5	10.0	7.1	8.0	2.11*

*$p < .05$, **$p < .01$, ***$p < .001$.

여의사에서 더 두드러지게 나타났다.

가설 3은 소셜미디어 의존도가 시민관여에 미치는 영향이 ICSN 이 낮은 사람들보다는 높은 사람들 사이에서 더 크게 나타난다는 것 이었다. 즉, 소셜미디어 의존도와 ICSN 사이에 시민관여에 대한 상호작용 효과가 있다는 것이다. <표 4-5>는 소셜미디어 의존도 고 집단/ICSN 고집단, 소셜미디어 의존도 고집단/ICSN 저집단, 소 셜미디어 의존도 저집단/ICSN 고집단, 소셜미디어 의존도 저집단 /ICSN 저집단 등 네 집단이 각각 지진 후 시민관여에 참여한 비율 을 보여 준다. 그 결과를 살펴보면 소셜미디어 의존도와 ICSN이 모 두 높은 고/고집단에서 다른 세 집단에서보다 통계적으로 유의미하

〈표 4-6〉 ICSN과 소셜미디어 의존이 지진 후
시민관여 의사에 미치는 상호작용 효과

	소셜미디어 의존도				전체 (%)	χ^2
	고		저			
	ICSN					
	고(%)	저(%)	고(%)	저(%)		
시민들 스스로 대처하는 활동 참여	66.2	51.7	58.0	33.9	53.8	10.83**
지역기관에 지진관련한 의견표명	61.0	34.5	40.0	28.6	43.9	10.16**
지진관련 봉사활동	66.2	48.3	58.0	37.5	54.2	9.76**
지진관련 집합적 문제해결	72.7	51.7	56.0	28.6	54.2	18.06***
지진관련 지역집회나 농성 참여	37.7	24.1	18.0	7.1	23.1	8.26**
지진관련 지역미디어 제작활동	41.6	27.6	20.0	14.3	27.4	5.20*
지진관련 지역행사 참여	62.3	24.1	36.0	21.4	40.1	18.59***
지진관련 마을활성화 모임 참여	53.2	17.2	34.0	14.3	33.5	21.09***

*$p < .05$, **$p < .01$, ***$p < .001$.

게 지진 후 시민관여 경험의 비율이 높았다. 가령 지진관련한 지역
주민 설명회 참여경험의 경우 소셜미디어 고집단/ICSN 고집단은
28.6%가 참여했다고 했지만, 소셜미디어 고집단/ICSN 저집단은
3.4%만, 소셜미디어 저집단/ICSN 고집단은 16%만, 소셜미디어
저집단/ICSN 저집단은 3.6%만 참여한 경험이 있다고 답하였다.
이런 식의 패턴은 바이오매스발전소 건설반대 활동 참여의 경우를
제외한 모든 측정항목에서 비슷하게 나타났다.

〈표 4-6〉은 ICSN과 소셜미디어 의존이 지진 후의 시민관여 의사
에 미치는 상호작용 효과의 결과를 보여 준다. 이 연구가 포함한 여
덟 가지 항목 모두에서 소셜미디어 의존과 ICSN의 시너지 효과가
나타났다. 즉, 양자가 모두 높은 집단의 경우가 그렇지 않은 경우보

다 통계적으로 의미 있는 정도로 지진 후 시민관여에 대한 높은 의사 비율을 보였다. 예를 들어 지진관련 지역행사에 참여하겠다는 의사는 소셜미디어 고집단/ICSN 고집단의 경우 62.3%였으나, 소셜미디어 고집단/ICSN 저집단의 경우는 24.1%, 소셜미디어 저집단/ICSN 고집단의 경우는 36%, 소셜미디어 저집단/ICSN 저집단의 경우는 21.4%였다. 다른 항목에서도 비슷한 패턴이 반복되었다.

〈표 4-5〉와 〈표 4-6〉에 나타난 결과는 이 연구가 소셜미디어 의존도가 시민관여에 미치는 영향이 ICSN이 낮은 사람들보다는 높은 사람들 사이에서 더 크게 나타난다는 가설 3을 채택할 수 있음을 보여 준다.

6. 나가며: 결과에 대한 논의와 결론

이 연구의 목적은 지진 후 사람들이 보이는 시민관여의 정도가 ICSN으로 측정한 커뮤니티 이야기하기 연결망에의 연결 정도와 소셜미디어 의존도에 의해 영향을 받는지를 살펴보는 것이었다. 더불어 ICSN과 소셜미디어 의존도 사이에 지진 후 시민관여에 미치는 상호작용 효과가 있는지도 살펴보았다. 이러한 목적을 반영하는 이 연구의 세 가설(ICSN과 소셜미디어 의존도 각각의 주 효과, 그리고 둘 사이의 상호작용)이 모두 채택되었다. 즉, 지진 후 시민관여에 미치는 ICSN의 정적 영향(가설 1), 소셜미디어 의존도의 정적 영향(가설 2), ICSN과 소셜미디어 의존도의 정적 상호작용 효과(가설 3) 모두 확인할 수 있었다. 특히 ICSN의 정적 효과와 상호작용 효과는 매우 일정한 패턴으로 나타났다. 하지만 소셜미디어 의존도의 효과는 상대적으로 약하게 나타났다.

이러한 연구결과는 커뮤니케이션 하부구조이론을 바탕으로 한 기존연구들의 결과와 일관성을 가진다. 지진상황에서 지역민들이 좌절하지 않고 스스로 공동체적 공유의 주체가 되는 과정에 지역을 기반으로 한 다양한 소통자원들이 주요한 역할을 한다는 것이다. 특히 자신의 문제와 그 문제에 대한 해결책을 스스로 이야기하기 위한 소통자원이 지역 내에 존재하고, 개인이 그러한 자원에 연결되어 있느냐 그렇지 않느냐가 재난 후 이타적 참여행위에 영향을 미친다는 것을 보여 준다. ICSN으로 개념화한 지역소통 자원에의 통합적 연결이 재난 후 이타적 참여행위에 정적인 영향을 미치는 이유에 대해서는 여러 가지 방식으로 설명할 수 있다. 가령 사람들이 이타적 시민 참여 행위를 하는 것에 필요한 기본적인 정보, 사회적 지지, 다른 사람들도 참여할 것이라는 신념, 참여에 필요한 개인적, 집합적 효능감, 자신의 이타적 행동을 과시할 수 있는 통로 등을 지역 기반의 소통자원을 통해 얻기 때문이라 할 수 있다. 사람들은 그러한 정보를 지역 기반 미디어, 지역모임이나 단체, 그리고 주변사람들, 즉 지역 커뮤니티 스토리텔러들로부터 얻는다. 재난 전 구축해 놓은 커뮤니티 스토리텔러들과의 유기적 연결은 재난이 발생한 후 재난과 관련한 다양한 문제해결 활동에 영향을 미친다. 개인이 커뮤니티 스토리텔러들과 유기적 연결을 구축하기 위해서는 커뮤니티 차원에서 튼튼한 커뮤니케이션 하부구조가 갖춰져야 한다. 튼튼한 커뮤니케이션 하부구조를 갖춘 커뮤니티는 어떤 유형의 재난(자연재난, 정치위기, 보건위기 등)이 닥치더라도 구성원들이 재난과 연관된 개인 차원의, 그리고 커뮤니티 차원의 문제해결 과정에 적극적으로 참여할 수 있는 환경적 조건을 갖추기 마련이다.

이 연구결과를 통해 우리는 소셜미디어에 대한 의존도 역시 재난 후 시민참여에 정적인 영향을 준다는 것을 밝혔다. 소셜미디어의 영향은 참여경험보다는 참여의사에 대해 더 일관되고 강한 경향을 보였다. 물론 이런 결과에는 사람들이 갖는 스스로에 대한 낙관적 인식이 작용했을 것이다. 실제로 참여하는 것보다는 앞으로 하겠다는 의사표현을 하는 것이 더 쉽다는 것도 그런 결과에 영향을 미쳤을 것이다. 그러한 실제 참여/의사 사이의 차이에도 불구하고 이 연구결과는 전반적으로 소셜미디어가 지진 후 사람들의 공동체적 행위에 긍정적 요소로 작동함을 보여 준다. 소셜미디어 이용을 통해 사람들은 자기지역 문제가 갖는 공동체성을 알게 되고, 지역문제에 대한 공동대처의 필요성과 가능성에 대해 논의할 수 있으며, 그에 필요한 정보를 얻을 수도 있다. 더불어 소셜미디어는 재난복구 과정에서 필요한 다양한 유형의 사회적 지지를 공유하는 채널이 되기도 한다. 소셜미디어상에서의 사회적 지지 공유가 온라인과 오프라인에서의 재난관련 시민참여로 이어질 수 있다. 이 연구는 그러한 점을 실증적으로 확인하였다.

특히 이 연구에서 흥미로운 결과는 ICSN과 소셜미디어가 일종의 시너지 효과를 만들어낸다는 것이다. ICSN 정도가 높은 사람들 중에서도 특히 소셜미디어 의존이 높은 사람들의 재난 후 시민참여 경향이 높았다. 이는 재난 중에 적어도 어떤 사람들에게는 소셜미디어 이용이 기존의 커뮤니티 이야기하기 연결망에 효과적으로 통합되는 모습을 보인다는 결과로 해석할 수 있다. 소셜미디어라는 새로운 매체가 지역주민, 모임, 미디어로 구성되는 커뮤니티 이야기하기 연결망에 통합될 수 있다는 것이다. 소셜미디어가 재난관련지역 이야기하기를 위한 효과적 통로로 차용되고, 이를 통해 기존의 ICSN을 강화하는 역할을 할 수 있다는 것이다. 이는 재난소통과 시민참여의 수단으로 소셜미디어가 적극 활용되기 위해서는(즉, ICSN가 소셜미디어의 시너지 효과가 극대화되기 위해서는) 재난 전부터 ICSN의 정도가 높아야 한다는 말이기도 하다. 소셜미디어는 개인들을 지역적 관심과 활동으로부터 멀어지게 한다는 우려와 전망도 있지만(가령 Turkle, 2012), 실제는 그 반대로 소셜미디어가 개인을 지역과 더 밀접하게 연결시키는 역할을 한다는 주장도 있다. 우리 연구는 후자(지역성을 강화시키는 소셜미디어)의 경우, 즉 지역화된 소셜미디어(Kim et al., 2019)를 지지하는 결과를 제시하였다.

이 연구결과는 재난 시 문제해결을 위한 소통의 가능성을 확장하고, 재난관련 시민관여를 촉진함으로써 재난에 대한 지역 기반 역량을 강화하기 위해 우리가 고려해야 할 몇 가지 시사점을 제시한다. 첫째, 재난 전부터 지역 이야기하기 연결망을 강화함으로써 커뮤니케이션 하부구조를 튼튼하게 구축해 놓아야 한다는 것이다. 자기지역의 문제, 이슈, 상황에 대해 이야기하는 주민, 지역미디어, 지역모임/단체를 활성화시켜 놓으면 그것이 자연재난과 같은 지역 위기 시에 중요한 소통 인프라로 역할할 수 있다. 어떤 지역 내에서 지역미디어, 지역단체, 지역주민들이 활발히 활동하더라도 그 활동이 지역과 직접적으로 연관된 것이 아니어서 지역의 현안과 연관된 커뮤니티 이야기들이 생산되고 유통되지 않는다면 커뮤니케이션 하부구조가 튼튼하다 말할 수 없다. 지역미디어, 지역모임/단체, 지역주민들이 적극적으로 지역과 연관 있는 이야기를 생산하고 공유하고, 사용할 수 있는 지역환경 구축이 필요하다. 그러한 환경을 평상시에 구축해 놓는다면, 재난발생 후 다양한 문제해결 과정의 토대가 되는 커뮤니케이션 하부구조가 제대로 작동할 것이다.

이 연구결과가 제시하는 두 번째 시사점은 지역 기반의 소셜미디어를 활성화할 필요가 있다는 것이다(김진희 외, 이 책의 5장). 지역을 초월해 관심과 관계망을 확장하는 방식이 아니라, 장소 기반의 관계망을 구축하는 방식으로 작동하는 소셜미디어가 필요하다. 그것을 위해 기존의 소셜미디어(가령 온라인 카페, 카카오톡, 페이스북, 트위터, 인스타그램, 유튜브 등) 등을 활용할 수도 있지만, 지역 내 관계망을 토대로 작동하는 지역 기반 소셜미디어(가령 미국의 NextDoor)를 특별히 구축할 수도 있다. 장소성이 강화된 소셜미디어의 구축과 이용은 재난에 대한 공동체적 문제해결을 위해 매우 유용한 도구가 될 수 있다. 더 나아가 재난이 발생하면 즉각 지역화된 소셜미디어를 국가나 지자체 수준의 재난관리시스템, 재난주관방송시스템, 재난 관리를 위한 중앙정부 기구, 지자체, 지역모임과 단체, 지역미디어 등과 연결시키는 것을 제도화할 수도 있다. 그럼으로써 재난 시 재난 과 관련한 통합된 커뮤니티 스토리텔링을 구축하고, 그것을 이용해 서 재난대처를 위한 공동체적 노력을 모을 수 있을 것이다.

참고문헌

Ball-Rokeach, S. J., Kim, Y. C., & Matei, S. (2001). "Storytelling neighborhood: Paths to belonging in diverse urban environments", *Communication Research*, 28(4), 392~428.

Cline, R. J., Orom, H., Berry-Bobovski, L., Hernandez, T., Black, C. B., Schwartz, A. G., & Ruckdeschel, J. C. (2010), "Community-level social support responses in a slow-motion technological disaster: The case of Libby, Montana", *American Journal of Community Psychology*, 46(1~2): 1~18.

Dynes, R. R. & Tierney, K. J. (1994). *Disasters, Collective Behavior, and Social Organization*. Newark, DE: University of Delaware Press.

Dynes, R. R. (1974). "Organized behavior in disaster", *Disaster Research Center Monograph*. Ser(3), 235, Columbus: Ohio State Univ.

Eyre, A. (2007). "Remembering: Community commemoration after disaster", In Rodriguez, H., Quarantelli, E. L., & Dynes, R. R. (Eds.), *Handbook of Disaster Research*, pp. 441~455, New York, NY: Springer.

Fortun, K. (2009), *Advocacy After Bhopal: Environmentalism, Disaster, New*

Global Orders, Chicago: University of Chicago Press.

Gil de Zúñiga, H., & Valenzuela, S. (2011), "The mediating path to a stronger citizenship: Online and offline networks, weak ties, and civic engagement", *Communication Research*, 38: 397~421.

Haney, T. J. (2018), "Paradise found? The emergence of social capital, place attachment, and civic engagement after disaster", *International Journal of Mass Emergencies & Disasters*, 36(2): *97~119.*

Jung, J. Y., Toriumi, K., & Mizukoshi, S. (2013), "Neighborhood storytelling networks, Internet connectedness, and civic participation after the Great East Japan Earthquake", *Asian Journal of Communication*, 23(6): 637~657.

Killian, L. M. (1952), "The significance of multiple-group membership in disaster". *American Journal of Sociology*, 57(4): 309~314.

Kim, Y. C. (2018), "Communication infrastructure theory as a theory for collective problem recognition and problem-solving in urban communities: Beliefs, assumptions, and propositions", In Kim, Y. C., Matsaganis, M., Wilkin, H., & Jung, J. Y. (2018), *The Communication Ecology of 21st Century Urban Communities*, New York: Peter Lang.

Kim, Y. C. & Ball-Rokeach, S. J. (2006a), "Civic engagement from a communication infrastructure perspective", *Communication Theory*, 16: 173~197.

_____(2006b), "Community storytelling network, neighborhood context, and neighborhood engagement: A multilevel approach", *Human Communication Research*, 32(3): 411~439.

Kim, Y. C., Ball-Rokeach, S. J., Cohen, E. L., & Jung, J. (2002), "Metamorphosis of civic action post September 11th: From local storytelling network to national action", In Greenberg, B. (ed.), *Communication and Terrorism*, Cresskill, NJ: Hampton Press.

Kim, Y. C., & Jung, J. Y. (2017), "SNS dependency and interpersonal storytelling: An extension of media system dependency theory", *New*

Media & Society, 19(9)：1458~1475.

Kim, Y. C., Jung, J., Cohen, E. & Ball-Rokeach, S. (2004). "Internet connectedness before and after September 11, 2001". *New Media & Society*, 6(5), 611~631.

Kim, Y. C., & Kang, J. (2010), "Communication, neighborhood engagement, and household hurricane preparedness", *Disasters: The Journal of Disaster Studies, Policy and Management*, 34: 470~488.

Kim, Y. C., Shin, E., Cho, A., Jung, E., Shon, K., & Shim, H. (2019), "SNS dependency and community engagement in urban neighborhoods: The moderating role of integrated connectedness to a community storytelling network", *Communication Research*. 46(1): 7~32.

Lau, J. T., Yang, X., Tsui, H. Y., Pang, E., & Wing, Y. K. (2006), "Positive mental health-related impacts of the SARS epidemic on the general public in Hong Kong and their associations with other negative impacts", *Journal of Infection*, 53(2): 114~124.

Lemieux, F. (2014), "The impact of a natural disaster on altruistic behaviour and crime", *Disasters*, 38(3): 483~499.

Li, Y., Li, H., Decety, J., & Lee, K. (2013), "Experiencing a natural disaster alters children's altruistic giving", *Psychological Science*, 24(9): 1686~1695.

Michel, L. M. (2007), "Personal responsibility and volunteering after a natural disaster: The case of Hurricane Katrina", *Sociological Spectrum*, 27(6): 633~652.

Siegel, J. M., Bourque, L. B., & Shoaf, K. I. (1999), "Victimization after a natural disaster: Social disorganization or community cohesion?", *International Journal of Mass Emergencies and Disasters*, 17(3): 265~294.

Solnit, R. (2009), *A Paradise Built in Hell: The Extraordinary Communities that Arise in Disaster*, 정해영 역(2018), 《이 폐허를 응시하라》, 서울: 펜타그램.

Turkle, S. (2012), *Alone together: Why we expect more from technology and less from each other*, New York: Basic books.

Venezeuela, S. (2013), "Unpacking the use of social media for protest behavior: The role of information, opinion expression and activism", *American Behavioral Scientist*, 57(7): 920~942.

Xu, B. (2017), *The Politics of Compassion: The Sichuan Earthquake and Civic Engagement in China*, Stanford: Stanford University Press.

5

———————

포항지진과 지역 기반 소셜미디어 의존

온라인 지역 커뮤니티 '포항맘 놀이터'를 중심으로

김진희 포스텍 인문사회학부
서미혜 성균관대 미디어커뮤니케이션학과
김용찬 연세대 언론홍보영상학부

1. 들어가며

2017년 11월 15일 오후 2시 29분, 한반도 지진관측 사상 역대 두 번째로 큰 리히터 규모 5.4의 지진이 포항을 강타했다. 재난이 발생하면 사람들은 혼란스러움과 불안감에 빠지게 되고, 이를 벗어나 정상 상태로 회복하기 위해 필요한 다양한 정보를 획득하고자 한다. 텔레비전, 라디오, 신문 등의 전통 대중매체뿐만 아니라 인터넷, 소셜미디어 등의 이용이 광범위하게 증가하고, 주변사람들과의 면대면 혹은 인스턴트메신저(예: 카카오톡)를 통한 대화 역시 빈번하게 된다. 포항지진 상황에서도 예외는 아니었다. 이 장에서는 현존하는 여러 매체들 중 특히 포항지역에 기반한 소셜미디어 플랫폼 형태인 네이버 지역 온라인 커뮤니티, 포항맘 놀이터(이하 '포놀')의 이용증가와 의존현상에 초점을 두고자 한다.

일종의 대안매체라고도 할 수 있는 온라인 커뮤니티 포놀은 2020년 현재 약 9만여 명에 가까운 회원을 보유하고 있다. 2011년 9월 20일에 처음 만들어졌으며, 원칙적으로 포항에 거주하는 혹은 거주할 예정인 그리고 결혼을 한 혹은 앞둔 여성이 자녀 여부와 상관없이 가입할 수 있다. 2013년 5월에 1만 명 회원을 돌파한 이래로, 2019년 8월에 회원이 8만 명을 넘어섰다. 2017년 11월 포항지진 발생 당시 회원은 약 6만 명이었다. 포항지진 때문에 포놀 가입자가 급격히 늘었다기보다는 기존에 가입된 회원들의 활동이 지진 이후 더욱 활발해진 것으로 보인다.[1] 2019년 기준 회원들이 포놀에 게시하는 글의 수는 하루 평균 약 1,100개, 댓글 수는 약 6천~7천 개로 추산된다.[2] 포놀이라는 플랫폼의 특이한 점은 전국 기반의 온라인 커뮤니티와 달리 회원들의 익명 아이디가 거주하고 있는 구체적 행정동 그리고 생년월일 앞 두 자리를 포함하고 있다는 것이다(예: 튼

---

1 포놀은 2017년, 2018년, 2019년 연속으로 활동점수가 높은 '네이버 대표카페'로 선정되었다. 네이버의 설명에 따르면, 활동점수는 게시글 수, 댓글 수, 검색조회 수(네이버 검색을 통해 포놀에 방문한 횟수), 가입멤버 수, 앱구동 횟수(모바일 네이버 카페 앱을 통해 포놀에 방문한 수), 조회멤버 수(게시글 1개당 조회한 일 평균멤버 수) 등을 반영한 점수이다.

2 유사 인구규모(약 55만)의 인근 중소도시인 김해시에도 2010년 7월에 설립된 지역 온라인 커뮤니티가 있는데, 해당 네이버 맘카페의 경우 회원 수는 2019년 기준 약 9만 명으로 포놀보다 조금 많았으나, 하루 평균 게시글 수는 600~700개, 댓글 수는 5천~6천 개 정도로 추산되어 포놀보다 상대적으로 덜 활발한 것으로 보인다.

튼맘V지곡82). 게시글의 아이디 옆에는 위첨자로 해당 회원의 등급 (한 살/두 살/세 살/어른 나무)도 표시되어 있다. 3 따라서 아이디를 통해 회원의 나이, 포항 내의 거주지역, 포놀 활동의 활발함 정도를 알 수 있다. 특히 행정동 표기는 후에 설명할 지진과 관련해 매우 유용한 정보제공의 단서로 활용되었다.

지진의 발생 그리고 이어진 수백 차례의 여진 상황에서 포놀의 적극적 활용은 이용자들에게 큰 만족감을 가져다준 것으로 보인다. 그렇다면 포항 재난 시 다른 매체에 비해 특히 포놀 이용의 두드러진 증가와 의존은 왜 나타났는가? 트위터나 페이스북처럼 모바일 앱을 통해 손쉽게 접근 가능한 소셜미디어 플랫폼의 기술적 특성으로 이해할 수도 있다. 즉, 포놀 회원 스스로가 만들어 낸 글과 사진 및 동영상을 시간과 장소에 구애받지 않고 자유롭게 주고받을 수 있고, 다른 플랫폼에 올라온 정보(뉴스 등)를 자유롭게 공유하고 소통할 수 있으며, 다른 회원들이 게시한 글과 댓글을 통해 그들이 어떻게 생각하고 행동하는지 한눈에 파악할 수 있다. 특히 지진과 같은 재난상황에서는 이용자들의 실시간 정보에 대한 욕구가 매우 크기 때문에 소셜미디어의 유용성은 더욱 높다고 할 수 있다. 하지만, 이 장에서는 지진 당시 회원들의 포놀에 대한 의존을 소셜미디어의 기

---

3   예컨대 세 살 나무 회원은 게시글 수가 최소 500개, 댓글 수는 최소 2천 개가 있어야 한다. 포놀에서 공동구매를 주도할 수 있는 회원은 최소한 세 살 나무 등급이어야 하며, 물건 판매를 위한 글을 게시할 수 있는 회원은 최소한 두 살 나무 등급이어야 한다.

술적 속성만으로 설명하는 데 그치지 않고, 포항의 대표 온라인 공동체로서 어떻게 지진이라는 재난에 함께 맞서 헤쳐 나가고자 했는지 포놀의 사회적 역할에 초점을 두고자 한다.

포항지진의 본진과 수백 차례 여진으로 인해 거주자들은 물질적, 신체적, 정신적 피해를 입었으며, 이러한 피해의 영향력은 전국적이지 않았고, 포항이라는 인구 50만의 중소도시 지역에 매우 국한되어 나타났다. 이러한 공간적 제한은 포항사람들의 생각에 큰 변화를 가져왔는데, 그것은 바로 각양각색의 여러 개인들 중 하나일 수 있는 '나'에서 공동운명에 처한 '우리'로의 인식전환을 겪게 되고, 내가 속한 우리 집단의 이해관계, 위상, 복지 등을 중요하게 여기게 되었다는 것이다(Turner, Hogg, Oakes, Reicher, & Wetherell, 1987). 지진 때문에 포항사람들은 '우리'라는 집단정체성을 강하게 갖게 되었지만, 동시에 이 정체성에 큰 위협을 느끼게 되는 상황과 맞닥뜨린다. 이러한 위협은 지진발생 이후 포항 밖의 다양한 집단들, 즉 지진의 영향을 받지 않은 집단들과 접촉하고 소통하면서 증폭되었고, 포항 내 '우리'와 포항 밖 '그들'이라는 집단 간 구분이 등장하게 된다.

이 글에서는 '우리'와 '그들'의 관계를 탐색하는 집단정체성 이론 Social Identity Theory(Tajfel, 1974; Tajfel & Turner, 1979), 그리고 개인인 '나'에서 집단인 '우리'로의 인식전환 과정을 설명하는 자기범주화 이론Self-categorization Theory(Turner et al., 1987)에 기반하여 지진발생 이후의 포놀 의존을 설명하고자 한다. 포항사람들이 지진발생 이후 어떻게 본인들을 서로 다른 수준의 '우리'로 범주화했으며, 각 '우리'에 대응되는 '그들'로부터 어떻게 집단정체성에 위협을 느꼈는지, 그리고 다양한 유형의 지각된 위협이 어떻게 포놀에 대한 의존의 강화를 이끌었는지 탐색한다. 이와 함께 재난 당시 포놀에 대한 의존이 높아지게 된 여러 요인들과, 의존으로 인해 나타난 결과로서 재난 시티즌십, 동시에 불가피하게 등장한 집단 내 갈등 및 경쟁의 부상을 다루도록 한다.

2. 자료수집 방법

이 글은 다음과 같은 양적, 질적 방법으로 수집된 자료에 기반하여 작성되었다. 첫째, 모두 여성인 포놀 회원들을 대상으로 2019년 9월에 실시한 온라인 설문조사이다. 조사시점을 기준으로 2년 이상 포항에 거주한 회원들이 설문에 참여했다. 총 530명 응답자들의 평균나이는 36세(표준편차 = 4.54)였다. 참가자들 중 76%가 네 개로 구분된 회원등급 중 두 살 나무에 해당됐고, 90%가 결혼을 해서 자녀가 최소 1명 이상이었다. 거의 대부분의 응답자들이(99%) 스마트폰의 앱을 구동하여 포놀에 접속하는 것으로 나타났다. 둘째, 15명의 회원들을 대상으로 2018년 11월과 12월에 걸쳐 개별 심층인터뷰를 실시했다. 참가자들의 평균나이는 37세(표준편차 = 6.77)였고, 아이(들)를 키우는 주부가 13명이었다. 인터뷰에 소요된 시간은 평균 1시간 30분 정도였다. 셋째, 지진 이후 포놀에 등록된 지진관련 게시글과 댓글 등을 참여 관찰하였다. 특히 포놀은 포항지진과 지열발전소의 상관관계에 대한 논란이 불거진 직후인 2017년 11월 24일부터 지진관련 뉴스 및 의견을 공유하기 위해 '포항지진 대책' 게시판을 포놀 내에 만들어 운영한 바 있다.

3. 지역 기반 소셜미디어로서의 '포놀' 의존 요인들

앞서 언급한 설문조사 결과를 살펴보면, 지진발생 이후 포항사람들의 다양한 매체이용의 정도와 범위가 넓어진 것으로 보인다. 포놀 회원으로 응답자가 제한되어 있기는 하지만, 경북 및 포항 기반의 지역언론, 지역 기반의 카카오 단톡방 및 밴드, 트위터나 페이스북 등의 소셜미디어, 포항지역 관공서 소식지 등의 이용이 지진 이후에 소폭 늘어난 것으로 보고되었다. 특히, 중앙언론의 이용은 지진 전과 비교하여 거의 차이를 보이지 않았으나, 포놀의 이용은 지진 이후 가장 큰 폭으로 증가했다. 관련하여 주목할 만한 결과는 530명의 포놀 회원이 참가한 설문조사에서 응답자들 중 85%가 유사 규모의 지진이 포항에 재발생할 경우 포놀을 '매우 적극적' 혹은 '적극적'으로 이용할 것이라고 보고한 점이다. 이처럼 재난 이후 포놀 이용의 증가 그리고 회원들의 높은 만족감을 이해하기 위해서는 포항지진을 둘러싼 지정학적 맥락을 짚어야 한다. 이어지는 글에서는 포항지진의 특수성, 즉 ① 지진이 서울 및 수도권 혹은 광역시가 아닌 중소 규모의 지방 도시에서 발생한 점, ② 포항이 정치이데올로기적으로 강한 보수성을 띠는 지역이라는 점, ③ 재난피해의 영향력이 전국적이지 않고 포항시에만 제한되어 있었다는 점(김철식, 이 책의 6장) 등이 포놀에 대한 의존과 어떠한 역학관계가 있는지 서술하고자 한다.

1) 전통 매체와 인터넷 뉴스의 한계: 실시간 재난정보의 부재

"뉴스에 보도되는 것은 이미 과거다." 지진은 재난 중 가장 보도하기가 까다로운 것으로 알려져 있다. 언제, 어디서, 어느 정도의 규모로 일어날지 알 수 없기에 태풍처럼 뉴스를 통해 미리 경고하는 것은 불가능하다. 지진발생 지역에 있는 사람들을 보호하기 위해서는 지진발생과 동시에 지진임을 알려야 하고 진앙지, 규모, 여진, 대피요령 등의 정보제공이 거의 '실시간'으로 이뤄져야 한다. 하지만, TV, 라디오, 신문 등의 전통 매체는 물론, 포털 등 인터넷 뉴스 역시 지진이 발생한 후 어느 정도 시간이 흐른 후에야 한 줄 헤드라인 속보로 지진의 규모와 위치를 알린다. 인터뷰 결과에 따르면 뉴스에 보도되는 내용은 이미 '과거'이므로 해당정보는 당장 지진을 겪고 있는 사람들에게는 유용하지 않게 여겨지는 특성이 있다.

특히 포항이나 경주 등 중소 규모의 지방 도시에서 발생한 지진의 경우, 서울 기반의 중앙언론(MBC/SBS/KBS 등의 지상파, JTBC 등의 종편, YTN 등의 케이블)에 신속하고 정확하게 보도되기 어렵다.

지진이 난 직후에도 대부분의 중앙언론 채널에서는 예정되어 있던 프로그램을 그대로 방영한다. 지진발생 지역에 있는 사람들에게는 당시의 실시간 정보가 중요하기 때문에 그들 스스로가 메시지를 만들고 교환할 수 있는 트위터, 페이스북 등의 소셜미디어 플랫폼이 유용할 수 있다. 특히 포항지진의 경우 그 피해가 포항지역에 국한되었기에 포항에 기반한 온라인 커뮤니티인 포놀의 이용이 증가했다고 볼 수 있다. 지진 당시 이미 6만 명의 회원을 확보하고 있던 포항지역의 최대 규모 온라인 커뮤니티였기 때문에, 회원들은 각 행정동에서 지진 때문에 어떠한 일이 벌어지고 있는지 실시간으로 정보를 주고받을 수 있었다. 특히, 수백 차례의 여진들 중 2.0 미만의 미소지진의 경우, 재난문자가 오지 않고, 문자가 오더라도 늦는 경우가 많기 때문에 작은 진동에도 트라우마에 시달렸던 포항 거주자들에게 지역 기반의 실시간 정보교환이 가능했던 포놀의 이용은 매우 유용했던 것으로 파악되었다.

2) 중심과 주변: 중앙언론에 대한 적대적 지각

전통 매체나 인터넷 뉴스가 지진관련 정보 욕구를 실시간으로 충족시키기 어려운 물리적 한계가 있지만, 좀더 주목할 점은 해당매체들 중 특히 '서울'에 기반을 둔 중앙언론의 포항지진 보도에 대한 포항 사람들의 부정적 인식이다. 내·외집단의 구분 및 이들의 역학을 탐색한 집단정체성 이론과 '나'에서 '우리'로 전환되는 동학에 주목한 자기범주화 이론을 빌려 왔을 때(Tajfel, 1974; Tajfel & Turner, 1979; Turner et al., 1987), 포항지진은 포항사람들에게 운명공동체로서의 '우리'라는 집단정체성을 두드러지게 각인시켰다. 이러한 '우리'의 관점에서 포항지진관련 뉴스를 전달하는 중앙언론들을 바라보았을 때, 경북 및 포항에 기반한 지역언론들은 내집단(〈경북일보〉, 〈영남일보〉 등) 그리고 서울에 기반한 중앙언론은 외집단으로 범주화된 것으로 보인다. 대한민국의 중심 '서울' 특별시와 중소 규모의 '지방' 포항시라는 대항은 외집단 정보원으로서 중앙언론이 내보내는 포항지진 보도에 대한 불신과 불만족을 가중시킨 것으로 보인다. 이처럼 포항사람들이 서울 기반 중앙언론의 포항지진 보도에 대해 비호의적으로 인식하는 현상은 언론학에서 다루는 적대적 매체지각hostile media perception (Perloff, 2015; Vallone, Ross, & Lepper, 1985) 개념으로 설명 가능하다. 어느 한쪽에 치우치지 않은 중립적 언론보도라 하더라도, 뉴스를 보도하는 정보원을 외집단으로 인식할 경우 내집단 사람들은 해당보도를 본인들에게 호의적이지 않다고 인식하는 경향이 있다(Reid, 2012). 포항사람들이 포항지진에 대한 중앙언론 보도를 적대적으로 지각하는 이유를 다음 몇 가지로 나누어 생각해 볼 수 있다.

(1) "서울 아니면 다인가?"(서울에서 지진이 났어도 이랬을까)

중앙언론에서 포항지진을 충분히 그리고 연속성 있게 다루지 않고 있다는 인식이다. 통상 적대적 매체지각을 다룬 기존연구의 경우 보도의 '내용'이 호의적이지 않다는 점에 초점을 두고 있으나, 보도의 빈도나 길이 등으로 미루어 보았을 때 매체에서 해당내용을 중요하지 않게 다뤘다는 점으로 확장시켜 적용해 볼 수 있다. 5. 4 규모의 본진 이후에 수백 차례 여진이 반복될 때 중앙언론에서는 충분한 시간과 지면을 할애하지 않고 관련 이슈가 생길 때만 '반짝' 보도한다는 인식이다. 이처럼 포항지진을 중앙언론에서 중요한 의제로 설정하지 않는다는 인식은 나아가 큰 규모의 도시인 서울이나 광역시 등을 가능한 준거집단으로 떠올리게 하고(Floger & Martin, 1986), "서울에서 지진이 일어났어도 이렇게 보도했을까"라는 집단 간 비교 intergroup comparison를 하게 한다(Turner, 1975). 특히 사회적 위상이 상대적으로 낮은 집단에서 적대적 매체지각에 더욱 민감한데 (Hartmann & Tanis, 2013), 포항이 서울보다 사회적 위상이 낮다고 생각하는 포항 거주자일수록 중앙언론에 대한 적대적 인식은 높아질 수 있다.

(2) "여진으로 인한 피해 없다? 내 심장이 내려앉는다."
외집단이 전하는 메시지에 대한 적대적 지각이 높음을 고려할 때, 중앙언론에서 내보내는 포항지진관련 보도에 대해 포항사람들은 신뢰하지 않는 경향을 보였다. 그들 입장에서 보자면, 지진관련 속보도 발생시각을 기준으로 늦게 내보내고, 지진 규모도 반복 수정된다. 불신의 또 다른 이유는 전체 이야기the whole story가 아니라는 것이다. 예컨대, "4. 2 여진 발생, 피해 없을 것으로 예상"과 같은 속보

보도의 경우, 실제 작은 여진에도 트라우마에 시달리는 포항사람들은 "내가 느끼는 정신적 피해가 이렇게 큰데 '피해 없다'는 식으로 남의 이야기를 하는 듯"한 보도라 여긴다. 결국 내가 경험한 것을 중앙언론에서 충분히 담아내지 못하고 축소한다고 여기게 된다. 포항사람들의 중앙언론에 대한 불신은 해당언론이 서울에 기반한 외집단이라는 인식에 기인하므로 집단정체성의 시각으로 해석할 필요가 있다(Tsfati & Peri, 2006).

(3) "(중앙언론의) 뉴스에는 내가 원하는 정보가 없다."

중앙언론에서 다루는 포항지진 뉴스는 포항사람들을 위한, 포항사람들이 필요로 하는 구체적 정보가 아니기에 유용하지 않다는 인식이다. 중앙언론에서는 포항지진의 여파로 예컨대 서울이 얼마나 흔들렸는지, 포항사람들이 얼마나 두려움에 떨었는지 등에 대해 보도하지만, 이는 포항사람들에게 직접적으로 도움이 되는 정보가 아니라고 여겨진다. 특히 지진발생 이후 여진이 계속되는데 앞으로 어떻게 여진 등에 대비해야 하는지에 대한 방향성이나 행동요령도 일반적인 수준의 정보만 있을 뿐 구체적 지역맞춤 정보는 찾기 어렵다는 것이다.[4] 경북 및 포항 기반의 지역언론이 재난 대비 측면에서 상대

---

4 재난보도 준칙에 따르면 언론보도는 재난지역에 있는 사람들에게 구체적 행동요령을 알려줘야 한다. 해당준칙에 중앙언론과 지역언론이 구분되어 있지 않으나, 중소 규모의 지방 도시에서 발생했을 때 지역언론의 역할에 대한 구체적 세부준칙이 필요할 수도 있다.

적으로 지역에 맞는 유용한 정보를 제공할 수도 있고, 포항사람들 입장에서는 내집단이 제공하는 정보이기에 지역언론에 대한 적대적 지각은 중앙언론에 비해 낮을 수 있다. 하지만 여전히 포항사람들은 재난을 보도하는 중앙언론의 활약이 그들의 기대에 미치지 못했다고 인식한다. 중앙언론에서 제공하는 뉴스는 포항에서 발생한 재난을 효율적으로 대비하기 어렵게 하고, 따라서 유용하지 않다는 것이다. 일부 포놀 회원들은 "뉴스에는 내가 원하는 정보가 없다", "어느 순간부터 뉴스를 보지 않게 된다"고 말하기도 한다.

(4) "동해 해역의 지진을 왜 포항지진으로 보도하나?"

중앙언론의 포항지진 뉴스가 포항을 부정적으로 묘사한다는 인식이다. 중앙언론에서 직접적으로 포항에 대해 모욕을 주거나 명시적으로 부정적 묘사를 하지 않더라도 건물이 무너지는 피해장면, 이재민의 감정에 북받친 울컥하는 모습 등의 반복노출은 해당지역에 상징적 위협을 암시적으로 줄 수 있다고 여긴다. 즉, 포항사람들 입장에서 보자면 매체의 영향력이 큰 중앙언론의 포항지진에 대한 부정적 묘사는 전국의 타 지역 사람들에게 큰 영향을 미치게 되고(Gunther & Schmitt, 2004; Gunther & Storey, 2003), 결국 지역평판이 손상된다는 것이다. 이러한 상징적 위협 이외에 동해 먼바다에서 일어난 지진을 '포항'지진으로 명명하여 보도하는 행태에 대해 일부 포항사람들은 "먼바다 지진을 포항시 도심이나 인근에서 난 것처럼 기사를 쓴다"며 불만을 표하기도 한다.

이처럼 포항지진이 서울 및 수도권 그리고 광역시가 아닌 중소 규모의 '지방' 도시에서 발생했기 때문에 포항사람들(우리) 대對 서울 기반의 중앙언론(그들)과 같은 집단 간 구분이 두드러지고 포항사람들의 중앙언론에 대한 적대적 매체지각을 높였다. 만약 서울에서 지진이 발생했다면 중앙언론이 포항지진처럼 적대적으로 보도하지 않았을 것이라는 집단비교를 통한 추측은 '우리'는 '그들'인 중앙언론으로부터 차별대우를 받는 집단이라고 지각할 가능성을 높였다. 비주류 소수집단이 주류 언론으로부터 지각한 적대감은 해당집단에 소외감을 가져다주는 것으로 알려져 있다(Tsfati, 2007; 민영, 2012). 따라서 포항사람들의 중앙언론에 대한 적대적 지각은 포항은 서울과 비교했을 때 차별을 받는 지역이며, 포항은 대한민국 전체에서 소외되는 곳이라는 인식과 연결될 수 있음을 시사한다.[5] 외집단으로 여겨지는 중앙언론과 달리 내집단으로 여겨지는 포놀에서 제공하는 지진정보에 대해 회원들은 훨씬 본인들에게 와 닿는다고 여겼다. 특히, 해당정보를 서로 공유하는 회원들은 내가 속한 공동체의 구성원들이기 때문에 공유된 정보에 대한 신뢰감이 높았을 것으로 보인다. 따라서 포놀이 제공하는 연대감은 중앙언론에서 지각된 소외감을 누그러뜨리는 데 도움을 주었을 것이며, 이러한 소속감 자원

---

5 중앙언론에 대한 적대적 지각은 반드시 포항이 아니더라도 다른 중소 지역 도시에서 재난이 발생했을 때도 유사하게 나타날 것으로 보인다(예: 2019년 강원도 속초시 등의 산불, 2016년 경주지진).

은 포놀 의존을 더욱 높였을 것으로 보인다.

3) 보수와 진보: 뉴스 댓글에 표출된 쌤통 감정으로 인한 상처

지방 중소 규모의 도시지역에서 지진이 발생했다는 점 외에, 이번에는 정치이데올로기적으로 보수성이 오랫동안 공고했던 포항의 특수성으로 인해 나타나는 현상을 살펴보고자 한다. 전통적으로 보수성이 강한 포항에 지진이라는 불운이 닥치자 포항 밖 타 지역 사람들 중 일부는 지진을 보도한 포털 및 인터넷 뉴스 댓글을 통해 공감과 위로 대신 '자업자득'이라는 반응을 보였다. 일부 포놀 회원들은 뉴스 댓글로 인한 '상처' 때문에 포항지진을 다루는 포털 뉴스는 보지 않는다는 인터뷰 결과도 있었다.

"**너희는 당해도 돼.**" 산업화 과정에서 수도권 및 영남지역은 경제적 수혜를 받았고, 호남을 비롯한 여타지역은 상대적으로 배제되었다는 지역 간 불평등 구조는 지역주의를 설명하는 주요 논의 중 하나였다(예: 최장집, 1996). 2014년 전국의 1,600명을 대상으로 실시한 설문조사 결과에 따르면, 절반 이상의 응답자들이 영남사람들의 기질로 그들이 갖고 있는 우월의식을 지목한 바 있다(김용철·조영호, 2015). 영남에 속하는 포항은 현재 야권인 국민의힘의 오랜 텃밭으로 지난 수십 년간 보수정권의 혜택을 받아왔다는 인식이 타 지역민들에게 아직도 남아 있다고 볼 수 있다. 특히 이명박 전 대통령의 생가가 포항에 있고, 포항의 15~18대 지역구 국회의원을 역임한 이상

득 의원은 그의 친형이었다. 하지만 지진이 발생한 2017년 당시는 문재인 대통령 집권시기였고, 이후 2018년 3월 이명박 전 대통령의 구속, 6월 전국지방선거에서 더불어민주당의 압승 등의 사건들이 있었다. 이러한 일련의 정치적 맥락에서 다음이나 네이버 포털의 포항지진관련 뉴스 댓글은 정치색을 띠며 샤덴프로이데Schadenfreude 감정의 표출이 두드러졌다. 독일어인 샤덴프로이데는 Schaden(상처)과 Freude(기쁨)의 합성어로, 타인의 불행으로부터 기쁨을 얻는 감정이다(Van Dijk & Ouwerkerk, 2014; Smith, 2013). 댓글에는 구체적으로 "(포항) 폭삭 망해라 ⋯ 10점대 지진 기대한다", "축 천벌", "하늘이 심판한 것", "쌤통이다", "자유한국당을 지지한 벌", "포항⋯ 한때는 특혜로 흥청망청했지?" 등의 내용이 있었다. 국내외 재난뉴스에 통상적으로 달리는 충격으로 인한 놀람, 슬픔, 연민 등의 댓글 반응과는 거리가 멀었다. 이러한 댓글을 단 사람들이 누구인지 명확하지는 않으나, 아마도 보수 정치집단에 대해 반감을 갖고 있었거나 혹은 샤덴프로이데와 부러움의 관계에 대한 문헌을 고려해 보았을 때(Feather, Wenzel, & Mckee, 2013), 포항이 속한 영남지역의 혜택을 시기 섞인 부러움으로 바라보았던 사람들로 추정해 볼 수 있다.

포털 뉴스 댓글을 통한 샤덴프로이데 감정의 표출은 보수성이 강한 당시 자유한국당의 텃밭 포항과 진보성향의 타지역이라는 상호 반대되는 정치이데올로기 집단 간의 이질적 관계를 두드러지게 만들었다. 샤덴프로이데 감정을 댓글로 표출한 사람들은 온전한 방관자로서 상대인 포항의 일에 전혀 관여하지 않았지만, 포항에 불운이 우연히 발생하면서 내가 그들보다 나은 상황이라는 안도감이 저절로 들 수 있다. 이는 샤덴프로이데의 기회주의적이고 수동적인 속성과 일맥상통한다(Leach, Spears, & Manstead, 2014). 따라서 포항지진이라는 불운을 "너희는 당해도 돼"라는 응당한 결과로 여겼으며, 댓글을 단 사람들은 '정의 실현'이라는 명목 아래 아무런 죄책감 없이 마음껏 통쾌함을 익명의 공간에서 상대 보복의 염려 없이 즐길 수 있었다(Smith, 2013; Spears & Leach, 2004).

하지만 샤덴프로이데 감정표출에 노출된 포항사람들은 더욱 집단정체성에 위협을 느끼게 된다. 통상 샤덴프로이데 감정의 은밀성으로 인해 명시적으로 표출되지 않는 경향이 있기에 대상자들은 상대의 샤덴프로이데 감정을 모르고 지나칠 가능성도 크다. 하지만, 포항사람들의 경우 쌤통 감정이 표출된 뉴스 댓글을 읽을 수 있었고, 나아가 댓글들을 포놀에 공유하며 속상함을 토로한 바 있다. 해당 댓글들을 접한 포놀 회원들은 "남의 불행을 너무 즐거워한다"고 언급하는 등, 샤덴프로이데 감정을 이해하고 있었다. 이념에 따른 집단 구분을 시사하는 반응도 있었다. 예컨대, "대한민국 국민을 이념으로 갈라놓고 있다", "지역감정이 이렇게 생기는구나 싶다" 등이다. 댓글을 읽고 느낀 부정적 감정을 쏟아내기도 했다. 예컨대 "이념이 맞지 않아 너희는 당해도 된다고 생각하는 거 너무 무섭다", "속상하다", "상처받았다" 등이다. 이 중 "상처받았다"는 언급이 가장 빈번했는데, 이는 재난상황이라면 당연히 받길 기대했던 타인들의 공감과 위로를 받지 못했기에 자신들이 대한민국 사회에서 덜 가치 있는 존재로 여겨졌기 때문으로 풀이된다. 상대로부터 상처를 받는다는 것은 그들과의 사회적 관계에서 내가 배제되었을 때 느끼는 감정(Leary & Leder, 2009)이므로 포항사람들의 소외감은 더욱 증폭될 수 있다. 이러한 반응 외에 "(댓글 단 사람들을) 딱히 반박할 수가 없다, 그래서 씁쓸하다", "화가 나면서도 할 말이 없다"고 언급한 포놀 회원도 있었는데, 이는 아마도 포항이 그동안 보수정권의 불공정한 수혜자였음을 포항사람들 스스로 인정할 수밖에 없다는 점을 시사한다. 이처럼 인터넷이나 포털 뉴스에 달린 샤덴프로이데 표출 댓글 때문에 회원들은 포털 뉴스를 피하고 더욱 포놀에서 제공하는 정보에 의존하게 됐다. 더구나 포놀은 댓글 때문에 속상하고 상처받은 감정을 상호 공유할 수 있도록 했고, 상처로 인한 소외감을 상호 공감하며 달래 주었던 것으로 보인다.

4) 지진을 겪지 않은 타지역 사람들과의 접촉: 공감과 사회적 지지의 부족

포놀에 의존하게 되는 마지막 요인으로 이번에는 지진으로 인한 스트레스와 트라우마를 겪었던 포항사람들이 지진을 겪지 않은 대다수의 타지역 사람들을 그들과 집단정체성을 공유하지 않는 외부집단으로 범주화하는 현상에 주목하고자 한다. 지진을 피하기 위해 잠시 대구, 부산, 울산, 수도권 등 친인척들의 거주지에 머물게 된 경우나 기존에 포항 이외에 여러 지역 사람들이 모인 단톡방 등에서 대화를 나눌 경우 포항사람들은 지진을 경험하지 못했던 사람들과 접촉하는 상황에 놓이게 된다. 이들과의 접촉을 통해 포항사람들은 다시 한 번 그들의 집단정체성에 위협을 느낀 것으로 보인다. 지진 관련 스트레스, 트라우마 회복에서 사회적 지지의 역할이 중요한데, 이때 지지를 주고받는 사람들 간에 집단정체성의 공유가 중요할 수 있음을 시사한다고 볼 수 있다.

"유난을 떤다." 재난으로 인한 정신적 피해를 회복하는 데 있어서 중요한 역할을 담당하는 사회적 지지는 개인적 차원보다는 공동체 수준에서 연구되어야 함이 강조된 바 있다(Hobfoll & de Vries, 1995). 예컨대, 특정 외부자극이 스트레스나 위협의 요소로 받아들여지기 위해서는 해당 자극과 관련하여 과거에 신체적, 정신적으로 피해를 겪은 경험이 있어야 하고, 사회적 지지를 주고받는 사람들이 해당 경험을 공유하고 있어야 한다(Haslam, Jetten, O'Brien, & Jacobs, 2004; Haslam & Reicher, 2006; Levine & Reicher, 1996). 서로 유사한 집단정체성을 공유하는 사람들끼리 사회적 지지를 주고받는 것은 정신건강 회복에 도움을 준다고 알려져 있다(Jetten, Haslam, & Haslam, 2012; 오혜영, 2016). 지진으로 인해 극도의 예민함, 두려움, 공포감, 소외감 등을 공유하고 있다면 더욱 그러할 것이다. 같은 포항사람들끼리는 이러한 부정적 감정을 누구나 갖고 있다고 생각하기에 서로 충분히 공감할 수 있지만, 지진을 겪지 않은 사람들과 접촉할 경우 공유점이 사라지게 되어 우리와는 다른 외부집단으로 인식하게 된다. 따라서 포항사람들은 외집단 사람들이 충분한 공감과 사회적 지지를 제공하지 않는 것으로 인식한다. 예컨대, 지진에 대해 "아, 별거 아니었나 보네"라고 언급하거나, 생활진동이나 소음에 크게 놀라는 모습에 대해서도 "유난을 떤다", "지나친 호들갑이다"라고 반응한다는 것이다. 포항사람들은 진동과 소음을 지진과 밀접히 연상하여 본인들에게 큰 위협으로 해석 및 평가하지만, 외집단은 그렇지 않다.

"그런 곳에서 어떻게 사느냐." 외집단의 공감과 사회적 지지의 부재는 포항지역을 지진의 도시나 안전하지 못한 도시로 범주화하는 현상과도 상통한다. 지진을 겪지 않은 외집단에 속하는 일부 사람들은 "그런 곳에서 어떻게 마음 졸이며 사느냐", "포항이요? 지진 난 곳이잖아요" 혹은 "포항을 떠야지", "이제 위쪽(서울)으로 올라와야 하는 것 아니냐"라고 반응한다고 한다. 이러한 반응에 대해 포항사람들은 자신의 집단정체성이 본인들의 의지와는 반대로 범주화된다고involuntary categorization 인식하는 것으로 보인다(Branscombe, Ellemers, Spears, & Doosje, 1999). 정상에서 벗어난 집단이라는 원치 않는 범주화는 더 나아가 포항이라는 도시가 다른 도시와 비교하여 갖고 있던 '긍정적 차별성positive distinctiveness'(Turner, 1975)이 사라질 수 있다는 위협을 느끼게 한다. 예컨대, 포항은 이제 더 이상 인근 대구나 부산 등에 비해 '집값도 저렴하고 아이들을 키우며 살기 좋은 도시'가 아닐 수 있다는 것이다.

이처럼 지진을 겪지 않은 사람들은 결국 나와 우리가 아닌 '그들'로 여겨졌다. 지진을 겪고 고충을 아는 사람들은 포항이 아닌 타지역, 타국에 있더라도 내집단에 속한다고 인식되며, 그들이 보내는 사회적 지지는 신뢰감 때문에 긍정적으로 받아들여지는 듯하다. 예컨대, 지진을 이미 한 해 전에 겪었던 경주지역에 거주하는 사람들이나 역시 잦은 지진을 겪는 재일교포들이 보내는 사회적 지지에 크게 공감하는 것으로 보였다. 이처럼 지진을 겪었던 사람들은 내집단으로 범주화되었고 그들이 사회적 지지를 보내는 경우, 신뢰와 연대를 바탕으로 포항사람들에게 좀더 든든한 위안을 준 것으로 보인다. 동일한 사회적 지지메시지라 하더라도 이를 제공하는 사람들이 지지를 받는 사람들과 집단정체성을 공유할 때 치유효과가 더 크다는 점을 알 수 있다(Haslam, Reicher, & Levine, 2012). 따라서 당시 포놀 회원 6만여 명이 공유했던 집단정체성은 신뢰가 바탕이 된 사회적 지지를 주고받는 밑바탕이 되었고, 이러한 공감은 포놀에 대한 의존을 더욱 촉진시켰다.

4. 지역 기반 소셜미디어 '포놀'에 대한 의존 양상

인터넷 등장 이전 시대, 즉 전통 대중매체인 TV, 라디오, 신문이 미디어 환경을 지배하던 시대에는 이것들이 재난관련 소식을 전하는 거의 유일한 정보원이었다. 그러므로 재난이 발생해서 혼돈과 불안의 정도가 증가하면 대중매체에 대한 사람들의 의존도dependency 가 함께 증가하였다(Kim, Jung, Cohen, & Ball-Rokeach, 2004;

Loges, 1994; Lowrey, 2004). 미디어체계 의존이론media system dependency theory은 이런 현상에 주목하면서, 재난 등으로 인한 사회적 불확실성 때문에 미디어 의존도가 증가하면 미디어가 개인에게 미치는 힘power, 즉 미디어가 개인의 인지적, 정서적 행동측면에 미치는 효과의 정도가 커진다고 예측했다(Ball-Rokeach, 1985). 미디어체계 의존이론은 미디어 의존도media dependency를 미디어가 개인의 삶에서 차지하는 비중, 즉 개인의 삶에서 다양한 목적들을 이루기 위해 미디어가 얼마나 유용한지의 정도로 설명한다(Grant, Guthrie, & Ball-Rokeach, 1991). 1990년대 중반 이후 인터넷과 소셜미디어가 등장하고, 미디어 환경에서 전통매체의 중요도가 상대적으로 낮아졌다. 새로운 미디어 환경에서 사람들은 재난정보원으로서의 우위를 보이는 인터넷이나 소셜미디어 등의 대안적 매체가 있을 경우, 전통매체보다 이러한 대안매체에 더 의존하는 경향을 보인다.

미디어체계 의존이론에서 개념화한 사람들의 다양한 목적은 개인적 그리고 사회적 수준에서 다음 세 가지로 나뉜다(Ball-Rokeach, 1985). 이해추구(나의 행동 돌아보기, 세상 돌아가는 일 알아보기), 방향설정(특정 서비스를 어디서 받을지 결정하기, 타인과 잘 소통하는 방법 알기), 그리고 일종의 긴장완화인 재미추구(하루를 보내고 나서 편히 쉬기, 친구들과 함께할 수 있는 것을 알아보기)가 그것이다. 여기에 덧붙여 최근 소셜미디어의 등장으로 자기표현 추구(생각이나 감정을 다른 사람과 나누기)의 목적이 추가된 바 있다(Kim & Jung, 2016).

앞에서 설명했듯이 포항사람들은 긴박한 본진 및 여진 상황에서 이미 기사화된 뉴스에서 제공하는 지진관련 정보는 그다지 유용하지 않다고 여겼고, 외집단에 속하는 서울 기반의 중앙언론은 지진관련 정보원으로서 신뢰하지 않았다. 따라서 재난을 겪고 있는 사람들은 대안적인 정보원을 찾아 나설 수밖에 없었다. 마침 6만여 명의 포항 거주자들이 가입되어 있었던 당시 포항 기반 최대 규모의 온라인 커뮤니티인 포놀이 대안적 매체로 부상하게 되었다. 많은 사람들이 지진 후 높아진 불확실성을 해결하기 위해, 그리고 공포나 불안의 부정적 감정을 누그러뜨리기 위해 포놀에 대한 의존도를 높여 왔다고 평가할 수 있다. 포항주민들이 보인 포놀에 대한 의존은 ① 포항지진에 대해 실시간으로 배타적 정보를 얻는 정보원으로서(이해 추구), ② 재난 대비에 필요한 맞춤형 고급정보를 얻는 통로로서(방향설정), ③ 불안, 공포 등의 정신적 피해를 완화하기 위한 사회적 지지를 주고받는 채널(생각과 감정의 공유를 통한 긴장완화)로서의 측면에서 나타난다.

1) 지진에 대한 이해 증가: 배타적 포항지진 정보 제공

"포놀이 제일 빨라요." 우선 포놀은 지진과 관련하여 배타적 정보를 제공하여 재난에 대한 이해를 도왔다. 예컨대, 지진이 발생했다는 소식은 재난문자보다 빠른 속도로 포놀에서 접할 수 있었다. 특히 수백 차례의 규모 2~3 혹은 규모 2 미만의 여진에 대한 실시간 정보를 가장 빠르게 얻을 수 있었던 매체가 포놀이었다. 지진에 민감해진 포놀 회원들은 "방금 흔들렸는데, 지진인가요?"라는 글을 게시하곤 했는데, "아닌 것 같아요", "바람 소리 아닌가요?" 등의 댓글들이 수십 개씩 달려 지진이 아님을 빠른 속도로 상호 확인해 주었다. 지진 발생이 맞다면, 회원들이 나서서 "쿵 소리 났다", "여기도 흔들렸다"라며 지진을 상호 확인해 주었다. 흔들림과 동시에 "방금 지진?"이라는 글이 게시되면 10여 분 전후로 조회 수는 1천 건이 훌쩍 넘어가는 것이 관찰되었다. 뿐만 아니라 지진의 규모를 추측하는 글들도 게시된다(예: "2.0인 것 같다", "2.5인 것 같다"). 특히, 글을 게시한 회원의 아이디는 포항 내의 구체적 행정동을 포함하고 있었기에 지진에 유용한 공간정보로 활용되었다. 예컨대, 2~3 규모의 여진과 미소지진의 경우 어느 지역이 많이 흔들렸는지 회원들의 게시글로 유추해 볼 수 있었다. 긴박했던 재난상황에서 지역의 대안매체였던 포놀은 일종의 '지진앱'으로서의 역할을 수행한 것으로 평가할 수 있다.

이처럼 속도와 공간에 기반한 정보의 '배타성'뿐만 아니라, 포놀 회원들 스스로 지열발전소와 지진의 상관관계, 중앙정부와 지자체의 대응, 시민관여 활동 등 지진과 관련된 광범위한 정보를 서로 공유했다. 포놀은 포항지진의 포털 사이트로서 기능하며 회원들의 지진에 대한 이해를 도왔다. 회원들은 중앙언론 등 외집단이 제공하는 정보를 불신하는 경향이 있었기에 상대적으로 신뢰할 수 있는 내집단 포놀에 대한 의존도를 더욱 높였을 것으로 보인다.

2) 지진 대비에 대한 방향설정 도모: 광범위한 고급정보 제공

"포놀이 있어 든든해요." 재난을 적극적으로 대비해야 했던 포항사람들에게 포놀은 지진발생 이후에도 혼란과 불안감을 줄여 줄 수 있는 방향타였다. 언제 또 발생할지 모르는 지진에 대한 대비방법 그리고 지진발생 후 처리해야 하는 절차나 복잡해진 의사결정에 대해 질문하고 답변을 구하며 상호 의논하는 모습을 보였다. 예컨대, 진앙지인 흥해에서 가까운 포항 북구에서 남구로의 이주, 포항 내 아파트 구매 여부, 지진보험 가입, 재산피해 접수 및 보상금 수령, 이재민 의료급여, 손해배상 소송, 지역 대피소 위치 등의 정보를 공유하며 의견을 주고받았다. 좀더 구체적으로 북구에 아파트를 구매해도 괜찮은지, 지진발생 전 이미 구입한 북구 아파트에 입주해도 안전할지, 지진보험을 어느 회사에 가입할 수 있는지, 피해보상 소송을 어느 단체를 통해 해야 하는지 등을 서로 질문했고, 답변들을 주고받았다. 특히 대다수의 포놀 회원들이 재난에 대응하는 보호자들의 입장이었기 때문에 어린 아이들을 키우는 엄마에게 맞추어진 재난준비 정보(액상분유, 베이비워터, 방재모자 등)를 상호 교환하여 재난 대비를 돕고자 했다. 포놀 안에 다양한 직업을 가진 사람들(토목/건축 전공자, 간호사 등), 일본어에 능통한 사람들이 있어 회원들에게 포항지진 맞춤 '고급'정보를 제공해 주었다. 이러한 포놀 정보는 "굉장히 포괄적이라서 의존을 하게 된다"는 한 회원의 언급처럼 재난으로 인한 혼란과 불안상황에서 발생하는 다양한 문제와 장벽을 어느 정도 통제하는 데 도움을 준 것으로 보인다.

3) 불안감 완화: 동병상련에 기반한 사회적 지지 제공

"(지진으로 인한 불안) 위로하고 위로받아요." 지진으로 인한 불안과 공포를 공유하는 일종의 운명공동체로서 포놀 회원들은 지진 이후 여진이 이어질 때마다 느껴지는 두려움에 대해 공유하며 동병상련의 모습을 보였다. "무서워서 잠이 안 와요, 지금 뭐 하세요?" 등과 같이 새벽(12시~5시)에 게시되는 글들이 5.4, 4.6 규모의 지진 이후 이어지는 여진 시기에 특히 많았다. 회원들끼리는 유사한 처지이기 때문에 공유할 내용이 많아서 마음의 안정을 얻는 데 상호 도움을 준 것으로 보인다. 특히 포놀 활동을 많이 하다 보면, 익숙한 아이디가 생기고 본인도 모르게 친밀감을 형성하게 되어 그들이 말하는 것이 더욱 와 닿는다고 한다.[6] 지진이 발생했을 때 태어난 지 얼마 되지 않은 아기와 함께 단 둘이 집에 머물러야 했던 한 회원에 따르면, 지진으로 두려움에 떠는 다른 회원들의 글을 읽고 댓글을 달면서 상대방을 위로했고, 또한 다른 회원들이 자신의 두려움을 위로해 주는 글을 읽으면서 많은 위안을 얻었다고 한다. 언젠가 다시 일어

---

6 포놀에서 게시글, 댓글을 쓴 회원 아이디를 클릭할 경우, 해당 회원이 가입 이후 그동안 등록한 게시글과 댓글 단 게시글을 모두 한눈에 파악할 수 있다. 또한 회원의 등급, 총방문 수, 총게시글 수, 총댓글 수도 회원 누구나 접근 가능하여 해당 회원의 활동역사를 알 수 있다.

날 수도 있는 지진에 대해서 포놀 회원들 사이에 큰 공감대가 형성되었고, 작은 진동에도 함께 두려워하면서 즉각 정보를 공유하고 "함께 이겨내자"며 주고받은 사회적 지지는 그래서 더 의미 있었고 신뢰감을 준 것으로 보인다. 한 회원은 "우리는 모두 포놀 전우"라고 표현하기도 했다.

이처럼 포놀은 지역 기반 온라인 커뮤니티로서 육아, 지역 맛집, 자녀교육, 물물교환, 공동구매 등에 관한 정보교환의 장으로서 주된 기능을 담당해 왔으나, 지진 이후 공동운명체로서의 집단정체성이 더욱 강화되면서 상세한 재난 대비방법 등 지진관련 광범위한 정보의 공유는 물론, 두려움과 공포에 대한 사회적 지지를 주고받는 폭넓은 공론장으로 확대되었다. 포항지진으로 촉진된 포놀에 대한 의존은 지진 이전에 볼 수 없었던 새로운 양상들을 보여주었다.

5. 지역 기반 소셜미디어, '포놀' 의존의 결과

1) 재난 시티즌십의 부상

미래의 재난에 대비하고, 재난피해를 입은 지역공동체를 재건하는 데 지역주민들의 적극적 참여는 필수적이다. 하지만 "시민들이 재난의 대비 및 대응과정에서 보여주는 적극적 참여의식과 행동"(이영희, 2014: 73)으로 정의되는 재난 시티즌십disaster citizenship은 집단행동의 문제collective action problem로부터 자유롭지 않다. 즉, 공동체를 위한 행동에 참여하는 데는 시간, 노력, 금전과 같은 즉각적이고 개인적인 비용이 들지만, 그 이익은 즉각적이지 않고 행동에 참여하지 않은 모든 개인들과 나눠 가지게 된다. 따라서 공동체를 위한 집단행동에 적극적으로 참여하는 것은 개인 차원에서는 그다지 합리적이거나 자연스러운 선택이 아닐 수 있다. 하지만 포놀에 대한 의존은 포놀 회원 간 활발한 상호작용으로 ① 포항시민으로서의 집단정체성의 강화, 지진의 원인과 복구과정에 대한 ② 분노의 공명, 그리고 운명공동체로서 재난에 맞서 포항을 변화시킬 수 있다는 ③ 집단자신감을 증폭시킨 것으로 보인다. 따라서 포놀로 대표되는 포항지역 기반 소셜미디어에 대한 의존은 포항시민 집단행동의 문제를 해결하고 적극적 시민참여를 이끌어낼 수 있다(노진철, 이 책의 1장; 김은혜, 이 책의 2장; 김용찬 외, 이 책의 4장; 김철식, 이 책의 6장).

(1) 포놀에 기반한 재난 시티즌십 모델

첫째, 포놀은 지진경험을 공유하는 지역공동체 주민 간에 시공간의 제약 없이 잦은 교류의 기회를 제공하고, 이를 통해 포항과 포놀에 대한 소속감을 고취시켜 재난 시티즌십을 촉진할 수 있었다. 포놀 회원들은 지진 관련뉴스 및 정보공유, 의견표출, 사회적 지지교환 등 적극적 활동을 통해 '포항맘'으로서 집단정체성을 좀더 깊게 내재화했을 가능성이 크다(Bem, 1972). 집단정체성의 내재화는 자신이

속한 집단의 중요성이 증가하고, 집단 내 다른 구성원들과의 유사성
을 더 많이 지각하는 과정으로 이해할 수 있다. 특히, 회원 간 상호
작용이 가능한 소셜미디어 플랫폼인 포놀을 통해 회원들은 지진관
련 글들을 게시하고 서로의 게시물에 대해 댓글 등으로 지지와 공감
의 반응을 보여줄 수 있다. 이러한 상호호혜적 행동을 통해 회원들
이 소속감을 유지, 강화시켰을 가능성이 있다. 또한 포놀 활동을 통
해 앞서 언급한 다양한 외집단을 지각하고, 외집단에 대한 공동의
대응을 논의하는 과정을 통해 사적인 자아보다는 공적인 자아가 더
욱 중요하게 부각될 수도 있다(Turner, 1982). 이러한 집단정체성
강화의 과정을 통해 포놀 회원은 해당 온라인 공간의 공동체를 구성
하는 사람들에 대한 신뢰감과 연대감을 강화하고, 포항을 변화시키
기 위한 행동에 적극적으로 참여할 수 있게 된다(Klandermans,
2002).

둘째, 포놀에 대한 의존은 포항지진과 관련해 회원들의 상대적
박탈감과 분노의 감정을 공명시킴으로써 재난 시티즌십을 강화할
수 있다. 특히 개인적 수준이 아닌 집단적 수준의 상대적 박탈감은
집단행동을 촉발할 가능성이 크다(Walker & Mann, 1987). 또한 불
안감anxiety과 달리 분노감anger은 자신들의 목적을 방해하는 분명한
대상이 있는 감정이고, 해당 방어물을 제거하기 위한 행동을 촉발한
다고 알려져 있다(Averill, 1983; Valentino, Brader, Groenenndyk,
Gregorowicz, & Hutchings, 2011). 포항지진의 경우, 지열발전소로
인한 '인재'라는 의혹이 지진발생 첫날부터 제기되었기 때문에(김기

홍, 이 책의 3장), 그에 대한 분노의 감정이 포항사람들 사이에 깊숙이 자리 잡고 있었다. 이후 포항지진을 지열발전소로 인한 '촉발지진'으로 밝힌 정부조사단의 공식발표로 포항사람들에게 이제 지진은 구체적 분노의 대상을 지목할 수 있는 인재로 받아들여졌다. 이러한 분노감은 포항지진과 관련된 적극적 집단행동을 촉발할 가능성을 더욱 높였다. 또한 지속적으로 누적된 포항사람들의 중앙언론에 대한 불신과 적대적 지각, 정부를 비롯한 책임 있는 기관의 미흡한 대처에 대한 불만은 포항사람들에게 "왜 우리가 이런 대접을 받아야 하는가"라는 분노감을 갖게 했다. 특히 이러한 분노감을 포놀에 공유했을 때, 다른 회원들은 공감과 지지를 보냈고, 이를 통해 포놀 회원들의 분노는 정당화되고 더욱 증폭되었다. 예를 들어, 지열발전소와 지진의 상관관계를 의심하는 뉴스보도를 공유한 게시물에는 "진짜 욕 나와요", "분노 폭발했어요", "정말 너무하네요", "너무너무 화가 나요", "포항에 산다는 것이 억울해요" 등 분노를 표출하는 댓글들이 줄을 이어 달렸다. 포놀 회원들은 내가 느끼는 분노를 다른 이들과 공유하고 있다는 점을 깨닫게 되고, 이를 통해 분노의 정당성에 대한 확신과 분노 표출을 더욱 강화시키는 결과를 낳았을 수 있다.

셋째, 포놀은 집합적 효능감collective efficacy을 고양시켜 재난 시티즌십을 강화시켰다. 집합적 효능감은 주민들이 공동의 문제해결을 위해 필요한 행동을 조직하고 실천에 옮길 수 있다는 판단과 믿음을 말한다(Kim & Ball-Rokeach, 2006; Duncan, Duncan, Okut, Strycker,

& Hix-Small. 2003; Sampson, Raudenbush, & Earls, 1997). 지진 이후 포항사람들은 부당한 대우를 받았다고 생각했고, 이런 차별에 대한 지각은 사회변화를 추진하고자 하는 원동력이 되었다. 특히 이 과정에서 포놀은 다수의 회원들이 적극 참여하는 일종의 유사 사회 운동조직처럼 움직였다. 포놀 내에서 모두가 적극적으로 그리고 자 발적으로 자신이 위치한 지역의 여진으로 인한 흔들림을 게시글을 통해 실시간으로 알리고, 재난준비에 필요한 광범위한 고급정보도 혼자만 알고 있지 않고 회원 모두와 적극 공유했다. 또한 지진과 관 련하여 새롭게 등장하는 광범위한 질문들도 외면하지 않고 적극적으 로 서로 답변해 주고, 미소지진에도 두려움에 떠는 사람들 그리고 지진 때문에 소외감을 느끼는 사람들에게 진심 어린 사회적 지지를 보냈다. 몇몇 적극적인 회원은 지진을 유발할 수도 있는 포항의 다 양한 사업들(지열발전소, 이산화탄소 매립 등)을 파헤쳐 줄 것을 언론 사에 제보했고, 이 사실을 포놀에 공유했다. 이러한 모습을 지켜보 는 회원들은 모두가 서로를 운명공동체처럼 여기며 포항이 안전한 도시로 거듭나기 위해 당면한 문제를 함께 해결하려고 노력하고 있 다는 점을 분명히 지각할 수 있었다. 이러한 포놀 회원들 간의 집단 응집성에 대한 지각은 "우리는 할 수 있다"는 집합적 효능감을 강화 하고 포놀 안팎의 적극적 시민참여 행동으로 이어졌을 가능성이 크 다. 이처럼 부당한 대우를 받으며 고통받고 있다고 생각하는 포항사 람들 간의 전략적 소통을 가능하게 했던 포놀의 '힘 돋우기 empowerment'는 재난 시티즌십의 부상을 가능케 했다.

앞서 논의한 바와 같이 포놀은 지진과 관련한 가장 빠른 정보를 제공함은 물론 더 나아가 포놀 회원들을 하나로 묶어 재난회복과 대비를 위한 집단행동을 강화하는 역할을 했던 것으로 보인다. 구체적으로 공적 자아를 부각시켜 소속감을 강화하고, 상대적 박탈감과 분노감을 공명할 뿐만 아니라, 집합적 효능감을 높여 재난 시티즌십을 촉진시키는 결과를 가져왔다(van Zomeren, Postmes, & Spears, 2008). 특히 재난상황에 놓인 포항맘이라는 비교적 평등한 관계를 바탕으로 하는 상호 유사성과 시공간 제약을 받지 않는 사회적 지지의 교환은 포항시민이자 포항맘으로서의 집단정체성을 표출할 수 있는 역량에 더욱 힘을 실어 준 것으로 보인다. 회원들은 포놀이 형성한 포항변화의 촉진에 대한 집단규범에 동조하여 재난 시티즌십에 적극 관여했다고 볼 수 있다.

(2) 포놀에 기반한 다양한 시민관여 양상과 한계

포놀 회원들은 지진발생 이후 다양한 재난 시티즌십 관련 행동을 보여 주었다. 'No 지열발전' 현수막 공동구매와 항의게시, 포항지진에 대한 자체 기자회견 등 언론활동, 지열발전소 폐쇄 서명운동과 같은 지진관련 집단행동에 활발히 나섰다. 포놀을 통한 집단행동은 다시 포놀에 게시되고, 실제 행동에 참여하지 않은 회원들도 댓글로 고마움과 지지를 표현했다. "응원합니다, 함께하지 못해 죄송해요", "직장 때문에 가지 못하지만 지켜볼게요", "못 가지만 주위에 많이 알릴게요, 화팅하세요" 등이 그 예시이다. 이런 과정을 통해 높아진 집단정체성과 집합적 효능감은 지진관련 집단행동에서 더 나아가 포항에서 진행 중인 다양한 환경운동으로 이어졌다. 예컨대, 바이오매스발전소 건립반대 운동, 항사댐 건립반대 운동, 생활폐기물 에너지화 시설solid refuse fuel 가동중단 운동 등이 그것이다. 또한 포놀 회원 중 일부는 포항시 환경운동연합과의 공조를 통해 조직화된 환경운동에 참여하기 시작했고, 포놀 게시판에 관련활동을 게시하는 등 영역을 확대하고 있다. 재난은 개인과 공동체의 삶을 황폐화하기도 하지만 시민들이 공동체의 일원으로서 정체성을 깨닫고 집단행동, 정치적 행동에 적극 참여하게 만드는 기회를 제공하기도 한다. 포놀은 거주지역과 지진의 경험을 공유하는 개인들에게 이러한 기회를 제공하는 긍정적 역할을 담당하는 것으로 보인다.

하지만 포놀을 통해 부상한 재난 시티즌십은 슬랙티비즘slactivism의 우려에서 자유롭지 못하다. 소셜미디어와 같은 온라인을 통한 각종 시민참여, 정치참여는 최소한의 노력을 들이는 행위로 개인의 자기만족을 높일 뿐 사회에 유의미한 변화를 일으키기 어렵다는 지적이 그것이다(Christensen, 2011). 예컨대 포놀에서 "우리 (항의) 현수막 해요, 빨리 붙여요"라며 공동구매 활동이 벌어졌고, 실제로 많은 회원들이 온라인상으로 해당 현수막을 구매할 의사를 표현했지만 실제로 돈을 입금한 사람들의 수는 상대적으로 적었고 돈을 입금한 후에도 배포를 시작한 현수막을 찾지 않은 회원들도 다수 있었다고 한다.

2) 집단 간 갈등과 경쟁

위에서 살핀 것처럼 재난 이후 포놀에 대한 의존은 시민관여를 높였으나 한편으로는 포항 내 북구 및 남구의 지역갈등과 경쟁을 부추기기도 했다. 지진발생 후 2년 넘게 지속된 여진의 체감 여부, 지진에 대한 위협과 트라우마의 정도, 지진으로 인한 부동산 값 폭락에 대한 민감도 등에 있어서 같은 포항지역 내에서도 북구와 남구 간 차이가 있었다. 실제 포스텍 융합문명연구원이 지난 2018년 포항지진 1주년을 맞아 포항시민들을 대상으로 실시한 설문조사(n = 500) 결과에 따르면, 대다수의 응답자(81%)가 정신적 피해를 호소했지만, 남구보다는 북구에서 그리고 남성보다는 여성이 좀더 피해를 겪었다고 응답했다. 특히 지진 트라우마 고위험군에 해당되는 외상후스트레스장애 가능성을 보인 응답자들은 42%였고, 역시 마찬가지로 북구 거주자들 그리고 여성이 좀더 큰 스트레스를 받은 것으로 나타났다(박효민, 2018).

　"(지진) 느끼지 못했으면 댓글 달지 마세요." 지진에 대한 트라우마 정도의 차이는 포항 내에서도 북구와 남구지역 거주자들의 집단정체성을 구분하는 계기가 되었다. 즉, 포항 對 타 지역(서울/수도권/광역시)의 범주화에 이어 포항 내에서 다시 북구 對 남구의 좀더 세분화된 범주화가 나타난 것이다. 이처럼 지진을 겪은 집단 내에서 또 다른 층위의 범주화는 미소지진의 흔들림 여부를 포놀에 공유할 때 나타났다. 진앙지인 흥해는 북구에 위치해 있고, 2.0 미만이나 초반대의 여진의 경우 진앙지에서 멀어질수록 느끼기 어렵다. 북구 지역 거주자들은 지진에 훨씬 민감한 상황이기 때문에 조금만 흔들림이 감지되어도 "방금 흔들렸어요, 너무 무서워요" 등의 게시글을 올리게 되고 불과 몇 분 사이 "저도 느꼈어요" 혹은 "또 시작인가요" 등 수십 개의 동조댓글들이 달린다. 하지만, 이러한 동조를 깨뜨리는 댓글도 등장하게 된다. 예컨대, "누워 있는데 못 느꼈어요", 혹은 "북구 분들 어떡해요"가 그것인데, 대개 남구지역 회원들의 댓글인 경우가 많다. 동조를 표현하지 않는 댓글에 대해 "느끼지 못했으면 댓글을 달지 말라"거나 "부동산 때문에 느꼈는데도 못 느꼈다고 하는 것 아닌가"라는 다소 날이 선 북구지역 회원들의 댓글이 이어지는 경우도 있다. 미소지진을 느끼는지 혹은 느끼지 못하는지의 여부에 따른 북구·남구의 갈등은 지역 간 상호경쟁으로 나아가기도 한다. 예컨대, 지진 때문에 무서워서 "저 드디어 (북구에서) 남구로 이사가요"라는 글이 포놀에 게시되면, "저도 가고 싶어요" 혹은 "부러워요"라는 북구 회원의 댓글이 달린다. 이에 북구 회원들은 남구의 좋지 않은 점을 부각시켜 대응한다. 예컨대, 북구는 이제 응력이 풀렸지만 남구는 그렇지 않아 지진이 발생할 가능성이 높다고 말하거나, 남구는 공장폐기물 처리 등으로 냄새가 심한 단점이 있다고 맞선다.

"(아파트에) 실금 하나 없어요." 포항 내 타 지역의 단점을 부각시키기도 하지만, 자신이 살고 있는 지역이나 거주지의 안정성을 강조하는 경향도 있다. 그 이유 중 하나가 바로 자신의 재산과 직결되는 부동산 가격이 하락하는 것을 막기 위함이다. 포항지진 이후 아파트 및 주택가격의 하락으로 집을 소유하고 있는 사람에게는 당장의 재산손실이 발생했고, 이로 인한 심리적 위협도 가중되었다. 특히 북구지역은 신도시와 새로 지은 아파트들이 밀집되어 있어 부동산 소유자들의 타격이 더 컸다고 할 수 있다. 지진 때문에 특정 아파트가 손상된 사진을 누군가 포놀에 공유할 경우, "이미지가 실추된다", "아파트값 떨어지니까 빨리 내리라"고 다른 회원들을 종용한 경우가 있었다. 더 나아가 재산손실을 막기 위해 경쟁적으로 자신들이 거주하는 지역의 안전성을 강조하는 글들이 게시되곤 했다. 예컨대, "우리 집은 멀쩡해요", "작은 액자 하나 쓰러져 있고, 실금 하나 없어요", "그릇 하나 안 깨졌어요" 등으로 대응했다. 하지만 이후 주민센터에 지진피해 신고를 할 경우 일정금액(약 1백～2백만 원)의 보상금을 지급한다는 발표 이후 갑자기 "많이 부서졌다"고 말을 바꾼 경우도 있었다고 한다. 또한 보상금을 "공돈(애쓰지 않고 공으로 얻은 돈) 받았다" 혹은 "해외여행을 했다"고 게시하는 일부 회원들 때문에 실제 지진피해 때문에 힘들어하는 사람들이 민감해져 상호 간의 갈등이 표출되기도 했다. 남구 및 북구지역과 관계없이 피해보상금이 공정하고 일관적으로 이뤄지지 못했다고 성토하는 게시글도 빈번했다.

이처럼 남구와 북구를 구분 짓고, 상호 간에 다소 적대적으로 보일 수 있는 갈등의 표출은 포항 내 집단 간 비교로 인한 상호경쟁으로 설명될 수 있다. 경쟁의 목적은 지진으로 타격을 입은 포항 내의 제한된 자원을 좀더 갖기 위함이다. 이를 위해 포항 내에서 그들과 우리를 다시 구분하여 거리를 두는 것이다. 지진으로 인해 포항 전체의 평판이 손상되었는데, 남구, 북구사람들은 서로 지진 이전의 평판을 회복하여 다시 안전하며 아이 키우기 좋고 살기 좋은 지역이라는 명성을 되찾고 싶었을 것이다. 따라서 상대적으로 남구, 북구를 상호 비교하여 서로 좋은 점들을 부각시켜 포항지역의 한정된 자원을 좀더 갖고 싶은 동기가 표출된 것으로 보인다. '그들'보다는 '우리'가 차별화되는 장점을 보유할 수 있어야 하기 때문이다. 남구 및 북구는 어찌 보면 포항 내의 "동일자원을 두고 경쟁하는 부정적 상호의존성"(Brewer, 2001: 28)에 갇혀 있는 모습으로서, 지진으로 손상된 집단정체성의 회복을 위해서는 각자 상대방의 희생이 불가피했던 것으로 보인다. 재난으로 인해 상호 간에 사회적 지지를 주고받은 포놀 내의 규범과는 사뭇 다른 모습이다.

6. 나가며

이 장에서는 포항지진이라는 재난상황에서 포놀 의존을 이끈 요인들은 무엇이며, 포놀 의존은 어떠한 양상으로 나타났는지, 또한 포놀 의존은 어떠한 결과를 가져왔는가를 탐색했다. 포놀이 실시간 정보를 이용자들끼리 주고받을 수 있는 지역 기반 소셜미디어라는 플랫폼의 특성을 가지고 있었기에 사람들이 재난상황에 좀더 의존했을 수 있다. 하지만 이러한 기술적 특성보다 좀더 주목할 점은 포놀이 지진으로 유사한 처지에 놓인 회원들이 겪었던 두려움, 소외감, 억울함 등을 상호 간의 연대에 기반한 사회적 지지의 교환을 통해 누그러뜨릴 수 있는 공론장의 역할을 수행했다는 것이다. 지진발생으로 지역평판에 손상을 입은 포항이라는 도시에 거주하면서 포항 사람이라는 집단정체성에 큰 위협을 느꼈지만, 회원들 상호 간에 '포항은 다시 살기 좋은 도시가 될 것'이라는 기대와 희망, 그리고 이를 실현하고자 하는 단합된 집단 실천력을 보여 주면서 포항 거주자로서의 정체성, 더 나아가 집단자존감을 회복해 나갔다고 평가할 수 있다. 장기적 연구설계가 필요할 수 있으나, 지역 기반 미디어 (포놀) 이용 그리고 지역정체성의 관계는 포항지진 발생 이후 시간이 흐름에 따라 누적되며 서로가 서로를 강화시킬 수 있는 관계 reinforcing spirals model였을 것이다(Slater, 2007). 즉, 포항지진 발생으로 포항사람들은 그들의 집단정체성이 중요해졌고, 중앙매체보다는 지역 기반 소셜미디어인 포놀에 의존했다. 높아진 포놀에 대한 의존은 다시 포항 거주자로서의 집단정체성 강화로 이어졌을 가능성이 크다.

재난 시 포놀 의존에는 긍정적인 점도 있었지만, 한계점이 있다는 점도 짚고 넘어가야 할 것이다. 포놀의 개방성이 다소 제한적이기 때문에 포항지역 소식을 얻기 위해 오로지 포놀만을 배타적 매체로 이용하는 회원들의 경우, 지역의 이익에 반할 수도 있는 새로운 생각에 충분히 열려 있지 않을 수 있고, 외부집단에 대한 적대감을 강하게 가질 염려가 있다. 회원들의 집단동질성이 매우 높기 때문에 다른 사람들도 모두 포놀 회원처럼 생각한다는 오류에 빠질 수도 있고, 회원 대다수가 엄마의 사회적 역할을 갖고 있기에 그들의 관여도가 높은 자녀관련 문제에 대해서는 유사의견만이 반복적으로 증폭, 강화되어 극단주의로 흐를 수도 있다. 익명성으로 인한 마녀사냥이나 편 가르기 등 재난 이후 지역민들 내의 갈등원인을 제공하기도 한다. 포항지진이 발생한 이후 포놀은 포항시나 중앙정부가 아닌 지역민들 스스로가 재난 거버넌스의 주체로서 활약했다고 평가할 수도 있으나, 지역 재난으로 인해 지역민들이 중앙-지역 매체를 분리하여 인식하고 중앙언론에 대해 적대적 태도를 갖는 것은 진정한 사회통합에 도움이 되지 않을 수도 있다.

참고문헌

김용철 · 조영호(2015), "지역주의적 정치구도의 사회심리적 토대: '상징적 지역주의'로의 진화?", 〈한국정당학회보〉, 14(1): 93~128.

민영(2012), "이주 소수자의 미디어 이용, 대인 커뮤니케이션, 그리고 적대적 지각: 북한이탈주민의 심리적 적응에 대한 탐색", 〈한국언론학보〉, 56(4): 414~438.

박효민(2018), "사회조사로 살펴본 포항지진의 트라우마", 〈포항지진 1년: 지금도 계속되는 삶의 여진〉, 1~18, 포항: 포스텍 융합문명연구원.

오혜영(2016), "재난에서의 집단 트라우마와 지역공동체 탄력성", 〈한국심리학회지: 상담 및 심리치료〉, 28(3): 943~969.

이영희(2014), "재난 관리, 재난 거버넌스, 재난 시티즌십", 〈경제와 사회〉,

104: 56~80.

최장집(1996), "이데올로기로서의 지역감정", 〈한국 민주주의의 조건과 전망〉, 387~409, 서울: 나남.

Averill, J. R. (1983), "Studies on anger and aggression: Implications for theories of emotion", *American Psychologist*, 38: 1145~1160.

Ball-Rokeach, S. J. (1985), "The origins of individual media-system dependency: A sociological framework", *Communication Research*, 12: 485~510.

Bem, D. J. (1972), "Self-perception theory", *Advances in Experimental Social Psychology*, 6: 1~62.

Branscombe, N. R., Ellemers, N., Spears, R., & Doosje, B. (1999), "The context and content of social identity threat", in N. Ellemers, R. Spears, & B. Doosje(Eds.), *Social Identity: Context, Commitment, Content*, 35~58, Oxford, UK: Blackwell Science.

Brewer, M. B. (2001), "Ingroup identification and intergroup conflict: When does in-group love become outgroup hate?" in R. D. Ashmore, L. Jussim, & D. Wilder(Eds.), *Social Identity, Intergroup Conflict, and Conflict Reduction*, 17~41, New York, NY: Oxford University Press.

Christensen, H. S. (2011), "Political activities on the internet: Slactivism or political participation by other means?", *First Monday*, 16(2). Retrieved from http://firstmonday. org/article/view/3336/2767

Duncan, T. E., Duncan, S. C., Okut, H., Strycker, L. A., & Hix-Small, H. H. (2003), "A multilevel contextual model of neighborhood collective efficacy", *American Journal of Community Psychology*, 32(3/4): 245~252.

Feather, N. T., Wenzel, M., & McKee, I. R. (2013), "Integrating multiple perspectives on schadenfreude: The role of deservingness and emotions", *Motivation and Emotion*, 37: 574~585.

Folger, R., & Martin, C. (1986), "Relative deprivation and referent cognitions: Distributive and procedural justice effects", *Journal of Experi-*

mental Social Psychology, 22: 531~546.

Grant, A. E., Guthrie, K. K., & Ball-Rokeach, S. J. (1991), "Television shopping: A media system dependency perspective", *Communication Research*, 18: 773~798.

Gunther, A. C., & Schmitt, K. (2004), "Mapping boundaries of the hostile media effect", *Journal of Communication*, 54: 55~70.

Gunther, A. C., & Storey, J. D. (2003), "The influence of presumed influence", *Journal of Communication*, 53: 199~215.

Hartmann, T., & Tanis, M. (2013), "Examining the hostile media effect as an intergroup phenomenon: The role of in-group identification and status", *Journal of Communication*, 63: 535~555.

Haslam, S. A., Jetten, J., O'Brien, A., & Jacobs, E. (2004), "Social identity, social influence and reactions to potentially stressful tasks: Support for the self categorization model of stress", *Stress and Health: Journal of the International Society for the Investigation of Stress*, 20: 3~9.

Haslam, S. A., & Reicher, S. (2006), "Stressing the group: Social identity and the unfolding dynamics of responses to stress", *Journal of Applied Psychology*, 91: 1037~1052.

Haslam, S. A., Reicher, S. D., & Levine, M. (2012). "When other people are heaven, when other people are hell: How social identity determines the nature and impact of social support", In Jetten, J., Haslam, C., & Haslam, S. A. (Eds.), *The Social Cure: Identity, Health and Well-Being*, pp. 157~174, New York, NY: Psychology press.

Hobfoll, S. E., & deVries, M. W. (Eds.) (1995), *Extreme Stress and Communities: Impact and Intervention*, New York: Kluwer Academic/Plenum.

Jetten, J., Haslam, S. A., & Haslam, C. (2012). "The case for a social identity analysis of health and well-being", In Jetten, J., Haslam, C., & Haslam, S. A. (Eds.), *The Social Cure: Identity, Health and*

Well-Being, pp. 3~19, New York, NY: Psychology press.

Kim, Y. C., & Ball-Rokeach, S. J. (2006), "Community storytelling network, neighborhood context, and civic engagement: A multilevel approach", *Human Communication Research*, 32: 411~439.

Kim, Y. C., & Jung, J. Y. (2017), "SNS dependency and interpersonal storytelling: An extension of media system dependency theory", *New Media and Society*, 19: 1458~1475.

Kim, Y. C., Jung, J. Y., Cohen, E. L., & Ball-Rokeach, S. J. (2004), "Internet connectedness before and after September 11 2001", *New Media and Society*, 6: 611~631.

Klandermans, B. (2002), "How group identification helps to overcome the dilemma of collective action", *American Behavioral Scientists*, 45: 887 ~900.

Leach, C. W., Spears, R., & Manstead, A. S. R. (2014), "Situating schadenfreude in social relations" in W. W. van Dijk, & J. W. Ouwerkerk(Eds.), *Schadenfreude: Understanding Pleasure at the Misfortune of Others*, 200~216, Cambridge, UK: Cambridge University Press.

Leary, M. R., & Leder, S. (2009), "The nature of hurt feelings: Emotional experience and cognitive appraisals" in Vangelisti, A. (ed.), *Feeling Hurt in Close Relationships*, 15~33, New York, NY: Cambridge University Press.

Levine, R. M., & Reicher, S. D. (1996), "Making sense of symptoms: Self categorization and the meaning of illness and injury", *British Journal of Social Psychology*, 35: 245~256.

Loges, W. E. (1994). "Canaries in the coal mine: Perceptions of threat and media system dependency relations", *Communication Research*, 21, 5~23.

Lowrey, W. (2004). "Media dependency during a large-scale social disruption: The case of September 11", *Mass Communication and Society*, 7, 339~357.

Perloff, R. M. (2015), "A three-decade retrospective on the hostile media effect", *Mass Communication and Society*, 18: 701~729.

Reid, S. A. (2012), "A self-categorization explanation for the hostile media effect", *Journal of Communication*, 62: 381~399.

Sampson, R. J., Raudenbush, S. W., & Earls, F. (1997), "Neighborhoods and violent crime: A multilevel study of collective efficacy", *Science*, 277(5328): 918~924.

Slater, M. D. (2007), "Reinforcing spirals: The mutual influence of media selectivity and media effects and their impact on individual behavior and social identity", *Communication Theory*, 17: 281~303.

Smith, R. H. (2013), *The Joy of Pain: Schadenfreude and the Dark Side of Human Nature*, New York, NY: Oxford University Press.

Spears, R., and Leach, C. W. (2004), "Intergroup schadenfreude: Conditions and consequences" in L. Z. Tiedens, & C. W. Leach (Eds.), *The Social Life of Emotions: Studies in Emotion and Social Interaction*, 336~355, New York, NY: Cambridge University Press.

Tajfel, H. (1974), "Social identity and intergroup behaviour", *Information* (International Social Science Council), 13(2): 65~93.

Tajfel, H., & Turner, J. C. (1979), "An integrative theory of intergroup conflict" in W. G. Austin, & S. Worchel (Eds.), *The Social Psychology of Intergroup Relations*, 33~47, Monterey, CA: Brooks/Cole.

Tsfati, Y. (2007), "Hostile media perceptions, presumed media influence, and minority alienation: The case of Arabs in Israel", *Journal of Communication*, 57: 632~651.

Tsfati, Y., & Peri, Y. (2006), "Mainstream media skepticism and exposure to sectorial and extranational news media: The case of Israel", *Mass Communication and Society*, 9: 165~187.

Turner, J. C. (1975), "Social comparison and social identity: Some prospects for intergroup behaviour", *European Journal of Social Psychology*, 5: 1~34.

_____(1982), "Towards a cognitive redefinition of the social group" in

Tajfel, H. (Ed.), *Social Identity and Intergroup Relations*, 15~40, Cambridge, UK: Cambridge University Press.

Turner, J. C., Hogg, M. A., Oakes, P. J., Reicher, S. D., & Wetherell, M. S. (1987), *Rediscovering the Social Group: A Self-categorization Theory*, New York, NY: Blackwell.

Valentino, N. A., Brader, T., Groenendyk, E. W., Gregorowicz, K., & Hutchings, V. L. (2011), "Election night's alright for fighting: The role of emotions in political participation", *Journal of Politics*, 73(1): 156~170.

Vallone, R. P., Ross, L., & Lepper, M. R. (1985), "The hostile media phenomenon: Biased perception and perceptions of media bias in coverage of the Beirut massacre", *Journal of Personality and Social Psychology*, 49: 577~585.

Van Dijk, W. W., & Ouwerkerk, J. W. (Eds.) (2014), *Schadenfreude: Understanding Pleasure at the Misfortune of Others*, Cambridge, UK: Cambridge University Press.

Van Zomeren, M., Postmes, T., & Spears, R. (2008), "Toward an integrative social identity model of collective action: A quantitative research synthesis of three socio-psychological perspectives", *Psychological Bulletin*, 134: 504~535.

Walker, L. & Mann, L. (1987), "Unemployment, relative deprivation, and social protest", *Personality and Social Psychology Bulletin*, 13: 275~283.

6

포항지진과 사회운동

김철식 포스텍 인문사회학부

1. 들어가며

포항시민들의 시선은 싸늘함을 넘어 지역차별로 느끼고 있다. 만약 지진이 서울 한복판에서 발생했더라면 특별법 제정이 이렇게 늦어지지는 않았을 것이다.

— 〈경북도민일보〉, 2019.11.15.

실제 지역에서도 정부 대응과 관련 '정치적 박해'라는 비판까지 나온다. '지진이 부산에서 났다면 이렇게까지 하겠냐'는 것이다.

— 〈영남일보〉, 2020.2.18.

포항지진이 발생한 지 2년이 지났지만, 포항시민들이 느끼는 피해복구와 재건은 여전히 불만족스럽다. 정부, 특히 중앙정부에 대한 시민들의 불만은 매우 높고 심지어 차별의식까지 느낀다. 포항에서는 지진으로 인한 고통이 여전히 진행 중이고 그와 관련한 논란이 해결되지 않고 있는데, 중앙정부의 대응은 턱없이 부족하고 무성의하게 느껴진다. 서울이 아닌, 이른바 '중앙'으로부터 멀리 떨어진, 현 정권으로부터 소외된, '변방'에서 지진이 발생했기 때문에 이렇게 홀대받는 것은 아니냐는 자조 섞인 불만이 제기된다. 실제 포항지진에 대한 중앙의 관심은 거의 사라졌다. 포항에서는 지자체와 시민사회조직들이 성명, 논평, 토론회, 시위 등을 연일 이어왔지만, 그것들은 포항에서'만' 활발할 뿐 중앙에서는 그다지 감지되지 않는다. 어느새 포항지진은 이른바 '지역' 사건으로 치부되어 가는 분위기이다.

지진발생 이후 포항에서는 지자체와 시민사회가 적극적으로 참여하여 피해복구와 도시재건을 위해 노력했다. 시 정부와 지역 정치권력, 기업 및 경제단체, 관변단체들뿐만 아니라 다양한 주민조직들이 결성되어 지진복구에 적극적으로 목소리를 내고 활발히 참여했다. 재난 거버넌스를 구성하는 이들 세력들은 사안에 따라 협력과 갈등을 반복하면서 지진복구를 주도해 왔다.

그러나 시민사회의 지진복구 활동은 시일이 흐르면서 참여주체와 관심이 확산되는 방식으로 '사회화socialization'되지 못했다. 오히려 초기에 분출되었던 다양한 요구, 다방면의 시민참여가 점차적으로 줄어들게 된다. 그 과정에서 기존의 사회운동조직은 거버넌스의 무대에서 점차 소외된다. 지진관련 사안에 대한 참여범위의 축소가 나타나면서 재난복구 활동이 '사사화privatization'되고 있다.

한편, 시민사회의 헌신적이고 활발한 활동에도 불구하고 중앙에서 그 분위기가 별로 감지되지 않는다고 한다면, 그것은 포항시와 시민들의 지진복구 활동이 지역 내의 활동에 그쳐 왔기 때문일지도 모른다. 지역에서 발생한 재난의 사안을 전국적인 의제로 만들기 위해서는 지역의 목소리를 전국으로 확산시킬 수 있어야 한다. 이를 위해서는 전국과 지역을 매개해 줄 수 있는 역량 있는 조직이 필요한데, 시민사회의 입장에서는 전국적 네트워크를 지닌 사회운동조직에서 그 가능성을 찾을 수도 있다. 그런데, 포항지진에 대한 시민사회의 대응에서는 이렇게 전국과 지역을 매개할 수 있는 사회운동조직의 참여가 미미했다. 이것이 갖는 함의는 무엇일까?

이 글에서는 포항지진에 대한 시민사회의 대응을 분석한다. 지진 이후 활발히 전개된 시민사회운동의 특징과 한계를 규명하고, 미래를 전망한다. 이를 위해 2절에서 지진에 대한 포항 시민사회의 대응을 설명하는 데 유용한 몇 가지 중요 개념들을 검토한 다음, 3절에서는 지진발생 이후 지금까지 시민사회의 대응과정을 몇 개 시기로 구분하여 각 시기별 전개과정과 쟁점의 추이를 분석한다. 4절에서는 지진복구에 참여하는 시민사회 주요 세력들의 활동을 분석하여 포항지진을 둘러싼 거버넌스의 특징을 도출한다. 5절에서는 그러한 시민사회의 지진복구 활동의 특징을 갈등처리의 사회화/사사화, 그리고 스케일의 정치라는 측면에서 조명한다. 맺음말에 해당되는 마지막 6절에서는 이상의 논의들을 정리하면서 향후 지역공동체와 시민사회의 전망을 재난 복원력resilience의 관점에서 조망한다.

2. 시민사회 대응 분석을 위한 주요 개념 검토

1) 재난 거버넌스 내 정치에서 갈등의 처리방식: 사회화와 사사화

재난은 기존의 생태계와 공동체의 질서를 파괴하면서 많은 사회적 혼란과 갈등을 낳는다. 그러한 갈등들이 거버넌스 내에서 경합되고 처리되는 정치적 과정은 공동체가 재난의 피해와 복원을 어떻게 인식하고 어떻게 대응하느냐에 따라 달라진다(박순열·홍덕화, 2010).

미국의 정치학자 샤츠슈나이더(Schattschneider, 1975)는 정치에서 사회적 갈등이 처리되는 방식과 관련하여 '사사화'와 '사회화'라는 개념을 제시하고 있는데, 이는 포항지진 복구의 전개과정을 이해하는 데 있어서 유용한 시사점을 제공한다. 먼저, 사사화란 정치의 범위를 제한하거나 공적 영역에서 갈등사안을 배제하고 그것을 사적인 영역 내로 묶어 두려는 경향을 의미한다. 재난복구와 관련해서 이를 해석하면, 재난복구 과정에 참여하는 행위자가 최소화되고, 재난복구가 전국적 사안으로 확장되기보다는 지역으로 국한되며, 이슈가 공적이고 사회적인 의제로 확장되는 것이 아니라 개인 간 관계의 문제로 축소되는 경향을 의미한다. 반면 갈등처리의 사회화란 정치의 범위를 확산시키는 경향을 의미한다. 즉, 외부인들의 참여를 확대함으로써 사적인 것으로 치부되던 문제를 공적 의제로 만드는 경향을 말한다.

이 장에서는 이러한 사사화/사회화 경향을 재난복구 참여자의 범위로 파악하고자 한다. 즉, 재난복구 과정에서 거버넌스에 참여하는 시민사회 주체의 범위가 확대되는 것을 사회화로 본다면, 반대로 그러한 참여주체 범위확대가 억제/실패하거나 혹은 줄어드는 경향을 사사화로 파악한다. 참여주체의 범위는 공간적 측면과 참여주체의 성격으로 구분해서 접근할 수 있다. 공간적 측면에서 보면 지역 스케일의 주체들의 운동과 노력을 통해 전국적 스케일의 주체들로 재난복구 참여가 확산되는가, 아니면 그러한 노력에도 불구하고 지역 스케일에서 활동하는 주체로 국한되는가의 여부로 구분해볼 수 있다. 다음으로 참여주체의 성격에 따라 소수 주체 혹은 개인의 참여로부터 시작해 재난복구가 진행되는 과정에서 다양한 성격의 주체로 거버넌스 참여가 확대되는지, 아니면 반대로 다양한 성격의 주체들의 참여로 확산되는 것이 저지되거나 혹은 역으로 갈수록 참여주체가 줄어들고 시민사회의 집단적 참여보다는 사적인 개인들의 참여로 줄어드는지 여부로 사회화/사사화를 판단할 것이다.

2) 스케일의 정치

스케일scale이란 사회적 사건이 전개되는 공간적 범위를 지칭하는 지리학적 개념이다. 원래는 지표상의 실제거리를 지도 위에 축소하여 보여주는 비율의 의미로, 한자문화권에서는 '축척縮尺'이라는 용어로 사용된다. 그러나 사회현상을 공간적으로 설명하는 데 스케일 개념이 활용되면서 그것은 "자연 혹은 인문적 사건, 과정, 관계들이 발생하고 펼쳐지며, 작동하는 공간적 범위"를 의미하는 개념으로 사용되고 있다(McMaster & Sheppard, 2004; 박배균, 2013: 38). 사회적 사건과 관계가 작동하는 공간은 다양하다. 글로벌 스케일로 작동하는 사안이 존재하는가 하면 전국 스케일이나 지역 스케일에서 보다 잘 설명할 수 있는 상황이 존재한다.

사회적 행위자들은 다중의 스케일multiple scale에서 자신들의 영향력을 확장하거나 상대방의 영향력을 축소·배제하는 등 이른바 '스케일의 정치'를 전개한다(장세훈, 2013). 그 과정에서 정치의 스케일은 고정되지 않고 변화하며, 다중의 스케일이 결합되기도 한다. 시민사회와 사회운동의 주체들은 기존의 스케일을 넘나드는 전략을 통해 지역 스케일의 사안을 전국 혹은 글로벌 스케일로 확산하거나 혹은 지역 스케일의 사안을 해결하기 위해 전국 스케일의 자원을 동원하기도 한다. 사회운동조직이 자원과 동맹의 확대를 위해 운동을 더 높은 스케일로 전환시키는 전략은 사회운동 스케일 정치의 주요 연구주제이다(정현주, 2006).

스케일의 정치 개념은 포항지진과 같이 지역 스케일에서 발생하는 재난에 대해 전국 스케일에서 해결책이 모색되는 과정을 설명하는데 유용하게 활용될 수 있다. 이 글에서는 재난복원에 필요한 자원 및 의제의 스케일과 재난복구 주체의 스케일을 구분하고 양자 간의 스케일의 일치/불일치가 재난복구와 관련하여 어떤 함의를 갖는지를 도출한다.

3. 포항지진에 대한 시민사회운동의 대응: 시기별 전개과정

포항지진 발생 이후 지역사회의 복구활동이 전개되는 과정은 활동방향에 결정적 영향을 미친 중요 사건들을 중심으로 다음과 같은 4개의 시기로 구분할 수 있다(임기홍 · 김의영, 이 책의 7장). ①지진 발생 직후부터 지진원인 규명을 위한 정부조사단이 구성되기까지의 시기(2017. 11. 15. 지진발생~2018. 2.), ②정부조사단의 지진원인 조사와 최종발표가 있었던 시기(2018. 3. ~2019. 3.), ③정부조사단 발표 이후 〈포항지진특별법〉 제정을 위해 지역공동체가 집중적으로 자원을 동원했던 시기(2019. 3. ~2019. 12.), ④〈포항지진특별법〉 제정 이후(2020. 1. ~현재). 이 절에서는 각 시기별 지진복구 전개과정을 분석한다.

1) 지진발생과 시민참여의 시작: 2017.11.15.~2018.2.

(1) 지진발생과 정부의 복구활동

2017년 11월 15일 포항에서 발생한 지진은 포항뿐만 아니라 한반도 전체에 커다란 충격을 안겨준 사건이었다. 지진으로 인해 사망자 포함 다수의 인명피해가 발생했으며, 수많은 건물이 금이 가거나 무너지고 대량의 이재민이 발생하는 등 국내 최대 규모의 지진피해가 발생했다.[1] 물리적, 경제적 피해뿐만 아니라 시민들의 정신적, 심리적 충격도 엄청난 것으로 나타났다.[2]

지진발생 직후 중앙정부와 지방정부(포항시)는 즉각적인 피해복구와 대응에 나서게 된다. 지진으로 이재민들이 대거 발생하자 정부는 흥해실내체육관을 비롯하여 9개의 구호소를 마련해 이들을 분산 대피시켰다. 또한 심리지원단을 구성하여 피해자들의 심리적 충격을 줄이고자 노력했다. 중앙정부는 포항을 특별재난지역으로 선포하고 중앙재난안전대책본부를 운영하여 지진피해와 복구를 주관하

---

[1] 포항시의 공식 피해집계에 따르면 지진으로 인해 사망 1명, 부상 117명의 인명피해와 전파 6가구, 반파 27가구, 소파 5,922가구의 시설물피해가 발생했다. 직간접 피해 추정액은 3,323억 원에 달하며 이재민 1,797명이 발생했다(포항시, 2019).

[2] 포항지진이 발생한 지 1년이 지난 시점에서 포스텍 융합문명연구원이 실시한 포항시민 인식조사에 따르면, 지진으로 정신적 피해를 경험했다는 응답자가 전체의 80%에 이르고 있으며, 1년이 지났음에도 불구하고 응답자의 41.8%가 외상후스트레스장애가 있을 가능성이 있는 고위험군으로 나타나는 등 포항시민들의 정신적 심리적 충격이 매우 큰 것임을 짐작할 수 있다(박효민, 2018).

도록 했다. 지진으로 인한 긴급피해조사에 착수하여 총 5만 5,742 건, 약 625억 4,900만 원의 재난지원금이 지급되었다(2018년 10월 30일 기준, 2018년 2월 11일 발생한 여진 포함; 포항시, 2019).

지진 이후 발생하는 땅밀림 현상과 지반액상화 현상에 대한 중앙 정부 차원의 조사가 진행되었다. 지진으로 파괴된 도시재건을 위해 12월 7일 홍해를 특별재생지역으로 지정하고 여기에 6,500억 원을 투입하기로 했으며, 이듬해 2월 8일에는 홍해 도시재생 뉴딜사업 주민설명회를 개최하는 등 지진피해가 집중된 홍해지역을 재생하기 위한 활동도 전개했다(포항시, 2019; 행정안전부, 2018).

중앙 및 지방정부의 활동들과 더불어 지진 초창기부터 전국으로 부터 피해주민들에 대한 다양한 지원이 쇄도했다. 총 4만 3,372명 의 자원봉사자들이 전국에서 결집하여 피해자 지원과 피해복구를 위해 헌신적인 활동을 전개했으며. 지진 다음날부터 시작된 의연금 모금에는 전국 각지에서 총 3만 2천여 건, 약 380여억 원의 성금이 모였다(포항시, 2019).

그러나 중앙정부와 지자체의 지진복구 활동은 시민들의 상당한 불만을 낳기도 했다. 우선, 포항시가 제시하는 지진복구 방안에 대 한 불만이 시민들로부터 제기되었다. 정부의 지진 대응매뉴얼은 많 지만, 기후조건이나 동네별 특성 등을 고려한 미시적이고 구체적인 대응방안은 부재하다는 것이다(박소현, 2019; 〈경북매일〉, 2018. 8. 13.; 김진희 외, 이 책의 5장). 이외에도 중앙 및 지방정부, 언론 등의 재난복구에 대한 다양한 불만이 온라인 카페 등을 중심으로 제기되고 확산되었다.

한편, 정부의 재난지원 및 보상과 관련해서도 피해주민들을 중심으로 불만이 제기되었다. 지원 및 보상금의 액수도 문제지만, 그 이전에 지진피해에 대한 진단과 보상체계가 합리적이지 못하다는 불만이 공유되면서 정부에 대한 불신이 광범위하게 확산되었다(김준홍·김원규, 2018). 3

(2) 주민조직들의 결성과 시민참여 시작

중앙 및 지방정부에 대한 높은 불만은 지진복구에 대한 시민참여를 본격화하는 계기로 작용하게 된다. 11월 23일 '한미장관맨션 지진피해 비상대책위원회'가 출범하는 등 피해지역을 중심으로 주민조직들이 여기저기에서 결성되었다. 이들은 성명서와 서명운동, 결의대회, 1인 시위, 지진관련 외부행사 참여, 서울 주요 관공서 항의시위 등 다양한 형식의 활동을 통해 자신의 목소리들을 내게 되었다.

이 시기 주민조직 구성원들을 중심으로 지진에 대한 시민참여를 총괄할 수 있는 연합조직이 결성되었는데, 그것이 '포항지진 범시민

---

3 정부의 지진복구에 대한 불신은 시민들의 인식조사 결과에서도 확인된다. 지진발생 1주년을 맞아 포스텍 융합문명연구원이 수행한 포항시민 인식조사 결과에 따르면, 포항지진에 대한 포항시의 대응에 대해 부정적인 평가를 한 응답자는 66.4%, 중앙정부의 대응에 대해 부정적인 평가를 한 응답자는 무려 78%에 이르러, 중앙정부와 지방정부를 가리지 않고 부정적인 응답이 압도적으로 높게 나타나고 있다(포스텍 융합문명연구원, 2018).

대책본부'(이하 '범대본'으로 지칭)이다. 범대본은 지진발생 직후 피해시설들을 중심으로 난립해 있던 대책위들을 포괄하는 일종의 구심점 역할을 수행했다. 2017년 12월 16일 공식 출범식을 가진 범대본은 지금까지 지진복구의 전 과정에서 주요 행위자로 역할하면서 재난 거버넌스에서 시민참여의 중요 축을 형성하게 된다. 4

범대본은 창립선언문에서 '지진에 대한 지열발전소의 원인규명'을 촉구하는 것을 설립목적으로 제시했다(포항지진 범시민대책본부, 2017). 실제 공식 출범식 이전부터 온라인 밴드를 통해 회원 간 소통을 하면서, 지진과 지열발전의 연관성 문제를 꾸준히 제기했다. 지열발전 유치에 책임이 있는 포항시 정부를 비판하고 각종 시위와 가두방송, 시민서명운동, 청와대 국회 앞 시위, 지열발전 가동중단 가처분신청, 지열발전에 책임 있는 포항 지자체와 지열발전소의 고발 등 활발한 활동을 전개하게 된다. 또한 〈도시재건특별법〉 제정을 요구하고(2017년 12월) 피해주민에 대한 적절한 배·보상을 주장하는 등 결성 초기, 지진과 관련한 여러 의제들을 선도적으로 제기

---

4 창립총회 당시 범대본 가입단체들을 보면 흥해읍, 청하면, 신광면, 양덕동, 장성동, 환여동, 항구동, 용흥동, 중앙동, 청림동 지진대책위, 무궁화는가온누리, 촛불부대, 지속발전위(흥해), 100인포럼, 한국노총 포항본부 등으로 나타나 거의 대부분 지진 이후 피해지역을 중심으로 형성된 주민조직들이었다. 또한 범대본에 가입한 개인들은 주로 자신의 정체성을 거주지역으로 드러냈다. 주민들의 활발한 참여와 다르게 기존 사회운동조직들의 참여는 미미했다. 이런 점들을 볼 때, 범대본은 주로 피해지역 주민들의 이해에 활동기반을 둔 주민조직의 성격을 가진다고 할 수 있다.

하고 운동을 전개했다.

범대본은 지열발전 유치에 책임이 있는 포항시 정부를 비판하면서 포항시와 대립각을 세웠다. 지열발전과 관련된 포항시장의 사과를 요구하고 포항시의 이재민 대책문제를 비판했으며, 지열발전의 책임을 물어 손배소송을 제기하는 등 지속적으로 포항시와 갈등관계를 형성했다. 정치인들이 주도하는 포항을 비판하면서 시민주도 포항 건설을 강조했다(포항지진 범시민대책본부, 2017).

(3) 기존 사회운동조직들의 참여

한편, 기존의 사회운동조직들도 지진복구에 참여했다. 포항지역사회연구소, 포항 YMCA, 포항 환경운동연합 등 기존의 사회운동조직들은 주로 성명서, 간담회, 토론회 등을 통해 지진과 관련한 정부정책을 비판하고 복구방향을 검토했으며, 지진대책 마련을 촉구했다.

특히 포항지역사회연구소는 지진발생 초기 지열발전의 연관성을 선도적으로 제기하고 공론화하는 활동을 전개했다.[5] 지진발생 두 달 만에 《지열발전과 포항지진》이라는 단행본을 출간하여 화제를 모았고, 이후 지진피해 포항시민대회 주최, 대통령에게 드리는 공개서한 발송, 포럼개최, 지열발전 관련 국민감사 청구 등의 활동을 전개

---

5 1989년 설립되어 30년 이상 포항에서 활동해 온 시민사회운동조직이다. 결성 초창기부터 〈포항연구〉라는 잡지를 발간하여 지역의 의제들을 제기하는 등 지속적으로 활동을 수행해 왔다.

함으로써 일부 언론으로부터 지진원인 조사를 끌어내는 데 기여한 '지역파수꾼'이라는 찬사를 듣기도 했다(〈대구MBC뉴스〉, 2019. 4. 2.). **6**

포항 환경운동연합 또한 지진발생 초기 자신의 목소리를 내면서 지진복구에 참여했다. **7** 포항시와 시민사회가 지진발생 초기부터 '포항지진이 지열발전소가 유발한 인재'라는 것을 주장하고 있었던 것과는 달리 포항 환경운동연합은 자연지진의 발생 가능성에 주목하고 그것을 대비하는 지진대책 수립 필요성을 강조했다. 특히 지진대책의 하나로 경주 등지에 입지한 원전의 안전문제를 제기했다. 이런 입장들이 지진발생 2주 후인 2017년 11월 29일 서울 환경운동연합 사무실에서 가진 기자간담회에서 발표되고, 또 성명서 등을 통해 제기되었다.

(4) 포항지진과 지열발전소의 연관성 쟁점 등장

이렇듯 지진복구 초기에 해당되는 이 시기에는 다양한 주민운동조직들이 결성되고, 기존 사회운동조직들도 지진복구에 참여하면서, 재난에 대한 시민참여가 시작된 시기라고 할 수 있다. 지진의 파괴

---

6 포항 YMCA를 비롯한 몇몇 사회운동조직들도 지진과 관련한 토론회를 개최하는 등 지진복구에 참여해서 목소리를 내기 시작했다.
7 포항 환경운동연합은 1994년부터 활동하기 시작한 '민주사회를 위한 포항시민모임'이 모태가 되어 1999년 설립되었다. 포항과 포스코의 환경문제 실태를 조사·감시하고 환경교육과 홍보를 시행하는 등의 활동을 전개해 왔다.

적 효과가 생생하게 느껴지는 상황이었고, 지진의 충격이 전국적인 관심으로 나타났던 지진발생 직후의 시점이었던 만큼, 시민참여의 시작임에도 불구하고 다양한 조직이 다양한 형식으로 운동을 전개하는 등 활발한 시민참여가 전개되었다. 이 시기에 시민사회가 제기한 요구와 쟁점들을 보면, 중앙정부와 포항시의 지진복구 정책의 안일함과 비합리성을 비판하면서 시민주도의 포항 건설, 포항지진 원인규명, 피해자 구호와 보상, 안정적 주거대책 마련, 지진피해 복구대책 등 다양한 요구와 주장들이 동시에 제기되었다.

그런데 이러한 다양한 요구와 주장들은 점차적으로 포항지진과 지열발전소의 연관성 여부라는 중요 쟁점으로 수렴되었다. 포항지열발전소가 지진과 관련이 있을 수 있다는 주장은 지진발생 당일 지질전문가인 이진한 고려대 교수가 JTBC에 출연해 의견을 개진하면서 촉발되었다(〈JTBC뉴스〉, 2017.11.15.). 이후 JTBC가 연이은 보도를 통해 관련된 자료를 공개하면서 관심이 확산되었고, 11월 22일에는 포항지열발전소 건설 이후 63회 유발지진이 발생했다는 산자부의 관련자료가 국회를 통해 공개되었다(〈뉴시스〉, 2017.11.22.). 청와대 홈페이지에 포항지열발전소 폐쇄를 요구하는 청원이 연이어 제기되고, 지열발전 연관성에 대한 학계의 논쟁이 전개되는 등(김기홍, 이 책의 3장) 지열발전과 지진의 연관성 문제는 전국적 의제로 확산되었다.

포항시민들과 시민사회조직들도 이 문제를 본격적으로 제기하게 된다. 흥해지역 20개 단체들이 연합하여 포항지열발전소 지진연관성 철저조사 촉구위원회가 구성되었으며, 범대본을 비롯한 시민사회조직들은 지열발전의 진상규명을 요구하는 서명운동, 옥외집회, 청와대 앞 1인 시위, 과학포럼 참여와 의견개진 등 지열발전의 진상규명을 요구하는 활동들을 집중적으로 전개하게 된다. 시민사회조직들은 지열발전과 이전 정권과의 연관성, 지열발전에 대한 포항시의 책임 등을 제기하면서 지방정부와도 대립각을 형성했다. 포항시민들이 주로 이용하는 인터넷 공간을 중심으로 지열발전소 건설과 관련된 '음모론'이 제기되는 등 논란이 확산되었다(〈경북매일〉, 2017. 11. 27.). 이듬해 1월에는 지역사회연구소 출신 활동가 명의로 지열발전 연관 언론보도와 정부자료 등을 집대성한 도서가 발간되었고(임재현, 2018), 2월 6일에는 지열발전 연관성을 철저히 규명할 것을 촉구하는 대통령에게 보내는 공개서한이 전달되었다(포항지역사회연구소, 2019). **8**

---

8 포항시와 시민사회 운동의 방향이 지열발전의 연관성으로 수렴되는 와중에, 그와는 반대되는 주장이 기존 사회운동조직으로부터 제기되기도 했다. 포항 환경운동연합은 지열발전 연관성보다는 활성단층대의 존재를 강조하며 자연지진 발생 가능성과 그에 따른 지진대책을 강조하는 입장을 개진했는데, 이에 대해서는 후술하겠다.

2) 지진원인 규명을 위한 총력 대응: 2018.3.~2019.3.

(1) 민관합동의 지열발전소와 지진 연관성 인정 투쟁

지열발전소와 연관된 포항지진 원인을 규명해야 한다는 주장이 확산됨에 따라 정부는 철저한 조사를 통한 진상규명을 천명하고 포항지열발전소와 지진의 연관성을 밝히기 위한 조사단을 구성하게 된다. 2018년 2월 국내 전문가들뿐만 아니라 미국, 일본, 독일 등 해외전문가들까지 포함한 '포항지진 정부조사연구단'(이하 '정부조사단'으로 지칭)이 구성되어 1년여의 기간 동안 지진원인에 대한 정밀조사를 진행했다. 정부조사단의 활동으로 2019년 3월 지열발전이 포항지진의 촉발요인이었다는 공식발표가 나올 때까지 포항 시민사회와 지방정부는 지열발전과 포항지진의 연관성을 확증하는 것에 역량을 집중하여 총력 대응을 전개하게 된다.

지열발전 연관성을 확증하려는 포항시와 시민사회활동은 2018년 4월 27일 '포항지진이 지열발전을 위한 유체주입으로 생긴 유발지진일 가능성이 크다'는 내용의 학술연구논문이 〈사이언스〉에 게재되면서 한층 탄력을 받게 된다. 지열발전소 영구폐쇄와 정부 차원의 보상을 강력히 촉구하는 지역 국회의원과 포항시장, 시의회의 공동 기자회견이 나오고, 한국지질자원연구원에 대한 항의방문이 이뤄졌다.

9월 들어 '지열발전과 관련한 국가배상책임 가능성이 낮다'는 결론을 내린 중앙정부(산자부)의 내부보고 문건이 나돌고 있다는 사실이 폭로되어 포항시민들의 분노를 촉발하게 된다. 시민사회조직들의 비난 성명들이 발표되고, 포항시 전역에 정부를 규탄하는 현수막이 걸리는 등 시민사회의 강한 반발이 이어졌다. 9월 5일 대규모 시민결의대회가 개최되면서 시민들의 분노와 진상규명 요구는 절정에 달하게 된다.

지열발전소의 지진연관 인정 투쟁에서 중요한 역할을 수행한 것은 정부조사단 결성 직후 구성된 '11·15 지진 지열발전 공동연구단'(이하 '시민연구단'으로 지칭)이었다. 2018년 4월 2일 결성된 시민연구단은, 이후 2019년 3월 정부조사단의 지진원인 발표가 나올 때까지, 지열발전소의 지진과의 연관성을 끌어내려는 포항시와 시민사회의 지진원인 규명운동에 핵심적인 역할을 수행했다.

시민연구단은 포스텍, 한동대, 포항산업과학연구원RIST 등 지역 대학 및 연구소 소속 전문연구진들과 시민사회 활동가, 법률자문가 등으로 구성되어 과학, 사회, 법률 3개 분과로 나뉘어 운영되었다. 시민사회조직들과 더불어 포항시와 지방의회 등 지역 정치세력들, 언론 및 법률조직 등이 함께 활동에 참여했다. 이런 점에서 시민연구단은 지역 민관합동기구의 성격을 가진다.

시민연구단은 지열발전소와 포항지진과의 연관성 파악을 위해 스위스, 독일의 지열발전소와 연구소를 방문하여 벤치마킹을 수행하고, 100여 건의 국내외 학술논문, 연구보고서를 검토했으며, 정보공개를 통한 자료확보, 각종 설명회 개최, 연구결과의 도서발간 등을 통해 연구결과를 외부화함으로써 시민들의 관심을 제고하는 데 있어 중요한 역할을 수행했다. 또한 소속위원 몇 사람은 정부조사단의 활동에 포항 시민대표 자격의 자문위원으로 참여하여 정부조사단 활동에 관여하기도 했다.

이러한 활동을 통해 시민연구단은 지열발전에 대한 시민사회의 역량을 제고하고, 정부조사단과 시민사회를 연결하는 중요한 역할을 수행했다. 또한 정부조사단의 연구가 객관적이고 엄정하게 이뤄질 수 있도록 지원과 감시역할을 수행했다. 시민연구단은 2019년 3월 정부조사단의 지열발전 촉발요인 발표를 이끌어내는 데 결정적인 역할을 수행한 것으로 평가된다(〈경북매일〉, 2019. 3. 25.).

(2) 주민운동의 정치세력화 실패와 시민참여 소송 전개

한편, 이 시기에는 중앙정부와 지방정부에 지진 책임을 묻기 위해 사법적 수단에 호소하려는 운동도 진행되었는데, 이를 주도한 것은 범대본이었다.

지진복구 초기부터 시민참여의 중요 구심이 되어 온 범대본은 2018년에 들어서면서 내부적으로 중요한 고비를 경험하게 된다. 범대본은 2018년 1월 포항지열발전소의 공사 및 운영정지 가처분을 제기하여 그해 3월 법원의 승인을 획득하는 성과를 거두었다. 그러나 그 과정에서 가처분신청을 둘러싼 구성원들 간의 견해 차이로 내부갈등이 발생한다. 갈등은 2018년 6·13 지방선거 참여를 둘러싼 대립으로 이어지면서 범대본은 심각한 내부분열을 겪게 된다. 대립의 한 축에서는 지방선거에 후보자를 내고 적극적으로 참여하여 정치권력을 획득하고 정치적 영향력을 확대할 것을 주장했다. 반면, 다른 한 축에서는 그러한 정치세력화 전략이 실제로는 범대본을 개인적인 정치적 목적을 달성하는 데 활용하는 것이라고 비판하면서, 9 지방선거 정치에 휘둘리지 말고 피해자 중심의 주민기반 운동에 집중할 것을 주장했다. 결국 후자의 입장을 견지한 세력들이 범대본에서 탈퇴하면서 범대본은 상당수의 주민조직 기반을 상실한다. 10 범대본은 정치세력화를 주장한 전자의 세력에 의해 주도된다.

그러나 범대본의 정치세력화 시도는 성공하지 못했다. 주요 인사들이 무소속 혹은 소수야당 후보로 포항시장과 시의회의원 선거에 출마했지만, 이들이 모두 낙선한 것이다. 이는 지방정부 진출을 통해 제도정치 내에서의 시민사회운동의 정치적 영향력을 확산하려는 갈등의 사회화 시도가 실패했음을 함의한다.

내부분열로 이완된 상황에서 범대본은 지방선거 이후 비상대책위를 구성하고 새로운 집행부와 함께 활동을 전개한다. 상당수의 주민

---

9 "범대본의 경우 우리 단체가 발기까지 했지만 특정 개인의 정치세력화가 짙어져 결국 연대가 성사되질 않았다"(피해주민대책위원회 활동가 인터뷰/〈경북매일〉, 2019. 3. 25. 에서 재인용).

10 범대본 탈퇴세력은 이후 포항시와 대립각을 세우며 주민조직으로서 피해보상 촉구 활동을 전개해 나간다. 2019년 3월 포항지진이 지열발전소에 의해 촉발된 지진이라는 정부조사단의 발표 이후에는 〈포항지진특별법〉 제정을 목적으로 결성된 민관합동조직인 '포항 11·15 촉발지진 범시민대책위원회'에 중간 합류하여, 포항시와 협력하에 특별법 제정과 피해보상 요구운동을 전개해 나가게 된다(김홍제, 2019).

조직 기반을 상실한 상황에서 범대본은 지진피해를 입은 개별 피해자들을 결집하여 지열발전 책임자 처벌과 보상을 위해 형사고발과 손배소송 등 사법적 수단에 호소하는 활동에 주력하게 된다. 이와 더불어 범대본과 주민조직들의 주도로 지열발전소 운영중단 가처분 신청, 지열발전소의 63차례 유발지진 은폐와 관련한 국민감사 청구 등이 진행되었다. 지진 책임과 보상을 위해 사법적 수단에 호소하는 시도는 지속적으로 이어져, 이후 전개되는 시민참여의 중요한 한 축을 형성하게 된다.

(3) 기존 사회운동조직의 유명무실화

포항지진과 지열발전소의 연관성을 인정받기 위해 시민사회가 총력대응을 전개하던 2018년 8월 27일 범대본과 포항 YMCA, 청년회의소, 한국노총 포항지부, 포항급식연대 등 30개 단체들이 참여한 가운데 '지열발전과 포항지진 진상규명 및 대응을 위한 포항시민대책위원회'(이하 '시민대책위'로 지칭)가 결성되었다. 기존의 사회운동조직들이 대거 참여해서 결성되었다는 점에서 포항 시민사회운동의 연합체라고 할 만한 것이었다.

시민대책위는 결성 직후인 9월 5일 포항지진 진상규명을 위한 대규모 시민대회를 개최했다. 포항지역발전협의회와 공동으로 개최한 시민대회는 포항 시민 500여 명이 참석해서 성황리에 진행되었다.

그러나 시민대회 이후 시민대책위는 실질적인 활동을 수행하지 못했다. 사회운동조직들이 연합하여 결성되긴 했지만, 사안에 따라 성명서 발표와 같은 활동을 수행하는데 그쳤다. 이외에도 감사원 국민감사청구 등 시민대책위 명의의 몇몇 활동들이 있었지만, 시민대책위가 주도했다기보다는 소속된 일부 조직이나 인사가 주도한 활동이었다.

한편, 기존 사회운동조직 활동가 일부는 앞의 시민연구단에 참여하여 적극적으로 활동함으로써 정부조사단의 지열발전 촉발요인 발표를 이끌어내는 데 상당한 역할을 수행하기도 했다. 그러나 이 경우에도 기존 사회운동조직의 역량이 참여했다기보다는 소수 활동가의 개인적 참여성격에 머물렀다.

사실 앞선 시기에서도 기존 사회운동조직들의 지진대응은 주로 토론회, 강연회, 성명서 발표 등에 집중되었다. 기본적으로 포항에서 사회운동조직들의 역량이 매우 일천한 상황이었고, 따라서 소수 활동가들에 의해서 조직 가능한 입장발표나 토론회 등을 넘어서는 활동들, 가령 대중집회나 서명운동 등 집단적인 자원동원과 노력이 필요한 활동들은 전개하지 못했다. 이런 조건에서 기존 사회운동조직들은 앞의 주민조직 주도의 운동과 일정정도 연대하기는 하지만 실질적인 영향력은 미미한 수준에 그쳤다.

이런 점에서 볼 때, 지진복구에서 기존 시민사회운동조직들의 참여는 거의 없었다고 할 수 있다. 이는 지진발생 이후 새로 결성된 주민조직이나 민관합동조직 등이 지진 거버넌스를 주도했던 것과 현저히 대비된다.

3) 〈포항지진특별법〉 제정운동과 시민참여 소송의 병렬적 전개: 2019.3.~2019.12.

정부조사단은 1년여의 활동 끝에 2019년 3월 20일 서울 한국프레스센터에서 최종결과 발표회를 갖고 '지열발전이 포항지진의 촉발요인'이라는 최종결론을 발표했다. 이 발표로 포항지진에 대한 시민사회의 대응은 새로운 국면을 맞게 된다. 발표 이후 2019년 말 〈포항지진특별법〉이 제정될 때까지 지진에 대한 시민사회의 대응은 지방정부와 다수 주민조직 주도의 〈포항지진특별법〉 제정운동과, 범대본 주도의 피해보상 및 지진책임자 처벌을 위한 법적 대응이라는 두 개의 축을 중심으로 전개된다. 양자 간의 연대와 협력의 요구가 지속적으로 제기되었지만 결국 공동행동을 취하지 못하고 각각의 운동은 상호결합하지 못한 채 독자적이고 병렬적으로 전개되었다.

(1) 〈포항지진특별법〉 제정을 향한 민관합동 총력 대응

정부조사단의 발표 이후 포항시민들의 정부에 대한 성토가 이어졌다. 지열발전에 대한 정부책임 요구, 피해보상 대책마련, 〈포항지진특별법〉 제정 등을 요구하는 현수막이 포항 전역에서 수백여 개가 걸리게 된다. 이러한 시민들의 분노와 성토에 기반하여 포항시와 시민사회는 그 대안으로 〈포항지진특별법〉 제정운동을 전개해 나가게 된다.

이를 위해 정부조사단의 발표가 나온 지 3일 후인 2019년 3월 23

일 '포항 11 · 15 촉발지진 범시민대책위원회'(이하 '범대위'로 지칭)가
결성되었다. 출범식에는 포항시장, 시의회의장, 포항시 2개 지역구
국회의원, 경북도의회의장 등 지역 행정당국 및 정치인사들과 50여
개의 경제단체, 관변단체, 시민사회단체가 참여했다. 4명의 공동위
원장은 포항의 주요 정치인사와 경제인사 등으로 구성되었다. 이런
사실들에서 확인할 수 있듯이 범대위는 포항 정부와 주요 정치 · 경
제권력을 포괄하고, 여기에 다수의 시민사회조직이 함께 참여한 지
역 민관합동조직으로 규정할 수 있다.

범대위는 출발부터 끊임없이 시민사회 운동으로서의 대표성이나
정통성과 관련한 문제제기에 시달리게 된다. 범대위 임원명단에
"피해가 큰 지역주민들은 빠진 채 각종 단체 임원들 이름만 가득 올
라가 누굴 위한 단체냐는 불만이 출발부터 터져나왔"고(〈JTBC 뉴
스〉, 2019. 3. 24.), 지역 정치인들 간 소속 정당의 이해에 따른 대립
등이 범대위 활동에 영향을 미치면서 독립적 시민단체라기보다는
관변단체에 불과하다는 비판을 받았다. 포항 지방정부와 대립각을
세워 온 범대본의 경우 성명서를 통해 포항시가 "그동안 묵묵히 봉
사해 온 시민단체들을 배제한 채 관변단체 중심의 지진대책기구를
설립한 것을 규탄"했으며, 범대위 출범에 참여했던 포항 환경운동
연합 또한 성명서를 통해 범대위가 지역단체들을 앞세워 들러리를
서게 하거나 정치적으로 이용할 우려를 제기했다(포항 환경운동연합,
2019).

범대위는 출발부터 특별법 제정을 주요 목적으로 한다는 사실을

명확히 하고(포항 11·15 촉발지진 범시민대책위원회, 2019), 포항시
와의 긴밀한 협력하에 특별법 제정운동에 전력투구했다. 이를 위해
범대위는 우선 특별법 제정을 위한 시민동원에 나섰다. 4월 2일 포
항시 중심가인 육거리에서 특별법 제정을 위한 범시민결의대회를
개최했는데, 무려 3만여 명의 시민들이 대회에 참여하여 특별법 제
정에 대한 뜨거운 관심을 보여 주었다. 5월 12일에는 특별법 제정을
위한 시민공청회가 개최되었고, 이후 특별법 제정이 국회에서 지지
부진하게 진행되자, 다시 특별법 조기제정을 촉구하는 기자회견을
하기도 했다.

한편, 범대위는 포항시와 함께 특별법 제정을 전국적 의제로 확
장하기 위한 시도를 전개했다. 3월 27일 포항시와 자매결연을 맺은
도시들을 대상으로 특별법 제정에 대한 홍보활동이 진행되었으며,
특별법 제정을 촉구하는 청와대 국민청원도 전개되었다. 4월 25일
에는 정부세종청사의 산자부 앞에서 항의집회가 진행되기도 했다.

그해 여름 이후 국회에서 특별법 제정 논의가 지지부진해지면서,
범대위와 포항시의 이른바 '상경 투쟁'이 본격화되었다. 6월 3일 개
최된 국회 앞 특별법 제정 촉구 집회에서는 가두시위와 더불어 범대
위 집행위원 3인의 삭발식이 진행되는 등 자못 비장한 분위기가 형
성되었다. 상경 집회는 7월 2일부터의 1인 시위, 다시 10월 3일의
국회 앞 대규모 시위 등 수차례 개최되었는데, 집회가 열릴 때마다
포항에서 수십 대의 전세버스를 타고 수백에서 수천 명의 시민들이
참여하여 상당한 규모로 진행되었다. 상경 집회와 더불어 포항시와

범대위는 서울에서 수차례의 포럼과 문화행사를 개최하고, 지역 행정당국과 정치인을 동원해 중앙정부와 국회에 로비를 진행하는 등 국회의 특별법 제정을 압박하기 위해 다양한 노력을 기울였다. 앞의 범대본이 피해주민들을 중심으로 조직되어 진상규명과 피해지원을 위한 사법적 대응을 주도하면서 지진대응의 한 축을 형성했다면, 범대위는 민관합동조직으로서 지방정부와 함께 특별법 제정을 주도하면서 지진대응의 또 다른 한 축을 형성했다고 할 수 있다.

(2) 시민참여 소송의 폭발적 증대

이상과 같은 특별법 제정운동의 한편으로, 사법적 수단을 통해 지진 유발 책임을 묻고 피해보상을 요구하는 운동에도 시민참여가 활발히 전개되었다. 지열발전 촉발요인 발표 이후 시민들의 손배소송 참여가 급증하게 되는데, 11 여기에 맞춰 소송 대행기관도 확대된다. 기존의 범대본과 더불어 포항지역 변호사 9인이 참여하는 '포항지진 공동소송단'이 구성되었고, 그 외에도 보다 저렴한 소송비용을 제시하는 제3의 기관도 등장하면서 복수의 기관에 의한 사법적 대응이 진행되었다. 소송제기에 따라 6월부터는 실제 법정재판이 시작되었다. 손배소송은 지진복구의 방향과 관련하여 앞의 범대위 주도 특별

---

11 2018년부터 손배소송을 추진한 범대본의 경우 참여자의 수가 폭발적으로 급증하면서 2019년 말까지 3차례에 걸쳐 손배소송을 추진했는데 여기에 총 1만 3천여 명의 시민이 참여했다.

법 제정운동과 미묘한 대립관계를 형성하면서 진행되었으며, 나아가 손배대행기관 난립에 따라 개인이 지불해야 하는 소송비용의 차이를 둘러싸고 기관 상호 간 과도한 경쟁과 갈등에 대한 우려가 제기되기도 했다.

이와 더불어 2019년 정부조사단의 지열발전 촉발요인 발표 직후에는 지진발생 및 피해에 대한 책임을 묻는 형사소송도 진행하여 산업통상부 장관과 지열발전소 대표 등을 살인죄 및 상해죄로 고소하게 된다. 2019년 말에는 지열발전 시추시설을 매각하려는 움직임에 대응하여 시추시설 이전금지 가처분 소송을 제기했다. 이렇게 소송이나 형사고발 등 사법적 수단에 의존하는 활동들에 대해 피해보상을 미끼로 한 시민동원이라는 비판도 제기되었다. [12]

4) 특별법의 성과와 한계를 둘러싼 논란: 2020.1.~

포항시와 시민사회의 갖은 노력과 압력에도 불구하고 특별법 내용과 심의절차 등을 둘러싼 여야 간 힘겨루기가 진행되고, 공교롭게도 여름 이후 국회파행이 지속되는 등 우여곡절을 겪은 끝에 2019년 12월 27일 〈포항지진의 진상조사 및 피해구제 등을 위한 특별법안〉이

---

[12] "52만 시민을 우롱하는 겁니다. 1년 안에 (소송) 하지 않으면 보상 못 받는다 이렇게 시민들을 겁박하고 있어요"(범대위 관계자 인터뷰/ 〈JTBC뉴스〉, 2019. 3. 24. 에서 재인용).

국회 본회의를 통과하게 된다. 특별법 제정을 위해 모든 역량을 총동원했던 포항시 정부와 시민사회의 노력이 소기의 성과를 얻게 된 것이다.

특별법은 포항지진이 지열발전으로 인한 촉발지진이라는 점을 분명히 하고, 그에 따른 지진원인과 책임소재에 대한 '진상조사', 그리고 재난피해자에 대한 '피해구제'라는 두 가지 목적을 위한 법임을 명시하고 있다.13 먼저 진상조사를 위해 국무총리 소속의 포항지진 진상조사위원회(이하 '진상조사위원회'로 지칭)를 설치하여 피해자 신청이나 직권으로 진상조사를 할 수 있도록 했다. 다음으로 '피해구제'를 위해 역시 국무총리 소속으로 포항지진 피해구제심의위원회(이하 '심의위원회'로 지칭)를 설치했다. 개인이 피해를 인정받고 지원금을 받으려면 '증빙서류를 첨부하여' 심의위원회에 서면으로 신청해야 하고, 그러면 심의위원회가 피해자 인정 여부와 지원금 등을 결정하도록 규정했다. 포항지진으로 침체한 포항시 경제 활성화와 공동체 회복을 위한 특별지원방안을 마련하는 내용을 담았으며, 공동체 복합시설과 포항트라우마센터의 설치근거를 마련하고, 공동체 회복 프로그램과 재난예방 교육사업 추진근거도 규정했다(정채

---

13 특별법 제1장 제1조에서는 이 법의 목적을 다음과 같이 규정하고 있다. "이 법은 지열발전사업으로 촉발되어 2017년 11월 15일과 2018년 2월 11일 경상북도 포항시에서 발생한 지진의 구체적인 발생원인과 책임소재의 진상을 밝히고 지진으로 인하여 피해를 입은 사람 등에 대한 피해구제를 통하여 포항시의 경제 활성화와 공동체 회복을 도모하는 것을 목적으로 한다."

연, 이 책의 8장).

특별법이 제정되면서 이 법의 수용 여부를 둘러싸고 포항 시민사회 내에서 의견대립이 발생한다. 먼저 포항시와 범대위는 특별법의 제정으로 진상규명과 책임자 처벌의 길이 열리고, 또 국가가 피해구제지원금을 지급하도록 의무화함으로써 지진피해에 대한 실질적인 피해구제의 길이 열렸다는 점, 지역공동체 회복을 위해 정부가 특별지원을 할 수 있는 근거를 마련했다는 점 등을 들어 특별법에 대한 환영의사를 표시했다(〈국민일보〉, 2019. 12. 28.).

따라서 포항시와 범대위는 특별법을 일단 수용하고 그것이 갖는 한계를 가능한 한 시행령에서 보완하는 것으로 방향을 설정했다.14 법안 통과 직후 포항시는 특별법 이후 지원을 위해 지진특별지원단을 구성하고 특별법에 따른 피해지원을 준비하기 시작했다. 포항시개발자문위원연합회, 포항시이통장연합회, 자유총연맹포항시지회 등 8개 관변단체들의 기자회견을 통해 특별법 시행령에 대한 요구안을 제시했으며, 또한 특별법과 이후 나온 시행령안에 관한 주민의견 수렴절차를 진행했다.

이와는 달리 범대본 등의 시민사회조직들은 특별법의 문제점을 지적하면서 그것의 수용에 반대했다. 특별법이 명칭에서부터 '배·

---

14 이에 따라 포항시와 범대위 등은 특별법 시행령에서 진상조사위원회와 피해조사심의위원회에 '지역추천인사를 포함한다'는 구절을 넣을 것을 요구했다. 그러나 이러한 내용이 전혀 반영되지 않은 채 2월 14일 시행령 안이 입법 예고되었다.

보상' 대신 '구제'란 용어를 사용함으로써 국가의 과실책임이 명시되지 않았고, 영업손실 등에 대한 손해 배·보상을 특별법을 통해 받을 수 없게 되었으며, 또한 피해지원금 또한 피해시민 모두가 '개별적으로' 신청해야 하고, 입증이 쉽지 않은 다양한 피해나 정신적 피해 등은 지원금을 받기 힘들다는 점 등을 비판했다. 특별법에 꼭 들어가야 하는 중요한 조문들이 빠져버려 실효성이 없으며, 이는 시행령으로 보완할 수 있는 문제가 아니라는 것이다. 따라서 범대본은 이렇게 문제가 많은 특별법을 개정해야 한다는 입장문을 발표한다 (포항지진 범시민대책본부, 2019).

특별법 제정 이후 포항 시민사회의 재난복구 활동은 새로운 국면으로 접어들고 있다. 포항과 서울을 오가면서 포항시와 시민사회 주요 세력들이 자신의 역량들을 집중적으로 투여해서 특별법 제정이란 성과를 얻어냈지만, 그것만으로 해결될 수 없는 수많은 문제들이 남아 있다.

더욱이 특별법 자체도 수많은 한계들을 갖고 있다. 앞에서 언급한 문제점 이외에도 재난 거버넌스와 관련하여 특별법은 진상조사위원회와 심의위원회 모두 국무총리가 임명하도록 하고 있고, 또한 시행령 안에서 시민추천 인사의 참여를 배제하고 있어 중앙정부 중심의 재난복구가 진행될 가능성이 있다. 재난 거버넌스를 구성하는 지방정부와 시민의 참여를 통한 지역공동체의 복구역량을 확보하는 것이 원천적으로 배제된다(정채연, 이 책의 8장).

또한 피해를 인정받고 지원금을 받기 위해서는 증명서류를 갖고 개인이 신청해야 하므로, 그 과정에서 공적인 의제가 개인 간의 사적 문제로 치환되는 현상이 발생할 가능성이 있다. 또한 피해인정과 지원금을 둘러싼 시민들 간의 내부갈등이 첨예하게 전개될 여지도 남는다. 이미 특별법 제정 이전부터 조심스럽게 우려가 제기되어 왔던 이러한 문제들이 향후 지진복구의 전개와 지역공동체의 재난 복원력에 있어 핵심쟁점이 될 것으로 전망된다.

4. 재난복구의 사사화와 스케일의 불일치

1) 스케일의 불일치

지진으로 지역이 파괴되고 이재민이 대규모로 발생하여 더 이상 지진이전의 상태로 생활할 수 없게 된 지역사회를 복구하기 위해서는 수많은 지식과 자원, 인력과 자본이 투여되어야 한다. 이는 지역 스케일만으로는 불가능한 일이고, 전국 스케일에서의 역량과 자원 동원이 가능한 중앙정부의 관여와 역량투여가 요청된다.[15] 중앙정부가 책임 있게 나서서 진상규명과 책임자 처벌에 나서고 지진복구를

---

[15] 포스텍 평화연구소가 주최한 포항지진 2주년 심포지엄에서 패널로 참여한 포항시 관계자는 중앙정부의 종합적 지원이 이뤄지지 않으면, 권한의 한계가 있는 포항시 지자체의 역량만으로 복구를 수행하기에 어려움이 많을 수밖에 없다는 점을 지적했다(손정호, 2019).

위한 자원과 역량을 투여해야 해결될 수 있는 문제인 것이다.

따라서 중앙정부가 복구의 책임을 담당하도록 강제하는 사회적 압력이 필요하다. 그런데 이러한 압력을 문제가 발생한 지역정부나 시민사회의 노력만으로 달성하기는 쉽지 않다. 지역 스케일을 넘어서 중앙언론과 전문가, 전국적 정치권력과 사회운동이 참여하여 문제를 제기하고 전 국민의 관심을 유발하며 중앙무대의 정치 정당을 압박하는 등 사안을 전국적 스케일에서 의제화할 필요가 있는 것이다.

그러나 포항지진에 대한 대응주체들은 포항이라는 지역 스케일에서 활동하는 세력이었다. 포항시와 시민사회조직들은 수차례의 상경집회와 홍보활동, 지자체 행정관료와 지역 정치인을 통한 중앙과의 연계와 로비, 포항지진 문제에 열성을 보이는 소수 전문가 역량의 동원 등을 통해 이 문제를 극복하고자 노력했지만, 지역주체들의 헌신적 활동만으로는 중앙정치를 압박하는 것에 한계가 있었다.

이런 점에서 포항지진 복구에 있어 해결되어야 할 문제와 해결에 참여하는 주체 간의 '스케일의 불일치'가 발생했다고 말할 수 있다. 포항지진의 복구와 해결은 포항 지역 스케일에서 해결할 수 없는 전국 스케일의 대응을 요구하는 반면, 이에 대한 대응주체들은 지역 스케일에 국한됨으로 인해 문제해결이 지체되는 현상이 나타나고 있는 것이다. 이는 재난복구의 지역화, 즉 재난복구 사안이 전국적으로 확장되는 방식으로 사회화되지 못하고 지역 내부로 국한된다는 의미에서 재난복구의 사사화의 한 측면이라고 할 수 있다.

2) 중앙정부의 책임회피와 법적 수단에 의한 문제해결 추구

지진복구 과정에서 중앙정부는 대체로 논의의 중심에서 벗어나려는 모습, 지진유발과 복구에서 책임을 회피하려는 태도를 보여 왔다 (임재홍·김의영, 이 책의 7장). 지진발생 초기 중앙정부는 특별재난지역을 선포하고 중앙재난안전대책본부를 가동하는 등 수습과 복구를 위해 신속하게 움직였다. 그러나 2017년 말 중앙재난안전대책본부가 해체되고 난 이후 중앙정부는 포항지진 복구에 다소 소극적 태도를 보이게 된다. 그에 따라 2018년 2월 20일 포항시장과 지역 국회의원, 시의회의장이 중앙정부의 소극적 태도를 비판하는 합동 기자회견을 갖기도 했다.[16] 지열발전의 지진연관성에 대한 정부조사단의 활동이 진행되던 2018년 9월에는 국가의 배상책임을 회피하기 위해 정부조사단에 조사의 가이드라인을 제시하는 듯한 산자부 내부문건이 유출된 바 있다. 한편 정부조사단의 촉발지진 발표에 대한 입장문을 내면서 중앙정부는 '피해를 입은 포항시민들께 깊은 유감을 표합니다', '깊은 위로의 말씀을 드립니다'와 같이 마치 남의 일처럼 이야기함으로써 지진책임을 인정하지 않는 태도를 견지한다는

---

[16] "지난해 5·4 강진이 발생한 이래 중앙정부가 나름대로 수습과 복구에 최선의 노력을 다한 것은 인정한다. … 하지만 지난 11일 새벽에 4·6 여진이 발생한 이후에는 대책마련에 대한 책임을 포항시에만 맡겨두고 어떠한 대책도 내놓지 않고 있어 매우 유감스럽게 생각한다"(포항시장, 지역국회의원, 시의회의장 합동 기자회견/〈경북매일〉, 2018. 2. 21. 에서 재인용).

비판을 받기도 했다(〈경북매일〉, 2019. 3. 27.). 지지부진한 과정을 거쳐 통과된 〈포항지진특별법〉에서도 지진피해에 대한 '배·보상'이 아니라 '구제'라는 표현을 집어넣음으로써 중앙정부의 책임을 법안에 명시하지 않았다. 이렇듯 중앙정부는 지진복구 과정에서 직접적인 책임을 지지 않으려는 태도를 견지해왔다.

독일의 저명한 사회이론가 울리히 벡U. Beck은 이와 유사한 상황을 '조직화된 무책임성organized irresponsibility'으로 표현한다(Beck, 1992). 이는 사건이 발생했을 때 관련된 개인이나 조직이 분명히 책임져야 하지만, 그럼에도 정확하게 누구에게 책임이 있다고 말할 수 없는 상황을 지칭한다. 조직화된 무책임성의 상황에서 책임문제가 정치적 갈등의 주요 쟁점이 된다. 책임을 확인하기 위해 법적 수단에 호소하는 일이 발생한다(박재묵, 2008).

포항지진의 경우, 지진원인을 둘러싼 책임문제가 지진복원을 둘러싼 정치적 갈등의 주요 쟁점이 되어 왔고, 이에 대해 국가는 직접적인 책임을 회피하려는 모습을 보여 왔다. 시민사회는 이에 대해 특별법 제정과 소송 등의 사법적 수단을 통해 국가의 책임을 제도화하고자 했다. 특별법이 제정되었는데 여기에서 오히려 국가의 배·보상 책임은 은폐된 채 피해구제가 제도화되었다.

이렇게 국가가 빠진 자리에서 피해에 대한 책임과 배·보상 문제는 향후 중요한 정치적 갈등의 쟁점이 될 가능성이 높다. 갈등해결의 방식이 특별법과 소송이라는 법적 수단에 의존하는 것으로 귀결되면서 피해에 대한 책임과 보상문제는 지열발전소와 피해자 개인

간의 관계라는 사적 영역으로 환원되며 여기에서 국가는 책임자가 아니라 소극적 중개자의 역할에 머물 가능성이 높다. 피해자 지원은 개인이 입증해야 할 문제가 된다. 사고 책임규명과 피해보상이 법적 판단의 문제로 전환되면서 시민사회운동이 개입할 수 있는 공간은 협소해진다. 지원이나 배·보상의 규모와 범위를 둘러싸고 시민사회 내부의 갈등이 발생할 소지도 높아지고 있다. [17]

조직화된 무책임성이라는 조건에서 시민사회의 지진복구 활동은 특별법이나 소송 등 법적 수단에 호소하는 것으로 귀결되었다. 그에 따라 지진복구의 의제가 지진의 책임과 보상 및 지원문제로 집중됨과 동시에 재난복구의 공적 영역으로부터 개인 간 사적인 영역으로 축소되고 있다.

3) 기존 사회운동 역량의 부재 혹은 소외

전술했듯이 포항지진 거버넌스에서 기존의 사회운동은 자리를 잡지 못하고 소외되었다. 지진발생 초기 지역사회연구소와 포항 환경운동연합 등이 시민사회에서 자신의 목소리를 내기도 했지만, 시일이 흐르면서 이들은 무대에서 사라지게 된다. 30개의 시민사회조직이 모여 시민대책위를 건설하기도 했지만, 한차례의 시민결의대회를

---

17 "특별법이 통과돼 예산이 내려오면 시민갈등 사례가 더욱 증폭할 것으로 예상된다. 잠재된 갈등요소가 너무 많아서다"(양만재, 2019).

개최한 이후 바로 유명무실한 존재로 전락했다.

사실 지진 이전부터 포항의 사회운동 역량은 상당히 미약했다(장세훈, 2010; 서병철, 2018). 사회운동에 대한, 시민사회운동조직에 대한 시민들의 관심과 참여는 상당히 미진하다. 시민사회조직별로 활동가 1~2명이 수년 이상 각 조직의 활동을 주도하고 있는 가운데, 이들의 리더십은 다음 세대로 재생산되지 못한다. 이런 조건에서 포항의 사회운동조직은 스스로 동원할 수 있는 시민이나 자원이 별로 없는 상태이다. 가령, 포항지역사회연구소의 경우 지진발생 초기 개인활동가의 헌신적 노력으로 지열발전소에 의한 지진유발을 제기하는 책자를 발간하고, 관련된 토론회를 개최하는 등의 활동을 전개했지만, 소수의 역량으로 할 수 있는 수준을 넘어서는 활동들을 지속적으로 끌고 나갈 역량은 부족했다. 유사하게 포항 YMCA의 경우에도 지진발생 한 달 후인 12월 20일 '포항지진 어떻게 극복할 것인가'를 주제로 한 이슈토론회를 개최한 바 있지만, 그 이상 지진복구에 적극적으로 참여할 수 있는 여력이나 자원이 없었다.

포항 환경운동연합 역시 소수 활동가가 전체 활동을 책임지고 있는 상황에서 지진발생 초기부터 다른 시민사회운동들과 다르게 자연지진의 가능성을 제기하면서 지진대비 방역 시스템, 원자력 발전의 위험 등을 제기했다. 그러나 소수 활동가가 전체 활동을 전담하다시피하고 있는 상황에다 특히 포항 환경운동연합의 경우 포스코를 비롯한 철강공단의 환경오염 대응 등의 중요 지역현안들에 집중하는 상황에서, 지진이슈를 지속적으로 끌고 나갈 여력은 없었다. 더욱이 시민사회 대부분이 지열발전에 집중하고 있는 상황에서 이들의 이해에 반하는 문제제기가 차지할 수 있는 공간 또한 없었다. 따라서 포항 환경운동연합은 가끔씩 사안이 발생할 경우 중앙의 환경운동연합을 통한 성명서를 발표하는 수준의 활동에 그치게 된다.

이런 열악한 조건에서 기존 사회운동단체들은 필요에 따라 연대활동을 모색해 왔다. 그러나 이때의 연대는 사안이 발생했을 때 일회성 연대를 통해 성명서나 입장발표를 하는 데 국한되었고 그 이상의 역량을 발휘하는 것은 불가능한 조건이었다. 2018년 8월 사회운동조직들이 연대하여 시민대책위를 결성하고 대규모 시민동원집회를 개최하기도 했지만, 이 경우 사실 관변단체라고 할 수 있는 지역발전협의회나 주요 지진대응조직인 범대본 등의 참여와 자원동원으로 가능한 것이었다. 이러한 사실들은 기존 사회운동조직이 지진복구에서 존재감을 드러내지 못하게 하는 중요한 요인이 되었다.

지진복구에서 기존 사회운동조직의 부재 혹은 소외는 포항 지역 스케일의 운동을 전국 스케일로 확장할 수 있도록 양자를 매개해 줄 수 있는 사회운동조직이 부재했다는 것을 함의한다.[18] 사실 포항 시

---

[18] 전국적 네트워크를 지닌 사회운동조직은 자신의 네트워크를 통해 지역 스케일에서 발생한 사안과 운동을 다른 지역으로 확산하고 지원과 연대를 확보해 줄 수 있다. 따라서 그것은 갈등의 사회화, 즉 의제의 확장과 참여주체의 확대에 유의미한 효과를 제공할 수 있다. 전국적 사회운동조직이 자신이 활용할 수 있는 운동 레퍼토리와 미디어 자원, 전문가 역량 등을 동원하여 중앙 수준에서 토론회를 개최하고 집회와 서명운동, 언론홍보 활동, 법률관계 활동들을 전개하게 되면, 그러한 활동을 통해 전국적 수준에서 여론을 환기하여 갈등의 참여범위를 확대하고, 중앙정부

민사회의 지진복구 활동은 포항을 넘어서는 외부와의 연대에 실패했다고 볼 수 있다. 행정라인을 따라 연결되는 포항 지방정부의 중앙정부와의 연계, 그리고 지역 정치인들의 국회와 정당을 통한 로비 및 홍보활동, 일부 관심 있는 전문가, 지식인의 참여를 제외하면 포항 외부와의 연대를 확보할 수 있는 실질적 통로는 없었다.

5. 나가며: 시민사회운동과
지역공동체 재난 복원력의 전망

지진발생 이후 포항 시민사회는 지진복구 활동에 적극적으로 참여했다. 초창기 많은 주민조직들이 새로 결성되고, 기존 사회운동조직들도 지진복구에 참여하면서 다양한 의제와 요구가 분출되고 시민참여가 확대되었다. 시일이 흐르면서 이러한 다양한 활동들은 지열발전 연관성 규명과 그에 따른 피해보상을 위한 특별법 제정운동, 그리고 책임자 처벌과 피해보상을 위한 시민참여소송 운동으로 수렴되었다. 미약한 역량을 안고 초기 지진복구에 참여했던 기존 사회운동조직은 역량의 한계를 노정하고 이후 지진복구에서 영향력을

와 정치인들에 압력을 행사하게 되면, 전국적 수준에서 동원할 자원이 제약된 상황에서 지역민들만의 상경집회나 지역 정치인들에게만 의존하는 정치적 압력과는 사뭇 다른 결과를 가져올 수도 있다.

발휘하지 못하게 된다.

그 과정에서 시민사회의 노력에도 불구하고 재난복구를 전국적 의제로 확산시키려는 시도가 실패하고, 참여주체가 줄어드는 등 갈등처리의 사사화 경향이 나타나고 있다. 지진복구에 대한 기존 사회운동의 참여가 거의 없다시피 한 상황에서 의제를 전국으로 확대할 수 있는 통로는 제한적일 수밖에 없었으며, 그 영향으로 스케일의 불일치가 발생하는 것이다. 즉, 사안 자체는 전국 스케일의 자원과 역량동원으로 해결될 수 있는 사안임에도 불구하고, 운동주체는 지역 스케일에 국한됨으로 인해 문제해결이 지체되는 현상이 나타나고 있다.

이러한 변화는 지진 이후의 시민사회와 지역공동체의 재난 복원력에 커다란 도전을 제기한다. 복원력이란 기존의 관행이나 제도가 파괴된 상황에서 다시 파괴가 발생하기 전의 상태로 돌아가는 힘을 말한다. 지진으로 지역공동체에 큰 피해가 발생한 상황에서 그러한 피해를 복구하고 지진 이전의 상황으로 복귀할 수 있는 정도를 의미한다.

그런데 최근에는 복원력을 단순히 재난 이전의 상태로 돌아가는 것 이상을 의미하는 것으로 이해한다. 재난이 발생하고 새로운 변화가 이미 상당히 진행된 상황에서 재난 이전상태로 회귀하는 것은 불가능하다. 변화된 새로운 상황에서 기존의 상태를 넘어서는 진일보한 발전이 필요하고 그것을 가져올 수 있는 시민사회와 공동체의 내적 역량축적이 필요하다(노진철, 이 책의 1장; 정채연, 이 책의 8장).

지진복구에 포함될 수 있는 영역은 여러 가지가 있다. 피해주민에 대한 주거 및 경제적 지원이 필요하고 이들에 대한 정신적, 심리적 지원도 필요하다. 지진원인 규명과 책임자 처벌이 요구되며, 피해에 대한 보상도 중요한 지진복구 영역이 된다. 나아가 파괴된 마을과 도시를 재건하는 것, 지진을 비롯한 재난에 대비하는 방재시스템을 마련하는 것도 중요한 지진복구 영역이라고 할 수 있다.

이러한 다양한 영역들 중에서 시민사회조직들이 적극적으로 참여하고 주도적으로 관여해 온 영역은 피해보상의 영역, 지진원인 규명과 책임자 처벌의 영역에 국한되었다. 기타의 영역들은 시민참여가 실질적으로 생략된 채 중앙 및 지방정부의 주도로 지진복구가 진행되고 있다.

이런 점에서 시민사회의 적극적인 자기성찰이 필요해 보인다. 정부정책에 대한 항의와 경제적 지원획득을 넘어 다양한 영역에서 시민사회 역량의 강화와 참여확대가 필요해 보인다. 공동체의 복원력 회복을 위한 시민사회의 자기조직화가 요청된다.

참고문헌

〈경북도민일보〉(2019. 11. 15.), "추위와 분노에 떠는 포항시민들".

〈경북매일〉(2017. 11. 27.), "지진-지열발전소 연관성 여부 조사 본격화".

_____(2018. 2. 21.), "흔들리는 포항 … 정부는 요지부동".

_____(2018. 8. 13.), "지진으로 틀어진 이해관계, 도시 재건으로 화해해야".

_____(2018. 9. 3.), "'국가 배상 가능성 낮다' 정부 내부문건 큰 파문".

_____(2019. 3. 25.), "포항지진단체별 다양한 목소리 … 일각선 '필요성 있다'".

_____(2019. 3. 27.), "포항지진, 국가 배상책임 명백".

_____(2019. 4. 3.), "거리로 나섰다 '포항지진특별법'".

〈국민일보〉(2019. 12. 28.), "포항시민, 포항지진특별법 통과에 '아쉽지만 환영'".

김준홍·김원규(2018), "포항 지진 1년, 치유되지 않은 상흔: 끝나지 않은 싸움의 기록", 〈포항 지진 1년: 지금도 계속되는 삶의 여진〉(포스텍 융합문명연구원 연구보고서), 2018-1.

김홍제(2019), "포항지진 재난 거버넌스와 재난 시티즌십 라운드테이블", 〈포항지진, 그 후: 재난 거버넌스와 재난 시티즌십〉, (포스텍평화연구소 심포지엄, 2019. 11. 8.).

〈뉴시스〉(2017. 11. 22.), "윤영일 '포항지열발전소 주변, 2년간 63차례 지진'".

〈대구MBC뉴스〉(2019. 4. 2.), "포항 지진 원인 조사 … 지역 파수꾼 있었다".

박배균(2013), "국가-지역 연구의 인식론: 사회공간론적 관점을 바탕으로", 박배균·김동완, 《국가와 지역: 다중스케일 관점에서 본 한국의 지역》, 알트.

박소현(2019), "포항지진 재난 거버넌스와 재난 시티즌십 라운드테이블", 〈포항지진, 그후: 재난 거버넌스와 재난 시티즌십〉(포스텍평화연구소 심포지엄, 2019. 11. 8.).

박순열(2010), "생태시티즌십(ecological citizenship) 논의의 쟁점과 한국적 함의", 〈ECO〉, 14(1): 167~194.

박순열·홍덕화(2010), "허베이스피리트호 기름유출사고로 인한 태안지역의 사회경제적 변동: 사회적 재난의 파편화(fragmentization)와 사사화", 〈공간과 사회〉, 34: 142~184.

박재묵(2008), "환경재난으로부터 사회재난으로: 허베이 스피리트호 기름유출

　　사고에 대한 사회적 대응 분석", 〈ECO〉, 12(1) : 7~42.

박효민(2018), "사회조사로 살펴본 포항지진의 트라우마", 〈포항 지진 1년: 지금도 계속되는 삶의 여진〉(포스텍 융합문명연구원 연구보고서), 2018-1.

손정호(2019), "포항지진 재난 거버넌스와 재난 시티즌십 라운드테이블", 〈포항지진, 그후: 재난 거버넌스와 재난 시티즌십〉(포스텍평화연구소 심포지엄, 2019. 11. 8.).

양만재(2019), "지진특별법 이후를 생각한다", 〈경북매일〉, (2019. 11. 15.).

〈영남일보〉(2020. 2. 18.), "포항지진을 대하는 대통령의 의식".

이영희(2014), "재난 관리, 재난 거버넌스, 재난 시티즌십", 〈경제와사회〉, 104: 56~80.

임재현(2018), 《포항지진과 지열발전》, 여우와두루미.

장세훈(2010), "지방자치 이후 지역엘리트의 재생산 과정: 철강도시 포항 사례를 중심으로", 〈경제와 사회〉, 86: 162~198.

_____(2013), "포항제철 설립의 정치사회학: '스케일의 정치'를 통해 본 사회세력 간 역학관계를 중심으로", 〈공간과 사회〉, 23(2) : 199~228.

정현주(2006), "사회운동과 스케일", 〈대한지리학회 학술대회논문집〉, 39~41.

포스텍 융합문명연구원(2018), "포항지진피해와 복구에 관한 설문응답 기초빈도표", 〈포항 지진 1년: 지금도 계속되는 삶의 여진〉(포스텍 융합문명연구원 연구보고서), 2018-1.

포항시(2019), 《11·15 지진백서: 2017 포항지진, 그간의 기록》.

포항지역사회연구소(2019), "문재인 대통령께 드리는 지진피해 포항시민의 공개서한과 청원, 포항지역사회연구소 편", 《포항의 눈》, 여우와두루미.

포항지진 범시민대책본부(2017. 12. 16.), "선언문", 〈포항지진 범시민대책본부 밴드〉. https://band. us/band/68626866

_____(2019. 2. 30.), "포항지진특별법에 대한 범대본 입장문", 〈포항지진 범시민대책본부 밴드〉. https://band. us/band/68626866

포항 환경운동연합(2019. 3. 29.), "'포항지진 범시민대책위원회'를 정쟁의 도구로 이용하지 말라".

포항 11·15 촉발지진 범시민대책위원회(2019), 〈출범 기자회견 동영상〉. https://www. youtube. com/watch?v=iFMrplQLqkE

〈프라임경북뉴스〉(2019. 3. 25.), "포항지진 범시민대책본부, 포항지진 '투도중죄'

규탄 성명서 발표".
행정안전부(2018), 《2017 포항지진백서》.
홍덕화·이영희(2014), "한국의 에너지 운동과 에너지 시티즌십: 유형과 특징",
　　〈ECO〉, 18(1): 7~44.
〈JTBC뉴스〉(2017. 11. 15.), "포항지진, 지열 발전소 건설이 영향 준 것이라 생
　　각".
_____(2019. 3. 24.), "포항지진 관련 단체만 7개 … 다른 목소리에 시민들 '혼
　　란'".

Beck, U. (1992), *Risk Society: Towards a New Modernity*, Sage.
Dobson, A. (2003), *Citizenship and the Environment*, Oxford University Press.
Isin, E. F., & Turner, B. S. (2002), "Citizenship studies: An introduction"
　　in Isin, E. F., & Turner, B. S. (Eds.), *Handbook of Citizenship
　　Studies*, 1~10, Sage.
Marshall, T. H. (1950), *Citizenship and Social Class: And Other Essays*,
　　Cambridge University Press.
McMaster, R. B., & Sheppard, E. (2004), "Introduction: Scale and geo-
　　graphic inquiry" in E. Sheppard, & R. B. McMaster(Eds.), *Scale
　　and Geographic Inquiry: Nature, Society, and Method*, 1~22, Blackwell,
　　Oxford.
Schattschneider, E. E. (1975), *The Semisovereign People: A Realist's View of
　　Democracy in America*, Dryden Press.

7

포항지진 복구의 정치적 동학

비난회피의 인식적 · 제도적 기반을 중심으로

임기홍 서울대 사회혁신교육연구센터
김의영 서울대 정치외교학부

1. 들어가며

포항지진은 막대한 피해를 남겼다. 포항지진이 1년 전에 발생한 경주지진에 비해 규모가 작았음에도 피해가 훨씬 컸던 이유는, 지진이 포항 도심지를 강타했고 발생깊이가 얕았기 때문이다. 경주지진의 6배 수준인 850억 원의 피해가 집계되었고 135명의 인명피해와 5만 7,039건의 시설물파손이 발생했다. 이뿐만 아니라 1,797명의 이재민들이 추위 속에서 삶의 터전을 떠나 구호소생활을 해야 했다(행정안전부, 2018b). 포항시에 따르면, 공식피해액 외에도 직 · 간접 피해추정액은 3,323억 원에 달한다(포항시, 2019: 13).

그러나 우리가 포항지진에 주목해야 하는 이유는 이처럼 피해규모가 막대하기 때문만은 아니다. 무엇보다 한반도가 더 이상 지진의 안전지대가 아니라는 점, 이제 지진은 갑작스런 사건이 아니라 머지 않은 시기에 반드시 발생하는 재난이 되었다는 점을 알려주었기 때문이다. 이것은 다시 말해서, 지진에 대응하고 피해를 복구하는 것이 주요한 사회적 과제로 부상했다는 것을 의미한다.

더 중요한 것은, 재난이 기존제도의 모순을 드러내주는 계기로 작동한다는 점에서(정유선, 2014) 포항지진 복구과정 분석을 통해 기존에 주목하지 않았던 한국 정치의 문제점을 조명하고 이에 대한 개선책을 모색할 수 있다는 것이다. 이를 바탕으로 우리는 포항지진 연구의 의의를 찾을 수 있을 것이다. 포항지진은 한국사회에 대해 무엇을 말해주는가? 국가는 어떻게 작동했고, 혹은 왜 작동하지 않았는가?

이 연구는 지진복구 과정 전반에 걸쳐 국가행위자의 소극성과 비난회피blame avoidance 행태가 두드러진 것에 주목한다. 국가가 단기적 수습에 효율적으로 대응했다는 것에 대해서는 이론의 여지가 없으나, 장기적인 복구과정이 시작되는 2018년 초부터 〈포항지진특별법〉이 국회 본회의를 통과한 2019년 12월까지 약 2년간의 시기동안 국가는 적극적인 대책을 입안하고 시행하기보다는 기존의 절차로만 대응하려는 경향을 노정했다. 포항지역의 시각에 따르면 중앙정부는 "피해복구와 수습을 포항시에만 맡겨두고 간헐적이고 임시방편적인 사후대응에만 나설 뿐 종합적이고 체계적인 어떠한 대책도 내놓지 않"았다(〈뉴시스〉, 2018. 2. 20.). 이러한 국가의 소극성은 다른 대형재난이 발생했던 때와 비교하면 더욱 두드러진다. 가령 허베이스피리트호 유류오염 사고와 세월호 참사의 경우, 재난이 발생한 이후 각각 3개월, 7개월 이내에 특별법이 제정되었고 복구를 위한 국가의 대응이 신속히 전개된 바 있다.

한편, 포항지진과 지열발전과의 연관성에 대한 정부조사가 진행되는 와중에 '지열발전과 관련한 국가배상책임 가능성이 낮다'는 결론을 내린 산업통상자원부 내부보고 문건이 공개되었다. 문건을 공개한 김정재 의원은 이 문건이 책임회피를 위한 것이며 "정부조사단에 명백한 가이드라인을 준 것이나 다름없다"고 비판했다(〈쿠키뉴스〉, 2018.9.2.). 포항지역 여론 역시 이 문건을 책임모면용으로 규정했다(〈경북매일〉, 2018.9.2.). 2019년 3월, 포항지진이 지열발전에 따른 인재라는 정부조사단의 결과발표 후에도 산업통상부는 국가의 책임을 인정하기보다는, '소송결과에 따르겠다'는 입장을 밝혔다.[1]

지진특별법을 위한 공청회가 열린 국회에 출석한 주무부처는 지진이 발생하기 전 단층의 존재를 몰랐다며 책임을 회피했고(〈표 7-1〉), 포항시 역시 주민들의 민원이 있었지만 '공식적 민원'은 없었다며 책임을 회피하고자 했다(〈표 7-2〉).

〈포항지진특별법〉 제정을 목전에 둔 2019년 11월, 국회에 출석한 산업통상자원부 차관은 "지열발전이 포항지진을 촉발시켰지 정부가 한 게 아니다"라는 입장을 반복했다(국회사무처, 2019e, 58).

---

[1] 이에 대해 이례적으로 기초지자체장(이강덕 시장)이 정부에 대해 공개적으로 "분노"를 표명했다(〈연합뉴스〉, 2019.4.22.).

그렇다면 왜 재난복구 과정에서 국가의 소극성과 비난회피 행태가 더욱 강력해지는가? 기존의 연구는 관료주의와 관료제 시스템 자체의 한계에서 그 답을 찾았다. 중앙정부의 명령과 통제에 의한 관료주의적 패러다임(한국행정연구원, 2009), 전문가와 기술관료의 전문가주의(이영희, 2014), 관료들의 비난회피 행태(박치성 · 백두산, 2017)로 인해 재난복구 과정에서 시민의 참여와 사회적 요구가 배제되고, 시간이 흘러 사회적 주목도가 하락하면서(Sylves, 2008) 국가

〈표 7-1〉 〈산업통상자원중소벤처기업위원회회의록〉 제 4호

- 정유섭 위원: 이번에 포항 지열발전 시추공사 과정에서 단층이 발견됐는데 산자부에서 이것에 대한 것을 전혀 인지하지 못하고 있었던 겁니까?

- 산업통상자원부 에너지자원실장 주영준: 저희가 연구사업을 시행할 때는 관련된 지층이 있었던 것을 미리 인지하고 있지는 않았던 것으로 알고 있습니다.

- 정유섭 위원: 단층을 인지하지 못했다고 하더라도 포항지역에서 미소지진이 몇 번 발생을 했단 말이에요, … 너무 대비가 없었던 것 아닙니까?

- 산업통상자원부 에너지자원실장 주영준: 이후에 저희가 충분한 조치를 했었으면 좀 막을 수는 있었겠지만 당시의 매뉴얼상으로는 저희는 보고를 받는 것으로만 되어 있었던 한계가 있었습니다.

자료: 국회사무처, 2019d, 15.

기구가 복구에 적극 나설 유인이 사라진다는 것이다. 그러나 이러한 요인은 관료제가 존재하는 한 모든 재난복구 과정에서 등장할 수 있는 제약요인일 것이다.

이에 이 연구는 관료주의의 부정적 속성이 재난복구를 지연시킬 수 있다는 것에 동의하면서도, 관료들의 인식적 기반 및 비난회피 행태를 허용하는 제도적 틈이 있다는 대안적인 설명을 제시하고자

〈표 7-2〉〈산업통상자원중소벤처기업위원회회의록〉 제 4호

- 홍의락 위원: 민원이 많이 들어왔을 거예요. 그렇지요?

- 진술인 송경창(포항시 부시장) : 그 당시에 관련해서 공식적인 민원은 없었던 것으로 알고 있습니다. 저희들도 파악했는데 그냥 좀 이상하다는 그런 ⋯ .

- 홍의락 위원: 공식적인 민원하고 공식적이지 않은 민원은 어떤 거예요?

- 진술인 송경창: 제 말씀은 거기에서, 마을이나 이런 데서 전화로 약간 이게 ⋯ .

- 홍의락 위원: 있었고, 주민들은 이미 지열발전소 때문에 이런 지진이 일어난다는 원성들이 있었어요, 그 당시에.

- 진술인 송경창: 그때는 없었던 것으로 알고 있습니다. 지금 되돌아보면 그 당시에 ⋯ 제가 말씀하는 것은 그런 공식적인 민원이 없었다는 겁니다.

자료: 국회사무처, 2019d, 19.

한다. 구체적으로 첫째, 비난회피를 추구하는 정책결정자들의 인식과 해석에 주목하고 있으며, 둘째, 국가행위자의 부인과 비난회피를 가능케 하는 제도적 배경인 허약한 지방자치와 관료들의 시행령 제정 권한독점을 함께 설명요인으로 제시한다.

이러한 주장을 뒷받침하기 위해 이 연구는 재난복구 과정, 특히 지진특별법 제정과 시행령 제정과정에서 드러난 국가행위자의 인식과 담론을 추적하였다process tracing (Collier, 2011). 분석자료로는 정부의 백서(행정안전부, 2018b), 2 〈국가안전관리기본계획〉(이하 '기본계획') (중앙안전관리위원회, 2015; 2020), 국회회의록을 활용했다.

이 글의 구성은 다음과 같다. 2절에서는 재난 거버넌스에 관한 개념적·학술적 논의를 소개하고, 3절에서는 포항지진 복구과정을 크게 네 시기로 구분하여 각 시기의 주요 쟁점을 정리하였다. 4절에서는 분석자료에 근거하여 국가행위자의 담론을 구체적으로 서술하고, 5절에서는 담론의 인식적 기반, 제도적 배경을 제시하고 있다. 결론인 6절에서는 이 연구의 의의와 한계, 정책적 함의를 제시하고자 한다.

---

2 김기홍(2015)에 따르면, 백서는 "단순히 정부나 지방자치단체가 발행한 세부적인 보고서의 형식일 뿐 다른 자료와 큰 차이가 나지 않는다고 생각할 수 있지만, 백서는 정부의 이해관계가 실질적으로 구성되는 담론형성의 장(場)"이며, 정부는 "백서를 통해 자신들이 이해하고 가장 적절하다고 생각되는 현실을 구성"한다. 따라서 국가행위자의 인식과 그에 기반한 담론을 확인할 수 있는 연구자료로서 충분히 가치가 있다(135).

2. 재난 거버넌스와 참여

현재까지 이론영역과 정책영역에서 재난에 대한 인식과 대응을 규정하는 기본 틀은 '재난 관리disaster management'이다. 페탁(Petak, 1985)은 오늘날 재난연구의 기본 인식틀인 재난 사이클(disaster life cycle: response, recovery, preparedness and mitigation)을 패턴화했다. 재난관리를 정의함에서 대부분의 연구들(배응환·주경일, 2011; Henstra, 2010; Petak, 1985)이 '예방·대비·대응·복구' 단계별 활동개념을 기반으로 하고 있고, 국가 차원의 대응원칙 및 법으로도 체계화되었다. 우리나라 〈재난 및 안전관리 기본법〉에서도 "이 법은 … 재난의 예방·대비·대응·복구와 안전문화활동, 그 밖에 재난 및 안전관리에 필요한 사항을 규정함을 목적"(제1조)으로 한다고 규정하였다(임기홍, 2020, 25 재인용).

이러한 재난관리 패러다임은 정부에 의한 하향식top-down 통제를 기본 메커니즘으로 채택하고 있으며, 비국가행위자들의 역할과 기여를 부수적인 것으로 간주하고 있다. 반면, 최근 들어 기존의 하향식, 관료제적 대응체계에 대한 반성과 함께 그 해결책으로 거버넌스적 접근이 대안으로 고려되고 있다(Tierney, 2012; Ahrens & Rudolph, 2006; 오윤경·정지범, 2016). 현재 통용되는 재난 거버넌스 개념은 "재난관리나 위기감축risk reduction보다 더 포괄적인 개념으로, 공영역과 사영역을 넘어서서 다양한 행위주체가 협상negotiation, 참여participation, 연대engagement를 통해 상호관계를 맺으면서 집합적인 결정collective decision making"으로 나아간다고 본다(Ahrens & Rudolph, 2006). 특히, 비국가행위자의 참여는 거버넌스의 핵심적 요소이다(이재은·양기근, 2004; Tierney, 2007).

그러나 형식적인 참여보장으로는 거버넌스의 의의를 달성할 수 없다. 재난발생의 직접적 혹은 관리적 책임이 기업이나 정부처럼 거대한 조직에 있을 경우, 개별시민들이 그 과정에 직접 참여하여 책임을 추궁하고 피해를 증명하는 것은 대단히 어려운 일이다. 따라서 재난 거버넌스가 구성된다 하더라도 '어떤 참여'인지, 혹은 참여의 수준level이 어느 정도로 확보되었는지에 대해서 따져볼 필요가 있다. 다시 말해, 시민사회 혹은 지역사회 수준에서 참여를 가능케 하는 위임구조가 확보되어야 하며, 정보에 대한 접근이 보장되어야 한다. 특히 의사결정 구조에 취약한 집단이 반드시 포함되어야 하며, 참여적인 모니터링과 평가체계를 갖추어야 한다(Twigg, 2002; 시민건강연구소, 2020, 39 재인용). 만약 〈표 7-3〉과 같이 시민의 참여가 정보제공이나 의견수렴 수준에 그친다면 비국가행위자의 참여는 '형식적 참여'에 그칠 것이다(Arnstein, 1969).

따라서 티어니(Tierney, 2012)는 재난 거버넌스에서 중요한 것은, 재난 거버넌스의 이상적인 상image을 그리고 정의를 내리는 것이 아니라, 비국가행위자의 참여를 제약하는 요인이 무엇이고, 그것을 극복하기 위한 전략이 무엇인지를 고민하는 것이라고 주장한다. 재난 거버넌스는 사회 전체의 거버넌스 시스템에 영향을 받을 수밖에 없기 때문에 독자적인 재난 거버넌스는 성립하기 어렵고, 기존의 제

<표 7-3> 시민참여의 스펙트럼

8단계	시민통제 (citizen control)	실질적 참여
7단계	권한위임 (delegated power)	
6단계	동반자 (partnership)	
5단계	유화단계 (placation)	형식적 참여
4단계	의견수렴 (consultation)	
3단계	정보제공 (informing)	
2단계	교정 (therapy)	비참여
1단계	계도단계 (manipulation)	

도에 의한 제약이 무엇인지 파악할 필요가 있는 것이다.

재난연구의 권위자인 콰란텔리와 페리(Quarantelli & Perry, 2005)에 따르면, 재난 거버넌스 구축의 가장 큰 걸림돌은 관료들과 관료주의이다. 관료들의 우선순위가 때로는 시민의 우선순위와 어긋나기 때문이다. 슈나이더(Schneider, 1992; 2005) 역시 재난상황에서 관료들의 규범과 시민사회의 규범은 자주 충돌한다고 지적하고 있다. 타케다와 헬름스(Takeda & Helms, 2006)는 이러한 관료집단과 시민사회 간의 충돌이 각각의 인식의 차이에 기인한다고 주장하였다. 관료들이 어떠한 행동을 선택함에 있어, 개인적이면서 조직적인 정향orientation 및 관료집단 내부에서 공유하는 인식에 근거하고 있으며, 이를 밝히는 것이 중요하다는 것이다.

그러나 기존의 연구들 역시 관료적 인식을 관료주의 패러다임으로 설명하는 방식, 즉 일종의 동어반복적인 한계를 노정하고 있다. 따라서 그러한 인식을 구성하는 내용substances과 담론discourse이 무엇이고, 역사적이고 제도적인 배경은 무엇인지에 대해 경험적이고 실제적인 설명이 제공되어야 할 필요가 있다.

3. 지진복구 과정의 전개 및 시기별 특징

포항지진 복구과정은 크게 네 시기로 구분할 수 있다(김철식, 이 책의 6장). 포항지진이 발생하고 긴급복구가 시행된 1기, 장기적인 복구과정이 시작되고 정부의 행정대책이 마련되며, 지진의 원인에 대한 사회적 논쟁이 치열했던 2기, 정부조사단의 조사결과가 발표된 이후 책임성 논쟁 및 배·보상의 법적 기반을 마련했던 3기, 마지막으로 특별법 시행령을 제정하기 위한 단계이자, 지진발생의 진상조사와 피해구제가 제도적으로 준비되고 있는 4기로 구분된다.

1) 1기: 단기적 수습 시기

2017년 11월 15일 본진과 2018년 2월 11일 여진이 발생한 직후, 경주지진을 경험한 국가는 이전보다 신속히 반응했다. 포항지진에서는 긴급재난문자가 35초 만에 발송되고, 최초 지진이 발생한 지 약 10여 분 만에 신속하게 중앙재난안전대책본부가 가동되었다. 중앙재난안전대책본부는 원자력안전위원회, 국토교통부, 교육부, 산업자원부 등 관계부처에 비상대응기구 가동과 피해상황 파악을 지시

<표 7-4> 포항지진 복구 과정 구분

구분	내용
1기(2017.11.~2018.2.)	본진과 여진 발생 / 긴급 복구 / 특별재난지역 지정
2기(2018.3.~2019.2.)	장기 복구 국면 / 정부의 행정대책
3기(2019.3.~2019.12.)	정부 공식조사 발표와 특별법 제정
4기(2020.1.~현재)	특별법 시행령 제정을 둘러싼 갈등 / 참여의 제도적 기반 배제

하였고, 지진매뉴얼에 따라 산하기관들에 필요한 비상조치를 취하도록 했다. 3

포항시는 지진발생 4일 후인 2017년 11월 19일 포항시로부터 정부에 '특별재난지역' 지정을 요청했다. 이에 따라 행정안전부는 피해액이 〈재난 및 안전관리기본법 시행령〉 제69조 제1호의 '특별재난지역 선포기준'에 충족하는지 예비조사를 즉시 실시하고 〈재난 및 안전관리기본법〉 제9조 및 제60조에 따라 중앙안전관리위원회 심의를 거쳐 대통령에게 건의, 11월 20일 포항시를 '특별재난지역'으로 선포했다. 4

3　재난 시 대응조직의 컨트롤 타워 역할을 수행하는 '중대본'은 〈재난 및 안전관리기본법〉 제14조와 〈재난 및 안전관리기본법 시행령〉 제13조에 따라 중앙재난안전대책본부장이 상황판단회의를 거쳐 재난관리에 필요하다고 판단할 경우 운영한다.

4　특별재난지역이란 〈재난 및 안전관리기본법〉 제61조에 근거하여 마련된 제도로, 대규모 재난으로 발생한 피해를 효과적으로 수습하기 위해 지방자치단체에 국비를 추가지원하는 것을 말한다. 특별재난지역은 자치단체 국고 지원기준 피해액의 2.5배를 초과하는 피해액 발생 시 선정되며 〈재난 및 안전관리기본법 시행령〉 제69조에 의거해 피해조사 및 중앙안전관리위원회 심의를 거쳐 선포된다. 포항지역은 특별재난지역으로 선포됨으로써 일반 재난지원 외에 응급대책 및 재난구호와 복구에 필요한 행정상, 재정상 지원을 받게 되었다.

또한 정부는 포항지진 피해의 조기수습을 지원하기 위하여 중앙수습지원단을 11월 18일부터 운영하였으며, 재난현장에 파견된 다양한 수습지원인력을 중앙수습지원단으로 일원화하여 체계적으로 피해수습을 지원했다. 정부가 중앙수습지원단을 구성하여 운영한 것은 재난대응 사례에서 처음 있는 일이었다(행정안전부, 2018b, 10). 정부는 이 같은 노력을 강조하며 재난안전관리의 성공사례로서 가축전염병, 메르스 사태(2018년)와 더불어 포항지진을 성공사례로 평가하고 있다(국무조정실, 2018). 정부가 단기수습 국면에 있어 신속하고 효율적인 대응을 했다는 것은 분명한 것으로 보인다.

한편, 지진발생 직후부터 포항시민들은 지열발전시설과 포항 앞바다 이산화탄소 저장시설도 조사해 달라며 청와대 홈페이지 국민소통광장에 청원을 했고, 전문가들도 지열발전소 건설이 지진발생에 영향을 미칠 가능성이 있다고 합리적 의심을 제기했다(〈프레시안〉, 2017. 12. 7.). 포항시 역시 지진을 유발했다는 의혹을 사고 있는 지열발전소와 이산화탄소 저장시설을 영구 폐쇄해 줄 것을 정부에 건의했다(〈연합뉴스〉, 2018. 1. 15.).

2) 2기: 장기 복구의 시작

정부는 2018년 4월 18일에 복구계획을 최종적으로 확정했다. 재산피해는 5만 7천여 건에 850억 원으로 지진관측 이래 최대 규모이며, 이에 대한 복구비용은 1,800억 원으로 확정했다.5 포항시의 경우,

전국 최초로 지진 전담조직인 지진대책국을 신설했다(포항시, 2019: 264). 이후의 정부의 정책적 대응은 크게 두 가지로 볼 수 있다. 하나는 2018년 5월에 행정안전부가 발표한 〈지진방재 개선대책〉이다. 정부는 '지진방재 선진국 수준의 대응기반 구축'을 목표로 4대 분야, 10개 핵심과제, 65개 세부과제를 발굴했다.[6] 다른 하나는 국토교통부가 포항시 흥해읍 일대를 특별재생지역으로 지정하여 2023년까지 2,257억 원의 재정을 투입해 임대주택 공급 등 도시재생사업을 추진키로 한 것이다(국토교통부, 2018).

정부의 이러한 조치가 발표되었지만, 포항지역의 불만은 더욱 커져만 갔다(김진희 외, 이 책의 5장; 김철식, 이 책의 6장). 포항시민들은 또 다른 여진에 대한 공포, 정신적 트라우마, 경제난에 이르는 3중고에 시달리고 있었다(〈경북매일〉, 2018. 2. 21.). 지진발생 후 1년이 지난 시점에 포항지역 주민의 정신적 피해는 매우 큰 것으로 확인되었다. 포스텍 융합문명연구원은 2018년 11월 13일 개최한

---

5 정부는 재난으로 피해가 발생한 경우에는 재난피해자의 신고를 통해 조사를 실시한다. 일반적으로 조사결과를 토대로 1회에 한하여 복구계획을 수립·확정하는 것이 일반적이나, 포항지진은 3차례에 걸쳐 복구계획을 수립했다. 먼저, 2017년 12월 5일에 본진에 대한 복구계획을 수립하였으나, 복구계획 심의·확정 이후 여진 등으로 추가 신고된 주택피해와 이에 따른 정밀안전진단 결과를 반영하여 2018년 2월 13일 복구계획을 변경했다. 또한, 2018년 2월 11일 발생한 규모 4.6의 여진으로 피해가 급증하여 추가피해 조사와 함께 2018년 4월 18일에 복구계획을 최종적으로 변경·확정했다.

6 후술하겠지만, 본 대책에도 시민의 참여를 보장하는 제도적 장치는 찾아볼 수 없다.

〈포항지진 1년: 지금도 계속되는 삶의 여진〉 연구발표회에서 포항 시민 500명을 대상으로 진행한 설문결과를 공개했다. 조사결과에 따르면, 지진으로 인한 정신적 피해를 인정한 응답자가 80%, 또 다른 지진에 대해 공포를 느낀다고 답한 사람이 85.8%로 드러났다. 특히 면담결과 포항주민들은 "정부보상과 복구대책이 합리적 기준 없이 진행된다는 점"을 불만스러워했다(〈경북매일〉, 2018. 11. 13.).

3) 3기: '인재'로서의 지진과 특별법 제정

2019년 3월 20일, 포항지진 정부조사연구단은 포항지진이 2010년 추진된 지열발전사업에 따른 '인재'였다는 조사결과를 발표했다. 정부발표는 즉각적인 책임성 논쟁을 촉발했고, 국회에서는 김정재, 하태경, 홍의락 의원이 특별법을 발의했다(정채연, 이 책의 8장).

먼저, 조사결과가 나온 이후 여당인 민주당은 지열발전사업이 이명박 정부 때 시작되었다는 점을 들어 'MB정부 책임론'을 제기했다. 반면 야당인 자유한국당은 민주당의 발언이 무책임하다고 반박했다(〈경북매일〉, 2019. 3. 21.). 그러나 정치세력의 책임논쟁은 정치적 쟁점으로 발전하지는 못했다. 우선, 포항의 지역여론은 특정 정당에 책임성을 귀속시키는 것보다 당장의 피해를 복구하는 것에 더 우선순위를 두었다. 조사결과 발표 이후 포항에는 '포항 11·15 촉발지진 범시민대책위원회'(이하 '범대위')가 결성되었고, 이들은 신체적·경제적·정신적 피해를 입은 시민의 피해구제와 지역경제

회복을 위한 조치 등의 내용을 담은 특별법 제정을 정부에 촉구하기로 했다(〈경향신문〉, 2019. 3. 24.; 김철식, 이 책의 6장). 한편, 포항 시민사회 내부의 분화 역시 시급한 문제로 인식되었다. 이강덕 포항 시장, 서재원 포항시의회 의장 등 포항의 엘리트들이 주도한 범대위와 달리, 이재민 중심의 시민단체인 '포항지진 범시민대책본부'는 범대위를 관변단체로 규정하고 시민단체들을 배제했다고 지적했다(〈경향신문〉, 2019. 4. 9.; 김철식, 이 책의 6장).

한편, 지진피해 주민들의 삶의 질이 급격히 나빠지고 있었다. 사회적참사특별조사위원회(2019)에 따르면, 지진피해자들 중 대다수가 "정부의 진상조사와 관련자 처벌을 위한 노력이 제대로 이뤄지지 않았다"(80%), "요구를 반영한 지원이 이뤄지지 않았다"(84.6%)고 응답했다.[7] 정부에 대한 신뢰가 높지 않고, 복구과정에 피해자들의 요구가 배제된다고 인식하고 있는 것이다. 실제로, 정부의 입장(브리핑, 발언, 백서 등의 자료)은 공통적으로 시민참여를 '자원봉사'로만 이해하고 있고, 피해지역 주민들을 정책수혜대상으로 보고 있다. 반면, 지역주민의 입장은 피해원인 및 피해현황 조사과정에 의미 있는 주체로 참여하는 것을 원하고, 피해복구 계획수립 및 자원확보과정에도 적극적으로 참여하기를 바라고 있다. 즉, 피해주민들을

---

[7] 국가미래발전정책연구원이 2개월간 포항지진 피해자 40명을 설문·심층조사한 결과이다. 또한 "여전히 불안을 호소하고 있다"(82.5%), "건강이 나빠졌다"(80%)고 파악되었다.

재난 거버넌스에서의 주요한 행위자로 인정하느냐 마느냐 하는 지점에서 충돌이 발생하고 있는 것이다.

실제 시민들은 정치권의 책임공방을 "정쟁"으로 인식하고, 피해복구에 책임이 있는 "경북도와 포항시 등 행정당국도 일방적이고 편의주의적인 조치"에만 힘쓰면서 "피해자의 목소리를 외면하고 있다"고 주장했다. 동시에 향후 특별법 제정이나 정책수립 시 "흥해읍 피해자 주민의 요구사항이 반영"되도록 요구했다(〈경향신문〉, 2019. 3. 27.).

악화되는 피해상황과 포항지역의 요구는 일련의 사회적 압력으로 기능했고, 여야 지도부가 〈포항지진특별법〉 제정의 필요성에 공감하면서 입법 움직임이 가시화되었다. 국회는 2019년 9월 27일 법률안 공청회를 개최했고, 11월 22일, 산업통상자원중소벤처기업위원회를 개최하여 〈포항지진특별법〉을 통과시켰으며, 최종적으로 동년 12월 27일 국회본회의에서 의결하였다. **8**

〈포항지진특별법〉이 제정되는 과정에서 주요 쟁점은 첫째, 지진피해에 대한 국가의 책임을 '배·보상'으로 규정할 것인지, 아니면 '지원'으로 규정할 것인지의 문제였다. 여당은 지원을 강조했고, 포항지역과 야당은 배상 혹은 보상이 이루어져야 한다고 주장했다(〈경북매일〉, 2019. 9. 30.). 둘째, 피해주민의 주거안정문제 해결 및 포항시의 도시재생사업의 방향에 관해 여야 간에 의견충돌이 지속되었다. 그러나 최종 통과된 법안은 피해보상이나 손해배상이라는 표

---

8 특별법의 정식명칭은 〈포항지진의 진상조사 및 피해구제 등을 위한 특별법안〉이다.

현 대신 '피해구제와 지원'을 선택했고, '포항지진 진상조사위원회'와 '포항지진 피해구제심의위원회'를 설치해 포항지진의 원인을 규명하고, 피해를 구제토록 했다. 또한 주거안정에 관련한 대책은 회피했다.

4) 4기: 시행령 제정

포항지역은 특별법 통과에 대해 우선 환영의 의사를 밝혔다. 이제 피해지원대상 설정, 피해범위 산정, 지원금 결정의 기준과 지원절차 등 세부적 내용은 시행령에서 결정하게 되었다. 그러나 산업통상자원부가 특별법 시행령 제정안을 예고하면서 다시금 논쟁이 시작되었다. 산업통상자원부는 2020년 1월 31일, 자체적으로 마련한 시행령 검토안을 포항시에 통보하면서 2월 7일까지 의견을 제출해 달라고 요청했다. 이에 포항시는 주민의견을 수렴하기에 너무 기간이 짧다고 판단해 산업부와 협의하여 일주일을 더 늦췄으나, 포항시정부와 시민단체는 의견수렴 기간이 지나치게 짧다고 반발했다(〈경향신문〉, 2020. 2. 16.). 시행령을 통해 지진 진상조사와 관련하여 조사위원회, 피해구제심의위원회, 산하사무국을 구성해 운영하는 방안 및 공동체 회복지원과 관련한 구체적인 지원방법을 마련하는 것인데, 1~2주 만에 주민의견을 수렴해서 시행령 의견을 내라는 것이 사실상 불가능하다는 것이다.

하지만 산자부는 2월 14일에 시행령 제정안을 입법예고하여 2020

년 4월 1일부터 시행하겠다는 입장을 고수했다.[9] 이에 대해 포항지역은 시행령 제정안에 시민들의 입장이 충분히 반영되지 못했다는 인식하에 자체 마련한 의견을 제출했다. 포항시와 범대위의 불만 중 핵심은 〈표 7-5〉에서 확인할 수 있듯이, "시행령의 핵심인 진상조사위와 피해구제심의위에 시민대표가 들어 있지 않다"는 것이고, 포항시와 범대위는 "시장이 추천하는 인사" 또는 "포항지진이 인근 지열발전소와 연관성이 있다"는 논문을 국제학술지에 발표한 이진한 고려대 지구환경과학과 교수와 김광희 부산대 지질환경과학과 교수 등이 진상조사위에 포함돼야 한다고 주장하고 있다(〈경향신문〉, 2020. 2. 16. ; 〈경북매일〉, 2020. 2. 17.). 국회입법조사처(2020) 역시 발간한 보고서를 통해 주민이 실질적으로 피해구제를 받을 수 있는 방안이 시행령에 담겨야 하며, 특히 "포항지진 진상조사와 피해구제의 과정과 결과에 대한 포항시민들의 수용성을 높이기 위해서는 진상조사위원회와 피해구제심의위원회에 피해주민을 대변할 사람이 포함되어야 할 필요가 있다"고 강조했다.

그러나 2020년 4월 1일 제정된 특별법 시행령에는 결국 포항 시민사회의 요구가 일부만 반영되었다. 진상조사위에 포항시가 추천한 강태섭 부경대 환경지질과학과 교수가 포함된 것을 제외하고 범대위

---

9 더구나 2020년 2월과 3월 기준, 대구·경북지역은 코로나바이러스(COVID-19) 확진자가 전국에서 가장 많았기 때문에 주민들의 일상생활이 어려웠다. 따라서 범대위는 시행령 제정기간을 4월 말로 연기해 줄 것을 요청했으나(〈연합뉴스〉, 2020. 3. 2.), 산자부는 이를 받아들이지 않았다.

가 주장해 온 '사무국 포항 설치', '포항 지열발전부지 안전성 확보를 위한 연구기관 설립', '국가방재교육공원 조성', '도시재건과 관련한 내용 명문화' 등은 반영되지 않은 것이다(〈연합뉴스〉, 2020. 4. 1.).

<표 7-5> 포항지진 진상규명 및 피해구제를 위한
조직(위원회 · 사무국)의 구성 · 운영

---

1. 포항지진 진상조사위원회(안 제2조~제9조)

   • 구성: 위원장 1명, 상임위원 1명을 포함한 9명의 위원으로 구성

   • 자격요건: △ 법조계(판사 · 검사 · 군법무관 · 변호사) 및 교수(지질 · 지반 · 재해 · 재난관리 · 행정 · 법 등) 10년 이상 재직자, △ 관련분야(지질 · 지반 · 재해 · 재난관리 등) 10년 이상 종사자, △ 국가R&D사업 전문가

2. 포항지진 피해구제심의위원회(안 제10조~제16조)

   • 구성: 위원장 1명을 포함한 9명의 위원으로 구성

   • 자격요건: △ 법조계(판사 · 검사 · 군법무관 · 변호사) 및 교수(행정 · 법 · 피해구제 등) 10년 이상 재직, △ 재난 피해구제 전문가, △ 지진피해 관련 전문의 또는 법의학 전문가, △ 관련부처(국조 · 기재 · 행안 · 산업) 공무원

자료: 산업통상자원부, 2020.

4. 지진특별법 제정과정의 담론 분석

재난복구 과정에서 국가의 담론은 크게 법적 안정성 담론, 재정 건전성 담론으로 구별될 수 있을 것이다. 본래 관료집단은 관료적 관성bureaucratic inertia에 의해 새로운 사회적 문제를 부인하고 회피하려는 경향을 가지고 있다. 기업과 마찬가지로, 관료조직 역시 가능한 한 오래 변화에 저항하고자 하며, 상황이 매우 심각해지고 더 이상 대안이 없다는 것이 확실해질 때에만 행동에 나서는 것이다 (Crozier, 1964).

또한 관료집단은 '관리 가능한 재난'을 원하며, 사안이 '기술적인 문제'에 머물길 바라고, 상황이 '복잡하면서도 풀기 어려운 사회적 투쟁으로 확장'되는 것을 꺼린다. 다시 말해, 국가는 "재난상황으로 촉발될 기존제도에 대한 위협의 가능성을 줄이는 방식으로 상황을 정의"하고자 한다. 관료들은 재난으로 인한 패닉상황을 회피하고자 하며, 대중의 공포를 가라앉히는 데 중점을 둔다. 따라서 공공기관은 문제의 해결 가능한 측면에 집중하고, 논쟁적인 부분은 꺼리게 된다. 또한 가용자원의 규모 혹은 일상적인 행정절차에 맞게 이슈의 범위를 설정하고, 각 부처의 고객들의 이익에 적합하도록 정의하고자 한다. 그 결과 국가기관은 재난 이슈를 "통제가능한 이슈로 축소하고, 범위를 제한하며, 문제에 대한 상징의 경계를 축소"하고자 한다(Reich, 1982).

실제 부총리 겸 기획재정부 장관 홍남기는 〈포항지진특별법〉이 발의되고 본격적으로 논의되기 시작한 2019년 7월 예산결산특별위원회에 출석하여 "강원산불이나 포항지진 관계는 이미 기정예산이든 예비비든 다 조치가 됐"음을 강조했다(국회사무처, 2019c: 85). 또한, 정부가 작성한 최초의 2019년 추경안은 국가 예산투입을 최소화하고자 노력한 것으로 평가될 수 있다. 포항지진 복구 관련하여 포항시가 3,700억 원을 요구했으나, 기획재정부는 1,131억 원을 배정했던 것이다.10 더구나 1,131억 원의 내역을 분석했을 때 실질적인 포항지진 예산이 133억 원이라는 주장이 제기되었다. 박명재 의원에 따르면, 본예산에 편성했던 소상공인 융자·경영자금, 신용보증재단 보증예산 550억 원이 명칭만 변경돼서 기획재정부의 재난대책에 포함되었고, 중소기업 R&D 역량 제고, 시장경영바우처 등 다른 모든 지자체에 지급될 예산까지도 포함되었기 때문이다(국회사무처, 2019a: 29~30).

---

10 최종 추경예산은 당초 정부안보다 크게 증액된 1,743억 원으로 확정되었다. 지진 피해 주민을 위한 임대주택 건립 333억 원, 지진피해 도시재건을 위한 용역비 42억 원 등이 포함된 결과이며, 이는 포항시 정부와 지역사회, 지역정치권의 노력 덕분이었다(〈경북일보〉, 2019.8.5.).

1) 법적 안정성

포항지진 복구과정에서 주무부처는 기존의 법적 절차로 대응이 가능하다는 식으로, '특별법 제정이 필요하면'(〈표 7-6〉)이라는 전제를 강조해왔다. 이러한 태도는 다른 사회적 재난, 가령 〈가습기살균제특별법〉 제정과정에서도 확인할 수 있다(〈표 7-7〉). 관료집단은 특별법을 제정할 시, 기존의 법과 충돌할 개연성을 제시하며 그

〈표 7-6〉〈산업통상자원중소벤처기업위원회회의록〉 제4호

- 김기선 위원: 특별법을 제정해서 국회 차원에서 이것을 뒷받침하는 근거를 마련하지 않으면 다른 현실적인 대안이 없다고 산업부도 보고 있습니까?
- 산업통상자원부 에너지자원실장 주영준: **현행법상에서 저희가 할 수 있는 지원 그다음에 여러 가지 예산조치는 저희가 했다고 생각을 하고 있습니다. 현행법을 넘어서서 할 수 있는 조치를 필요로 한다고 전제한다면 지금은 당연히 특별법이 중요한 수단이 될 수 있지 않을까 생각합니다.**
- 김기선 위원: 그렇게 말을 하니까, 산업부가 그러니까 포항시민들한테, 믿지 못하는 것 아닙니까? … **'현행법상으로 할 것은 다했다'** 그 얘기로 들리잖아요. … **'그 부분 필요하면 …'**이 아니고요.

자료: 국회사무처, 2019d: 22~23.

<표 7-7> 〈환경노동위원회회의록〉 제 1호

- 장하나 위원: 장관님, 우리 정부는 현재 가습기살균제특별법에 반대하는 입장에 변함이 없는 걸로 제가 이해해도 되겠습니까? … 아 필요하다. 필요하지요. 저희가 이 논의를 2013년부터 계속했었고 한데 '필요하다면'이 아니라 필요하다고 보는데, 그러면 필요하지 않을 수도 있습니까, 이 법이?
- 윤성규 장관: 현행법에서도 가능하다고 봅니다.

자료: 국회사무처, 2016: 37.

<표 7-8> 〈행정안전위원회회의록〉 제 5호

- 황영철 위원: 기획재정부에서 제출된 국회예산정책 보고서를 보면요, 행안부 예산은 전년 대비 지진관련 예산이 전부 다 감액되어서 편성된 걸로 나와요.
- 윤재옥 위원: 2017년도에도 제가 예산소위 위원장 했습니다. 그런데 그 당시 지진 예산을 우리 상임위에서 569억, 지방자치단체 공공시설 내진보강 325억, 지자체 재난상황실 내진보강 244억 등 해서 569억을 증액했는데 한 푼도 반영이 안 됐습니다. 그래서 행안부에서 특교를 또 341억 정도 내려보냈고요. 금년도에도 우리 상임위 예산심사에서 143억을 지진관련 예산을 증액했습니다. 기재부하고 예산증액에 관한 협의는 잘 되고 있습니까?
- 김부겸 장관: 잘 안 되고 있습니다.

자료: 국회사무처, 2017b: 35, 53~54.

것이 법적 안정성을 해칠 수 있다고 인식하고 주장하는 것이다. 그러나 재난이라는 것이 애초에 '일상의 절차'로 대응할 수 없는 사안이라는 것을 감안하면, 기존의 절차를 고수하려는 경향은 재난대응과 복구에 제약으로 기능할 수 있다.

2) 재정 건전성

재난복구에는 막대한 예산이 필요하다. 그러나 한국의 재난관련 예산은 기획재정부에 의해 삭감되거나 전액 감액되는 경우가 빈번하

〈표 7-9〉〈국토교통위원회회의록〉 제5호

- 김현미 장관: 말씀하신 것처럼 지질조사는 지금 지질연구원 쪽에서 하고 있는 것으로 알고 있고요.
- 정동영 위원: 착수했어요?
- 김현미 장관: 예 총리께서 지시하셨습니다. 그리고 그 지역의 건축물 기초조사에 대해서는 저희도 가서 검토를 해보겠습니다.
- 정동영 위원: 저는 이런 데는 예산을 써야 된다고 봅니다. 국민의 생명과 재산, 안전을 지키는 건데. 그런데 작년에 경주지진 나고 나서 예산심사과정에서 기획재정부가 국토부가 요구한 것을 포함해서 250억 지진예산 중에 194억을 깎아 버렸어요. 77%를 깎았어요. 이런 것이 되풀이돼서는 안 된다고 봅니다.

자료: 국회사무처, 2017a: 42.

<表 7-10> <환경노동위원회회의록> 제1호

- 홍영표 위원: 법제처까지도 기본적으로 동의를 했습니다. 입법 필요성에서는 다 동의가 됐었는데 이게 기재부가 반대해서 뒤집 어졌습니다. … 당시에도 보면 국가재정 부담의 가중, 그리고 유사사 례 빈발의 가능성, 이 두 가지 이유를 들면서 반대를 했고, 지금 사실은 기재부가 우리 국정운영에 있어서 가장 막강한 힘과 영향력을 가지고 있지 않습니까? 반대하니까 안 된 겁니다. 지난번 예결위에서 저희가 추경에 반영하고자 한 것도 안 됐고, 이 특별법안도 그래서 지금 안 되 고 있는데요….

자료: 국회사무처, 2013: 30.

<표 7-11> 김부겸 전 행정안전부 장관 인터뷰

… 국가살림에서 재정건전성은 중요하게 고려해야 할 원칙이다. 그 러나 '재정건전성 자체를 위해 모든 것(예컨대 민생)을 희생시켜야 한다'고 생각한다면, 그것은 도그마(맹목적 신념·신앙)에 불과하 다. 행자부 장관 시절 뼈저리게 느꼈는데, 기획재정부는 모든 국가 운영의 틀에서 재정건전성을 최우선으로 둔다. 절대 흔들리지 않는 다. 예컨대 국가부채가 국내총생산의 40%를 넘기면 안 된다고 고 집한다. 그런데 이 '40%'라는 수치가 어디서 나왔나? 어떤 이론적 배경이 있나? 이에 대해서는 입을 다문다.

자료: <시사IN>, 2020, 제653호.

다. 규모와 권한 면에서 강력한 부처로 손꼽히는 행정안전부와 국토교통부의 경우에도 기획재정부와의 협의가 잘 이루어지지 않거나, 일방적으로 예산을 삭감당하는 경우가 잦다(〈표 7-8〉, 〈표 7-9〉).

이것은 안전관련 예산을 부수적인 것으로 인식하고, 국가 정의 균형을 추구하는 기획재정부의 재정 건전성 담론이 정부부처에서 관철되고 있기 때문이다. 〈가습기살균제특별법〉이 제정될 때에도, 특별법 제정에 찬성했던 환경부가 기재부와의 협의 후 국가의 재정 부담 및 예산확보에 대한 부담을 근거로 반대입장으로 돌변한 바 있다(〈표 7-10〉).

기획재정부의 재정건전성에 대한 입장은 도그마에 가깝다는 지적도 제시되었다. 포항지진의 대응과 복구과정을 총괄 지휘했던 김부겸 전임 행정안전부 장관은 한 언론과의 인터뷰에서 〈표 7-11〉과 같이 발언한 바 있다.

5. 국가 담론의 인식적 · 제도적 기반

1) 인식적 기반: 〈국가안전관리기본계획〉

정부는 〈대한민국헌법〉 제34조 제6항, 〈재난 및 안전관리기본법〉 제22조 및 시행령 제26조에 따라, 각종 재난 및 사고로부터 국민의 생명 · 신체 · 재산을 보호하기 위해, 2005년부터 5년 단위의

〈국가안전관리기본계획〉을 수립하고 있다. 기본계획은 국가의 재난 및 안전관리의 기본방향을 설정하는 최상위 계획이다(중앙안전관리위원회, 2020). 2014년 4월 16일 세월호 참사 이후 정부는 재난안전체계를 근본적으로 혁신하겠다면서 '안전혁신 마스터플랜'을 마련하고 이를 반영한 제3차 국가안전관리기본계획(중앙안전관리위원회, 2015)을 수립했다. 기본계획은 한국의 재난인식과 사고를 반영함과 동시에 관료집단에 대한 가이드로서 기능하는 중요한 문건이다.

그런데 기본계획에서 확인할 수 있는 '민관협력 거버넌스'에 대한 정부의 인식은 '비국가행위자의 협력과 참여'(Ansell & Gash, 2007)

〈표 7-12〉 주민이 참여하는 민·관협력 거버넌스 구축

3-3 주민이 참여하는 민·관협력 거버넌스 구축

가. 지역 내 자율적인 민·관 협력체계 구축: 유관기관 간 협력체계 구축, 재난자원봉사리더를 양성, 자원봉사 역량활용 극대화, 자원봉사자 정보를 DB화하고, 자원봉사자를 위한 매뉴얼 제작.

나. 자발적 주민참여를 통한 안전마을 만들기: 안전마을 만들기 추진, 제2의 새마을운동

다. "쉽고, 빠르고, 편리하게" 긴급신고전화 통합

라. 국민 참여 신고활성화를 통한 국가안전대진단 추진

마. 집단지성 활용한 산업연계형 국가안전대진단 추진

자료: 중앙안전관리위원회, 2015: 36~37.

를 핵심으로 하는 거버넌스 개념과는 큰 차이를 보인다. 제3차 기본계획에서 정부는 거버넌스 구축을 '생활 속 안전문화 확산'이라는 전략의 추진과제로 제한했다 (중앙안전관리위원회, 2015: 12). 동등한 주체들 사이의 '협업'이 아니라 정부가 추진하는 사업에 개인시민들이 '협조'하는 것만을 강조하고 있기 때문이다. 구체적으로 재난이 발생했을 때 시민들은 '자원봉사'를 하고, 안전을 위협하는 시설물에 대해 '신고'를 하는 것이 핵심이다. 《포항지진백서》에서도 민간협력 활동은 자원봉사로만 기술되어 있다 (행정안전부, 2018b: 153).

이러한 인식은 제4차 기본계획 (중앙안전관리위원회, 2020) 에서도 유지되고 있다. 4차 계획에서도 여전히 국민참여의 형태는 "긴급신고"(52) 외에 제시된 것이 없으며, 민간의 재난관리 역량확대는 '기업재난관리사'를 연간 1천 명 양성하는 것을 목표로 삼고 있다(82).

그러나 더 큰 문제는 따로 있다. 기본계획에 드러난 대국민인식이 국민을 계도의 대상, 동원의 대상으로 본다는 점이다. 이처럼 시민을 거버넌스의 참여주체가 아니라 계몽의 대상으로 상정했을 때, 정책방향은 민주적인 참여구조와 절차를 만드는 것보다 안전교육과 서비스 제공에 초점을 두게 된다 (시민건강연구소, 2020: 72). 제3차 기본계획 (중앙안전관리위원회, 2015) 에서 정부는 '생활 속 안전문화 향상'이라는 전략에 따라 안전교육과 안전문화 확산이라는 주요 사업영역을 설정했고, 시민들을 교육하고 계몽하는 것에 초점을 두었다(34). 재난피해를 줄이기 위해 '안전불감증'을 극복할 수 있는 '생애주기별 맞춤형 안전교육'을 시행하겠다는 것이다. 세월호 참사 이후 각급 학교에서 '생존수영'이 안전교육에 포함된 것과 같은 맥락인데, 이것은 재난피해의 책임을 국민에게 전가하는 것으로도 이해될 수 있는 인식이다. 제4차 기본계획(중앙안전관리위원회, 2020)에서도 정부는 "재난안전관리에 대한 국민의 책임과 의무에 대한 인식"이 미흡하다고 지적하며(33), 국민이 스스로 안전을 지켜야 하며(41), 국민 안전교육을 강화하는 전략을 제시했다(47). 11 〈지진방재 개선대책〉(행정안전부, 2018a: 5~6)에서도 정부는 '국민과 정부의 지진대응역량 강화'를 위한 방법으로 "국민행동요령 홍보", "지진교육"(355~356)을 대안으로 제시하고 있다.

마지막으로 지적할 것은 국가가 갖고 있는 재난복구에 대한 개념이 매우 제한적이라는 것이다. 다시 말해, 국가는 재난대응 이후 단기적 수습에 대해서는 법적 기반과 정책적 대비를 충분히 해놓았으나, 막대한 자원이 소요될 수 있는 장기적 복구과정에 대해서는 그렇지 못하다. 이는 정부가 재난의 복구를 위해 지원할 수 있는 규정에서도 확인할 수 있다.

실제, 포항지진 이후에도 정부는 지진발생 20일이 지난 2017년 12월 6일에 마지막 브리핑을 실시하고, 중앙재난안전대책본부의 종

---

11 본 연구진은 안전교육이 중요하지 않다는 것을 말하려는 것이 아니다. 또한 국가가 기본계획에서 국가의 책무를 강조하고 있음을 부정하려는 것도 아니다. 그러나 민관협력을 자원봉사로만 한정하고, 국민이 참여할 수 있는 제도적 기반을 구비하지 않은 채, 안전교육만을 강조하는 것은 기존의 관료적 패러다임을 반복하는 것이고, 필연적으로 시민들의 참여가 제한적일 수밖에 없다는 점을 지적하고자 함이다.

료를 선언했으며, 복구사업의 운영기간을 2018년 상반기로 종료했다(행정안전부, 2018b: 260~261).

또한 정부가 포항지진 이후 내놓은 〈지진방재 개선대책〉에서는 여전히 국민을 계도의 대상으로 보는 시각을 확인할 수 있다(〈표 7-14〉). 긴급재난문자를 더욱 신속히 전파하는 것 외에 국민의 참여를 장려하고 촉진하는 정책적 고민은 찾아볼 수 없는 것이다.

〈표 7-13〉〈재난 및 안전관리 기본법〉 제66조 제3항

---

1. 사망자·실종자·부상자 등 피해주민에 대한 구호
2. 주거용 건축물의 복구비 지원
3. 고등학생의 학자금 면제
4. 관계법령에서 정하는 바에 따라 농업인·임업인·어업인의 자금융자, 농업·임업·어업 자금의 상환기한 연기 및 그 이자의 감면 또는 중소기업 및 소상공인의 자금융자
5. 세입자 보조 등 생계안정 지원
6. 관계법령에서 정하는 바에 따라 국세·지방세, 건강보험료·연금보험료, 통신요금, 전기요금 등의 경감 또는 납부유예 등의 간접지원
7. 주 생계수단인 농업·어업·임업·염생산업鹽生産業에 피해를 입은 경우에 해당시설의 복구를 위한 지원
8. 공공시설 피해에 대한 복구사업비 지원

〈표 7-14〉 지진방재 개선대책

4대 분야	10개 핵심 과제
1. 내진보강 활성화 및 활성단층 조사	1. 공공시설물 내진보강 및 안전관리 강화 2. 민간시설물 내진보강 활성화 3. 지진방재 연구개발 강화
2. 신속·정확한 지진정보 제공	4. 지진 조기경보 및 전달체계 개선 5. 지진 긴급재난문자 내실화
3. 지진 대응역량 강화	6. 지진 국민행동요령 및 매뉴얼 정비 7. 시설물 위험도 평가체계 개선 8. 지진방재 교육 및 훈련 내실화
4. 이재민 구호 및 복구대책 개선	9. 장기 이재민 등 구호체계 개선 10. 지진피해 복구제도 개선

자료: 행정안전부, 2018a.

국가의 이러한 인식적 한계, 즉 국민을 계도의 대상으로 보는 것, 재난복구를 단기적 수습으로만 보는 것은 아래에서 설명하는 제도적 배경과 결합하여 지진복구의 민주성을 저해하였다.

2) 제도적 배경: 허약한 지방자치와 시행령 제정 권한

관료집단의 책임회피는 관료주의에 의한 것이기도 하지만, 그러한 행태를 선택할 수 있게 만드는 환경적 요인에 의해서도 이루어진다. 먼저, 허울뿐인 지방자치를 요인으로 꼽을 수 있다. 한국의 지방자치는 규정상으로는 지자체에 자율권을 부여하면서도, 실질적인 권한과 예산은 중앙정부가 사실상 독점하고 있는 상황이다(권건주, 2005: 80). 〈재난 및 안전관리 기본법〉에 의해 재난이 발생한 지역의 지방정부가 일차적 책임기관이지만, 대부분의 재난은 지방정부의 역량을 압도하는 규모로 발생하게 된다. 따라서 복구를 위해서는 중앙정부에 의존할 수밖에 없는 것이다(Settle, 1985: 102; 김철식, 이 책의 6장). 그런데 중앙정부의 경우, 비非재난 상황에서는 실질적인 권한을 독점하지만, 정치적 부담이 발생하는 재난상황에서는 지방자치단체에 책임을 전가하는 경향이 있다(Durham & Suiter, 1991: 101). 요컨대, 중앙정부는 평상시에는 정책을 주도하지만, 재난상황에서는 지방정부를 전면에 내세우고 지원을 최소화하는 이중적인 행동패턴을 보이고 있는 것이다.

포항지진에서 이러한 경향을 확인할 수 있는 것은 피해주민들의 주거문제에서이다. 정부는 포항지진이 발생한 직후 포항시의 요청이 있을 경우 국가적 차원의 지원을 검토하겠다는 입장을 밝혔다. 그러나 지열발전에 의한 촉발지진이라는 정부조사단 결과가 발표되고, 지진이 발생한 후 1년 8개월이 지난 시점에도 여전히 책임을 떠넘기는 듯한 입장을 견지했다. 가령, 국회에 출석한 김현미 국토교통부 장관은 "일단 지금 포항시하고 LH하고 논의를 하고 있으니까 그 얘기를 제가 좀더 들어보도록 하겠다"라고 발언해 "아니 600일이나 지났는데 지금 더 들어보겠다"(정태옥 의원)는 것이냐는 비판을 샀다. 또한 진영 행정안전부 장관 역시 "포항시에서 일단 잘 구상을 해서 중앙정부에도 요청하고 이렇게 돼야 되고 어느 단편적으로 해결될 수 있는 상황은 지금 아닌 것 같습니다. 그래서 최대한을 다해서 저희가 포항시와 협의해서 지원할 거 있으면 지원하겠다"는 입장을 밝혀 중앙정부의 책임을 최소화하려는 인식을 보였다(국회사무처, 2019c: 126~127).

또한 관료집단은 시행령을 제정할 수 있는 권한을 독점하고 있다. 재난이 발생한 이후 특별법을 제정하는 과정에서 관료들은 법적 안정성과 재정 건전성을 근거로 하여 특별법 제정을 최대한 지연시키거나, 부처의 책임을 최소화하는 방향으로 법안의 내용을 수정하려고 저항할 수 있다. 그러나 이러한 시도가 실패할 경우, 관료들은 시행령 제정을 통해 모법의 입법정신을 축소시키거나, 실질적으로 작동하지 않는 법안을 만들 수도 있다. 〈포항지진특별법〉의 제정 전후에 걸쳐 포항지역은 시민들의 참여를 지속적으로 요청해 왔다 (〈연합뉴스〉, 2020. 3. 14.). 그러나 특별법 및 시행령 제정과정에서 산업통상자원부는 지역의 의견수렴 기간을 한 달 이내로 제한하고, 주민참여를 보장하는 어떠한 규정도 내용에 담지 않았다.

(1) 허약한 지방자치

중앙정부는 평시와 달리 재난상황에서 유독 명목상의 규정, 즉 지방자치단체의 책임을 강조하는 경향을 노정한다. 또한 지방자치단체에 대한 불신도 여과 없이 드러낸 바 있다.[12]

하지만 중앙정부 주도로 만들어진 재난안전관리정책에 따라 지방

---

12 "사실 포항시가 포항지진 지원대책과 관련이 없는 영일만 대교 등 지역 숙원사업을 끼워 넣으면서 예산이 부풀려진 측면이 있다"(김명중 기획재정부 예산총괄실 과장) (마창성·구경모, 2019).

정부가 각종 재난 및 안전관리를 수행하는 역할을 하고 있다. 그 결과 재정, 권한, 책임, 인력이 지방정부보다는 중앙정부에 편중되어 있어 재난이 발생하면 지방정부는 일차적 대응조차 제대로 하지 못하고 중앙정부의 지원만 기다리고 바라보는 게 현실이다(양기근 2010: 145). 그럼에도 불구하고 〈표 7-15〉, 〈표 7-16〉과 같이 중앙정부, 특히 기획재정부는 지진 대비에 필요한 예산을 지방자치단체가 조달하라는 입장을 견지해 오고 있다.

〈표 7-15〉〈행정안전위원회회의록〉 제 5호

- 소병훈 위원: 내진보강 문제는 여전히 어렵다는 것을 느끼는 게 예산을 보니까, 이번 행안부 예산만 보더라도 행안부에서 지진 대비 인프라 구축 예산 360억을 요구했어요. 그런데 기재부에서 반영된 액수가 20억입니다. … 이번에 예산이 감액된 부분과 그리고 앞으로 더 많이 필요한 예산들 그리고 안전 관련해서 한 군데에서 지휘부가 돼야 될 텐데, 그 부분에 대해서는 특별한 생각 가지고 있으십니까?

- 김부겸 장관: 기획재정부는 적어도 전국의 학교시설에 하는 내진부분들은 지방교육재정교부금으로 해야 된다는 입장이 완고합니다. 그러다 보니까 거기에 대한 연관시설이라든가 이런 부분에 대해서 우리가 올린 예산 등에 대해서 잘 동의를 해 주지 않습니다. … 지금 기재부하고 협의하고 있습니다.

자료: 국회사무처, 2017b: 26.

포항지진 이후에도 정부는 흥해읍을 특별도시 재생지역으로 지정하고 2,257억 원을 투입하겠다는 계획을 밝혔으나, 자금조달계획은 국비투입을 최소화하고 지방자치단체의 부담을 높이는 방식으로 구성되었다. 김정재 의원에 따르면, 2,257억 원 중 국비는 718억으로 3분의 1 정도의 비중이고, 나머지는 다 지방비로 충당되었다. 한마디로 "국가가 전액 지원하는 것처럼 들리지만 실상을 보면 지방비가

〈표 7-16〉〈행정안전위원회회의록〉 제5호

- 김영진 위원: 교육시설물에 대한 내진보강이 … 이 문제를 단지 행안부가 담당하는 것이 아니라 교육부, 기재부 간에 종합적인 대책을 마련할 때가 됐다고 보는데요, 이 문제에 관한 부처 간 협의가 어느 정도 진행되고 있습니까?

- 김부겸 장관: 위원님 지적에 전적으로 동감합니다. 그러나 재정당국으로서는 이런 정도를 해결하라고 각 지역에다가 교육재정교부금을 내려보냈는데 그 투자를 어디다 하길래 이런 시급한 학교시설의 내진보강 같은 것도 안 하고 국가에 요청하는 것은 교육재정교부금의 취지에도 맞지 않다는 입장인데 … .

- 박남춘 위원: 지금 사실 기재부가 지방교육재정교부금 가지고 쓰라고 하지만 재해대책수요 특별교부금 같은 경우에는 내진보강 못 하게 돼 있어요. 못 쓰게 돼 있어요. 그렇게 돈 많이 준 것 같이 얘기하지만 전혀 안 그렇습니다.

자료: 국회사무처, 2017b, 34; 48.

상당히 포함"되어 있던 것이다(국회사무처, 2019b: 71). 또한 송경창 포항부시장에 따르면, 특별재생예산 중 확정된 것은 490억 원 정도이고, 490억 원의 경우에도 절반인 50%만 국비 지원대상이며, 나머지는 지자체가 부담해야 한다(국회사무처, 2019d: 24).

한편, 광역지자체와 기초지자체 간 협업 역시 매끄럽지 못했다. 정부는 〈포항지진특별법〉 시행 전까지의 피해회복을 돕기 위해 경북신용보증재단에 '특례 보증' 예산 3천억 원을 지원한 바 있다. 이에 따라 경북신용보증재단은 2019년 8월부터 '포항시 경영애로기업 지원 특례보증' 업무를 시작했다. 그러나 경상북도가 인력을 보충해 주지 않아 막대한 보증신청을 감당하지 못하게 되었다. 실무자 14명이 4개월 동안 3천여 건의 서류심사와 현장실사를 진행하게 되면서 일주일 기한인 보증승인 기간이 평균 한 달 가까이까지 지연되었으나(〈현대HCN 새로넷방송〉, 2020. 1. 2.), 경상북도가 인력충원을 승인하지 않았기 때문이다(〈경향신문〉, 2020. 1. 9.). 중앙정부가 내려보낸 지원금이 광역지자체인 경상북도의 비협조로 집행되지 못한 것은 지방자치가 원활히 작동하지 못하는 것을 보여주는 사례이다.

(2) 시행령 제정 권한의 독점

또 하나의 제도적 환경은 바로 행정관료들의 시행령 제정 권한이다(강원택, 2019: 84). 〈포항지진특별법〉 시행령안의 경우, 다른 재난특별법 시행령과 달리 빠른 시기에 제정이 되었고, 지역여론의 수렴 없이 법 시행을 앞두고 있다. 또한 내용적으로 주민들의 참여를 담보하는 기제를 배제한 것이 특징이다.

이러한 특징은 다른 대형재난의 특별법과 시행령 내용과 비교했을 때 두드러진다. 예컨대, 〈가습기살균제 피해구제를 위한 특별법〉 제 9조 제 2항에서 가습기살균제 피해자와 유족으로 구성된 "피해자단체"는 "피해자의 이해를 대변하는 활동, 가습기살균제 피해와 관련된 추모사업, 조사·연구사업 등을 할 수 있"고(제 2항), "피해구제위원회의 심의·의결과 관련하여 의견을 제출할 수 있"으며(제 3항), "환경부장관은 피해자단체 중 대통령령으로 정하는 사업을 실시하는 단체에 대하여 제 31조 제 1항에 따른 가습기살균제 피해 특별구제계정으로 해당사업에 필요한 비용의 일부를 대통령령으로 정하는 바에 따라 지원할 수 있다"(제 4항)고 규정했다. 특히 〈가습기살균제 피해구제를 위한 특별법〉 제 7조 제 4항에 근거하여 피해자단체는 피해구제위원회 위원을 추천할 수 있다.

혹은 피해자단체의 추천권을 명시하지 않더라도 실질적으로 입법부와의 긴밀한 논의를 거쳐 위원회의 위원을 선임할 수도 있다. 가령, 가습기살균제 사건과 4·16 세월호 참사 특별조사위원회의 경우, 총 9명의 위원 중 여당 몫의 4명 모두가 세월호 피해자 모임과 가습기살균제 피해자 모임과의 합의하에 추천되었다.

마지막으로 위원회의 구성원에 관한 추천권한이 없는 또 다른 경우, 피해주민단체의 대표를 참석시키고, 의견이 타당하다면 의견을 반영하도록 할 수도 있다. 〈허베이스피리트호 유류오염사고 피해주민의 지원 및 해양환경의 복원 등에 관한 특별법〉 제 5조에서는

'유류오염사고특별대책위원회'를 두도록 명시했고, 제 7조 제 2항에서 "대책위원회, 조정위원회 또는 지방자치단체는 필요한 경우 제 1항에 따라 신고된 단체(이하 '피해주민단체'라 한다)의 대표를 참석시켜 의견을 듣고 그 의견이 타당하다고 인정하면 유류오염사고 피해지역 지원정책에 반영하여야 한다"고 규정한 바 있다.

그러나 〈포항지진특별법〉의 경우 특별법과 시행령 모두에서 주민들이 의사결정과정에 개입할 수 있는 조항을 두지 않았고, 정부는 공식·비공식적 대화과정에서 주민들이 추천하는 위원을 위원회에 선임하겠다는 약속을 하지 않았다. 따라서 포항시민과 포항시 정부는 지역의 목소리를 구조적으로 반영할 수 없는 특별법과 시행령의 한계를 비판하고 있다.

6. 나가며

그동안의 재난연구는 주로 재난대응과 단기적 수습에 치우쳐 있었고, 오랜 시간과 많은 자원이 소요되는 복구단계에 대한 연구는 비교적 많지 않았다(Broekema, 2016). 이는 일차적으로 재난상황이 종료된 후, 사회적 관심사가 급속도로 줄어든 것에 기인한다(Sylves, 2008). 이보다 더 중요한 것은, 재난복구 과정에서 본격적으로 가치와 자원이 분배되면서 사안의 복합성이 증대되고 쟁점이 중첩되며 관련 행위자간 갈등양상이 장기화됨으로써, 사안의 추적 및 분석이 어려워지기 때문이었다. 그러나 재난복구 과정에 따라 향후 유사한 재난을 방지할 제도가 잘 구축될 수도 있고, 그로 인해 재난피해를 최소화할 수 있기 때문에 재난복구 과정에 초점을 맞출 필요가 있다.

그간 한국은 재난의 예방과 단기적 수습에는 비교적 유능한 모습을 보여 왔지만, 장기적 복구에는 별다른 재원과 정책적 노력을 경주하지 않았다. 사회적 주목도가 크게 감소하는 복구국면에 접어들면, 책임회피blame avoidance와 관료주의가 더욱 강화되는 경향을 보여왔다. 또한 위에서 아래로 형성되는top-down 국가 중심의 재난 거버넌스가 형성되고, 관료적 관성과 절차bureaucratic inertia and processes에의해 피해 배·보상의 범위가 축소되는 경향을 발견할 수 있다(박상규·심문보, 2013). 그 결과, 허약한 지방정부와 지역시민사회의 목소리voice는 쉽게 배제된다(유수동·최현선, 2016). 만약, 전향적인 특별법이 입법된다 하더라도, 시행령 제정을 통해 모법 취지가 왜곡될 수 있다.

현재까지 진행된 포항지진 복구과정 역시 아래로부터의 참여에 의한 거버넌스라기보다는, 국가행위자의 위로부터의 거버넌스라고 볼 수 있다. 물론 대규모 재난을 수습하고 복구하는 과정에서 국가의 역할이 매우 중요한 것은 사실이다. 그러나 국가의 인식적 한계와 허약한 지방자치가 결합하여 재난 거버넌스의 민주성, 참여의 수준이 제한적인 것에 주목할 필요가 있다. 향후 특별법이 시행된다 하더라도 지역의 절실한 요구가 반영될 가능성이 현재로서는 크지 않다. 따라서 이러한 한계를 극복하기 위해서는 관료들이 주도하는 복구가 아니라, 지역주민과 지자체 및 입법부가 주도하는 복구로 경로전환이 이루어질 필요가 있다. 무엇보다, 시행령 핵심인 진상조사위와 피해구제심의위에 시민대표가 참가하거나, 시민들이 추천하는 전문가가 참여할 수 있는 제도적 기반을 마련하는 것이 포항지진 거버넌스의 민주성을 가늠하는 시금석이 될 것이다.

참고문헌

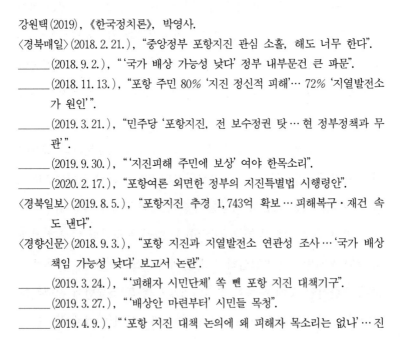

강원택(2019), 《한국정치론》, 박영사.

〈경북매일〉(2018. 2. 21.), "중앙정부 포항지진 관심 소홀, 해도 너무 한다".

_____(2018. 9. 2.), "'국가 배상 가능성 낮다' 정부 내부문건 큰 파문".

_____(2018. 11. 13.), "포항 주민 80% '지진 정신적 피해'… 72% '지열발전소가 원인'".

_____(2019. 3. 21.), "민주당 '포항지진, 전 보수정권 탓… 현 정부정책과 무관'".

_____(2019. 9. 30.), "'지진피해 주민에 보상' 여야 한목소리".

_____(2020. 2. 17.), "포항여론 외면한 정부의 지진특별법 시행령안".

〈경북일보〉(2019. 8. 5.), "포항지진 추경 1,743억 확보… 피해복구·재건 속도 낸다".

〈경향신문〉(2018. 9. 3.), "포항 지진과 지열발전소 연관성 조사… '국가 배상 책임 가능성 낮다' 보고서 논란".

_____(2019. 3. 24.), "'피해자 시민단체' 쏙 뺀 포항 지진 대책기구".

_____(2019. 3. 27.), "'배상안 마련부터' 시민들 목청".

_____(2019. 4. 9.), "'포항 지진 대책 논의에 왜 피해자 목소리는 없나'… 진

양지 인근 주민 반발".

_____(2020. 1. 9.), "경북도의 '몽니'".

_____(2020. 2. 9.), "'포항지진특별법 시행령' 졸속 제정 우려".

_____(2020. 2. 16.), "포항지진특별법 시행령 입법예고 … 포항시·시민단체 '진상조사위에 시민대표 포함돼야'".

국무조정실(2018), 〈제 54회 국정현안점검조정회의〉(정책브리핑).
http://www.korea.kr/news/pressReleaseView.do?newsId=156300036.

국토교통부(2018), "생활SOC 등 전국 14곳 도시재생 시범사업지 지원계획 확정"(보도자료).

국회사무처(2013), 〈환경노동위원회회의록 제 1호〉.

_____(2016), 〈환경노동위원회회의록 제 1호〉.

_____(2017a), 〈국토교통위원회회의록 제 5호〉.

_____(2017b), 〈행정안전위원회회의록 제 5호〉.

_____(2019a), 〈기획재정위원회회의록 제 2호〉.

_____(2019b), 〈예산결산특별위원회회의록 제 1호〉.

_____(2019c), 〈예산결산특별위원회회의록 제 3호〉.

_____(2019d), 〈산업통상자원중소벤처기업위원회회의록 제 4호〉.

_____(2019e), 〈산업통상자원중소벤처기업위원회회의록 제 11호〉.

국회입법조사처(2020), 〈포항지진특별법 제정의 의의와 향후 과제〉.

권건주(2005), "지방정부 재난관리조직의 효율화 방안: 삼척시 사례를 중심으로", 〈한국위기관리논집〉, 1(2): 79~92.

김기홍(2015), "병원체의 다중적 구성", 〈환경사회학연구 ECO〉, 19(1): 133~171.

김은성·정지범·안혁근(2009), 《국가재난안전관리 정책패러다임에 대한 연구》, 서울: 한국행정연구원.

〈뉴시스〉(2018. 2. 20.), "박명재·김정재 의원 등, '정부, 포항지진 대책마련에 적극 나설 것' 촉구".

박상규·심문보(2013), "지방정부의 지역갈등 양상에 대한 실증연구: 2007 허베이 스피리트호 유류오염사고 사례를 중심으로", 〈한국지방자치연구〉, 15(1): 105~133.

박치성·백두산(2017), "재난상황 초기 대응실패에 대한 정책행위자의 비난회

피 행태 분석: 메르스 사태를 중심으로", 〈行政論叢〉, 55(1): 41~76.

배응환・주경일(2011), "재난관리조직의 재설계: 허베이 스피리트호 기름유출 사고에 대한 분석", 〈韓國行政硏究〉, 20(3): 63~96.

산업통상자원부(2020), "'포항지진특별법 시행령' 제정안 입법예고"(보도자료).

시민건강연구소(2020), 〈연구보고서 2016/2020: 재난 거버넌스와 민주적 공공성〉.

〈시사IN〉(2020. 3. 18.), "김부겸, '국가와 국가 재정은 왜 존재하는가'".

양기근(2010), "지방정부와 중앙정부간 협력적 재난관리 방안 연구: 일본의 사례를 중심으로", 〈국정관리연구〉, 5(1): 121~154.

〈연합뉴스〉(2018. 1. 4.), "포항시 '지열발전소・CO2 저장시설 폐쇄' 정부에 건의".

_____(2018. 1. 15.), "이강덕 포항시장 '지열발전소·CO2 저장시설 폐쇄해야'".

_____(2019. 4. 22.), "포항시장 '인재로 드러난 지진 … 누구도 사과 안 해' 비판".

_____(2020. 3. 2.), "포항시민단체 '코로나19 확산 … 지진특별법 시행령 제정 미뤄야'".

_____(2020. 3. 14.), "총리 만난 경북도지사・포항시장 지진특별법 주민 요구사항 건의".

_____(2020. 4. 1.), "포항지진특별법 시행령에 포항시민단체 요구 일부만 반영".

〈영남일보〉(2019. 4. 25.), "포항지진 대책 사업비, 추경서 3분의 1만 반영".

오윤경・정지범(2016), 《국가 재난안전관리의 전략에 대한 연구》, 서울: 한국행정연구원.

유수동・최현선(2016), "재난구호체계의 정부 간 관계에 관한 탐색적 연구: 국내 재난구호 제도 및 사례분석을 중심으로", 〈한국재난정보학회 논문집〉, 12(2): 136~143.

이영희(2014), "재난 관리, 재난 거버넌스, 재난 시티즌십", 〈경제와 사회〉, 104: 56~80.

이재은・양기근(2004), "재난관리의 효과성 제고 방안: 시민참여와 거버넌스", 〈현대사회와 행정〉, 14(3): 53~81.

임기홍(2020), "재난 거버넌스의 정치적 동학: 가습기살균제 참사를 중심으로", 서울대학교.

정유선(2014), "재난 거버넌스와 국가-사회 관계", 〈아세아연구〉, 57(2) : 7~46.

중앙안전관리위원회(2015), 〈제3차 국가안전관리기본계획(2015~2019)〉.

_____(2020), 〈제4차 국가안전관리기본계획(2020~2024)〉.

〈쿠키뉴스〉(2018. 9. 2.), "김정재 의원, '포항지열발전 책임 회피' 정부 보고서
전격공개".

포항시(2019), 《11·15 지진 백서: 2017 포항지진, 그간의 기록》.

〈프레시안〉(2017. 12. 7.), "포항 앞바다 '탄소 포집 저장기술'(CCS) 지진유발
가능성 경고".

한국행정연구원(2009), 《국가종합위기관리》, 경기도: 法文社.

행정안전부(2018a), "정부, 지진방재 개선대책 발표"(보도자료).

_____(2018b), 《포항지진백서: 포항지진 발생에서 복구까지, 그리고 남은 과
제 … 》.

〈현대HCN 새로넷방송〉(2020. 1. 2.), "〔단독〕 경북신용보증재단, 포항 지진
피해 지원 '차질' … '충원 시급' 호소".

Ahrens, J., & Rudolph, P. M. (2006), "The importance of governance in
risk reduction and disaster management", *Journal of Contingencies and
Crisis Management*, 14(4) : 207~220.

Ansell C., & Gash, A. (2007), "Collaborative governance in theory and
practice", *Journal of Public Administration Research and Theory*, 18: 543~
571.

Arnstein S. (1969), "A ladder of citizen participation", *Journal of the American
Institute of Planners*, 35: 216~224.

Broekema, W. (2016), "Crisis-induced learning and issue politicization in
the EU: The Braer, Sea Empress, and Prestige oil spill disaster",
Public Administration, 94(2) : 381~398.

Collier, D. (2011), "Understanding process tracing", *PS: Political Science &
Politics*.

Crozier, M. (1964), *The Bureaucratic Phenomenon*, University of Chicago
Press.

Durham, T., & Suiter, L. E. (1991), "Perspective and roles of the state and federal governments" in *Emergency Management: Principles and Practices for Local Government*, Washington, D. C: International City Management Association.

Henstra, D. (2010), "Evaluating Local Government Emergency Management Programs: What Framework Should Public Managers Adopt?", *Public Administration Review*, 70 (2) : 236~246.

Petak, W. J. (1985), "Emergency Management: A Challenge for Public Administration", *Public Administration Review*, 45: 3~7.

Quarantelli, E. E., & Perry, R. W. (2005), *What Is a Disaster?*, Xlibris Corporation.

Reich, M. R. (1982), "Toxic politics: A comparative study of public and private responses to chemical disasters in the United States, Italy, and Japan", Dissertation Paper of Yale University.

Schneider, S. K. (1992), "Governmental response to disasters: The conflict between bureaucratic procedures and emergent norms", *Public Administration Review*, 52: 135~145.

_____ (2005), "Administrative breakdowns in the governmental response to hurricane Katrina", *Public Administration Review*, 65 (5) : 515~516.

Settle, A. K. (1985), "Financing disaster mitigation, preparedness, response, and recovery", *Public Administration Review*, 45 (Special Issue) : 98~121.

Sylves, R. (2008), *Disaster Policy & Politics*, SAGE.

Takeda, Ma. B., & Helms, M. M. (2006), "Bureaucracy meet catastrophe: Analysis of hurricane Katrina relief efforts and their implications for emergency response governance", *International Journal of Public Sector Management*, 19 (4) : 397~411.

Tierney, K. J. (2007), "From the margins to the mainstream? Disaster research at the crossroads", *Annual Review of Sociology*, 33: 503~525.

_____ (2012), "Disaster governance: Social, political, and economic dimensions", *Annual Review of Environment and Resources*, 37: 341~363.

8

재난에 대한 다학제적 연구의 법적 수용*

2017. 11. 15. 포항지진을 중심으로

정채연 포스텍 인문사회학부

1. 들어가며

사회적 자연재난이라 할 수 있는 포항지진의 독자성, 국가의 책임 및 책무에 대한 포항 시민사회의 요청, 그리고 지진으로 인한 포항 사회의 재난피해 양상은 재난에 대한 연구가 지역공동체 차원의 총체적인 접근을 필요로 한다는 점을 시사한다. 개별 학문영역 내에서의 재난연구가 직면하는 난제에 대한 공통적인 문제의식을 바탕으로, 재난에 대한 학제 간 연구interdisciplinary research로서 재난학disaster

* 이 글은 정채연(2020), "재난법(Disaster Law)에 대한 다학제적 접근: 사회적 자연재난으로서 포항지진과 앞으로의 과제", 〈법과사회〉, 63: 73~120을 총서에 적합한 형태로 재구성한 것임을 밝힌다.

studies이 성장해 왔고, 그 연구성과가 사회학, 심리학, 인류학, 행정학, 경제학 등을 중심으로 축적되어 왔다. 현대사회에서 재난과 관련된 법적 쟁점들이 끊임없이 제기되면서 재난법disaster law 역시 새로운 독립적인 법영역으로 부상하고 있다. 재난법은 경감mitigation, 긴급대응emergency response, (보험, 불법행위법, 정부의 부조 등) 배·보상compensation, 그리고 재건rebuilding을 포함하는 재난과 관련된 일련의 과정에 맞춰(Farber et al., 2015: 3), 단계적으로 효율적인 대응을 하는 것이 그 목표라 할 것이다(주강원, 2014: 435~436). 재난법은 계약법, 불법행위법, 환경법, 행정법, 인권법, 국제법 등이 총체적·복합적으로 관련되는 전문법 영역이며, 법학뿐만 아니라 과학, 사회학 및 정치학 등 다양한 학제들이 융합하는 분야라고 할 수 있다(주강원, 2014: 421~422). 다만 지금까지 재난에 대한 다학제적 접근을 통한 재난법 연구는 상대적으로 부족했다고 볼 수 있다.

이 연구는 재난으로서 포항지진에 대한 다학제적 접근의 필요성을 주된 문제의식으로 삼아, 현대사회의 재난을 규율하는 데 있어서 재난법이 수용해야 할 성찰점을 제시하고자 한다. 이를 위해 먼저 현대사회에서 재난의 속성을 살펴보고, 재난관리disaster management에서 핵심적인 개념으로 자리매김하고 있는 재난 복원력의 이론적·실천적 의의를 검토한다. 또한 재난 복원력을 구성하는 요소들로서 ① 협력적 네트워크에 기반한 재난 거버넌스와 이를 뒷받침하는 ② 재난 시티즌십, 그리고 ③ 재난 취약성 및 ④ 재난 트라우마를 제안한다. 나아가 재난의 복원과정을 이해하는 데 있어서 '이행기 정의'

가 이론적 틀로서 갖는 의미를 고찰한다. 이상의 논의를 바탕으로 〈포항지진특별법〉을 논평하면서 앞으로의 과제를 제시한 후, 재난 복원력을 제고하는 긍정의 계기로서 재난이 갖는 역사성과 포스트-재난공동체로서 포항시민 및 지역사회의 정체성을 언급하면서 논의를 마친다.

2. 재난법 연구를 위한 다학제적 이론 기초

1) 현대사회에서 재난의 속성

〈재난안전법〉은 재난을 국민의 생명·신체·재산과 국가에 피해를 주거나 줄 수 있는 것으로 정의하면서 자연재난과 사회재난으로 이원화하여 구분하고 있다(제3조 제1호). '자연재난'은 태풍, 홍수, 호우, 강풍, 풍랑, 해일, 대설, 한파, 낙뢰, 가뭄, 폭염, 지진, 황사, 조류 대발생, 조수, 화산활동, 소행성·유성체 등 자연우주물체의 추락·충돌, 그 밖에 이에 준하는 자연현상으로 인하여 발생하는 재해이며, '사회재난'은 화재, 붕괴, 폭발, 교통사고, 화생방사고, 환경오염사고 등으로 인하여 발생하는 일정 규모 이상의 피해와 에너지, 통신, 교통, 금융, 의료, 수도 등 국가기반체계의 마비, 감염병 또는 가축전염병의 확산, 미세먼지 등으로 인한 피해이다. 그러나 현행법상 자연재난과 사회재난의 이원적 구분은 포항지진과 같이 자연적인 요인과 인위적인 요인이 결합되어 복합적인 속성을 갖는 재난에 대한 법적 대응을 곤란하게 할 수 있다(주필주·서순탁, 2018: 251).

이는 현대사회에서 재난의 속성 및 양상을 고려할 때 더욱 그러하다. 예컨대 2011년 후쿠시마원전 사고, 미세먼지, 메르스 및 최근의 코로나바이러스감염증-19COVID-19와 같은 감염병 등 현대사회의 재난은 이분법적 재난개념에 온전히 포섭되는 데 한계가 있다. 본래 전통적인 재난개념은 홍수, 가뭄, 지진, 해일 등과 같은 자연재난을 중심으로 이해되어 왔지만, 현대사회에서 발생하는 재난은 자연재난과 인위재난의 성격을 동시적으로 갖는 복합재난으로서의 특성을 보여주고 있다(박진희, 2015: 94). 특히 기후변화의 시대에서 전통적인 재난 이해는 근본적인 패러다임 변화가 불가피하다는 것이 재난연구에서 지배적인 관점이라고 할 수 있다.[1] 기후변화는 신의 행위Acts of God와 인간의 행위Acts of Man의 구별지음을 본질적으로 어렵게 하며, 이에 따라 재난을 유해한 사건 그 자체로 정의내리기보다는 해당 사건이 미치는 영향의 관점에서 정의내림으로써, 자연과 인간의 상호작용에 주목하도록 이끈다(Farber et al., 2015: 4). 이러한 맥락에서 재난의 사회성을 강조한 프리츠Fritz는 재난을 "사회 혹

---

[1] 기후변화는 환경과의 연관성 속에서 재난관련 쟁점들을 다룰 필요성을 증대시키며, 이에 따라 환경법과 재난법의 통합적 접근이 필요함을 주장하는 다음과 같은 내용이 있다. Farber, D. (2011), "Navigating the intersection of environmental law and disaster law", *BYU Law Review*, 6: 1783~1820.

은 (상대적으로 자족적인) 사회의 하위부문subdivision이 심각한 위험을 겪고, 사회구조가 파괴되며, 사회 혹은 하위부문의 본질적인 기능 전부 혹은 일부의 수행에 있어 장애가 발생하는 등, 구성원 및 물리적 부속물appurtenance에 있어서의 손실을 초래하는, (특정)시공간에 집중된 실제의, 우연적으로 직면한 혹은 통제 불가능한 사건"(Fritz, 1961: 655)이라 정의하면서, 재난의 사회적 영향을 강조한 바 있다. 곧, 재난은 자연에서 발생하는 것이 아닌 사회에서 발생하는 것이라는 점disasters occur in societies에 주목해야 한다(Oliver-smith, 1999: 28). 특히 재난에 대한 대응 및 복구과정에서 사회의 구조적 문제에 기인해 발생·확장된 2차적 재난secondary disaster은 자연재난과 사회재난의 구별이 사실상 불가능하며, 본질적으로 '자연재난이란 존재하지 않는다'는 주장(Hartman & Squires, 2006)을 설득력 있게 뒷받침한다(노진철, 이 책의 1장).

나아가 산업 및 과학기술체계의 고도화에 따라 위험사회로서 현대사회가 직면하고 있는 재난은 그 발생원인 및 피해규모가 예측되기 어려운 불확실성을 내포하고 있다(Beck, 1986). 루만Luhmann은 합리적인 예방조치에도 불구하고 직면하게 되는 재난으로서 위험risk과 별도의 대비 없이 외부로부터 처하게 되는 재난으로서 위해danger 개념을 구별하면서, 현대사회에서 위험의 회피가 본질적으로 가능하다는 것은 사회적 허구에 불과하다고 말한다(Luhmann, 1990: 134~135; 노진철, 2009: 7 재인용). 또한 현대사회의 주요 인프라를 구성하는 시스템들 간의 상호의존성이 높아지면서 재난위험이 연쇄적으로 확산되는 재난의 대형화 역시 현대적 재난의 속성이 되어가고 있다(박진희, 2015: 96). 이렇게 볼 때, 현대사회에서 재난은 비정상적이고 이례적인 사태라기보다는 일상적이고 정상적인 현상으로 이해되어야 할 필요가 있다.

2) 재난 복원력의 수용과 발전

(1) 재난 복원력의 개념 정의

이렇듯 현대사회의 재난은 복합성, 다양성, 예측불가능성, 회피불가능성, 불확실성, 일상성, 정상성, 항상성, 그리고 초국가성을 본질적인 속성으로 한다. 현대적 재난의 속성으로 인한 재난통제의 한계는 재난 이후 복원할 수 있는 역량으로 무게중심이 이동하도록 한다. 곧, 재난으로 인한 부정적인 영향으로부터 회복할 수 있는 총체적 역량으로서 복원력resilience2을 강화시키는 과정에 주목할 필요성이 제기되고 있다(노진철, 이 책의 1장). 특히 국제연합 산하의 재난경감전략기구UNISDR, International Strategy for Disaster Risk Reduction가 재난관리에 있어서 복원력의 의의를 천명한 이래로 복원력은 재난연구의 핵심개념으로 자리매김하였다. 2005년 1월 일본 고베에서 채택

---

2   재난학에서 'resilience'는 복원력, 회복력, 탄력성, 회복탄력성 등 다양한 방식으로 번역되어 사용되고 있지만, 이 글에서는 후술하듯 재난상황 이전의 상태로 회복하는 것과 동시에 재난 이후의 시점에서 새로이 재구성될 수 있는 변화가능성을 해당 개념의 의미에 포함하기 위해 복원력이라 하도록 한다.

된 효고행동강령Hyogo Framework for Action (2005∼2015) 은 지역사회와 국가의 복원력 강화 필요성을 강조하고 있으며 (UNISDR, 2005), 이에 따르면 재난 복원력은 과거 재난경험으로부터의 학습과 공공, 민간, 개인, 지역사회가 미래의 위험을 축소하기 위해 자발적으로 조직하고 준비하는 정도에 따라 결정된다(주필주·서순탁, 2018: 249). 이렇듯 물리적으로 같은 강도의 재난을 경험하였다고 하더라도 해당 사회의 역량에 따라 재난피해의 정도 및 회복기간 등 재난의 사회적 영향이 상이할 수 있다는 점에서 복원력의 의의가 있는 것이다.

복원력은 'to jump back'(다시 튀어 오르다)의 뜻을 가진 라틴어 resiliere를 어원으로 가진다(박진희, 2015: 101). 복원력 개념은 생태학 분야에서 제안되어 발전해 왔으나 사회학, 행정학, 경제학, 심리학 등 사회과학 전 분야에서 널리 활용되고 있다. 다양한 분야에서 활용됨에 따라 통일적으로 정립된 개념정의가 없으며, 개별 분야마다 다양한 맥락으로 개념화되고 있는 양상이다.

복원력 개념은 주로 공학적 복원력engineering resilience, 생태학적 복원력ecological resilience, 그리고 사회-생태학적 복원력socio-ecological resilience으로 구별된다. 공학적 복원력은 외부충격을 받은 후 구조적 변화 없이 기존의 안정적인 균형상태equilibrium로 복구하거나 지속성을 유지하는 동적 안정성을 설명하는 개념이며, 균형태로 돌아가는 데 걸리는 시간 및 효율성을 중요한 척도로 삼는다(하현상 외, 2014: 414∼415). 곧, 공학적 의미의 복원력은 내·외부의 변화요인에 의해 시스템의 기능에 이상이 생긴 경우, 본래의 정상적 기능을 신속하게 회복하는 것에 방점이 있다고 할 수 있다.

생태학적 복원력은 기존의 동일한 균형상태로 되돌아가는 공학적 복원력과 달리, 생태계가 새로운 환경에 변화하고 적응하면서 기존과 다른 새로운 양태의 균형상태로 최적화되는 측면을 강조한다(하현상 외, 2014: 416). 생태학적 복원력을 처음으로 제안한 생태학자 홀링Holling에 따르면, 복원력은 "시스템 내 관계의 지속성을 결정지으며, 상태·추동·매개변수의 변화를 흡수하고 여전히 지속할 수 있는 시스템의 능력에 대한 척도"를 의미한다(Holling, 1973: 17). 다시 말해 생태학적 복원력은 이전의 상태로 원상회복하는 것에 중점을 두기보다는 외부충격 및 자극으로 인한 변화에 적응하면서 시스템의 지속가능성을 유지하는 능력을 설명하기 위해 고안되었다고 할 수 있다.

사회-생태학적 복원력 개념은 생태계와 밀접하게 관련된 사회시스템에서의 적응 및 변화를 설명하기 위해 개발되었으며, 이는 "혼란이나 충격을 흡수할 수 있는 시스템의 능력과 본질적으로 동일한 기능, 구조, 피드백을 유지하기 위해서 변화하면서 더 나아가 재조직화할 수 있는 시스템의 능력"으로 정리될 수 있다(하현상 외, 2014: 416). 복잡계로서 사회생태계는 단일한 균형상태를 갖지 않으며, 이전의 상태 그대로 되돌아가는 것을 넘어서 시스템의 자기조직화 능력과 경험, 학습 및 적응능력에 따라 새로운 균형상태를 창출하는 창발성을 갖는다(박진희, 2015: 103). 이에 따라 사회-생태학적 복원력은 외부의 충격에 적응하는 과정에서 '재조직화'를 통해 새로운 환경에 맞추어 변화할 수 있는 사회의 학습역량을 아우르는 개념이라고 할 수 있다.

사회-생태학적 복원력에서 중요하게 다루어지는 적응성adaptability 및 적응능력adaptive capacity, 그리고 변형가능성transformability을 고려할 때(하현상 외, 2014: 417), 재난 복원력은 재난발생 이전의 상태로 단순히 회귀하는 것을 의미하지 않으며, 변화가능성variability을 함축하는 역동적인 과정으로 이해하는 것이 바람직하다. 재난 복원력에서는 특히 결과보다 과정이 강조되며(오혜영, 2016: 954), 새로운 환경과 구조에 적응하는 과정에서 기존의 사회시스템을 변화시킬 수 있는 가능성이 열리게 된다. 이는 재난상황에서 다양한 주체들의 역량을 통해 질적으로 더 바람직한 결과로 나아갈 수 있기 위한 의도적인 과정이며, 이를 통해 재난 이전과 다른 변형된 체계의 출현을 당연하고도 자연스러운 결과로 받아들이게 된다(주필주·서순탁, 2018: 249). 이러한 맥락에서 재난 복원력은 "지역사회의 안전을 위협하는 각종 재난피해로부터 재난이 발생하기 이전보다 더 강한 안전성을 지닌 공동체로 만들 수 있는 역량"으로 정의될 수 있다(Lee, 2018: 84).

(2) 재난 복원력의 구성 요소

재난관리는 통상적으로 완화mitigation, 대비preparedness, 대응response, 복구recovery의 단계로 그 주기를 가지며, 〈재난안전법〉 역시 재난의 예방·대비·대응 및 복구를 위하여 하는 모든 활동이라 정의하고 있다(제3조 제3호). 완화와 대비는 재난발생 이전, 대응과 복구는 재난발생 이후의 단계에 해당한다고 볼 수 있다. 완화는 재난요인을 완화 혹은 제거하는 단계이고, 대비는 재난발생 시 효과적인 대응을 위해 운영능력을 향상시키는 사전준비 단계이며, 대응은 재난 직후 재난관리 주체들이 자신의 역할을 수행하는 단계이고, 복구는 재난 피해자 및 피해지역을 재난발생 이전의 상태로 회복시키는 장기적 활동을 가리킨다(김도균·박재묵, 2012: 12). 복원력은 이러한 재난 관리의 전 과정에서 고려되어야 할 목표이며, 재난법과 정책은 재난 관리를 위한 일련의 주기 전반에 걸쳐 복원력을 증진시키는 방향으로 설계되어야 한다. 이 연구에서는 재난 복원력의 구축을 위한 주요 구성요소로서 재난 거버넌스, 재난 시티즌십, 재난 취약성, 그리고 재난 트라우마를 제시하고자 한다. 현대사회의 재난을 이해하는 데 있어 핵심적인 개념들이라고 할 수 있는 이 요소들은 유기적인 상호관련성을 갖고 재난 복원력을 구성하게 된다.

① 재난 거버넌스의 패러다임 전환
현대사회의 재난관리에 있어 거버넌스의 패러다임 전환(노진철, 이 책의 1장), 곧 명령-통제 거버넌스에서 협력적 네트워크 거버넌스로의 전환이 가장 중요한 과제로 논의되고 있다(김계원·정웅, 2015: 74). 이는 정부 주도의 하향식 위계서열적 관료제에 기반한 명령-통제 거버넌스의 한계와 이로 인한 정부실패의 문제를 시정하기 위한 것이라고 할 수 있다. 명령 및 통제 패러다임은 재난복구 시 신속한 대응을 하는 데는 효과적이나, 재난안전관리의 권한과 책임이 중앙

집중화됨으로 인해 각 사회부문에서 위험을 예방하는 데는 취약할 수 있다는 문제가 주로 제기된다(김은성·정지범·안혁근, 2009: 36). 현대사회에서 중앙집권적 명령 및 통제에 기반한 재난위험관리가 한계를 드러냄에 따라, 자발적인 조직들 간에 수평적인 관계를 구축하고, 개별조직들이 재난위험을 스스로 학습하며 적응할 수 있도록 하는 조직 운영상의 변화가 요청되기 시작하였다(박진희, 2015: 98~99).

이에 따라 다원적인 행위주체들의 참여와 상호협력에 바탕을 둔 협력적 거버넌스collaborative governance와 이들 간의 유기적인 네트워크 구축이 강조되고 있다. 재난 거버넌스는 공공 및 민간부문을 포괄하여 다양한 행위주체가 상호구성적 관계를 통해 집단적 의사결정에 참여하는 데 초점이 있다(정유선, 2014: 40). 곧, 시민 및 시민단체, 지역사회, 지방정부, 중앙정부 등 관련 행위자들 간 다조직적 관계 multi-organizational relationship의 중요성이 강조된다고 하겠다(유수동·전성훈, 2016: 92~93). 이러한 맥락에서 재난 및 안전 거버넌스는 "안전사회를 만들기 위해 주민, NGO, 지방정부, 기업 등의 다양한 행위주체가 협력 네트워크를 구성하여 정책을 결정, 집행, 평가해 나가는 체계"라고 정의내릴 수 있다(Lee, 2018: 84). 이와 같은 패러다임 전환은 재난관리의 관리주체를 다원화하고 권한을 분산적으로 배치하는 데에만 방점이 있는 것은 아니다. 분산된 네트워크 거버넌스는 여러 조직들의 협력을 가능케 하여 대규모의 복합적이며 불확실성이 높은 재난위험에 대응하는 데에는 유용하지만, 조직 간의 권한을 공유하게 됨에 따라 재난관리를 위한 역할이 중첩되어 불분명해지거나 책임소재의 파악을 어렵게 할 수 있다(김은성·정지범·안혁근, 2009: 36). 따라서 중앙정부, 지방정부, NGO 등 시민단체의 역할과 책임이 네트워크의 운영체계 속에서 적절하게 조정되고 분배될 수 있어야 한다.

따라서 다양한 주체들 간의 수평적인 관계에만 기초하는 협력적 네트워크에는 한계가 있을 수밖에 없으며, 체계적인 재난관리를 위한 통합적인 컨트롤 타워로서 공공부문의 역할은 여전히 유효하다고 할 수 있다. 협력적 네트워크의 다중심성이 재난관리의 효율성을 떨어뜨릴 수도 있으며(박진희, 2015: 107), 분권적 시스템이 자칫 재난관리의 협력 및 조정을 가로막는 분절적 시스템이 될 가능성 역시 고려해야 한다(고동현, 2015: 87). 다시 말해, 재난관리체계를 총괄하고 조정하는 정부의 역할과 기능이 필수적으로 요청된다. 먼저 재난 거버넌스에 있어서 다양하고 이질적인 행위자들의 네트워크 관계를 구축하고 관련 행위자들의 역할 및 책임을 조정하기 위한 정부의 기능이 중요하다. 이렇듯 협력적 네트워크의 관리자로서 정부의 역할은 협력을 위한 중재자 및 네트워크를 활성화하는 촉진자facilitator로 이해될 수 있다(Lee, 2018: 79). 이는 "통제자controller로부터 조정자coordinator로의" 기능전환으로도 정리될 수 있을 것이다(김은성·정지범·안혁근, 2009: 161). 또한 지역 내의 공공 및 민간 네트워크를 구축하는 데 있어서 지방자치단체의 주도적인 역할이 강조된다. 거버넌스 체계는 자율적인 파트너십 등 느슨한 결속방식을 지향하기 때문에 내부적인 구심점을 제공하는 지방자치단체의 역할이 중요하다(김계원·정웅, 2015: 94). 특히 중앙정부 주도의 관료주의적 민관협력이 아닌 지역 차원에서의 민관협력이 활성화되기 위해서는 지방자치단체의 역량이 핵심적이라고 하겠다.

나아가 우리나라의 경우 중앙정부 주도의 재난관리에 대한 높은 의존도가 지속적으로 비판받아 왔고, 이를 시정하기 위한 대안으로 '재난관리 로컬 거버넌스체계'의 구축이 강조된다. 재난관리 로컬 거버넌스는 "지역사회의 안전한 생활을 위하여 시민, NGO, 지방자치단체 등의 다양한 행위주체들이 의사결정권을 공유한 채 상호조정과 협력의 네트워크를 구성하여 재난관리정책을 집행해 가는 체계"(이재은·양기근, 2004: 53~81) 혹은 "재난관리의 완화, 대비, 대응, 복구단계에 걸쳐 지방자치단체를 중심으로 하여 지역의 공공네트워크와 민간네트워크 그리고 재난발생의 원인자들(시설)이 협력적 네트워크를 구성하고 공동으로 정보제공, 조정, 협력, 자원공유, 권한위임 등의 행위를 통해 재난을 관리하는 체계"(김계원·정웅, 2015: 75) 등으로 정의된다. 로컬 거버넌스를 통한 지역사회의 통합에 있어서 NGO 등 시민단체의 역할이 특히 중요하다고 할 수 있다. NGO 활동은 지역사회 내의 네트워크 형성, 다양한 피해자 지원활동, 그리고 갈등완화를 통한 지역공동체의 회복 및 치유 등 지역사회의 전반적인 복원력 증진에 기여한다(이용숙·박승빈·송유정, 2018: 211). 로컬 거버넌스의 중재자로서 지역사회 NGO는 재난으로 인한 사회적 갈등상황에서 이해관계자들의 입장을 파악하고

이를 체계적으로 전달해 문제해결을 용이하게 하는 역할을 수행한
다고 볼 수 있다(이용숙·박승빈·송유정, 2018: 232). 재난상황이 통
상적으로 첨예한 이해관계의 대립을 수반한다는 점을 고려해 볼 때,
이러한 역할은 지역사회의 통합에 필수적이라고 할 수 있다.

② 재난 시티즌십과 지역공동체의 사회적 자본
재난 거버넌스에 있어서 시민의 자발적인 참여는 필수적으로 뒷받침
되어야 하는 요소이다. 지역적 차원의 재난관리를 위한 로컬 거버넌
스는 재난과 관련된 의제를 설정하는 단계에서부터 지역주민들의 적
극적인 참여를 필요로 하며, 이러한 시민적 참여는 재난관리의 효율
성 및 실효성, 정책의 사회적 수용성, 그리고 민주적 정당성을 확보
하도록 한다(조남홍·채원호, 2008: 231~233). 다시 말해, 재난 거
버넌스의 구축은 재난 시티즌십을 전제로 한다(노진철, 이 책의 1장).
　재난 시티즌십은 기존의 재난관리가 터 잡고 있는 과학주의 및 전
문가주의가 현대적 재난상황에서 직면하고 있는 한계를 인정하고,
과학기술 전문가와 관료의 전문적 지식뿐만 아니라 일반시민들의
경험에 기반한 지식 및 행동양식 역시 재난관리에서 활용될 수 있는
합리성을 갖추고 있음을 승인하는 것을 의미한다(이영희, 2014:
72). 이영희는 재난 시티즌십disaster citizenship 개념을 "시민들이 재난
문제에 일상적으로 관심을 기울이고 재난관련 공적 의사결정에 적
극적으로 참여할 권리를 주장하며, 재난으로 인한 공동체의 파괴에
대해 연민과 연대감을 가지고 그 복구과정에 정신적, 육체적, 또는

다른 어떤 방식으로라도 참여하는 것"이라고 설명한다(이영희, 2014: 74). 재난 시티즌십은 시민들을 단순한 통제와 계도, 동원의 대상이 아니라 재난관련 절차에 참여하는 주체로서 승인하도록 한다(이영희, 2014: 76). 여기에서 중요한 것은 시티즌십의 본래적인 의미를 고찰할 때, 재난 시티즌십 역시 권리로서의 측면과 책무로서의 측면을 동시에 가진다는 것이다.3 전자는 재난관련 의사결정절차에 참여할 수 있는 권리를 행사함으로써 해당 결정에 민주적 정당성을 부여하는 의미로 해석될 수 있으며, 후자는 사회적 연대를 바탕으로 공동체의 구성원으로서 수행하는 역할에 방점을 두는 것이라고 할 수 있다.

특히 지역사회의 재난 복원력을 제고하기 위한 사회적 자본의 맥락에서 재난 시티즌십의 의의를 확인할 수 있다. 퍼트넘Putnam은 사회적 자본social capital을 "연결망, 규범, 그리고 신뢰와 같이 상호적 이익을 위한 행동 및 협력을 촉진시키는 사회조직의 특성"으로 정의하

---

3 이영희는 재난 시티즌십 개념의 권리적 측면과 책무적 측면에 해당하는 항목들을 제시하고 있으며 이를 정리하면 다음과 같다.

재난 시티즌십의 권리적 측면	• 재난과 관련된 지식 혹은 정보에 대한 접근 권리 • 재난 정책결정과정에 대한 참여의 권리 • 집단이나 개인들을 재난 위험에 빠지게 할 가능성을 제한시킬 권리
재난 시티즌십의 책무적 측면	• 자신과 공동체의 안전확보를 위해 재난위험에 대한 지식을 학습하고 활용해야 할 책무 • 자신과 공동체를 둘러싼 재난위험에 대해 시민적 관심을 기울이고 성찰성을 유지해야 할 책무 • 재난에 대한 대비 및 대응과 관련된 다양한 단계들에 적극적으로 참여해야 할 시민적 연대성 책무

자료: 이영희, 2014: 74~75.

면서(Putnam, 1993: 35), 개인의 사적 이익과 공동체의 공적 목표 간의 갈등을 조정할 수 있는 사회적 자원이라고 하였다. 지역공동체 내의 네트워크network, 신뢰trust, 호혜성reciprocity, 규범, 소속감 등으로 구성되는 사회적 자본은 재난관리에서 구성원들의 자발적인 참여를 독려하고 지역사회의 복원을 견인하는 데 기여할 수 있다(하현상 외, 2014: 443). 재난이 초래한 불확실한 상황은 구성원들의 기회주의적인 행동을 이끌 개연성이 높으며, 이로 인해 재난 이후 지역공동체는 심각한 사회갈등을 경험할 수 있다(김도균·박재묵, 2012: 13). 이렇듯 재난으로 인한 사회적 갈등상황에서 사회적 자본이 갖는 의미가 크다. 사회갈등이 공동체의 유대관계, 신뢰, 사회규범, 시민적 연대와 같은 사회적 자본을 형해화形骸化시킬 경우, 재난복구에 있어서 장애가 됨은 물론 지역공동체의 존립기반 자체를 손상시킬 수도 있다. 반면 사회적 자본이 축적되어 있을수록 주민갈등의 발생 가능성이 낮아짐과 동시에 해당 갈등을 조정하고 자발적 협력을 촉진하는 시민사회의 역량이 강화된다. 4 재난 복원력에 있어서

4　허베이스피리트호 유류유출사고로 인해 발생한 주민갈등의 방어력 변수로서 사회적 자본의 효과, 역할 및 기능을 규명한 한 실증연구는 사회적 자본의 축적수준과 주민갈등의 강도가 반비례의 관계에 있다고 결론내린 바 있다. 사회적 자본의 축적수준이 높은 마을공동체의 경우 주민들 사이의 이기적 행동을 억제시켜 생계비 분배가 원만하게 이루어질 수 있었으며, 일상적인 주민교류를 촉진시켜 공동체 내부의 갈등을 해소시킬 수 있었던 반면, 사회적 자본의 축적수준이 낮은 마을공동체의 경우 격렬한 주민갈등을 초래하였다고 한다. 이에 대해 김도균(2010), "환경재난에 의한 어촌마을의 주민갈등과 사회자본: 허베이 스피리트호 기름유출사고

사회적 자본이 갖는 의의는 사회적 자본의 형성 및 축적과 밀접하게 관련되는 시민적 참여의 당위성을 뒷받침한다(박순애·윤순진·이희선, 2009: 149). 재난복구라는 공통의 목표설정과 신뢰 및 협력에 기반을 둔 공동의 문제해결은 구성원의 소속감은 물론 지역공동체 전반의 시민성을 고양하는 데에도 유의미한 계기를 마련해 줄 수 있다(김도균·박재묵, 2012: 39).

③ 재난 취약성과 위험의 불평등성

현대사회에서 재난의 양상이 기본적으로 사회적 재난으로서의 속성을 갖고 있다는 점을 고려해 볼 때, 사회적 약자 및 사회의 구조적 문제에 대한 고려가 재난이해에 담길 필요가 있으며, 이를 반영하는 개념이 바로 재난 취약성disaster vulnerability이라고 할 수 있다(노진철, 이 책의 1장). 미국학술연구원NRC, National Research Council은 보다 일반적인 개념으로서 사회적 취약성social vulnerability 현상을 "특정 인구집단이 인명피해, 재산피해, 심리적 영향, 인구통계학적 영향, 경제적 영향, 또는 정치적 영향 등을 더 많이 경험할 수 있는 직·간접적 효과"라고 설명한다(National Research Council, 2006). 재난상황의 맥락에서 재난 취약자는 "경제적으로 기본적인 환경을 유지할 수 없거나, 재난발생 시 자력으로 신속한 대피를 할 수 없는 신체적 특징이 있거나, 환경적인 요인으로 인해 재난에 취약성을 갖는 자"(최형

를 중심으로", 〈환경사회학연구(ECO)〉, 14(1): 125~165 참고.

윤, 2018: 61)로서 연령, 성별, 장애, 경제적 소득수준5 등을 고려했을 때 재난위험에 노출될 가능성이 높은 집단을 의미한다고 할 수 있다. 〈재난안전법〉에서도 '안전취약계층'을 어린이, 노인, 장애인 등 재난에 취약한 사람이라 정의내리고 있으며(제3조 제9의 3호), 〈국가안전관리기본계획〉(제22조 제8항 제2호), 재난분야의 위기관리에 필요한 매뉴얼(제34조의 5 제9항 제4호), 안전문화 진흥을 위한 활동(제66조의 4 제1항 제6의 2호)에서 안전취약계층에 대한 특별한 고려가 이루어지도록 규율하고 있다.

본래 재난의 개념정의에서도 취약성은 이미 내재적인 요소라고 할 수 있다. 국제적십자사연맹IFRC, International Federation of the Red Cross and Red Crescent Societies은 재난을 "공동체 또는 사회의 기능을 심각하게 손상시키고, 자체 자원을 활용하여 대처할 수 있는 공동체 또는 사회의 능력을 초과하는 인적, 물질적, 그리고 경제적 혹은 환경적 손실을 야기하는 갑작스럽고 재앙적인 사건"6이라고 정의내리고 있

---

5 재난 취약성을 평가하는 데 있어서 소득수준이 중요한 변수로 작용할 수 있다는 점이 다양한 실증연구들을 통해 밝혀지고 있다. 대표적으로 허베이스피리트호 사고 이후의 사회영향평가조사에서 소득수준이 낮을수록 (정신적 고통 등) 재난에 의한 피해 정도가 심각하다는 점을 밝히고 있는 다음과 같은 연구가 있다. 이시재(2008), "허베이스피리트호 기름유출사고의 사회영향연구", 〈환경사회학연구(ECO)〉, 12(1): 109~144.

6 International Federation of Red Cross and Red Crescent Societies(IFRC), "What is a disaster?", retrieved 1/30/20 from http://www.ifrc.org/en/what-we-do/disaster-management/about-disasters/what-is-a-disaster/

다. 이러한 재난개념에 내포되어 있는 취약성, 위험, 능력을 재난의 세 요소로 삼아 "(취약성 + 위험) / 능력 = 재난"이라는 공식화가 가능해진다.7 이는 재난이 자연적 요소와 사회적 요소의 결합이며, 재난에 대한 제도적 대응능력이 취약할 경우 발생하는 사태라는 점을 보여준다(주강원, 2014: 418~419). 곧, 재난은 발현된 위험이 이에 대한 대응력을 초과한 상태라는 점에서 사회적 취약성의 결과라고 할 수 있다. 재난과 같은 위험에 노출될 수 있는 정도 혹은 재난에 대한 총체적인 방어력을 충분히 갖추고 있지 않은 상태를 의미하는 것으로 취약성 개념을 이해할 때, 재난은 외부의 충격에 의해 그 사회적 취약성이 드러난 사태가 된다. 재난은 자연적·인위적 환경에 내재하는 잠재적인 위해와 사회경제적 취약성의 결합으로 인해 발생하는 사건으로 이해될 수 있는 것이다. 재난피해의 규모 및 영향은 개인의 취약성뿐만 아니라 해당 사회의 결속성, 사회집단, 조직관계 등 공동체의 방어력과도 밀접하게 관련되어 있다(이시재, 2008: 121). 이는 재난 취약성에 대해 개인적 차원뿐만 아니라 지역사회 및 공공시스템 차원의 총체적인 접근이 이루어져야 함을 시사한다.

재난 취약성은 기존의 사회적 부정의social injustice가 확장·연장된

---

7 주강원(2014), 418. 이와 유사하게, "위험 = 노출된 정도 × 취약성"이라는 공식을 제시하는 Verchick, R. R. M. (2012), *Facing Catastrophe: Environmental Action for a Post-Katrina World*. Cambridge, MA: Harvard University Press 참고.

사회의 구조적인 현상으로서 재난을 이해할 수 있도록 한다. 지진, 태풍과 같은 현상 자체가 불평등한 조건의 산물이라고 할 수는 없겠지만, 그 사회적 영향이 균등하지 않게 배분된다면(Farber, 2011: 1807), 이로 인한 사회적 재난은 차별 및 불평등과 같은 해당 사회의 구조적 모순이 드러난 사건이라고 할 수 있는 것이다. 미국의 재난연구에서 가장 중요한 사건인 허리케인 카트리나Hurricane Katrina는 미국사회의 재난 취약성을 가장 극적으로 보여준 사례로 평가받는다. 카트리나 사건을 태풍이라는 자연재난이 아닌 비자연적 재난 unnatural disaster 내지 사회재난으로 인식하는 데에는 재난상황에서의 취약성 및 위험분배의 불평등성 문제가 결정적이었다고 할 수 있다(고동현, 2015: 84). 2005년 8월 허리케인 카트리나가 미국의 뉴올리언스New Orleans 지역을 강타했고, 이로 인해 1,300여 명의 사망자 및 150만여 명의 이재민이 발생하는 등 미국의 재난 역사상 가장 큰 피해를 기록하였다(고동현, 2015: 84). 이때 사회경제적으로 취약한 계층, 인종, 지역에 재난피해가 집중되어 미국사회에 내재하는 위험의 불평등성을 드러내었다. 카트리나로 인한 재난피해자 중 상당수가 흑인이며, 인종 및 계층에 따라 거주지역이 구획되어 있는 현실 속에서 흑인 및 빈곤층이 주로 거주하는 지역에 재난피해가 집중된 현실은 이를 방증한다(고동현, 2015: 101~102). 구체적으로 미국 의회조사국Congressional Research Service은 27만 2천여 명의 흑인이 홍수 등 피해로 인해 이재민이 되었고, 이는 태풍의 피해를 입은 해당지역주민 인구 중 73%에 달한다는 조사결과를 발표한 바 있다

(Gabe, Falk, &McCarty, 2005). 이렇듯 사회적 취약계층의 재난피해는 기존 미국사회의 구조적 문제가 고스란히 드러난 결과라 할 수 있다. 또한 카트리나 사건은 재난대응 시 인종, 민족, 소득 등에 따라 상이한 접근방식이 적용될 수 있도록 재난 취약계층에 대한 고려가 섬세하게 이루어져야 한다는 교훈을 주었다. 예컨대 카트리나 사건의 경우 저소득층, 도심거주자, 고령층과 같이 재난대피 과정에서 자가용보다는 대중교통에 의존할 수밖에 없는 집단들은 적절한 재난대응을 할 수 없었던 것이다(National Research Council, 2006: 129). 재난 취약성은 재난의 피해 정도뿐만 아니라 재난 이후 복구과정에 있어서도 영향을 미친다. 재난의 복구는 주거, 복지, 교육 등 공공정책과 총체적으로 관련되어 있기에, 흑인과 빈곤층에게 집중된 재난피해의 복구가 장기화되는 등 사후적인 복구 및 재건과정에서의 불평등성 역시 카트리나 사건에서 드러나게 되었다(고동현, 2015: 104).

재난 취약성은 재난 복원력이 재난 이전의 상태로 단순히 회귀하는 것이 아니라 재난에 대한 총체적 역량을 강화하는 역동적인 과정이 되어야 한다는 점을 설득력 있게 뒷받침한다. 8 예컨대 취약성이

---

8 재난 취약성과 복원력의 상관관계를 논하는, Aguirre, B. E. (2007), "Dialectics of vulnerability and resilience", *Georgetown Journal on Poverty Law & Policy*, 14: 41~45. 이와 유사하게 사회적 취약성 개념을 특정집단의 위해에 대한 민감성 (susceptibility)과 복원력의 두 요소로 설명하는, Cutter, S. L., Boruff, B. J., & Shirley, W. L. (2003), "Social vulnerability to environmental hazards",

높은 지역에 재난이 발생했을 경우, 이전 상태 그대로 복구하는 것은 다음의 재난위험에 또다시 노출되도록 하는 셈이 된다(주필주·서순탁, 2018: 255). 곧, 재난을 계기로 사회적 취약성을 낳는 구조적 문제를 시정하고 전반적인 복원력을 제고하는 것은 당위적인 요청이 되는 것이다. 이렇듯 취약성과 복원력의 상관관계를 고려할 때, 재난정의disaster justice를 구현하는 법의 역할은 사회적 취약성을 최소화하기 위한 집단적 책임을 이행하고 사회적 복원력을 최적화하는 것이 될 것이다(Verchick, 2013: 23~71).

④ 재난 트라우마와 치유적 공동체
재난피해자의 심리적 외상 등 재난의 심리사회적 영향 역시 재난연구에서의 중요한 쟁점이라고 할 수 있다. 재난에 직·간접적으로 노출된 개인들이 외상후스트레스장애PTSD, Post-Traumatic Stress Disorder를 경험하게 되는 것은 일반적으로 나타나는 현상이다. 이러한 심리적 외상은 우울, 불안, 수면장애 등의 증상, 극단적인 선택 및 과도한 알코올 사용량 증가 등과 같은 병리현상을 수반하게 된다(최형윤, 2018: 59).

재난 트라우마는 개인적 차원만이 아니라 집단적 차원의 트라우마라는 속성을 갖는다. 재난 트라우마를 이해하는 데 있어서 개인 트라우마 개념의 한계를 지적하고, 지역공동체 차원의 집단 트라우

Social Science Quarterly, 84: 242 참고.

마에 기초한 재개념화가 필요하다는 주장이 설득력을 얻고 있다(노진철, 이 책의 1장). 개인 트라우마로서 재난 트라우마에 대한 심리학적 연구는 재난과 같은 충격적인 사건을 경험한 개인의 외상반응에 초점을 맞춰, 개인의 심리적 증상을 완화하고 정상성 및 안정성을 회복하고자 하는 치료적 접근에 집중한다(오혜영, 2016: 946). 그러나 재난은 협동적 대응, 파급효과, 사회문화적 가치변화, 사회적 갈등구조 등 개인적 차원을 넘어 지역공동체 차원의 특성 및 변화를 수반하게 되므로, 집합적 특성을 고려한 트라우마 이해와 그에 따른 개입이 필요하게 된다(오혜영, 2016: 947~948). 이러한 관점에서 재난 트라우마는 "사회생활의 기본조직에 타격을 입힘으로써 사람들을 결속시키는 연대를 파괴하고 공동체의 보편적인 감각을 저해하는 집단 트라우마"라고 정의내릴 수 있다(Erickson, 1995; 오혜영, 2016: 950 재인용).

재난 트라우마는 개인 트라우마보다 늦게 발현될 수도 있지만 사회적 연대를 와해시키는 등 그 파급효과는 지역사회 전체에 미칠 수 있으므로 집단 트라우마 현상에 대한 장기적이고 체계적인 조사와 개입이 필요하다(오혜영, 2016: 959). 재난 트라우마에 대한 적절한 치유가 이루어지지 않는다면 개인적 차원에서 일상적 삶으로의 복귀가 늦어짐은 물론, 집단적 차원에서도 정부에 대한 불신, 공동체 내의 관계단절과 같은 사회적 문제를 초래하여(최형윤, 2018: 59), 지역사회의 복원력 및 지속가능성을 약화시킬 수 있다. 치유적 공동체로서 재난공동체의 트라우마를 치유하는 데 있어 사회적 신뢰 및

지지는 중요한 변수가 되며, 그 연장선상에서 재난 취약성 및 사회
경제적 문제 역시 고려되어야 한다. 동일한 재난상황이라 할지라도
노인, 어린이, 장애인 등 재난취약계층에게 심리적 피해의 정도가
더 클 수 있기 때문이다(최형윤, 2018: 61). 예컨대 재난으로 인한
물리적·경제적 피해에 노출된 정도가 심리적 건강에 큰 영향을 미
치고 있다는 점은 재난 트라우마와 재난 취약성 간의 상관관계를 잘
설명해 준다(김교헌·권선중. 2008: 83~107). 이와 더불어 재난 트
라우마의 치유를 역사적 과정의 맥락에서 바라보는 관점, 곧 '역사
적 트라우마'로서 재난 트라우마를 이해하는 접근 역시 주목할 만하
다. 집단의 기억과 이를 통한 역사적 성찰이 집단 트라우마의 치유
에 있어서 중요한 의미를 갖는다는 것이다(LaCapra, 1998; 오혜영,
2016: 953 재인용). 따라서 재난에 대한 집단의 기억을 보존·공유하
고 이에 대한 역사적 성찰을 지속하는 것 역시 재난 트라우마의 치유
과정에서 중요한 과제라고 하겠다.

　집단 트라우마로서 재난 트라우마에 대한 논의는 재난피해에 대한
정량적 이해가 갖는 한계를 보여준다. 재난피해에 대한 복구는 경제
적 차원의 배·보상 문제를 넘어서 수치로 환산 불가능한 정신적·
심리적 피해에 대한 치유와 사회문화적 복구를 포함하는 것으로 재
정립되어야 한다. 곧, 재난피해자 개인에 한정되지 않는 재난공동체
의 문화적·심리사회적 영역까지도 집단 트라우마의 차원에서 다루
어져야 할 필요가 있다. 우리나라에서의 재난복구는 인명 및 물질피
해를 중심으로 이루어져, 재난피해자에 대한 심리사회적 지원이 부

족하다는 지적이 제기되어 왔다. 특히 재난으로 인한 심리적 피해에 대한 지원은 일회적인 것이 아니라 장기간의 지속적인 정책이 되어야 한다는 점을 고려할 때, 재난관련 법제에서 개인의 정신적·심리적 건강에 대한 국가의 책임을 분명히 확인할 필요가 있다(이동훈 외, 2016: 85).

3) 부정의로서 재난과 이행기 정의로서 재난의 복원

재난 복원력 및 이를 뒷받침하는 구성요소들과 재난 이후 지역사회의 복원과정을 이해하기 위해 이행기 정의transitional justice로부터의 성찰점을 고찰해 보고자 한다. 이행기 정의는 과거의 부정의injustice를 극복하기 위한 사회통합의 과정으로서 주로 대규모의 인권침해와 관련하여 논의되어 왔지만, 장기간의 사회적 갈등에 대한 조정과 화해를 시도하려는 사회적 차원의 노력들까지 포함하는 일반적인 용어로 자리매김하였으며(정채연, 2012: 141~142), 재난과 사회정의의 내적 연관성을 고려하여 재난문제에서도 그 확장적 적용가능성이 검토되고 있다.

브래들리Bradley는 자연재난을 피할 수 없고 책임을 물을 수도 없는 불운misfortunes으로 이해하는 것의 이론적·실천적 한계를 지적한다. 그는 자연재난에 있어서도 중대한 인권침해 문제가 제기될 수 있으며, 이러한 부정의를 이행기 정의의 절차를 통해 시정해야 한다는 인식이 재난연구에서 필요함을 역설한다(Bradley, 2017). 그는 재난을 부정의로서 이해하도록 하는 세 가지 국면을 다음과 같이 제시한다. ① 과거의 부정의가 초래한 산물로서 재난, ② 위험축소, 예방 및 경감의 실패로서 부정의, ③ 재난대응 및 복원 시의 부정의(Bradley, 2017: 406~409). 곧, 재난의 완화, 대비, 대응, 복구의 전 단계에서 재난을 단순히 우연적 사태로 바라보는 것이 아니라 이미 선재하는 사회구조적 부정의의 산물로서 인식할 필요성을 제기한다.

부정의로서 재난을 인식하는 것은 재난문제가 비非정치적인 인도주의apolitical humanitarianism의 문제로 축소되지 않도록 하며, 재난으로 인해 드러난 부정의를 논하고 이를 시정하기 위한 사회적 투쟁struggles의 공간으로서 재난을 이해할 수 있도록 한다(Bradley, 2017: 402~406). 재난의 개념화를 비롯해 재난과 관련된 일련의 판단이 이루어지는 과정 역시 정치적 속성을 갖고 있다고 할 수 있다. 곧, 부정의로서 재난과 불운으로서 재난 사이의 구분은 단순히 주어지는 것이 아닌 정치적 선택political choice이라는 것이다(Shklar, 1992: 5). 이는 재난관리에서 국가의 책임 및 책무를 분명히 확인하고, **9** 재난피해자들을 권리의 보유자rights-bearers이자 시민으로 승인하며(Greiff, 2012:

---

9 '재난위험감축을 위한 센다이 강령'(Sendai Framework for Disaster Risk Reduction 2015~2030)은 재난위험을 예방·감소하고 재난상황에서 인권을 보호하기 위한 국가의 책임을 강조하고 있다. UNISDR, Sendai Framework for Disaster Risk Reduction. Retrieved 1/30/20 from http://www.unisdr.org/we/coordinate/sendai-framework.

42), 이들의 정당한 권리주장이 공식적 · 비공식적 절차를 통해 논해질 수 있도록 한다.

나아가 이행기 정의의 맥락 안에 재난을 위치 짓는 것은 재난의 복원과정을 진실truth과 화해reconciliation의 조화가 이루어지는 절차로서 이해하도록 하는 성찰점을 가져온다. 10 이행기 정의는 기본적으로 역사성을 갖는다. 이행기 정의는 과거와 단절하는 것이 아닌, 새로운 미래를 제안하기 위해 과거를 이해하는 역사적인 과정이며, 이행적이라는 것transitional의 핵심적인 의미는 바로 여기에 있다(정채연, 2012: 159). 이러한 맥락에서 이행기 정의로서 재난의 복원은 재난과 관련된 과거의 부정의에 대한 면밀한 조사와 책임 있는 자에 대한 적정한 제재뿐만 아니라, 재난피해자 및 재난공동체에 대한 구제와 지원을 총체적으로 아우르는 역동적인 과정이 되어야 한다. 진실과 화해를 함께 추구해야 할 동시적인 가치로 승인할 때, 재난의 원인 및 피해에 대한 진상조사와 법적 책임, 그리고 배상 및 보상뿐만 아니라, 형식적이고 공식적인 사법체계를 통해 구제되기 어려운 — 집단적 재난 트라우마, 지역공동체의 사회갈등, 사회적 자본의

---

10 국제연합 사무총장(UN secretary-general) 역시 이행기 정의 개념을 정의하면서 정의를 구현하고 화해를 달성하는 동시적 목적을 확인한 바 있다. "책무를 보장하고 정의를 구현하며 화해를 달성하기 위해, 과거의 대규모 인권침해라는 유산을 받아들이기 위한 해당 사회의 시도와 관련된 다양한 범주의 절차 및 메커니즘"(*The Rule of Law and Transitional Justice in Conflict and Post-conflict Societies*, UN Doc. S/2004/616).

침식 등 ― 지역사회의 총체적인 재난피해에 대해서도 적절한 복원 절차가 이루어져야 한다(Bradley, 2017: 414). 이를 위해 이행기 정의의 절차에서 보편적으로 활용되는 진실화해위원회TRC, Truth and Reconciliation Commission와 기념비memorials 등 기념사업 역시 지역공동체의 시민적 신뢰 및 사회적 연대의 강화라는 맥락에서 검토될 수 있겠다.

3. 재난연구의 관점에서 〈포항지진특별법〉에 대한 논평

포항지진의 발생원인에 관한 정부조사연구단의 연구결과가 발표된 이후 포항지진특별법안이 총 4개 발의되었다.[11] 이 특별법안들은 현재 대안반영 폐기되었으나 〈포항지진특별법〉의 시행 및 운영에 여전히 유의미하게 참고할 수 있는 내용을 담고 있으므로 주요 내용을 다음과 같이 정리하도록 한다.

---

11 송언석 의원이 대표발의한 〈포항지진 및 강원산불 피해자 주거지원 등을 위한 특별법안〉(2019. 6. 5.)의 경우, 포항지진만을 대상으로 삼고 있지 않으며 주거지원의 문제만을 다룬 법안이므로 논의대상에서 제외하기로 한다.

〈포항지진 진상조사 및 안전사회건설 등을 위한 특별법안〉

- 김정재 의원 대표발의 2019.4.1. -

- 포항지진특별조사위원회의 설치(제 3조): 포항지진의 진상을 조사하고, 안전사회 건설과 관련된 제도를 개선하며 피해자 지원대책을 점검하는 업무 등을 수행하기 위하여 포항지진특별조사위원회를 둠.

- 위원회의 구성(제 6조): 상임위원 5명을 포함한 11명의 위원으로 구성(국회 선출, 대법원장 지명, 대한변호사협회장 지명, 선임된 피해자대표를 대통령이 임명).

  1) 판·검사, 군법무관, 또는 변호사의 직에 10년 이상 재직한 사람.

  2) 대학에서 지질·지반 및 지열발전 관련분야, 정치·행정·법 관련분야 등의 교수·부교수 또는 조교수의 직에 10년 이상 재직한 사람.

  3) 재해·재난관리 및 안전관리 관련분야 또는 긴급구조 관련분야에 10년 이상 종사한 사람.

- 진상조사(제 22조): 위원회는 피해자의 신청이나 직권으로 위원회의 업무와 관련한 진상조사를 할 수 있음.

- 고발 및 수사 요청(제 28조): 위원회는 조사결과 조사한 내용이 사실임이 확인되고 범죄혐의가 있다고 인정되는 경우 검찰총장

에게 고발하여야 하고, 조사과정에서 범죄혐의에 대하여 상당한 개연성이 있다고 인정할 경우 수사기관에게 수사를 하도록 요청할 수 있음.

• 수사 및 재판 기간(제 29조): 위원회가 고발한 사건의 수사 및 재판은 다른 사건에 우선하여 신속히 하여야 함.

• 청문회의 실시(제 31조): 위원회는 그 업무를 수행하기 위하여 필요하다고 인정하는 경우 증인·감정인·참고인으로부터 증언·감정·진술을 청취하고 증거를 채택하기 위하여 위원회의 의결로 청문회를 실시할 수 있음.

• 특별검사 임명을 위한 국회 의결 요청(제 37조): 위원회는 포항지진과 관련하여 특별검사의 수사가 필요하다고 인정하는 경우 특별검사의 수사대상이 될 수 있도록 국회에 의결을 요청할 수 있음.

〈포항지진 피해구제 및 지원 등을 위한 특별법안〉
- 김정재 의원 대표발의 2019.4.1. -

• 포항지진배상및보상심의위원회(제 5조): 국가가 재해를 예방하고 그 위험으로부터 국민을 보호하여야 할 의무에 대하여 확인하고 포항지진과 관련하여 배상 및 보상 등에 관한 사항을 심의·의결하기 위하여 국무총리 소속으로 심의위원회를 둠.

- 심의위원회의 구성(제8조): 위원장 1명을 포함한 15명 이내의 위원으로 구성하고, 국무총리가 위촉 또는 임명.

  1) 법원행정처장이 추천한 법관.

  2) 대한변호사협회의 장이 추천한 변호사 자격이 있는 사람.

  3) 고위공무원단에 속하는 공무원 또는 검사.

  4) 배상 및 보상업무 등 관련분야에 관하여 학식과 경험이 풍부한 사람.

- 배상금·위로지원금 및 보상금을 받으려는 자의 진술권(제11조): 신청인은 심의위원회의 심의절차에서 배상 및 보상금액 등에 관한 의견을 진술할 수 있음.

- 피해자 등의 참여 보장(제20조): 국가 등은 피해자 및 포항시의 지원계획을 수립·시행할 때에 피해자 등의 의견을 듣고 최대한 반영하여야 함.

- 지원금, 심리상담, 검사·치료 등 지원(제22조~제24조): 국가는 피해자에게 주거지원금, 생활지원금, 의료지원금을 지급할 수 있고, 피해자의 심리적 안정과 사회적응을 위한 심리상담 및 일상생활 상담 등 필요한 지원을 하여야 하며, 피해자가 포항지진으로 인하여 악화된 심리적 증상 및 정신질환 등에 대하여 의학적 검사 또는 치료를 받을 수 있도록 지원을 하여야 함.

- 근로자의 치유휴직 및 지원(제25조, 제26조): 사업주는 피해자인

근로자가 포항지진으로 인한 신체적·정신적 피해를 치유하기 위하여 휴직을 신청하는 경우에 이를 허용하여야 하며, 국가는 그 사업주에게 해당 근로자에 대한 고용유지 비용의 전부 또는 일부를 지급하여야 함.

- 공동체 회복 프로그램의 개발·시행 및 공동체 복합시설의 설치(제 29조, 제 30조): 국가 등은 피해자 및 포항시 주민의 심리적 안정과 공동체 회복을 위하여 프로그램을 개발하고 시행하여야 하고, 포항시는 공동체의 회복을 위하여 필요한 경우 심리상담과 건강·복지·돌봄·노동·문화 등의 서비스를 제공하는 복합시설을 설치·운영할 수 있음.

- 포항트라우마센터의 설치(제 31조): 국가는 피해자와 포항지역 공동체의 특수성을 고려하여 피해자의 종합적인 정신건강관리를 위한 포항트라우마센터를 설치하여야 함.

- 기념사업의 시행(제 32조): 국가 등은 포항지진에 관한 자료를 수집·보존하고 재난 예방교육 및 안전의식 고취를 위하여 기념공원 조성, 기념관 건립, 지진대비 훈련시설 및 안전교육시설 설치 및 운영을 시행하여야 함.

- 포항지진피해자지원및기념위원회(제 33조): 피해자 지원 및 지진 관련 기념사업 등을 효율적으로 추진하기 위하여 국무총리 소속으로 포항지진피해자지원및지진기념위원회를 둠.

- 포항지진재단에의 출연(제 36조): 국가는 포항지진을 기념하고

대형 재난사고 재발방지 등에 이바지하고자 설립되는 재단에
대하여 설립 후 5년 동안 출연 또는 보조할 수 있음.

〈2017년 11월 15일 포항지진 및 여진의
피해구제 등을 위한 특별법안〉
- 하태경 의원 대표발의 2019. 5. 10. -

- 포항지진 피해구제 및 재건위원회(제 7조): 포항지진과 관련하여
  피해구제 및 지역재건 지원 등에 관한 사항을 심의 · 의결하기
  위하여 대통령 소속으로 위원회를 둠.
- 위원회의 구성(제 8조): 위원장(국무총리) 1명을 포함하여 15명
  이내의 위원으로 구성.
  1) 관계 중앙행정기관의 장.
  2) 법원행정처장이 추천한 법관.
  3) 대한변호사협회의 장이 추천한 변호사 자격이 있는 사람.
  4) 피해지역 관할 지방자치단체의 장이 추천하는 지진 · 지질
     · 지반 및 지열발전에 관하여 학식과 경험이 풍부한 사람.
  5) 한국감정평가사협회의 장이 추천하는 감정평가사 자격이 있
     는 사람.
  6) 배상 및 보상업무 등 관련분야에 관하여 학식과 경험이 풍부
     한 사람.

- 배상금·위로지원금 및 보상금을 받으려는 자의 진술권(제13조)
- 소멸시효에 관한 특례(제18조): 포항지진으로 인하여 발생한 피해에 대한 손해배상청구권은 그 피해자 또는 법정대리인이 그 손해 및 가해자를 안 날부터 5년간, 그리고 그 피해가 발생한 날부터 20년간 행사하지 아니하면 시효의 완성으로 소멸함.
- 지원금 지급, 심리상담 및 치료 등 건강지원(제24조~제26조)
- 공동체 회복 프로그램의 개발·시행(제27조)
- 공동체 복합시설의 설치(제28조)
- 포항트라우마치유센터의 설치(제29조)
- 기념사업의 시행(제30조)
- 피해지역 주택개량 지원(제31조): 국가는 피해지역에 거주하는 주민의 정주여건을 개선하기 위하여 노후화된 주택의 신축·개축·수리 등에 소요되는 비용의 전부 또는 일부를 지원하여야 함.
- 지진피해 도시재건지역의 지정(제32조): 국토교통부장관은 피해지역의 주택 및 기반시설의 신축·수리·정비 등을 위하여 관계 중앙행정기관의 장과 협의하여 피해지역의 전부 또는 일부를 지진피해 도시재건지역으로 지정하여야 함.
- 포항지진 도시재건 재단에 대한 지원(제44조): 국가 등은 피해지역의 재건, 기념사업 시행, 그 밖에 포항지진 피해구제 및 재건에 필요한 사업을 수행할 목적으로 설립되는 재단에 대하여 출

연 또는 보조할 수 있음.

〈지열발전사업으로 촉발된 포항지진의 진상조사 및 피해구제 등을 위한 특별법안〉
- 홍의락 의원 대표발의 2019.7.23. -

- 포항지진 진상조사 및 피해구제 위원회(제4조): 포항지진의 발생 원인과 책임소재 등에 관한 진상을 규명하고, 피해자 구제 및 지원에 관한 업무를 수행하기 위하여 국무총리 소속으로 포항지진 진상조사 및 피해구제 위원회를 둠.
- 위원회의 구성(제5조): 위원장 1명을 포함한 9명의 위원으로 구성〔포항지진 진상조사 및 피해구제를 위한 전문지식과 경험이 풍부한 사람 중에서 국회 선출(3명) 및 대법원장 지명(3명)을 포함하여 대통령이 임명〕.
- 포항지진 진상조사(제3장): 위원회는 피해자의 신청이나 직권으로 포항지진에 대한 진상조사를 할 수 있음.
- 포항지진 피해구제 및 지원(제4장)

이후 이 법안들을 대안으로 반영한 〈포항지진의 진상조사 및 피해구제 등을 위한 특별법〉이 2019년 12월 31일 공포되었다. **12** 이 법은 포항지진이 지열발전사업으로 인한 촉발지진이라는 전제에서, 포항지진에 대한 진상조사를 통해 구체적인 발생원인과 책임소재를 밝히고, 포항지진으로 인한 피해구제 및 지원 등에 관한 사항을 규정하여 포항시의 경제 활성화 및 공동체 회복을 도모하는 것을 목적으로 하고 있다(제1조). 포항지진의 원인을 규명하고 이와 관련된 책임을 분명히 확인하기 위한 '진상조사'(제2장)와 재난피해자 및 지역공동체에 대한 '피해구제 및 지원'(제3장)을 두 축으로 삼고 있다는 점에서, 진실과 화해의 동시적인 목적을 지향하는 이행기 정의를 통한 재난복원의 과정으로 이해해볼 수 있겠다. 특히 개인을 넘어서 지역공동체의 회복 필요성을 담고 있다는 점에서 진일보한 모습을 보여준다. 구체적으로 국가로 하여금 포항지진으로 침체된 포항시의 경제 활성화 및 공동체 회복을 위한 특별지원방안을 시행하도록 하였고(제18조), 피해자 및 포항시 주민의 심리적 안정과 공동체 회복을 위해, ① 피해주민의 개별적 특성 ② 피해주민의 지역사회 이탈방지 및 삶의 질 향상 ③ 지역의 비영리 민간단체, 공익단체 및 동호회 등의 참여와 연계를 고려하여 공동체 회복 프로그램을 개

---

12 〈포항지진특별법〉의 주요 내용을 정리하고 하위법령을 통한 구체적인 지원방안 마련 등 향후 과제를 제시하는, 배재현(2020), "포항지진특별법 제정의 의의와 향후 과제", 〈이슈와 논점〉, 1658.

발하고 시행하도록 하였으며(제20조), 포항시는 공동체의 회복을 위하여 필요한 경우 심리상담과 건강·복지·돌봄·노동·문화 등의 서비스를 제공하는 공동체 복합시설을 국가와 협의하여 설치·운영할 수 있게 되었다(제21조). 특히 국가가 피해자의 종합적인 정신건강관리를 위한 포항트라우마센터를 설치할 수 있도록 한 것(제22조) 역시 포항지진으로 인한 집단적 재난 트라우마를 고려할 때, 13 고무적이라고 할 수 있다.

다만 포항지진 진상조사와 피해구제 및 지원을 위해 설치하는 포항지진 진상조사위원회(제5조)와 포항지진 피해구제심의위원회(제13조) 모두 국무총리 소속으로, 위원회 위원 역시 관련 전문지식과 경험이 풍부한 사람 중에서 국무총리가 임명하도록 하고 있어

---

13 포항지진의 트라우마에 대한 실증연구에 따르면, 응답자의 80%가 넘는 대다수가 스트레스 및 우울증 등 정신적인 피해를 호소하였으며, 트라우마에 따른 외상후 스트레스장애 고위험군은 40%를 넘는 것으로 나타났다. 이때 특히 진앙지인 흥해읍의 고연령대를 중심으로 심리적 피해가 더 높게 나타나 재난 취약성에 대한 고려 필요성 역시 발견된다고 하겠다. 이와 더불어 포항지진 직후 심리적 충격을 다루기 위한 심리지원센터가 포항지역에 설치되었음에도 불구하고 지진 이후 1년이 지난 시점에서 해당 서비스의 도움을 받은 시민들의 비율이 5% 미만으로 미미하게 나타나 심리적 서비스에 대한 접근성 문제가 드러난 바 있다[박효민(2018), "포항지진의 트라우마", 〈한국사회학회 사회학대회 논문집〉, 서울: 중앙대학교]. 그 외에도 포항지진을 직접 경험한 대학생들을 대상으로 외상후스트레스장애 및 외상후성장에 영향을 미치는 변수들을 탐색한, 김주은·송용수·고은정·신성만(2019), "포항지진을 경험한 대학생의 외상후스트레스장애 및 외상후성장에 영향을 미치는 요인에 관한 연구: 사회적지지, 핵심신념 붕괴, 반추 스타일을 중심으로", 〈상담학연구〉, 20(2): 107~123 참고.

(제6조 제2항, 제15조 제2항), 협력적 네트워크보다는 정부 중심의 중앙집권적 재난 거버넌스가 이루어지게 될 가능성이 높다. 따라서 절차주의적 입법취지에 적합한 위원회의 구성을 구체화하는 시행령 입법이 필수적으로 요청된다. 이때 앞선 특별법안들을 참고하여 중앙행정기관의 관료뿐만 아니라 국회, 법원, 전문가집단, 피해자대표, 그리고 포항시로부터 선출·지명·추천된 위원들을 임명하도록 하고, 특히 전문가집단에서도 위원회가 다원적 인적 구성을 갖출 수 있도록 — 배상 및 보상업무, 감정평가, 재해·재난관리 및 안전관리, 지진·지질·지반 및 지열발전 관련분야 등 — 다양한 전문분야가 고르게 포함될 수 있도록 하는 것이 바람직할 것이다. 포항지진 이후 포항시 등 지방정부의 중앙정부에 대한 의존도가 지나치게 높다는 지적을 고려해볼 때에도 중앙정부 중심의 재난복구 과정은 바람직하지 않다. 재난의 복구과정에서 중앙정부에게 과도하게 역할 및 기능이 집중된다면 지방정부의 재난관리 역량을 제고할 수 있는 기회가 박탈될 수도 있는 것이다. 재난에 직접적으로 노출되는 것은 지역사회이며, 이에 대해 일차적으로 대응하는 주체는 지방정부이기에, 지방정부를 중심으로 하는 지역사회의 재난관리 역량이 재난관리의 효율성을 담보하는 데 핵심적이라고 할 수 있다(조남홍·채원호, 2008: 228).

또한 진상조사위원회 및 피해구제심의위원회가 필요하다고 인정하는 경우에 한하여 업무 중 일부를 민간단체에게 위임·위탁하거나 공동으로 수행할 수 있도록 하는 것(제26조 제1항)은 재난관리에서 민간부문을 여전히 공공부문에 종속적인 대상으로 간주하고 있음을 보여준다. 민간단체가 재난관련 정책의 수립 및 집행에 실질적인 참여를 보장받기보다는 단순한 참관만 가능하거나 자문기구에 머물러 있는 것은 형식적 거버넌스에 불과할 것이다(Lee, 2018: 81). 이러한 맥락에서 피해자 및 포항시에 대한 지원계획 수립·시행 시 피해자의 의견청취 및 반영(제17조 제2항), 공동체 회복 프로그램의 개발을 위한 피해자 및 포항시 주민의 의견수렴(제20조 제3항) 등의 규정을 살펴보았을 때에도, 시민적 참여가 여전히 형식적이고 부수적인 고려사항으로 남아 있다고 하겠다. 국가가 설치하는 포항트라우마센터의 운영에도 피해자 및 지역공동체의 특수성이 실질적으로 반영될 수 있도록 포항사회에 대한 이해가 높은 지역사회 기반의 기관·단체와 연계되어야 할 것이다. 다음으로 특히 고령의 피해자들이 주거환경 등 열악한 상황에 처해 있다는 점을 고려해보았을 때, 재난 취약성에 대한 법적 고려가 아직 미비하다는 점을 지적할 수 있겠다. 이와 더불어 재난의 역사성과 공동체성, 그리고 이행기 정의의 측면을 고려해 볼 때, 다른 특별법안들에서 제안되었던 기념공원 조성 및 기념관 건립 등 기념사업의 시행 역시 포항지역사회의 복원과정에서 재고해 볼 필요가 있다고 판단된다.

나아가 국가 등에 대한 손해배상소송과 이를 중심으로 하는 대책위원회들의 활동이 자칫 지역공동체의 사회적 신뢰 및 연대를 와해시키지 않도록 법정책적 차원의 고려가 이루어져야 할 것이다. 소송과 같은 공식적인 사법절차에 대한 지나친 의존은 지역공동체 차원의 총체적인 재난복원 및 사회통합을 가로막을 수 있다. 경제적 이해관계에 국한된 재난복구 과정은 해당 재난과 관련된 쟁점들이 공적 의제로 확장되는 사회화socialization보다는 관련 이해당사자들 간의 사적 관계로 축소되는 사사화privatization로 나아갈 가능성이 높다(김도균·박재묵, 2012: 19). 또한 포항지진의 경우 국책사업과 포항지진의 연관성이 — 지진학자 및 지질학자 등 관련 전문가공론에서의 논쟁이 여전히 진행 중이지만 — 공식적으로 확인되었다는 점에 독자성이 있다. 앞선 특별법에서 역시 국가가 지열발전사업과 관련하여 〈국가배상법〉에 따른 배상책임이 있을 때에는 그 손해를 배상하도록 규정하고 있다(제34조 제1항). 그러나 국책사업과 관련된 국가배상의 경우, 국가의 적법한 행위와 위법한 행위가 날카롭게 구별되지 않으며, 이로 인해 배상과 보상의 속성이 뒤섞여 있거나 희석되어 있다는 점을 고려할 때, 현행 〈국가배상법〉에 따른 배상책임을 넘어서 국가가 보다 적극적으로 해당 재난에 대한 책무를 수인할 것이 요청된다.

특히 2007년 허베이스피리트호 유류유출사고의 경우, 재난피해의 구제를 위한 경제적 지원이 이루어지는 과정에서 태안지역사회의 사회갈등이 고조된 점을 고려해볼 필요가 있다. 포항사회에서도 포항시가 국가 등으로부터 수령한 각종 지원금을 지급하는 과정에서 지원의 대상 및 범위, 그리고 지원금의 정도와 관련하여 피해주민들의 불만이 제기되었고 주민들 간의 분열양상이 목격되기도 하였다. 재난피해에 대한 지원이 피해주장을 인정받은 주민과 상대적 박탈감을 경험한 주민들 간의 사회갈등을 촉발하는 문제를 근본적으로 시정하기 위해서는 지원대상 설정 및 피해범위 산정의 기준, 그리고 지원금 결정기준 및 지급절차와 관련된 의사결정이 이루어지는 절차에 피해주민 등 관련 이해당사자들이 실질적으로 참여할 수 있도록 해야 한다. 이를 통해 해당 결정의 형평성 및 공정성, 그리고 민주적 정당성을 갖추어야 할 것이다.14 법 제14조에서 시행령에 위임하고 있는 피해구제를 위한 지원금 지원 시 필요한 사항에 시민적 참여가 필수적으로 포함되어야 할 것이며, 이를 통해 피해주민들은 지원의 대상만이 아니라 재난복원 과정에서의 적극적인 주체로 승인받을 수 있게 되는 것이다.

마지막으로 재난에 의한 부정적 영향은 환경, 경제, 사회, 신체적 · 정신적 건강에 이르기까지 복합적이고 총체적으로 나타난다는 점 역시 고려되어야 한다(이장원 · 김학실, 2015: 47). 곧, 재난복구는 경제적 지원 및 물리적 복구에만 머무르지 않고 사회문화적 차원의 복구 및 재생을 아우를 수 있어야 한다. 재난으로 인한 복합적인 피해양상은 재난피해가 정량화된 손해로 환산되는 것이 원천적으로 불가능하며 객관적으로 입증될 수도 없음을 보여준다. 따라서 재난피해자 개인에게만 귀속되는 것이 아닌, 피해지역 발전기금 등 지역

---

14 이러한 맥락에서 재해의연금 모금 및 배분 등 지원 절차에 시민사회가 주도적으로 참여해야 함을 주장하는, 이재은 · 양기근(2006), "한국의 재해의연금 모금 및 배분 체계 개선방향에 대한 연구: 미국, 일본, 독일, 프랑스와의 비교를 중심으로", 〈행정논총〉, 44(4): 339~372.

공동체 단위로 이루어지는 지원정책이 동시적·병렬적으로 마련될 필요가 있으며, (이전 특별법안에서 제안되었던) 포항지진의 복구관련 사업을 수행할 목적으로 설립되는 재단에 대한 국가의 출연 및 보조 역시 이러한 맥락에서 재검토해볼 수 있겠다.

4. 나가며: 포스트-재난공동체로서 포항사회

이 연구에서는 지난 2017년 11월 발생한 포항지진을 논의의 상황적 전제로 하여 다학제적 연구로서 재난학의 연구성과를 통한 법적 성찰을 논하고자 하였다. 포항지진은 자연재난과 인위재난의 속성을 동시적으로 갖는다는 점에서 '사회적 자연재난'이라는 독자성을 갖고 있다. 이는 복합적이고 중층적인 사회재난의 속성을 기본적으로 내포하는 현대사회의 재난이해와도 맞닿아 있다고 할 수 있다. 현대적 재난을 효율적으로 규율하기 위해 전문법으로서 재난법이 성장하고 있으며, 다양한 학제들 간의 통섭적 연구로서 재난연구의 의의 및 필요성이 강조되고 있다. 현대사회의 재난연구는 재난 복원력의 강화에 집중하고 있으며, 이 글에서는 이를 뒷받침하는 구성요소들로서 재난 거버넌스, 재난 시티즌십, 재난 취약성, 그리고 재난 트라우마를 제시한다. 나아가 이행기 정의의 개념 및 절차를 수용할 때, 포스트-재난공동체의 복원은 진실과 화해의 조화를 지향하는 과정으로 이해될 수 있음을 제안하였다. 위 논의들을 바탕으로 〈포항지진특별법〉의 의의 및 한계를 평가해볼 수 있으며, 이는 특별법 시행 이후의 운영과정에서도 적절하게 반영되어야 할 것이다.

이 글에서는 〈포항지진특별법〉을 주로 다루었지만, 2년이 넘게 소요된 법안발의 및 의결과정에서 발견된 정치적 이해관계 등 가변적인 요소들과 이로 인한 사회갈등의 문제를 고려할 때, 특별법의 제정 여부에만 의존하는 것은 지양되어야 할 것으로 보인다. 특별법 제정을 1차적인 목표로 삼는 것은 특별법이 담아야 할 실질적인 내용에 대한 논의가 펼쳐지는 공론의 형성을 오히려 방해하고 특별법이 자칫 상징적인 제도적 수단에 머무르도록 하는 한계를 갖는다. 물론 〈포항지진특별법〉의 제정을 위한 사회운동은 해당 사안에 대한 포항시민들의 지속적인 지지 및 관심을 이끌 수 있는 계기를 마련해 주기도 하였지만, 법률제정 여부 자체에 지나치게 의존하도록 함으로써 특별법안의 내용에 대해서는 사회적 무관심이 관찰되기도 하였다. 일반법의 공백을 메우고 지역성을 반영하는 등 각각의 특수한 재난을 적절하게 규율하기 위해서는 특별법의 제정이 필요할 수도 있으나, 〈재난안전법〉 및 〈재해구호법〉 등 재난법제 일반에 있어서도 재난 복원력을 제고하는 등 재난연구의 성찰점을 수용하기 위한 법 제도적 정비가 이루어져야 한다고 판단되며, 이는 후속논의를 통해 다루어져야 할 것이다.

포항사회는 1950년대부터 오랜 기간에 걸쳐 이루어진 행정단위의 개편을 통해 인접지역들이 포항시로 통합되면서 형성되어 왔다. 포항지역사회는 어업, 수산업, 상업, 관광업, 포스코POSCO 등의 중공업에 이르기까지 다양한 산업·경제적 기반에 바탕을 두고 있으며, 외지인이 정착한 비중이 상당히 높아 이질적이고 혼종적인 지역 특성이 상대적으로 강한 편이라고 할 수 있다. 이러한 지역성을 고려할 때 포항지역 및 포항시민으로서의 통합된 정체성이 기존에 충분히 형성되어 있었다고 보기에는 어려움이 있으며, 이는 포항지진 이후 지역사회에서 공동의 목소리를 결속력 있게 전달하는 데 한계로 작용했을 수 있다. 다만 포항지진의 경험과 이후 복구과정에서 이루어진 일련의 노력들은 포항시민으로서의 집단적 정체성을 형성하고 포항사회에 대한 소속감 및 유대감을 제고할 수 있도록 하는 계기를 마련해 주었을 수도 있다. 재난은 지역공동체에 중대한 위기를 가져오기도 하지만, 구성원들이 협력하여 재난을 극복하는 과정에서 시민적 정체성을 형성하고 사회적 연대를 강화하며 궁극적으로 재난에 대한 복원력을 강화하도록 하는 중요한 사건으로 재평가될 수 있는 것이다. 재난 복원력의 강화는 재난을 경험한 지역사회의 학습역량과 재난상황에서 사회적 책무를 인식하고 능동적으로 참여하는 시민성을 바탕으로 한다. 포항지진이 사회갈등의 촉매제가 아니라 포항시민의 정체성과 포항사회의 복원력을 형성·발전시킬 수 있는 긍정의 계기, 곧 '재난을 통한 배움learning from disasters'의 기회가 될 수 있도록 하기 위해서는 포스트-재난공동체의 사회통합을 지향하는 법의 역할이 무엇보다 중요할 것이다.

참고문헌

고동현(2015), "사회적 재난으로서 허리케인 카트리나: 정부 실패와 위험 불평등", 〈한국사회정책〉, 22(1) : 83~119.

김계원·정웅(2015), "재난 관리에 있어 로컬 거버넌스 구축방안 연구: 허베이 스피리트호 사고사례를 중심으로", 〈대한정치학회보〉, 23(4) : 71~97.

김교헌·권선중(2008), "허베이 스피리트호 기름유출사고가 태안 주민들의 심리적 건강에 미친 영향", 〈환경사회학연구(ECO)〉, 12(1) : 83~107.

김도균(2010), "환경재난에 의한 어촌마을의 주민갈등과 사회자본: 허베이 스피리트호 기름유출사고를 중심으로", 〈환경사회학연구(ECO)〉, 14(1) : 125~165.

김도균·박재묵(2012), "허베이 스피리트호 기름유출사고 이후 재난 관리 거버넌스 구축 실패와 재난 복원력의 약화: 관련 행위자들 간의 이해와 대응을 중심으로", 〈환경사회학연구(ECO)〉, 16(1) : 7~43.

김은성·정지범·안혁근(2009), 〈국가재난안전관리 정책패러다임에 대한 연구〉(KIPA 연구보고서 2009~2018), 서울: 한국행정연구원.

김주은·송용수·고은정·신성만(2019), "포항 지진을 경험한 대학생의 외상 후 스트레스 장애 및 외상 후 성장에 영향을 미치는 요인에 관한 연구: 사회적지지, 핵심신념 붕괴, 반추 스타일을 중심으로", 〈상담학연구〉, 20(2) : 107~123.

노진철(2009), "국가 재난관리체제의 기능과 한계: 허베이 스피리트호 기름유출사고를 중심으로", 〈사회과학 담론과 정책〉, 2(1) : 1~30.

박순애·윤순진·이희선(2009), "주민참여와 성과에 대한 주민과 공무원의 인식 연구: 허베이 스피리트호 유류유출 사례를 중심으로", 〈한국지방자치학회보〉, 21(2)(통권 66호) : 145~165.

박진희(2015), "재난 위험 사회의 위험 관리 전략의 새로운 모색: 회복탄력성(Resilience)과 시민성(Citizenship) 향상을 중심으로", 〈환경철학〉, 19: 91~118.

박효민(2018), "포항지진의 트라우마", 〈한국사회학회 정기사회학대회〉, 서울: 중앙대학교(2018. 12.).

배재현(2020), "포항지진특별법 제정의 의의와 향후 과제", 〈이슈와 논점〉, 1658.

오혜영(2016), "재난에서의 집단 트라우마와 지역공동체 탄력성", 〈한국심리학회지: 상담 및 심리치료〉, 28(3): 943~969.

유수동·전성훈(2016), "재난관리정책에 대한 집행요인과 협력적 거버넌스에 관한 연구: 지방공무원의 인식을 중심으로", 〈한국거버넌스학회보〉, 23(3): 87~115.

이동훈·김지윤·강현숙·이혜림(2016), "일본의 재난관리체계 및 재난심리지원체계 고찰과 시사점", 〈한국콘텐츠학회논문지〉, 16(7): 73~90.

이시재(2008), "허베이 스피리트호 기름유출사고의 사회영향연구", 〈환경사회학연구(ECO)〉, 12(1): 109~144.

이영희(2014), "재난 관리, 재난 거버넌스, 재난 시티즌십", 〈경제와사회〉, 통권 104호: 56~80.

이용숙·박승빈·송유정(2018), "재난 대응 거버넌스에서 지역 NGO의 역할: 안산 세월호 참사 사례를 중심으로", 〈공간과사회〉, 28(4)(통권 66호): 210~250.

이장원·김학실(2015), "재난대응과정에서 거버넌스 작동에 관한 연구: 한국과 중국의 비교를 중심으로", 〈현대중국연구〉, 16(2): 43~80.

이재은·양기근(2004), "재난 관리의 효과성 제고 방안: 시민참여와 거버넌스", 〈현대사회와 행정〉, 14(3): 53~81.

_____(2006), "한국의 재해의연금 모금 및 배분 체계 개선방향에 대한 연구: 미국, 일본, 독일, 프랑스와의 비교를 중심으로", 〈행정논총〉, 44(4): 339~372.

정유선(2014), "재난 거버넌스와 국가-사회 관계: 대만 921 지진의 사례", 〈아세아연구〉, 57(2): 7~46.

정채연(2012), "다원주의적 사법을 통한 이행기 정의와 초국가적 인권의 실현: 르완다의 제노사이드와 가챠챠(Gacaca) 법원에 대한 논의를 중심으로", 〈고려법학〉, 65: 139~184.

조남홍·채원호(2008), "지방정부 재난관리 거버넌스 구축 연구: 부천시를 중심으로", 〈한국정책과학학회보〉, 12(4): 227~254.

주강원(2014), "재난과 재난법에 관한 소고", 〈홍익법학〉, 15(2): 415~439.

주필주·서순탁(2018), "재난 리질리언스 제고를 위한 일본의 사전부흥계획에 관한 연구: 사이타마현 부흥마을만들기 이미지트레이닝을 중심으로", 〈한국지역개발학회지〉, 30(4): 243~271.

최형윤(2018), "재난피해자 심리회복지원제도 개선방안에 대한 전문가들의 상대적 중요도 분석", 〈위기관리연구논총〉, 2(1): 57~78.

하현상·김종범·조경호·이석환·최진식·전대욱(2014), "지역사회 재난 리질리언스(Community Disaster Resilience) 연구의 비판적 고찰과 행정학적 제언", 〈지역발전연구〉, 23(2): 409~464.

Beck, U. (1986), *Risikogesellschaft: Auf dem Weg in eine Andere Moderne*, Verlag: Suhrkamp.

Bradley, M. (2017), "More than misfortune: Recognizing natural disasters as a concern for transitional justice", *International Journal of Transitional Justice*, 11: 400~420.

Erickson, K. (1995), *A New Species of Trouble*, New York, NY: W. Norton

Farber, D. A., Chen, J. M., Verchick, R. R. M., & Sun, L. G. (2015), *Disaster Law and Policy* (3rd ed.), New York, NY: Wolters Kluwer.

Farber, D. (2011), "Navigating the intersection of environmental law and disaster law", *BYU Law Review*, 2011(6): 1783~1820.

Fritz, C. E. (1961), "Disaster" in R. K. Merton, & R. A. Nisbet(Eds.), *Contemporary Social Problems*, 651~694, New York, NY: Harcourt Publishers.

Gabe, T., Falk, G., & McCarty, M. (2005), *Hurricane Katrina: Social-demographic Characteristics of Impacted Areas*, Washington, DC: The Library of Congress.

Greiff, P. de(2012), "Theorizing transitional justice" in M. S. Williams, R. Nagy, & J. Elster(Eds.), *Transitional Justice: NOMOS LI*, 31~77, New York, NY: New York University Press.

Hartman, C., & Squires, G. (2006), *There Is No Such Thing as a Natural Disaster: Race, Class, and Hurricane Katrina* (Ed.), New York, NY: Routledge.

Holling, C. S. (1973), "Resilience and stability of ecological systems", *Annual Review of Ecology and Systematics*, 4: 1~23.

LaCapra, D. (1998), *History and Memory after Auschwitz*, Ithaca, NY: Cornell University Press.

Lee, J. (2018), "Enhancing disaster resilience through innovative approaches for restructuring safe community governance in Korea", *Crisisonomy*, 14(3): 75~90.

Luhmann, N. (1990), "Risiko und Gefahr", *Soziologische Aufklrung*, 5: 13 1~169, Opladen: Westdeutscher Verlag.

National Research Council (2006), *Facing Hazards and Disasters: Understanding Human Dimensions*, Washington, DC: The National Academies Press.

Putnam, R. (1993), "The prosperous community: Social capital and public life", *The American Prospect*, 4(13): 35~42.

Shklar, J. (1992), *The Faces of Injustice*, New Haven, CT: Yale University Press.

UNISDR (2005, January), *Hyogo Framework for Action 2005~2015: Building the Resilience of Nations and Communities to Disasters*, Report presented at the World Conference on Disaster Reduction, Kobe Hyogo, Japan.

Verchick, R. R. M. (2012), *Facing Catastrophe: Environmental Action for a Post-Katrina World*, Cambridge, MA: Harvard University Press.

_____ (2013), "Disaster justice: The geography of human capability", *Duke Environmental Law & Policy*, 23: 23~71.

찾아보기

저자소개

김기흥

영국 에든버러대에서 박사학위를 받았으며, 런던대와 임페리얼 칼리지에서 박사 후 연구원을 거쳐 현재 포스텍 인문사회학부에 재직 중이다. 과학지식의 형성과 사회와의 관계 및 다양한 인간-동물 감염병의 역사적이고 사회적인 영향과 같은 분야에 대해 연구해 온 과학사회학자이다. 주요 저서로 *Social Construction of Disease* (2007), 《광우병 논쟁》(2010) 등이 있다.

김진희

미국 펜실베이니아주립대에서 박사학위를 받았으며, 오하이오주 소재 켄트주립대, 클리블랜드주립대를 거쳐 현재 포스텍 인문사회학부 미디어커뮤니케이션 부교수로 재직 중이다. 미디어 메시지의 사회심리적 영향, 엔터테인먼트 미디어와 감정, 문화비교 커뮤니케이션 등의 영역에 국내외 논문을 출판했고, *Media Effects: Advances in Theory and Research* (4th ed) (2019) 와 *Handbook of Media Use and Well-Being* (2016) 편저의 챕터를 저술했다.

김철식

서울대에서 사회학 박사학위를 받았으며, 현재 포스텍 인문사회학부 대우부교수로 재직 중이다. 사회학, 사회정책, 산업 및 조직, 고용과 노동문제에 대한 연구 및 교육을 하고 있다. 주요 저서로 《대기업 성장과 노동의 불안정화》(2011), 《디지털시대의 구로지역》(공저, 2015), 《동아시아 협력과 공동체》(공저, 2013), 《비정규직 없는 세상》(공저, 2009), 《신자유주의와 노동의 위기》(공저, 2000) 등이 있다.

정채연

고려대에서 법학 박사학위, 미국 뉴욕대(NYU) 로스쿨에서 LL. M. 학위를 받았으며, 현재 뉴욕주 변호사이다. 대법원 사법정책연구원 연구위원과 카이스트 미래전략대학원 연구조교수를 거쳐 현재 포스텍 인문사회학부 대우조교수로 재직 중이다. 법철학, 법사회학, 법인류학 등 기초법 연구를 지속해 왔으며, 최근에는 인공지능 및 지능로봇, 포스트휴먼, 블록체인기술 관련 법적 쟁점들에 주목하고 있다. 주요 저서로 《법의 딜레마》(공저, 2020), 《인공지능과 법》(공저, 2019), 《법학에서 위험한 생각들》(공저, 2018)이 있다.

김용찬

미국 서던캘리포니아대(USC)에서 박사학위를 받았으며, 아이오와대, 앨라배마대를 거쳐 현재 연세대 언론홍보영상학부 교수로 재직 중이다. 미디어 사회이론 연구자로 도시 커뮤니케이션, 디지털 미디어, 위험사회/헬스 커뮤니케이션 분야를 연구한다. 국제 조직인 Urban Communication Foundation 상임이사와 연세대 도시커뮤니케이션센터 소장을 맡고 있다. 주요 저서로 The *Communication Ecology of 21st Century Urban Communities* (공저, 2018), 《논문, 쓰다》(2020), 《미디어와 공동체》(공저, 2018), 《뉴미디어와 이주민》(2020) 등이 있다.

김은혜

서울대에서 박사학위를 받았으며, 일본학술진흥회(JSPS) 외국인특별연구원을 거쳐 부산대 사회학과 조교수로 재직 중이다. 도시, 환경(재해), 지역연구의 영역에서 동아시아 개발주의의 구조와 재현에 대한 논의를 지속하고 있다. 주요 저서로 《위험도시를 살다: 동아시아 발전주의 도시화와 핵 위험경관》(공저, 2017), 《특구: 국가의 영토성과 동아시아의 예외공간》(공저, 2017), 《안전사회 일본의 동요와 사회적 연대의 모색》(공저, 2017) 등이 있다.

김의영

미국 미시간대에서 박사학위를 받았으며, 현재 서울대 정치외교학부 교수로 재직 중이다. 서울대 사회과학연구원장과 한국정치학회장을 역임한 바 있다. 주요 연구분야는 정치경제, 시민사회, 거버넌스 등이고, 최근 연구주제는 사회적 경제, 동네 안의 시민정치, 민주시민교육 등이다. 주요 저서로 《거버넌스의 정치학》(2014), 《한중일 사회적경제 Mapping》(공저, 2015), 《동네 안의 시민정치》(공저, 2015), 《시민정치연감 2019》(공저, 2019) 등이 있다.

노진철

독일 빌레펠트대에서 박사학위를 받았으며, 현재 경북대 사회학과 교수와 학교법인 원석학원(경주대·서라벌대) 이사장으로 재직 중이다. 자기준거적 체계이론에 기반하여 정치와 경제를 포함, 현대사회의 다양한 기능체계들에 대한 정교한 분석으로 널리 알려진 학자이다. 현재 한국사회체계이론학회 회장이며, 재난안전사업평가자문위원회 위원, 대학교원임용양성평등위원회 위원장, 경북지방노동위원회 공익위원으로 활동하고 있다. 주요 저서로 《불확실성 시대의 신뢰와 불신》(2014), 《불확실성 시대의 위험사회학》(2010), 《환경과 사회: 환경문제에 대한 현대사회의 적응》(2001) 등 다수가 있다.

서미혜

미국 콜럼버스 소재 오하이오주립대에서 박사학위를 받았으며, 알바니 소재 뉴욕주립대를 거쳐 현재 성균관대 미디어커뮤니케이션학과 교수로 재직 중이다. 전통미디어와 뉴미디어 이용의 정치효과, 건강효과에 관한 연구를 진행하고 있다. 특히 소셜미디어가 개인의 삶과 커뮤니티에 미치는 영향에 관심을 가지고 있다.

임기홍

서울대에서 정치학 박사학위를 받았으며, 현재 서울대 사회혁신 교육연구센터 선임연구원으로 재직 중이다. 주요 연구분야는 한국정치, 시민사회, 거버넌스이고, 최근 연구주제는 재난 거버넌스, 위험관리, 재난 피해자의 집합행동 등이다. 주요 저서로 《한중일 사회적경제 Mapping》(공저, 2015), 《동네 안의 시민정치》(공저, 2015), 《동네 안의 시민경제》(공저, 2016) 등이 있다.